SCHÄFFER
POESCHEL

Rechnungslegung im Spannungsfeld von Kosten-Nutzen-Überlegungen

herausgegeben von

Dr. Peter Küting
Habilitand am Lehrstuhl für Internationale Unternehmensrechnung
an der Ruhr-Universität Bochum, Bochum

Prof. Dr. Norbert Pfitzer
WP, StB
Mitglied der Geschäftsführung der Ernst & Young GmbH
Wirtschaftsprüfungsgesellschaft, Stuttgart

Prof. Dr. Claus-Peter Weber
WP, StB, RA
Geschäftsführender Direktor des Centrums für Bilanzierung und Prüfung (CBP)
an der Universität des Saarlandes, Saarbrücken

unter der redaktionellen Mitarbeit und Schriftleitung von
Sebastian Höfner, M. Sc., und Dipl.-Kffr. Vanessa Wassong

2014
Schäffer-Poeschel Verlag Stuttgart

Gedruckt auf chlorfrei gebleichtem, säurefreiem und alterungsbeständigem Papier.

Bibliografische Information der Deutschen Nationalbibliothek
Die Deutsche Nationalbibliothek verzeichnet diese Publikation in der Deutschen Nationalbibliografie; detaillierte bibliografische Daten sind im Internet über http://dnb.d-nb.de abrufbar.

ISBN 978-3-7910-3403-4

Dieses Werk einschließlich seiner Teile ist urheberrechtlich geschützt.
Jede Verwertung außerhalb der engen Grenzen des Urheberrechtsgesetzes ist ohne Zustimmung des Verlages unzulässig und strafbar. Das gilt insbesondere für Vervielfältigungen, Übersetzungen, Mikroverfilmungen und die Einspeicherung und Verarbeitung in elektronischen Systemen.

© 2014 Schäffer-Poeschel Verlag für Wirtschaft • Steuern • Recht GmbH
www.schaeffer-poeschel.de
info@schaeffer-poeschel.de
Einbandgestaltung: Willy Löffelhardt/Melanie Frasch
Satz: DTP + TEXT Eva Burri, Stuttgart • www.dtp-text.de
Druck und Bindung: Kösel, Krugzell • www.koeselbuch.de
Printed in Germany
August 2014

Schäffer-Poeschel Verlag Stuttgart
Ein Tochterunternehmen der Haufe Gruppe

Vorwort

Das Vorwort dieses Fachtagungsbandes mit einem Nachruf beginnen zu müssen, ist dem traurigen Umstand geschuldet, dass am 7. Januar diesen Jahres mit Prof. Dr. Karlheinz Küting der Initiator und Mitbegründer der Fachtagung »Das Rechnungswesen im Konzern« kurz nach seinem 70. Geburtstag plötzlich und völlig unerwartet verstorben ist. Die Tatsache, dass er das Eröffnungsreferat noch zum größten Teil selbst (aus-)gestaltet hat, mag mitunter als Beleg dafür dienen, wie sehr ihm »seine« derweil bereits zum zwölften Male stattgefundene Veranstaltung am Herzen lag.

Eines der Kernanliegen seiner intensiven und breiten wissenschaftlichen Betätigung war die praxistaugliche Fortentwicklung des (Konzern-)Bilanzrechts, die er insbesondere auch mittels vergleichender Würdigungen von handelsrechtlichen Bilanzierungsnormen einerseits und denen des Normengefüges der IFRS andererseits stets kritisch begleitete und entsprechend kommentierte. Eng mit seinem wissenschaftlichen Wirken verbunden, trat er zugleich wiederholt und nachdrücklich dafür ein, die Belastungen, die den betreffenden Unternehmen und Adressaten infolge der Komplexität der externen Rechnungslegung zunehmend aufgebürdet werden, auf ein notwendiges Mindestmaß zu beschränken.

Mit Karlheinz Küting verlieren wir eine herausragende Persönlichkeit; sein unerwartetes Ableben ruft nicht nur bei Herausgebern und Verlag tiefe Betroffenheit hervor, sondern hinterlässt zugleich – menschlich wie fachlich – eine Lücke, die nur schwerlich zu schließen sein dürfte. Gleichwohl fühlen wir uns mit Karlheinz Küting der bisherigen Tradition verpflichtet und hoffen, mit vorliegendem Werk erneut eine Grundlage geschaffen zu haben, die die (nach wie vor) notwendige Diskussion über das Kosten-Nutzen-Postulat in der (Konzern-)Rechnungslegung nachhaltig befruchtet.

****

Kapitalmarktorientierte Mutterunternehmen (MU) haben ihren konsolidierten Abschluss seit dem Jahre 2005 (bzw. spätestens 2007) verpflichtend nach Maßgabe der International Financial Reporting Standards (IFRS) aufzustellen. Für sie stellt sich insoweit derzeit nicht die Frage, ob der Konzernabschluss auf Grundlage der IFRS oder des HGB zu erstellen ist. Es wäre utopisch anzunehmen, dass sich in dieser Beziehung die gesetzlichen Rahmenbedingungen in absehbarer Zeit ändern werden. Dazu hat die IFRS-Rechnungslegung für international operierende, kapitalmarktorientierte Unternehmen einen viel zu hohen Stellenwert erreicht. Gleichwohl erscheint es mehr als notwendig zu sein, sich mit der auf den ersten Blick überzeugenden »Zauberformel« der Entscheidungsnützlichkeit *(decision usefulness)* des IFRS-Systems und dessen Flaggschiff – der *fair value*-Konzeption – kritisch auseinanderzusetzen. Dies gilt umso mehr, als in jüngerer Vergangenheit die zahlreichen und teilweise auch gravierenden Schwächen der angelsächsischen Rechnungslegung immer häufiger und deutlicher evident wurden. Selbst Verantwortliche von DAX-Unternehmen diskutieren derweil offener und kritischer über die Qualität des IFRS-Regelwerks.

Diese zunehmend kritische Haltung begründet sich aus der stetig steigenden Komplexität der Regelungen, die mitunter auch auf die hohe Änderungsdynamik zurückzuführen ist; dabei betrifft sie nicht nur die externe Rechnungslegung, sondern gleichermaßen auch die Abschlussprüfung. So sehr auch das Ziel des IFRS-Regelwerks nach einer verbesserten entscheidungsnützlichen Informationsvermittlung wünschenswert ist: Die Relation zu den daraus erwachsenden informationellen (Mehr-)Kosten muss gewahrt bleiben. Viele Unternehmen bemängeln, dass die Umsetzung der internationalen Rechnungslegungsnormen kaum noch bezahlbar ist. Insoweit rückt das Spannungsfeld zwischen Effizienz und Information der Rechnungslegung immer stärker in den Fokus.

Wenngleich IFRS-bezogene Rechnungslegungsfragen im Mittelpunkt fachlicher Diskussionen zu stehen scheinen, belegen aktuelle empirische Studien, dass in Deutschland nach wie vor die HGB-Normen eindeutig die zentrale gesetzliche Grundlage für die Bilanzierung darstellen. Einzelgesellschaftliche Abschlüsse sind stets nach den Regelungen des HGB aufzustellen und auch in der Konzernrechnungslegung hat sich die weit überwiegende Mehrheit deutscher, nicht als kapitalmarktorientiert geltender Konzerne pro HGB-Bilanzierung ausgesprochen. Insofern war es gleichsam Ziel der letztjährigen Fachtagung, nicht nur aktuelle Entwicklungen der IFRS-Rechnungslegung aufzugreifen, sondern auch den vielen HGB-Bilanzierenden ein hochkarätiges Diskussionsforum zu bieten.

Vor diesem Hintergrund stand die im November 2013 bereits zum zwölften Male in Frankfurt am Main stattgefundene Tagung zum »Rechnungswesen im Konzern« unter dem Generalthema »Informationsnutzen versus Informationskosten«. Die diesbzgl. Themen reichten daher von der reformierten Leasing-Bilanzierung über die Einbeziehung von Zweckgesellschaften und gemeinschaftlichen Tätigkeiten *(joint operations)* bis hin zu den (intendierten) Neuregelungen der Umsatzrealisierung. Hinsichtlich komplexer Fragestellungen des Konzernrechnungswesens bot die Tagung u. a. Fachvorträge zur öffentlichen Konzernrechnungslegung, dem *goodwill impairment test*, zur Änderung von Beteiligungsstrukturen (i. w. S.) sowie zu den Neuerungen im Themenfeld der latenten Steuern. Weitere Vorträge zur systemseitigen Umsetzung der (Konzern-)Rechnungslegung ebenso wie der Thematik des Integrated Reporting rundeten das Fachprogramm ab.

Die stetig steigende Komplexität und Änderungsdynamik der Rechnungslegung im deutschen Bilanzierungsumfeld stellt hohe Anforderungen an alle Beteiligten. Umso größer war die Freude, auch für diese Fachtagung wiederum kompetente und hochkarätige Persönlichkeiten aus Unternehmenspraxis und Fachwissenschaft als Referenten gewinnen zu können, die ihrerseits erfolgreich den fachlichen Austausch mit den erneut nahezu 400 Teilnehmern suchten. Wie in all den früheren Veranstaltungen wurde einmal mehr offenkundig, dass sich hier Hochschulen und Bilanzierungspraxis schwieriger Fragen annahmen und gemeinsam konstruktive und zukunftsweisende Lösungen erarbeiteten. Das Ergebnis dieser fruchtbaren Diskussionen stellen die ausgewählten Beiträge dieses Tagungsbandes dar.

Die rechtzeitige Fertigstellung dieses Tagungsbandes verdanken wir in erster Linie den mitwirkenden Autoren, die ihre Beiträge nach der Fachtagung zügig angefertigt und uns dankenswerterweise zur Verfügung gestellt haben.

Dank gebührt ferner Frau Dipl.-Kffr. Vanessa Wassong und Herrn Sebastian Höfner, M. Sc., einerseits für ihre engagierte organisatorische und technische Koordination dieses Werkes sowie andererseits für die gemeinsame Übernahme der Generalkontrolle und redaktionellen Schriftleitung.

Frau Karla Wobido danken wir für ihre organisatorischen Arbeiten (nicht nur) im Kontext dieses Projekts. Ebenso gilt in diesem Zusammenhang ein spezieller Dank den Mitarbeiterinnen und Mitarbeitern des Schäffer Poeschel-Verlags, hier insbesondere Frau Ruth Kuonath und Frau Sabine Trunsch für die langjährige, enge und vertrauensvolle Zusammenarbeit. Ganz herzlich bedanken wir uns darüber hinaus auch bei Ernst & Young (EY), der SAP AG sowie dem Handelsblatt, die nicht nur diese Tagung wiederum prominent unterstützt, sondern auch maßgeblich zum Gelingen jener Veranstaltung beigetragen haben.

Wir würden uns freuen, wenn auch dieses Werk sowohl in der Wissenschaft als auch in der Bilanzierungs- und Prüfungspraxis eine positive Aufnahme fände. Kritische Anmerkungen und Verbesserungsvorschläge nehmen wir dankend entgegen und werden sie für zukünftige Werke berücksichtigen!

In stillem Gedenken an Prof. Dr. Karlheinz Küting

Peter Küting   Norbert Pfitzer   Claus-Peter Weber

Bochum, Stuttgart und Saarbrücken, im August 2014

Autorenverzeichnis

Sabine Bellert, StB, Ernst & Young GmbH, Stuttgart
Dr. Stefan Bischof, WP, StB, Ernst & Young GmbH, Stuttgart
Univ.-Prof. Dr. Rolf Uwe Fülbier, StB, Universität Bayreuth
Ralf Geisler, WP, StB, Ernst & Young GmbH, Frankfurt am Main
Andreas Grote, WP, Ernst & Young GmbH, Frankfurt am Main
Sebastian Höfner, M. Sc., Centrum für Bilanzierung und Prüfung, Saarbrücken
Matthias Höltken, M. Sc., HHL Leipzig Graduate School of Management, Leipzig
Katharina Hombach, M. Sc., Institut für Rechnungswesen und Wirtschaftsprüfung Ludwig-Maximilians-Universität, München
Univ.-Prof. Dr. Peter Kajüter, Westfälische Wilhelms-Universität Münster, Münster
Dr. Steffen Kuhn, WP, Ernst & Young GmbH, Stuttgart
Thomas Müller-Marqués Berger, WP, StB, Ernst & Young GmbH, Stuttgart
Dr. Karsten Nowak, Hessischer Rechnungshof, Darmstadt
Prof. Dr. Peter Oser, WP, StB, Ernst & Young GmbH, Stuttgart
Prof. Dr. Norbert Pfitzer, WP, StB, Ernst & Young GmbH, Stuttgart
Prof. Dr. Jochen Pilhofer, WP, StB, CPA, Hochschule für Technik und Wirtschaft des Saarlandes, Saarbrücken
Univ.-Prof. Dr. Thomas Schildbach, Passau
Univ.-Prof. Dr. Thorsten Sellhorn, Institut für Rechnungswesen und Wirtschaftsprüfung Ludwig-Maximilians-Universität, München
Prof. Dr. Klaus Trützschler, Essen
Dr. Johannes Wirth, Centrum für Bilanzierung und Prüfung, Saarbrücken
Prof. Dr. Henning Zülch, HHL Leipzig Graduate School of Management, Leipzig

Inhaltsverzeichnis

Vorwort V
Autorenverzeichnis IX
Abkürzungsverzeichnis XIII

Norbert Pfitzer
Informationsnutzen versus Informationskosten 1

Klaus Trützschler
Kritische Bestandsaufnahme der Bilanzierungspraxis in Deutschland 9

Thomas Müller-Marqués Berger/Karsten Nowak
Öffentliche Konzernrechnungslegung nach nationalen und internationalen
Standards 31

Sebastian Höfner
Die Klassifizierung und konsolidierungstechnische Behandlung
von joint operations nach IFRS 11 55

Peter Oser
Bilanzierung bei Spaltungen 79

Johannes Wirth
Kapitalkonsolidierung bei Vorliegen eines Teilkonzernerwerbs nach IFRS 101

Stefan Bischof/Sabine Bellert
Leistungen an Arbeitnehmer (IAS 19) 127

Rolf Uwe Fülbier
IFRS-Leasingbilanzreform – Ende in Sicht? 149

Ralf Geisler
Bilanzierung der Finanzierung von Unternehmenserwerben 169

Andreas Grote/Jochen Pilhofer
Die neuen Vorschriften zur Umsatz- und Gewinnrealisierung 187

Peter Kajüter
Aktuelle Entwicklungen in der Unternehmensberichterstattung 215

Steffen Kuhn
Fair value-Bewertung von Finanzinstrumenten... 241

Thomas Schildbach
Fair value accounting: hohe Kosten bei zweifelhaftem Nutzen 257

Thorsten Sellhorn/Katharina Hombach
Goodwill impairment test – Perspektiven aus der akademischen Forschung .. 273

Henning Zülch/Matthias Höltken
Aktuelle Erkenntnisse im Zusammenhang mit der Gewinnkonzeption
nach IFRS.. 301

Abkürzungsverzeichnis

a. A.	anderer Ansicht
Abs.	Absatz
a. F.	alte Fassung
AfS	Available-for-Sale
AG	Aktiengesellschaft
AK	Anschaffungskosten
AktG	Aktiengesetz
AKW	Atomkraftwerk
AltTZG	Altersteilzeitgesetz
App.	Appendix
AR	Der Aufsichtsrat (Zeitschrift)
Art.	Artikel
ASC	Accounting Standards Codification
ASU	Accounting Standards Update
ATZ	Altersteilzeit
Az.	Aktenzeichen
BAG	Bundesarbeitsgericht
BB	Betriebs-Berater (Zeitschrift)
BC	Basis for Conclusions
BetrAVG	Gesetz zur Verbesserung der betrieblichen Altersversorgung
BetrVG	Betriebsverfassungsgesetz
BFH	Bundesfinanzhof
BFuP	Betriebswirtschaftliche Forschung und Praxis (Zeitschrift)
BGB	Bürgerliches Gesetzbuch
BGBl.	Bundesgesetzblatt
BilMoG	Bilanzrechtsmodernisierungsgesetz
BMJ/BMJV	Bundesministerium der Justiz; jetzt: Bundesministerium der Justiz und für Verbraucherschutz
bspw.	beispielsweise
bzgl.	bezüglich
bzw.	beziehungsweise
ca.	circa
CBP	Centrum für Bilanzierung und Prüfung an der Universität des Saarlandes
CDS	credit default swap

CDU	Christlich Demokratische Union Deutschlands
CE	current exposure
CF biz	Corporate Finance biz (Zeitschrift)
CGU	Cash-generating unit
CI	comprehensive income
CPEC	Convertible Preferred Equity Certificates
CSA	credit support annex
CVA	credit value adjustment
d. Verf.	der, die Verfasser
DAX	Deutscher Aktienindex
DB	Der Betrieb (Zeitschrift)
ders.	derselbe
d. h.	das heißt
diesbzgl.	diesbezüglich
Dipl.-Kffr.	Diplom-Kauffrau
div.	divers(-e)
DK	Der Konzern (Zeitschrift)
DNotZ	Deutsche Notar-Zeitschrift
DP	Discussion Paper
DPR	Deutsche Prüfstelle für Rechnungslegung e. V.
Dr.	Doktor
DRÄS	Deutscher Rechnungslegungs Änderungsstandard
DrittelbG	Gesetz über die Drittelbeteiligung der Arbeitnehmer im Aufsichtsrat
DRS	Deutsche Rechnungslegungs Standards
DRSC	Deutsches Rechnungslegung Standards Committee e. V.
DSR	Deutscher Standardisierungsrat
DStR	Deutsches Steuerrecht (Zeitschrift)
DSWR	Datenverarbeitung – Steuer – Wirtschaft – Recht (Zeitschrift)
DVA	debit value adjustment
EBIT	Earnings Before Interest and Taxes
EBITDA	Earnings Before Interest, Taxes, Depreciation and Amortization
ED	Exposure Draft
E-DRS	Entwurf Deutscher Rechnungslegung Standard
EE	expected exposure
EFET	European Federation of Energy Traders
EFRAG	European Financial Reporting Advisory Group
EG	Europäische Gemeinschaft(en)
EK	Eigenkapital
EPSAS	European Public Sector Accounting Standard(s)
ERP	Enterprise Resource Planning

ESMA	European Securities and Markets Authority
EStG	Einkommensteuergesetz
ESVG	Europäisches System volkswirtschaftlicher Gesamtrechnungen
et al.	et alii
etc.	et cetera
EU	Europäische Union
EUR	Euro
EURIBOR	European Interbank Offered Rate
e. V.	eingetragener Verein
evtl.	eventuell
EWiR	Entscheidungen zum Wirtschaftsrecht (Zeitschrift)
EY	Ernst & Young
EZB	Europäische Zentralbank
f.	folgende
FASB	Financial Accounting Standards Board
FAZ	Frankfurter Allgemeine Zeitung
FB	Der Finanzbetrieb (Zeitschrift)
F&E	Forschung & Entwicklung
FEE	Fédération des Experts Comptables Européens
ff.	fortfolgende
FN-IDW	IDW Fachnachrichten (Zeitschrift)
FR	Finanz-Rundschau (Zeitschrift)
GAAP	Generally Accepted Accounting Principles
GE	Geldeinheiten
GezKap	Betrag des gezeichneten Kapitals
ggf.	gegebenenfalls
GKV	Gesamtkostenverfahren
gl. A.	gleicher Ansicht
GmbH	Gesellschaft mit beschränkter Haftung
GmbHG	Gesetz betreffend die Gesellschaften mit beschränkter Haftung
GmbHR	GmbH-Rundschau (Zeitschrift)
GoB	Grundsätze ordnungsmäßiger Buchführung/Bilanzierung
GRI	Global Reporting Initiative
GuV	Gewinn- und Verlustrechnung
HB	Handelsbilanz
HFA	Hauptfachausschuss des Instituts der Wirtschaftsprüfer in Deutschland e. V.
HGB	Handelsgesetzbuch

HGrG	Haushaltsgrundsätzegesetz
HHL	Handelshochschule Leipzig
h. M.	herrschende Meinung
HMdF	Hessisches Ministerium der Finanzen
Hrsg.	Herausgeber
IAS	International Accounting Standard(s)
IASB	International Accounting Standards Board
i. d. F.	in der Fassung
i. d. R.	in der Regel
IDW	Institut der Wirtschaftsprüfer in Deutschland e. V.
IFAC	International Federation of Accountants
IFRIC	International Financial Reporting Interpretations Committee
IFRS	International Financial Reporting Standard(s)
IFRS IC	International Financial Reporting Standards Interpretation Committee
i. H. d.	in Höhe der, des
i. H. v.	in Höhe von
IIRC	International Integrated Reporting Council
IKS	Internes Kontrollsystem
inkl.	inklusive
IPSAS	International Public Sector Accounting Standard(s)
IPSASB	International Public Sector Accounting Standards Board
IR	Integrated Reporting
i. R. d.	im Rahmen der, des
i. R. v.	im Rahmen von
IRZ	Zeitschrift für internationale Rechnungslegung
i. S. d.	im Sinne des
ISDA	International Swaps and Derivatives Association
i. S. v.	im Sinne von
IT	Informationstechnik
i. V. m.	in Verbindung mit
i. w. S.	im weiteren Sinn
IWF	Internationaler Währungsfonds
JAE	Journal of Accounting and Economics
JAR	Journal of Accounting Research
JIAR	Journal of International Accounting Research
KapHer	(Höchst-)Betrag der Kapitalherabsetzung
KapRL	Kapitalrücklage
KG	Kommanditgesellschaft
KGaA	Kommanditgesellschaft auf Aktien

KonTraG	Gesetz zur Kontrolle und Transparenz im Unternehmensbereich
KoR	Zeitschrift für internationale und kapitalmarktorientierte Rechnungslegung
KPMG	Klynveld/Peat/Marwick/Goerdeler
KWG	Gesetz über das Kreditwesen (Kreditwesengesetz)
LG	Landgericht
LGD	loss given default
LLP	Limited Liability Partnership
LSE	London School of Economics
LV	Leistungsverpflichtung
max.	maximal
MBA	Master of Business Administration
MD&A	Management Discussion and Analysis
MDAX	Mid-Cap-DAX
m. E.	meines Erachtens
Mio.	Millionen
MoU	Memorandum of Understanding
Mrd.	Milliarden
M. Sc.	Master of Science
MU	Mutterunternehmen
m. w. N.	mit weiteren Nachweisen
NCI	non-controlling interest
NI	net income
No.	Numero
Nr.	Nummer
NZG	Neue Zeitschrift für Gesellschaftsrecht
o. ä.	oder ähnlich
OCI	other comprehensive income
ÖFA	Fachausschuss für öffentliche Unternehmen und Verwaltungen, Institut der Wirtschaftsprüfer e. V.
OFR	Operating and Financial Review and Prospects
o. g.	oben genannte(-n)
OLG	Oberlandesgericht
o. O.	ohne Ortsangabe
OTC	over the counter
o. V.	ohne Verfasser
PAIR	potential agenda item request
PD	probability of default

PEC	Preferred Equity Certificates
PFE	potential future exposure
PiR	Praxis der internationalen Rechnungslegung (Zeitschrift)
POC	percentage-of-completion
PPA	purchase price alloquation
Prof.	Professor
PS MC	Practice Statement Management Commentary
PSVaG	Pensions-Sicherungs-Verein Versicherungsverein auf Gegenseitigkeit
PUC	projected unit credit method
PwC	PricewaterhouseCoopers
RAS	Roofing Application Standard
rev.	revised
RdF	Recht der Finanzinstrumente (Zeitschrift)
R/H/B	Roh-, Hilfs- und Betriebsstoffe
RIC	Rechnungslegungs Interpretations Committee
Rn.	Randnummer
RS	Stellungnahmen zur Rechnungslegung
RV	Rentenversicherung
S.	Seite
SAC	subscriber aquisition costs
SASB	Sustainability Accounting Standards Board
sbr	Schmalenbach Business Review (Zeitschrift)
SDAX	Small-Cap-DAX
SEC	Securities and Exchange Commission
SFAC	Statement of Financial Accounting Concept(s)
SFAS	Statement of Financial Accounting Standard(s)
SIC	Standing Interpretations Committee, auch: Interpretationen des Standing Interpretations Committee
s. o.	siehe oben
sog.	sogenannte(-n,-r,-s)
SolvV	Solvabilitätsverordnung
SPD	Sozialdemokratische Partei Deutschlands
SSAP	Statements of Standard Accounting Practice
StB	Steuerberater
str.	steuerrechtlich
s. u.	siehe unten
Swiss GAAP FER	Fachempfehlungen zur Rechnungslegung (Schweiz)
TEUR	Tausend Euro
TransPuG	Transparenz- und Publizitätsgesetz

TU	Tochterunternehmen
u. a.	unter anderem
u. E.	unseres Erachtens
UK	United Kingdom
UKV	Umsatzkostenverfahren
UMAG	Gesetz zur Unternehmensintegrität und Modernisierung des Anfechtungsrechts
UmwG	Umwandlungsgesetz
UmwStG	Umwandlungssteuergesetz
UN	United Nations
US	United States
USA	United States of America
US-GAAP	United States Generally Accepted Accounting Principles
US-SEC	United States Securities and Exchange Commission
u. U.	unter Umständen
u. v. m.	und vieles mehr
v.	von
vgl.	vergleiche
VM	verbleibende, zu verrechnende Vermögensminderung
Vol.	Volume
vs.	versus
VW	Volkswagen AG
WHU	Wissenschaftliche Hochschule für Unternehmensführung – Otto Beisheim School of Management
WiB	Wirtschaftliche Beratung (Zeitschrift)
WM	Wertpapier-Mitteilungen (Zeitschrift)
WP	Wirtschaftsprüfer
WPg	Die Wirtschaftsprüfung (Zeitschrift)
XBRL	eXtensible Business Reporting Language
XETRA	Exchange Electronic Trading
z. B.	zum Beispiel
zfbf	Schmalenbachs Zeitschrift für betriebswirtschaftliche Forschung
zfhF	Zeitschrift für handelswissenschaftliche Forschung
ZGE	Zahlungsmittel generierende Einheit
ZIP	Zeitschrift für Wirtschaftsrecht
ZMGE	Zahlungsmittel generierende Einheiten
z. T.	zum Teil

Informationsnutzen versus Informationskosten

Prof. Dr. Norbert Pfitzer
Wirtschaftsprüfer, Steuerberater
Geschäftsführer
Ernst & Young GmbH Wirtschaftsprüfungsgesellschaft
Stuttgart

Inhaltsverzeichnis

Begrüßung zur Fachtagung 3

Literaturverzeichnis 8

Begrüßung zur Fachtagung

Herzlich Willkommen zur 12. Fachtagung in Frankfurt. Wir freuen uns, dass Sie so zahlreich unserer Einladung gefolgt sind und sich unsere Veranstaltung als ein wichtiges Forum der Experten aus dem Konzernrechnungswesen etabliert hat.

Die diesjährige Fachtagung zum Rechnungswesen im Konzern steht unter dem Motto: »Informationsnutzen versus Informationskosten«. Im Rahmen der externen Rechnungslegung gibt es ein natürliches Spannungsverhältnis und eine enge Wechselbeziehung zwischen dem Informationsnutzen von Abschlüssen für den externen Bilanzadressaten und den zugehörigen Informationskosten für den Bilanzersteller. Auf der einen Seite ist der Bilanzadressat bestrebt, ein möglichst den tatsächlichen Verhältnissen entsprechendes Bild der Vermögens-, Finanz- und Ertragslage des Unternehmens zu erhalten; für den Jahresabschluss verlangt er daher ein Höchstmaß an nützlichen, d.h. an für ihn relevanten, verlässlichen und vergleichbaren Informationen. Relevanz, Verlässlichkeit und Vergleichbarkeit determinieren den Nutzen der Information. Auf der anderen Seite ist der Bilanzersteller daran interessiert, den für die Unternehmensberichterstattung notwendigen Prozess der Informationsbeschaffung, -verarbeitung und -bereitstellung möglichst effizient und somit kostengünstig zu gestalten. Bei der Wahl zwischen konkurrierenden Rechnungslegungssystemen stellen Kosten-Nutzen-Überlegungen für die bilanzierenden Unternehmen daher ein wichtiges Entscheidungskriterium dar.

Dem Wirtschaftlichkeitsgedanken folgend ist der zusätzliche Nutzen der Generierung einzelner Informationen gegen die dadurch verursachten Kosten abzuwägen. Der Nutzen von zusätzlichen Informationen und zusätzlicher Genauigkeit muss die Kosten der Informationsbeschaffung und Informationsverarbeitung rechtfertigen. Im Grundsatz muss also der Grenznutzen der Information die Grenzkosten ihrer Erstellung übersteigen.

Diese Überlegungen haben aber nicht nur eine betriebswirtschaftliche, sondern auch eine volkswirtschaftliche und darüber hinaus eine gesamtgesellschaftliche Relevanz. Es geht hier um die Funktionsfähigkeit, die Effizienz von Finanzmärkten und um das Vertrauen in die Finanzmärkte. Aufgabe von Rechnungslegung und Abschlussprüfung ist es, Informationsasymmetrien zwischen Nachfragern und Anbietern von Kapital zu überbrücken und negative externe Effekte zu vermeiden. Wenn also Kosten analysiert werden, dann müssen solche negativen externen Effekte – also nachteilige Auswirkungen auf Parteien, die nicht Vertragsparteien sind (vgl. *Gabler* (2014), S. 1082) – berücksichtigt werden. So haben in den Jahren 2001/2002 aufgrund des Versagens von Rechnungslegung und Prüfung in einigen konkreten Fällen (*Enron, World.com*) Millionen von US-Bürgern ihre Altersversorgung verloren. Die jüngste Wirtschafts- und Finanzkrise wurde sicherlich nicht durch die Rechnungslegung verursacht, jedoch wird dem *fair value*-Konzept von der ein oder anderen Seite eine Katalysator-Funktion als Brandbeschleuniger zugeschrieben (vgl. etwa *Bieg, Hartmut/Bofinger, Peter/Küting, Karlheinz/Kußmaul, Heinz/Waschbusch, Gerd/Weber, Claus-Peter* (2008), S. 2551; *Küting, Karlheinz/Pfitzer, Norbert/Weber,*

Claus-Peter (2013), S. 232). Diese negativen externen Effekte müssen i. R. v. Kosten-Nutzen-Analysen berücksichtigt werden.

Während sich die Kosten der Rechnungslegung mit den Bereichen *standardsetting*, Erstellung, Prüfung, Überwachung (der Prüfer und der Rechnungsleger) sowie negativer externer Effekte bei Versagen zumindest dem Grunde nach relativ gut abgrenzen lassen, ist die Quantifizierung des Nutzens schwieriger. Den Einstieg in dieses Thema »Quantifizierung des Informationsnutzens« will ich mit einer Frage nehmen, die ich an Sie richte: Wenn Sie gefragt werden, ob ein Unternehmen wirtschaftlich erfolgreich ist und Sie nur einen Blick frei haben – wo schauen Sie hin?

Zu dieser Frage gibt es empirische Untersuchungen, die eine relativ eindeutige Antwort liefern: In die GuV und dort auf das Jahresergebnis (*annual result*). Im *Conceptual Framework* wird das »*annual result*« explizit als »*measure for (profitability) performance*« bezeichnet und die Messgröße »*Earnings per share*« (IAS 33) ist an sehr prominenter Stelle offen zu legen. Trotzdem habe ich den Eindruck, dass das *IASB* in der Vergangenheit Abbildungsprobleme vorrangig aus dem Blickwinkel der Bilanz gelöst und die Konsequenzen für die GuV mehr oder weniger in Kauf genommen hat. Wenn die ergebniswirksame Erfassung von Wertänderungen von *assets* und *liabilities* allzu fragwürdig erscheint, werden diese an der GuV vorbei über das OCI ins Eigenkapital gebucht, ohne dass dabei systematische Grundsätze erkennbar werden. Das bilanzgetriebene Konzept des *fair value* lässt sich insbesondere damit begründen, dass die Performance der Unternehmen unter Berücksichtigung sämtlicher Änderungen von Marktparametern (z. B. *asset*-Preise, Zinsniveau) gemessen werden soll. Trotzdem gibt es *fair value*-Änderungen, die erst bei Abgang im Ergebnis oder zunächst nur im OCI (Eigenkapital) erfasst werden, um dann später, bei Abgang, ins Ergebnis recycelt zu werden. Liefert dieses Konzept nützliche Informationen?

Der seit Anfang des Jahres anzuwendende geänderte Standard zu Pensionsrückstellungen sieht vor, dass versicherungsmathematische Gewinne und Verluste im sonstigen Ergebnis (OCI) berücksichtigt werden (vgl. IAS 19.120(c)). Das sind Rückstellungsänderungen insbesondere aufgrund einer Veränderung des Zinsniveaus oder geänderter Lebenserwartung. Damit sollen Schwankungen, die nichts mit der operativen Performance zu tun haben, im Eigenkapital erfasst werden. Dies steht aber zum einen im Widerspruch zur Performance-Messung unter Berücksichtigung der für die Unternehmen relevanten Marktparameter. Zum anderen gibt es andere langfristige Rückstellungen – z. B. bei den Energieversorgern – bei denen Zinsniveauänderungen ins Ergebnis gehen. So haben die vier großen Versorger langfristige Rückstellungen i. H. v. 30 Mrd. Euro für den AKW-Rückbau gebildet. Diese Zahl ist kürzlich durch die Presse gegangen, weil die Arbeitsgruppe »Umwelt« i. R. d. Koalitionsverhandlungen in Erwägung gezogen hat, die Unternehmen zu verpflichten, die Mittel in einen Fonds einzuzahlen, mit der Begründung, dass die Rückstellungsgegenwerte bei den Unternehmen nicht insolvenzsicher seien und die Gefahr bestünde, dass am Ende der Steuerzahler einspringen müsse (vgl. etwa *SpiegelOnline* (2013)). Dies ist auch ein Beispiel dafür, wie Regulierungswut zu negativen externen Effekten führen kann, denn, wenn diese Mittel den Unternehmen tatsächlich entzogen werden, dann werden die durch die Energiewende ohnehin schon geschwächten Versorger weiter geschwächt, ggf. verbunden mit der Gefährdung der Sicherheit der Stromversorgung und daraus folgenden negativen externen Effekten auf die Gesamtwirtschaft.

Das ist aber nicht unser Thema. Unser Thema ist, weshalb Zinsniveauänderungen bei Pensionsrückstellungen, im Gegensatz zu anderen langfristigen Rückstellungen, nicht in die Performance-Messung einfließen. Unterschiedliche Abbildungsregeln für gleichartige Sachverhalte mindern den Nutzen der Information, weder für das Zinsniveau noch für die Lebenserwartung lässt sich die Erfassung im OCI damit begründen, dass nicht vorübergehende Marktschwankungen unberücksichtigt bleiben sollen, denn in beiden Fällen handelt es sich eher um langfristige Trends. Ein Blick in die Bilanzierungspraxis zeigt uns Folgendes: Bei *VW*, die den neuen Standard schon früher angewandt haben, wäre der Gewinn vor Steuern 2012 um 1 Mrd. Euro niedriger gewesen (vgl. *Volkswagen AG* (2013), S. 251). Nun kann man sagen, dass das bei einem Gewinn von 25 Mrd. Euro nicht so ins Gewicht fällt. Bei *Siemens* sind es 2,1 Mrd. Euro erfolgsneutrale Rückstellungszuführung. Dies sind rund 30 % des Vorsteuergewinns 2012 (vgl. *Siemens AG* (2013), S. 148f.).

Auch die Abbildung des *goodwill* ist bilanzgetrieben. Das für die Performance-Messung maßgebliche *matching principle* konnte offenbar nicht verhindern, dass der bilanzorientierte *impairment only approach* Einzug in die Standards gehalten hat. Im *goodwill* werden künftige (Über-)Gewinne abgegolten. Nach dem *matching principle* sind diesen Erträgen die Aufwendungen gegenüberzustellen, die sie alimentiert respektive verursacht haben. Unter dem Blickwinkel der Performance-Messung hätte somit die planmäßige Abschreibung des sich im Laufe der Zeit verflüchtigenden erworbenen *goodwill* sicherlich den höheren Informationsnutzen. Dies gilt umso mehr, als eine zutreffende (Einzel-)Bewertung nach dem *impairment only approach* in vielen Fällen nicht erfolgt. Abwertungen beschränken sich in aller Regel auf Fälle, in denen »diversifizierende« Zukäufe getätigt worden sind. Akquisitionen zur Erweiterung bestehender Geschäftsbereiche führen hingegen zu keinem *impairment*, solange die Wertverluste durch den originären *goodwill* der aufnehmenden Einheit (CGU) gedeckt sind. Das mag eine Erklärung für die trotz Finanz- und Wirtschaftskrise geringen *goodwill*-Abwertungen sein. So hat *Küting* in einer in der DStR veröffentlichten Untersuchung der *goodwill*-Abschreibungen 2012 festgestellt:

Wenn überhaupt wurden die ausgewiesenen Geschäfts- oder Firmenwerte im Vergleich zu ihren vorherigen Restbuchwerten nur in geringem Maße abgewertet, während Großabschreibungen sich auf wenige Ausnahmefälle beschränkten (vgl. *Küting, Karlheinz* (2013), S. 1800f.). Zugleich sei mit Blick auf die Informationskosten der IFRS-Bilanzierenden zu konstatieren, dass die Anforderungen an *impairment*-Rechnungen sukzessive deutlich gestiegen und teilweise von den Unternehmen selbstständig und ohne die Hilfe externer Berater kaum noch zu bewerkstelligen seien.

Der *impairment only approach* ist für mich ein typisches Beispiel für eine Erhöhung der Informationskosten, bei geringerem Informationsnutzen.

Auch der neue Leasing-Standard ist bilanzgetrieben, zur Verbesserung der Performance-Messung brauchen wir ihn nicht!

Nachdem in der Praxis das Jahresergebnis eine hohe Relevanz hat, würde ich mir wünschen, dass das *IASB* sich stärker darum bemüht, Rahmengrundsätze für die Performance-Messung zu entwickeln, die im Konfliktfall bilanzgetriebene Abbildungsmodelle, die die Performance-Messung beeinträchtigen, verhindern. Man muss dabei wahrlich nicht gleich soweit gehen wie *Schmalenbach*, der den Konflikt zwischen der Darstellung der Vermögenslage und der Darstellung der Ertragslage nach dem Dominanzprinzip zugunsten der Ertragslage gelöst und der Bilanz nur eine Hilfsfunktion beigemessen hat (vgl. *Schmalenbach, Eugen* (1953), S. 27 ff.).

Auch weitere Kritikpunkte will ich kurz anreißen: Wir beobachten in der internationalen Rechnungslegung eine Entwicklung, die im Widerspruch zu wesentlichen Anforderungen steht, denen ein Bilanzregelwerk grundsätzlich genügen sollte. Jedes Rechnungslegungsnormensystem sollte demnach bezahlbar, verständlich und praktisch umsetzbar sein. Seit einigen Jahren mehren sich die kritischen Stimmen, u. a. aus der Unternehmens- und Prüfungspraxis, der Fachwissenschaft und dem Rechnungslegungs-*Enforcement*, die der IFRS-Rechnungslegung ein zunehmendes Missverhältnis zwischen Informationsnutzen und Informationskosten attestieren und den vom internationalen *Standardsetter* eingeschlagenen Weg bei der Fortentwicklung des IFRS-Regelwerks immer mehr kritisieren und infrage stellen. Zum Beispiel prognostizierte *Moxter* bereits im Jahr 2006, dass das IFRS-Regelwerk »in zehn Jahren noch komplizierter, unübersichtlicher, unbeständiger, diffuser, redundanter und unsystematischer sein wird« (*Moxter, Adolf* (2006), S. I). Diese Vorhersage hat sich m. E. bereits heute mehr als bewahrheitet.

Es steht offenkundig der berechtigte Vorwurf einer zu hohen Komplexität der IFRS-Rechnungslegung im Raum. Die Umsetzung vieler IFRS beansprucht wichtige Ressourcen der bilanzierenden Unternehmen und verursacht damit zusätzliche Kosten, ohne dabei einen Zuwachs an echtem Informationsnutzen für den Bilanzleser zu generieren, insbesondere, wenn Vergleichbarkeit und Verlässlichkeit der Informationen beeinträchtigt und damit die Prüfbarkeit – sowohl für den Enforcer als auch für den Abschlussprüfer – gefährdet ist.

Dazu gehören z. B., neben den bereits angeführten, die folgenden Themen:
- Anwendung des *fair value* bei *level*-3-Bewertungen;
- Entwicklungskosten;
- Trennung von *goodwill* und selbstgeschaffenen immateriellen Vermögenswerten i. R. d. *purchase price allocation*;
- negativer *goodwill* (*bargain purchases*);
- *fair value measurement* von *investment property*.

Alle diese Abbildungskonzepte sind bilanzgetrieben und führen zu erheblichen Prognoseproblemen, die den Einsatz von div. Schätz- und Bewertungsverfahren sowie den weitreichenden Rückgriff auf Aspekte der Unternehmensplanung fordern. Dadurch wird die gesamte Rechnungslegung schwieriger und kostenaufwendiger. Der Informationsnutzen erhöht sich indes nicht zwangsläufig, da mit dem zunehmenden Einfluss zukunftsorientierter Schätzungen und Annahmen generelle Verlässlichkeits-, Vergleichbarkeits- und damit Prüfbarkeitsdefizite der offengelegten Abschlussinformationen einhergehen. Diese Defizite mindern den Nutzen der Information und erhöhen übrigens auch das Risiko, dass negative externe Effekte eintreten. Worin ist etwa der Informationsnutzen von aktivierten Entwicklungskosten zu sehen, wenn z. B. in der europäischen Automobilindustrie von einzelnen Unternehmen zwischen 5 % und 52 % der angefallenen Entwicklungskosten aktiviert werden? (vgl. *Eiselt, Andreas/Bindick, Friederike* (2009), S. 76).

Prüfung und Testat ändern sich von einer Ordnungsmäßigkeits- und Richtigkeitsprüfung zu einer Prüfung auf Plausibilität und Vertretbarkeit mit den entsprechenden weiten Beurteilungsspielräumen – wie dieses Beispiel sehr gut zeigt. Der IFRS-Abschluss ist im eigentlichen Sinn schwer prüfbar, da er in wesentlichen Teilen den Charakter einer Planungs- und Unternehmenswertrechnung mit starkem Zukunftsbezug hat. Für den Testatsempfänger ist das Risiko einer Fehlinterpretation höher als im HGB-Abschluss. Die Beurteilungsspanne für die Plausibilitätsbeurteilung und die Abhängigkeit von der Realisierung der angenommenen Zukunftserwartungen sind im IFRS-Abschluss deutlich größer als im HGB-Abschluss.

Bei aller hier vorgetragenen Kritik will ich aber auch festhalten, dass wir einen globalen Standard für die Rechnungslegung brauchen. Wenn ich 10–15 Jahre zurückblicke und mich an Diskussionen mit unseren amerikanischen Freunden erinnere, dann waren diese stets der Auffassung, dass sich das beste *accounting framework* im Wettbewerb der Systeme durchsetzen solle und werde. Sie haben dies nicht zuletzt vor dem Hintergrund dessen gesagt, dass die US-GAAP auf dem größten Kapitalmarkt der Welt anzuwenden sind und damals schon eine globale Reichweite hatten, sie sagten es auch in der Erwartung, dass sich die US-GAAP durchsetzen werden. Es ist, wie wir alle wissen, anders gekommen. Die IFRS werden heute in über 100 Ländern der Welt angewendet. Sie sind die globale Sprache der Rechnungslegung und schaffen weltweit einheitliche Bedingungen für den Wettbewerb um Kapital. Deshalb kann ich mein Verhältnis zu den IFRS in drei Aussagen zusammenfassen:
1. Wir brauchen die IFRS.
2. Es gibt nichts Besseres.
3. Es gibt erheblichen Verbesserungsbedarf.

Letzteres hat auch das *IASB* erkannt, wie aus seinem im Dezember 2012 veröffentlichten *Feedback Statement* zur *Agenda Consultation* 2011 erkennbar wird (vgl. *IASB* (2012)). Es sind fünf klare Botschaften:
1. Wir brauchen eine Phase der Ruhe (*period of calm*).
2. Höchste Priorität soll auf die Erarbeitung des *conceptual framework* gelegt werden.
3. Gezielte Veränderungen der Standards sollen angestrebt werden. Hier wird u. a. gesagt: »*Of particular importance will be how financial performance is presented,*

including consideration of the role of other comprehensive income and recycling« (*IASB* (2012), S. 7).
4. Schwerpunkt soll die Instandhaltung existierender Standards (vor der Neuentwicklung) einschließlich *post implementation review* mit besonderem Wert auf *enforceability* der Standards sein.
5. Verbesserung des Entwicklungsprozesses der Standards, dadurch, dass vor Veröffentlichung eines *Discussion Paper* Forschungsarbeit geleistet werden soll, die auch Kosten-Nutzen-Analysen beinhalten soll.

Ich habe den Eindruck, dass das *IASB* mit diesen fünf Kernbotschaften zu seiner künftigen Arbeit auf einem guten Weg ist.

Literaturverzeichnis

Bieg, Hartmut/Bofinger, Peter/Küting, Karlheinz/Kußmaul, Heinz/Waschbusch, Gerd/Weber, Claus-Peter (2008): Die Saarbrücker Initiative gegen den Fair Value, in: DB 2008, S. 2549–2552.
Eiselt, Andreas/Bindick, Friederike (2009): Empirische Analyse von Forschungs- und Entwicklungsaktivitäten am Beispiel der europäischen Autoindustrie, in: PiR 2009, S. 72–77.
Gabler (2014): Gabler Wirtschaftslexikon, 18. Auflage, Wiesbaden 2014.
IASB (2012): Feedback Statement: Agenda Consultation 2011, abrufbar unter: http://www.ifrs.org/Current-Projects/IASB-Projects/IASB-agenda-consultation/Documents/Feedback-Statement-Agenda-Consultation-Dec-2012.pdf – Stand: 05.03.2014.
Küting, Karlheinz (2013): Der Geschäfts- oder Firmenwert in der deutschen Konsolidierungspraxis 2012 – Ein Beitrag zur empirischen Rechnungslegungsforschung, in: DStR 2013, S. 1794–1803.
Küting, Karlheinz/Pfitzer, Norbert/Weber, Claus-Peter (2013): IFRS oder HGB? Systemvergleich und Beurteilung, 2. Auflage, Stuttgart 2013.
Moxter, Adolf (2006): Absehbarer Abschied von der HGB-Bilanzierung?, in: BB 2006, Editorial zu Heft 13, S. I.
Schmalenbach, Eugen (1953): Dynamische Bilanz, unter Mitwirkung von Bauer, Richard, 11. Auflage, Köln/Opladen 1953.
Siemens AG (2013): Geschäftsbericht 2012, München 2013.
SpiegelOnline (2013): Energiewende: Union und SPD erwägen Fonds für AKW-Abrisskosten, in: SpiegelOnline vom 14.11.2013, abrufbar unter: http://www.spiegel.de/wirtschaft/soziales/union-und-spd-erwaegen-fonds-fuer-akw-abrisskosten-a-933482.html – Stand: 05.03.2014.
Volkswagen AG (2013): Geschäftsbericht 2012, Wolfsburg 2013.

Kritische Bestandsaufnahme der Bilanzierungspraxis in Deutschland
– Würdigung des Kosten-Nutzen-Postulats aus der Sicht eines Aufsichtsratsmitglieds –

Prof. Dr. Klaus Trützschler[1]
Mitglied verschiedener Aufsichts- und Beiräte
Essen

Inhaltsverzeichnis

1	Einleitung	11
2	Aufsichtsrat und Rechnungswesen	12
2.1	Zusammenhang zwischen Rechnungslegung und aufsichtsrechtlicher Tätigkeit	12
2.2	Forderungen eines Aufsichtsrats an die Rechnungslegung	13
3	Ausgewählte Problemfelder der IFRS-Rechnungslegung	15
3.1	Auswahl einzelner Themenkomplexe	15
3.2	Bestandsaufnahme anhand ausgewählter Einzelfragen	15
3.2.1	Problematik des information overload im Anhang	15
3.2.2	Problematik des goodwill	17
3.2.3	Problematik der Rückstellungsbilanzierung	20
3.2.4	Problematik der Gesamtergebnisrechung nach IFRS	22

---

[1] Der folgende Beitrag basiert auf der Rede, die Prof. Dr. Klaus Trützschler anlässlich der 12. Fachtagung: Das Rechnungswesen im Konzern gehalten hat. Die Herausgeber bedanken sich beim Autor für das zur Verfügung gestellte Manuskript und die Aufbereitung des Beitrags. »Nur wenige Tage vor der »12. Fachtagung: Das Rechnungswesen im Konzern« hatten Prof. Küting und ich vereinbart, dass wir aufbauend auf meiner Fachtagungsrede einen gemeinsamen Beitrag zur kritischen Bestandsaufnahme der Bilanzierungspraxis in Deutschland verfassen wollen. Die Nachricht vom Tod von Prof. Küting hat mich dann total überrascht und tief erschüttert. Sein überragendes Fachwissen auf dem Gebiet der Bilanzierung, seine sachlich kritische Auseinandersetzung mit der Entwicklung der Bilanzierungspraxis sowie seine unerschütterliche Geradlinigkeit und die ihn so auszeichnende Menschlichkeit werden mir fehlen« (Prof. Dr. Klaus Trützschler).

4	Kritische Würdigung im Kontext des Kosten-Nutzen-Postulats	23
5	Fazit und Ausblick	26
Literaturverzeichnis		26

1 Einleitung

Die Aufgaben eines Aufsichtsrats haben sich durch die Entwicklungen in der jüngsten Vergangenheit stark verändert (vgl. für einen Überblick *Lutter, Marcus* (2010), S. 775 ff.). Dazu hat mitunter neben KonTraG, TransPuG und UMAG auch die jüngste Rechtsprechung beigetragen (vgl. *Ruhwedel, Peter* (2012), S. 187). Über diese Regelungen hinaus erfolgt auch durch den Deutschen Corporate Governance Index eine kontinuierliche Ausweitung der Regelungen sowie Anforderungen an die Aufsichtsratstätigkeit (vgl. hierzu exemplarisch *v. Werder, Axel* (2011)).

Neben diesen regulatorischen Anforderungen haben sich die Aufgabengebiete eines Aufsichtsrats auch durch die jüngsten Finanz- und Wirtschaftskrisen massiv verändert. Dies liegt in der Tatsache begründet, dass in dieser Zeit auch die Aufsichtsräte, insbesondere der Vorsitzende, stark in unternehmensinterne Prozesse eingebunden wurden (vgl. *Ruhwedel, Peter* (2012), S. 187). Die hieraus entstandenen positiven Erfahrungen werden wohl zukünftig dafür sorgen, die Überwachungsfunktion des Aufsichtsrats, die bereits heute als wichtigste Aufgabe gilt (vgl. *Prigge, Stefan* (2012), S. 77), weiter in den Vordergrund zu rücken. Dieser Überwachungsfunktion kann der Aufsichtsrat indes nur gerecht werden, wenn er über ausreichend Informationen und Kenntnisse verfügt (vgl. statt vieler *Lutter, Marcus* (2006); *Theisen, Manuel R.* (2007)). Als wichtiges Informationsinstrument können dabei die Bilanz sowie die damit unmittelbar zusammenhängenden einschlägigen Rechnungslegungsvorschriften bezeichnet werden. Denn: Die »Rechnungslegung ist ein Spiegel der Realität« (*Leibfried, Peter* (2007), S. 75). Sie transformiert Geschäftsprozesse in Zahlenmaterial, welches interne Entscheidungsträger bei der Unternehmensführung und -überwachung unterstützt sowie externen Adressaten die Vermögens-, Finanz- und Ertragslage offenlegen soll (vgl. *Küting, Karlheinz/ Weber, Claus-Peter/Keßler, Marco* (2007), S. 3).

Die externe Rechnungslegung ist damit unmittelbar mit der Aufsichtsratstätigkeit verknüpft. Daher erscheint es notwendig, die in Deutschland anzuwendenden Rechnungslegungsvorschriften, namentlich die IFRS für kapitalmarktorientierte Unternehmen sowie das HGB für nicht-kapitalmarktorientierte Unternehmen, unter dem Blickwinkel eines Aufsichtsratsmitglieds zu analysieren. Im Rahmen dieses Beitrags soll daher in einem ersten Schritt aufgezeigt werden, welche gesetzlichen Vorschriften die Anforderungen und Aufgabengebiete eines Aufsichtsratsmitglieds inhaltlich konkretisieren. Gleichzeitig muss jedoch auch aus Sicht eines Aufsichtsratsmitglieds eruiert werden, wie ein Rechnungslegungssystem ausgestaltet sein muss, damit der Aufsichtsrat den gesetzlichen Anforderungen überhaupt gerecht werden kann. Diese Ausführungen bilden sodann die Grundlage, um in Kapitel 3 einzelne rechnungslegungsspezifische Themengebiete an den vorab dargelegten Forderungen zu spiegeln. Kapitel 4 würdigt schließlich die gemachten Ausführungen unter dem Gesichtspunkt des Kosten-Nutzen-Postulats. Der Beitrag schließt mit einem Fazit.

2 Aufsichtsrat und Rechnungswesen

2.1 Zusammenhang zwischen Rechnungslegung und aufsichtsrechtlicher Tätigkeit

Die gesetzlich kodifizierten Aufgaben des Aufsichtsrats resultieren aus § 111 Abs. 1 AktG. Dort heißt es: »Der Aufsichtsrat hat die Geschäftsführung zu überwachen«. Schließt man sich der in der Literatur wohl überwiegenden Meinung an, die dies als funktionalen Überwachungsauftrag interpretiert (vgl. *Roth, Markus* (2004), m. w. N.), so muss der Aufsichtsrat seine Kontrollaufgabe für die Gesellschafter sowohl im Gesellschafts- als auch im Unternehmensinteresse wahrnehmen (vgl. *Hopt, Klaus J./Roth, Markus* (2005), Rn. 52). Der dabei zugrunde zu legende Maßstab des Handelns sowohl für den Aufsichtsrat als auch den Vorstand ist das Wohl der Gesellschaft. Dies ergibt sich unmittelbar aus § 93 Abs. 1 Satz 2 i. V. m. § 116 Satz 1 AktG.

Ausgehend von dieser gesetzlichen Regelung stellt sich die Frage, inwieweit der Aufsichtsrat im Rahmen seiner Tätigkeiten mit der konkreten Bilanzierungspraxis in Berührung kommt. Dies gilt insbesondere vor dem Hintergrund, dass die operative Verantwortung für die Rechnungslegung der jeweiligen Gesellschaft in den Zuständigkeitsbereich des Vorstands fällt. Von der Geschäftsleitung ist der Aufsichtsrat seit dem Aktiengesetz im Jahre 1937 ausgeschlossen (vgl. § 95 Abs. 5 Satz 1 AktG (a. F.), nunmehr kodifiziert in § 111 Abs. 4 Satz 1 AktG). Dies bedeutet zugleich, dass die offenen Fragestellungen, die aus der Anwendung der unterschiedlichen Rechnungslegungsvorschriften resultieren, von den operativ Verantwortlichen zu lösen sind. Demnach kann konstatiert werden, dass der Aufsichtsrat letztlich nicht in unmittelbare Bilanzierungsentscheidungen involviert ist.

Bei der Beantwortung der Frage, inwieweit er dennoch mit der Bilanzierungspraxis konfrontiert wird, lohnt ein Blick auf die §§ 107 Abs. 3 sowie 111 Abs. 2 AktG, die Hinweise auf konkrete Gegenstände der aufsichtsrechtlichen Überwachungstätigkeit geben. Hiernach sind Bücher und Abschlüsse der Gesellschaft samt Rechnungslegungsprozess und Abschlussprüfung sowie die Wirksamkeit von Risikomanagement und internem Kontrollsystem i. R. d. Überwachungsfunktion heranzuziehen. Das interne Kontrollsystem (IKS) ist dabei ganzheitlich zu verstehen und beinhaltet neben der Rechnungslegung, die Einhaltung der gesetzlichen Bestimmungen und internen Richtlinien (*compliance*) sowie die Kontrolle operativer Risiken (vgl. *Arbeitskreis Externe Unternehmensrechnung und Arbeitskreis Interne Überwachung der Unternehmung der Schmalenbach-Gesellschaft für Betriebswirtschaft e. V.* (2009), S. 1281).

In den Fällen, in denen qua Gesetz ein Aufsichtsrat zu bilden ist – also bei AG's und großen GmbH's (vgl. § 1 Abs. 3 DrittelbG sowie § 52 GmbHG) – schreibt § 171 Abs. 1 AktG vor, dass dieser den Jahresabschluss, den Lagebericht sowie den Vorschlag für die Verwendung des Bilanzgewinns, und bei Mutterunternehmen (MU) auch den Konzernabschluss samt des dazugehörigen Lageberichts zu prüfen hat.

Über das Ergebnis hat er zudem schriftlich an die Hauptversammlung zu berichten (vgl. § 171 Abs. 2 Satz 1 AktG). Soweit ein Prüfungsausschuss gebildet wurde, hat dieser u. a. die Aufgabe, sich mit der Überwachung des Rechnungslegungsprozesses und der Abschlussprüfung zu befassen. Weitergehend hat er sich zudem mit der Wirksamkeit des IKS, der Revision und des Risikomanagementsystems zu befassen, wobei der Frage, wie die Wirksamkeit jeweils zu prüfen ist, vom Gesetzgeber nicht weiter nachgegangen wurde. Ist kein gesonderter Prüfungsausschuss gebildet, so obliegen seine Aufgaben dem gesamten Aufsichtsrat.

Daraus folgt, dass die in Deutschland vorherrschenden Bilanzierungsnormen auch den Aufsichtsrat treffen, und zwar in seiner Gesamtheit unabhängig davon, ob ein Prüfungsausschuss gebildet wurde oder nicht. Da der Aufsichtsrat qua Gesetz den Jahres- und Konzernabschluss zu prüfen und darüber hinaus auch einen Bericht an die Hauptversammlung zu geben hat, setzt das auf Seiten des Aufsichtsrats zumindest grundlegende Kenntnisse der in Deutschland für die Bilanzierung anzuwendenden Rechnungslegungsvorschriften voraus. Erst dann können die vom Vorstand und Abschlussprüfer gegebenen Erläuterungen kritisch hinterfragt werden. Das kritische Hinterfragen ist dabei – neben dem aufmerksamen Lesen des Jahresabschlusses, des Lageberichts und des WP-Berichts – der wohl bedeutsamste Bestandteil der Jahresabschlussprüfung durch den Aufsichtsrat, während die Jahresabschlussprüfung durch den Abschlussprüfer schon per Gesetz eine deutlich tiefergehende Prüfung und damit detailliertere Kenntnisse seitens des Wirtschaftsprüfers verlangt.

2.2 Forderungen eines Aufsichtsrats an die Rechnungslegung

Da die Beherrschung der gesamten Rechnungslegungsnormen schon für denjenigen, der sich von Berufs wegen ständig damit auseinanderzusetzen hat, ein schwer zu verstehendes und nachzuvollziehendes Themengebiet ist, wäre es aus Sicht des Aufsichtsrats natürlich wünschenswert, dass der Gesetzgeber ein einheitliches, in sich konsistentes, nachhaltiges Regelwerk für alle Gesellschaften sowie für den Jahres- und Konzernabschluss vorgibt, das eindeutige Vorschriften formuliert und den mit der Abschlusserstellung verbundenen Aufwand und folglich auch den mit der Prüfung des Jahresabschlusses durch den Aufsichtsrat verbundenen Aufwand in vertretbaren Grenzen hält. Dies würde gleichzeitig auch die Fehleranfälligkeit bei der Abschlusserstellung deutlich eindämmen.

Die Realität in Deutschland sieht allerdings anders aus. Mit den HGB-Vorschriften zur Rechnungslegung und den IFRS-Regeln existieren zwei sich sowohl von den Rechnungslegungszielen (vgl. *Wagenhofer, Alfred* (2002), S. 231) als auch vom dominierenden Rechnungslegungszweck divergierende Regelwerke. Während die IFRS die Entscheidungsnützlichkeit der Informationen in den Vordergrund rücken (vgl. *Framework* (2010), OB2 sowie IAS 1.15), dient das HGB hauptsächlich dem

Zweck, einen vorsichtig bemessenen, dem Unternehmen entziehbaren Betrag zu ermitteln (vgl. *Moxter, Adolf* (1997), S. 347). Dies führt letztlich zu einer »Zweiklassen-Bilanzierungsgesellschaft«. Auf der einen Seite die kapitalmarktorientierten Unternehmen mit der Pflicht, den Konzernabschluss gemäß IFRS aufzustellen (vgl. *Europäisches Parlament* (2002), Art. 4), und auf der anderen Seite die nicht-kapitalmarktorientierten Unternehmen, die von dem Wahlrecht, ihren Konzernabschluss ebenfalls gemäß IFRS aufstellen zu können (vgl. § 315a Abs. 3 HGB), nur mit einer überschaubaren Minderheit Gebrauch machen (vgl. *Küting, Karlheinz/Lam, Siu* (2012)). Aber damit nicht genug: Auch bei den kapitalmarktorientierten Unternehmen gelten die IFRS-Vorschriften pflichtgemäß nur für den Konzernabschluss, während der Einzelabschluss zwar für Offenlegungszwecke auch nach IFRS aufgestellt werden kann, dann aber daneben pflichtgemäß ein zweiter Jahresabschluss für die Ausschüttungsbemessung nach Maßgabe der HGB-Vorschriften erstellt werden muss (vgl. § 325 Abs. 2(a) Satz 1 HGB), der wiederum durch den Aufsichtsrat festzustellen ist. Zudem dient er als Ausgangspunkt für die Erstellung der Steuerbilanz.

Dieses Nebeneinander von IFRS- und HGB-Regelwerk bzgl. Jahres- und Konzernabschluss in den Aufsichtsratssitzungen, in denen der Jahresabschluss zu behandeln und zu verabschieden ist, führt zwangsläufig zu Irritationen. Insbesondere in den Fällen, in denen ein IFRS- und ein HGB-Jahresabschluss mit voneinander abweichenden Jahresergebnissen vorliegen, trägt dies nicht gerade dazu bei, das Vertrauen in die objektive Richtigkeit der Jahresabschlüsse zu stärken – zumindest bei denjenigen Mitgliedern des Aufsichtsrats, die keine tiefergehenden Rechnungslegungskenntnisse besitzen. Hinzu kommt, dass die Behandlung des naturgemäß deutlich umfangreicheren Konzernabschlusses aufgrund der höheren Komplexität eines IFRS-Abschlusses (vgl. *Küting, Karlheinz* (2012b) sowie *ders.* (2011b)) und dem sich daraus ergebenden größeren Schwierigkeitsgrad des Verstehens einen wesentlich breiteren Raum in der Diskussion einnimmt, während die Auseinandersetzung mit dem Jahresabschluss gemäß HGB der Gefahr ausgesetzt ist, deutlich zu kurz zu kommen.

Vor diesem Hintergrund ist daher zu überprüfen, inwieweit die Normen der IFRS-Regelungen es zulassen, dass der Aufsichtsrat seinen vorgegebenen gesetzlichen Anforderungen hinsichtlich der ihm obliegenden Jahresabschlussprüfung fundiert nachkommen kann. Auf einem wissenschaftlichen Symposium, das die *Deutsche Prüfstelle für Rechnungslegung e. V.* (DPR) in diesem Jahr anlässlich der Verabschiedung ihres Vizepräsidenten *Berger* in Berlin veranstaltete, wurden u. a. folgende Forderungen erhoben, die voll und ganz auch aus der Sicht der Aufsichtsräte zu unterstützen sind (vgl. *FAZ* (2013)):

Das Regelwerk solle so gestaltet sein, dass
- die Rechnungslegung das Geschäftsmodell des jeweiligen Unternehmens richtig widerspiegelt;
- die Bilanz objektive Werte enthält;
- seine Einhaltung leicht überprüfbar ist.

Dies impliziert zugleich, dass der Bilanzersteller es u. a. ermöglicht bekommt, seinen Gremien einen Abschluss vorzulegen, der übersichtlich, verständlich, in seinen Aussagen nachvollziehbar und weitgehend objektiv richtig ist. Diese Forderungen müssen anhand des IFRS- Rechnungslegungssystems an der aktuellen Bilanzierungspraxis gespiegelt werden.

3 Ausgewählte Problemfelder der IFRS-Rechnungslegung

3.1 Auswahl einzelner Themenkomplexe

Der Versuch des deutschen Gesetzgebers, mit dem Bilanzrechtsmodernisierungsgesetz (BilMoG) das HGB zu internationalisieren und insoweit den IFRS anzugleichen, hat nur in Nuancen zu Verbesserungen geführt. In für die Abschlusserstellung wesentlichen Punkten, wie z. B. der Bilanzierung des *goodwill*, den Rückstellungen, dem Anhang oder der Gesamtergebnisrechnung bestehen weiterhin deutliche Unterschiede (vgl. hierzu ausführlich *Küting, Karlheinz/Pfitzer, Norbert/Weber, Claus-Peter* (2013)).

Dies wird sich leider auch in absehbarer Zukunft nicht ändern. Daher bietet es sich insbesondere an, diese Themenkomplexe einer eingehenden Prüfung zu unterziehen und herauszuarbeiten, ob die nach IFRS divergierende Behandlung dieser Bilanzierungsfelder zu einer verbesserten Information für die aufsichtsrechtlichen Tätigkeiten führt. Hier ist insbesondere auch auf die Intention des *IASB* einzugehen, das die Auffassung vertritt, dass die einschlägigen Regelungen zu Zahlen führen sollten, die relevant und nachprüfbar sind. Die Reihenfolge hierbei ist allerdings – sofern man die Ausführungen *Edelmanns*, seines Zeichens deutsches Mitglied im *IASB*, zugrunde legt – klar determiniert. »Die Relevanz einer Kennzahl ist wichtiger als die leichte Nachprüfbarkeit. Wobei Relevanz diejenige für die Anleger ist« (vgl. *FAZ* (2013)).

3.2 Bestandsaufnahme anhand ausgewählter Einzelfragen

3.2.1 Problematik des information overload im Anhang

Als eine der wohl größten Herausforderungen, mit der sich sowohl Finanzvorstände als auch Aufsichtsräte im Kontext der Vermittlung entscheidungsnützlicher Informationen konfrontiert sehen, gilt unstreitig das durch die derweil ausufernde

(IFRS-)Anhangberichterstattung begünstigte Phänomen des *information overload* (vgl. *Küting, Karlheinz/Strauß, Marc* (2011); *Lüdenbach, Norbert* (2014), Rn. 68).

Es muss jedoch in einem ersten Schritt festgehalten werden, dass der Anhang sowohl im HGB- als auch im IFRS-Regelwerk eine zentrale Rolle einnimmt und als wichtigster Bestandteil der qualitativen (verbalen) Berichterstattung angesehen werden kann (vgl. *Küting, Karlheinz/Pfitzer, Norbert/Weber, Claus-Peter* (2013), S. 153).

Dennoch überfordert die Ausweitung der nach IFRS geforderten Anhangangaben nicht nur die Adressaten des Jahresabschlusses, sondern auch die Abschlussersteller. Der Bilanzersteller sieht sich bei der Erstellung des Anhangs – im Vergleich zum HGB – mit deutlich umfangreicheren und detaillierteren Angaben konfrontiert, deren Umsetzung einen erhöhten Zeit- und Ressourceneinsatz erfordert (vgl. *Küting, Karlheinz/Pfitzer, Norbert/Weber, Claus-Peter* (2013), S. 160).

Als Beispiel können hier die von den Unternehmen selbst als besonders problematisch identifizierten Angaben zu Finanzinstrumenten, latenten Steuern, der Kapitalflussrechnung, Leasing oder der betrieblichen Altersvorsorge genannt werden. Diese Themenbereiche führten einer Studie von *PricewaterhouseCoopers* zufolge bei vielen Unternehmen zu einer Verzögerung im Abschlusserstellungsprozess und einer starken Ressourcenbindung (vgl. *PwC* (2007)). Die *DPR* stellte dahingehend auch in ihren Fehlerfeststellungen zum IFRS-Anhang regelmäßig fehlerhafte oder unzureichende Angaben zu den o. g. Themenbereichen fest (vgl. *DPR* (2011), S. 8 f.; *DPR* (2012), S. 8 f.; *DPR* (2013), S. 7 f.)

Um diese speziellen und komplexen Angaben korrekt und zeitnah in den Unternehmen verarbeiten und an den Bilanzadressaten übermitteln zu können, ist daher sowohl bei der Erstellung als auch bei der Prüfung ein besonderes Expertenwissen, mithin der Aufbau von Spezial-Knowhow, notwendig (vgl. *Küting, Karlheinz/ Pfitzer, Norbert/Weber, Claus-Peter* (2013), S. 166). Da dieses Expertenwissen in den Unternehmen in aller Regel nicht vorhanden ist, wird regelmäßig externer Zusatzaufwand erforderlich.

Es gilt festzuhalten, dass in vielen Jahresabschlüssen die Angaben zu Finanzinstrumenten und der betrieblichen Altersversorgung mittlerweile den größten Teil des Anhangs ausmachen (vgl. *Küting, Karlheinz/Strauß, Marc* (2011), S. 444), wobei sich auch als Aufsichtsrat die Frage gestellt werden muss, inwieweit ein durchschnittlicher Bilanzadressat noch einen Nutzen i. S. d. Entscheidungsnützlichkeit aus diesen Angaben ziehen kann bzw. welcher Adressat daran ein berechtigtes materielles Interesse hat (vgl. hierzu kritisch *Küting, Karlheinz/Reuter, Michael* (2004), S. 232 f.; *Lüdenbach, Norbert* (2013), Rn. 66 ff.; *Küting, Karlheinz/Pfitzer, Norbert/Weber, Claus-Peter* (2013), S. 165 f.). Da der Anhang insgesamt zu einem Sammelbecken heterogenster Informationen geworden ist, können die in der Fülle postulierten Angaben aufgrund von Intransparenz, Unübersichtlichkeit oder fehlender Querverweise verloren gehen und die eigentliche Aussage nicht wie intendiert übermittelt werden. Zusätzlich kommt es zu einer Aufblähung der vom Unternehmen publizierten Informationen, zumal viele Informationen sowohl im Anhang als auch im Lagebericht dargestellt werden müssen bzw. soll(t)en.

Wo also der Nutzen für den Adressaten liegt oder welches tatsächliche Interesse er daran hat, bleibt offen. Wenn aber diese speziellen Sachverhalte schon nur von ausgewiesenen Experten zu verstehen sind, dann ist die Frage, wie ein »normales«, also nicht bzgl. dieser speziellen Themenbereiche vorgebildetes Aufsichtsratsmitglied, diese verstehen soll, schnell beantwortet. Es muss die Informationen letztlich wie geschrieben und vom Abschlussprüfer testiert hinnehmen, ergo darauf vertrauen, denn ein kritisches Hinterfragen ist lediglich dann möglich, sofern über hinreichend fundierte Kenntnisse verfügt wird. Zudem muss auch die zeitliche Komponente berücksichtigt werden. Oft verbleibt den Mitgliedern des Aufsichtsrats bis zur maßgeblichen Aufsichtsratssitzung, in der die Abschlüsse verabschiedet werden müssen, nur ein Zeitraum von acht bis zehn Tagen, in denen es den betreffenden Abschluss zu prüfen gilt.

Hierdurch wird relativ schnell klar, welche Herausforderung es darstellt, in dieser kurzen Zeit bei großen Kapitalgesellschaften durchaus mehrere hundert Seiten Anhangangaben (vgl. hierzu die Auswertungen bei *Küting, Karlheinz/Strauß, Marc* (2011)) nur zu lesen, geschweige denn kritisch zu begutachten, vor allem dann, wenn der Bezug zu den IFRS im Besonderen und zur Bilanzierung im Allgemeinen nicht berufsmäßig gegeben ist. Die Forderung kann hier nur sein: »Weniger wäre mehr!«

Dies auch vor der Feststellung, dass es sowohl von Seiten der Abschlussersteller als auch aus Sicht der Abschlussadressaten richtig ist, die Aussagekraft des Anhangs durch zielgerichtete und nutzenbringende Angaben zu erhöhen, allerdings sollte dabei nicht die Anzahl der Angaben, sondern der mit ihrer Angabe erzielte Zusatznutzen im Vordergrund stehen. Dieser Umstand muss beinahe zwangsläufig in der Aufforderung an den *Standardsetter* münden, den Informationsnutzen der ausufernden Anhangangaben kritisch zu überprüfen mit dem klaren Ziel, diese erheblich zu reduzieren und auf wirklich wesentliche Erläuterungen zu limitieren. Der deutlich besser strukturierte und durchdachte HGB-Anhang wäre hierfür kein schlechter Referenz-/Vergleichsmaßstab. In diesem Kontext hat das *IASB* nun zumindest Handlungsbedarf erkannt, obwohl auch hier in näherer Zukunft keine wesentlichen Verbesserungen in Sichtweite sind. So formulierte auch *Hoogervorst*, Vorsitzender des *IASB*: »*It has become increasingly clear that we are suffering from disclosure overload. [...] However, no one should expect quick wins. One investor's disclosure clutter is another investor's golden nugget of information. Taking information away is never easy.*« (Hoogervorst, Hans (2012)).

3.2.2 Problematik des goodwill

Weiteren Anlass zur Kritik – auch aus Sicht eines Aufsichtsrats – bietet mitunter die auch im einschlägigen Schrifttum derweil kontrovers diskutierte Behandlung eines entgeltlich erworbenen derivativen Geschäfts- oder Firmenwerts. Der *goodwill* stellt mittlerweile in vielen Unternehmen/Konzernen einen wertmäßig bedeutenden

Bilanzposten dar (vgl. hierzu die Untersuchungsergebnisse bei *Küting, Karlheinz* (2010); *ders.* (2011a); *ders.* (2012a); *ders.* (2013)). Dementsprechend formulierten bereits *Dyckmann/Davis/Dukes*: »Goodwill is one of the most common and largest (in dollar amounts) intangible assets« (*Dyckmann, Thomas/Davis, Charles/Dukes, Roland* (2001), S. 598). Insbesondere aktivierte Geschäfts- und Firmenwerte, die – wie in einigen Unternehmen zu beobachten ist (vgl. *Küting, Karlheinz* (2013), S. 1796 f.) – den Betrag des Eigenkapitals z. T. deutlich übersteigen, sollten auch i. R. d. aufsichtsrechtlichen Prüfung des (konsolidierten) Jahresabschlusses kritisch hinterfragt werden.

Als zentraler Kritikpunkt gilt hierbei insbesondere die zwischen HGB und IFRS divergierende Folgebewertung. Während im HGB der (derivative) Geschäfts- oder Firmenwert im Zuge des BilMoG qua Fiktion zum abnutzbaren Vermögensgegenstand erhoben wurde und somit einem planmäßigen Werteverzehr unterliegt (vgl. § 309 Abs. 1 i. V. m. § 253 Abs. 3 HGB), wird er in den IFRS als nicht abnutzbarer immaterieller Vermögenswert qualifiziert. Die Überprüfung der Werthaltigkeit erfolgt daher im Rahmen eines jährlichen *impairment test*. Eine Konvergenz zwischen HGB und IFRS ist somit auch nach BilMoG nicht gegeben.

Aus diesem jährlich stattfindenden *impairment test* erwachsen sowohl dem Bilanzersteller als auch dem Bilanzleser eine Vielzahl von Problemen. Das Testverfahren wird für Zwecke des *goodwill impairment* nämlich nicht auf Ebene eines einzelnen Erwerbsvorgangs, aus dem letztlich ein derivativer Geschäfts- oder Firmenwert resultiert, ermittelt, sondern der im Rahmen eines Erwerbsvorgangs entgeltlich erworbene *goodwill* eines Tochterunternehmens (TU) bzw. einer betrieblichen Teileinheit wird auf sog. zahlungsmittelgenerierende Einheiten des Konzerns alloziert, die voraussichtlich einen Nutzen aus dem erfolgten Unternehmenszusammenschluss ziehen (vgl. IAS 36.80 und weiterführend *Küting, Karlheinz/Pfitzer, Norbert/Weber, Claus-Peter* (2013), S. 253 ff.). Der *impairment test* erfordert demnach die Ermittlung des Buchwerts sowie des erzielbaren Betrags auf Basis zahlungsmittelgenerierender Einheiten, in die jeweils *goodwill*-Komponenten aus unterschiedlichsten Erwerbsvorgängen eingehen können. Eine Werthaltigkeitsprüfung erfolgt damit stets auf Ebene von Sachgesamtheiten und muss daher auch in den Kontext von Unternehmensbewertungsverfahren eingeordnet werden.

Dies zeigt sich insbesondere bei der Ermittlung des erzielbaren Betrags. Dieser ist als Vergleichswert dem Buchwert zur Bestimmung des Wertberichtigungsbedarfs gegenüberzustellen und repräsentiert den aktuellen Unternehmenswert betreffender Einheit aus Sicht des bilanzierenden Unternehmens, wobei die Wertermittlung aus zwei Verwertungsannahmen heraus erfolgen kann: Hierbei entscheidet das jeweils höhere Ergebnis darüber, ob eine fiktive Veräußerung der Bewertungseinheit als Ganzes am Markt (*fair value less cost of disposal*) oder die Nutzung im Unternehmen (*value in use*) zu unterstellen ist.

Der *value in use* stellt die übliche Ausprägung des erzielbaren Betrags dar (vgl. hierzu die Untersuchungsergebnisse bei *Küting, Karlheinz* (2012a), S. 1937), welcher über ein Unternehmensbewertungskalkül auf Grundlage interner Planungsrechnungen zu ermitteln ist (vgl. *Pawelzik, Kai U./Dörschell, Andreas* (2012), Rn. 2065). Die Ermittlung des Nutzungswerts erfordert – entgegen der Vorgaben für den *fair value less cost of disposal* – einen Eingriff in die unternehmerische Planungsrechnung, weil IAS 36 diesbzgl. einschränkende Vorgaben, insbesondere hinsichtlich der Berücksichtigung von Erweiterungsinvestitionen und Restrukturierungen, in der Unternehmenswertermittlung macht (vgl. *Wirth, Johannes* (2005), S. 29). Diese Korrekturen müssen im Zeitablauf sinnvoll verzahnt und fortgeschrieben werden, was gerade in komplexen Konzernstrukturen regelmäßig nur schwer möglich ist.

So bestehen bei den Bewertungsmodellen u. a. bei den folgenden Parametern z. T. erhebliche Ermessensspielräume (vgl. hierzu *Küting, Karlheinz* (2013), S. 1799 f.):

- Höhe, Anfall und Eintrittswahrscheinlichkeiten der zukünftigen *cash flows*;
- Wachstumsrate der *cash flows* über den Detailplanungszeitraum hinaus;
- marktgestützte Kapitalstruktur zur Ermittlung des Diskontierungszinssatzes (Verhältnis des Marktwerts des Fremdkapitals zum Marktwert des Eigenkapitals);
- marktgestützte Fremdkapitalzinssätze;
- marktgestützter Betafaktor;
- laufzeitabhängiger Basiszins und Marktrisikoprämie.

Die Methoden zur Ermittlung eines möglichen Wertberichtigungsbedarfs haben sich aufgrund der dargestellten Anwendungsprobleme und der »unvermeidbare[n] Ermessensspielräume und Gestaltungspotentiale größten Umfangs« (vgl. *Ballwieser, Wolfgang/Küting, Karlheinz/Schildbach, Thomas* (2004), S. 529) zu einem Thema entwickelt, das aufgrund seiner Komplexität nur Spezialisten sachgerecht verarbeiten können. Die Bewertungsmethoden sorgen dafür, dass anerkannte Grundsätze, z. B. der Unternehmensbewertung, Eingang in die Bilanzierungspraxis finden. Das führt letztlich zu einer Entobjektivierung der Bilanzansätze (hierzu bereits kritisch *Küting, Karlheinz* (2012c), S. 1525 ff.), zumal nicht abschließend prüfbare subjektive Businesspläne wesentliche Werttreiber in solchen Bewertungskalkülen darstellen. Auch eine Überprüfung durch den Aufsichtsrat kann daher lediglich sicherstellen, dass das eingehende Datenmaterial tatsächlich die Steuerungsentscheidungen des Managements widerspiegelt. Ob indes die Annahmen der Planungsrechnung tatsächlich realistische Annahmen verkörpern, kann nicht zwangsläufig validiert werden.

Besonders problematisch aus Sicht des Aufsichtsrats wird dies in Fällen, in denen ein objektiver Marktwert (z. B. Börsenkurs) existiert, der Buchwert indes deutlich höher liegt, dieser aber aufgrund des darüber liegenden *value in use* beibehalten wird. Wenn sich im Zeitablauf die wertmäßige Differenz zwischen Buch- und Marktwert immer stärker erhöht, der von subjektiven Einschätzungen stark beeinflusste *value in use* jedoch weiterhin über dem Buchwert liegt, so steht der Aufsichtsrat vor einem schwierigen Beurteilungsproblem. Soweit die Businesspläne rückblickend immer übertroffen worden sind, spricht sicher Einiges dafür, von einem *impairment* abzusehen; ist dies jedoch nicht der Fall, verschärft sich die Situation. Die Frage verbleibt indessen, ob der *fair value* in diesen Fällen dem objektiv feststellbaren Marktwert, der sich z. B. im Börsenkurs widerspiegelt, entspricht oder stattdessen der subjektiv beeinflusste *value in use* als relevant einzustufen ist? Ein Problem, das vom Aufsichtsrat zwar gesehen und angesprochen werden kann und sollte, aber von ihm nicht zu lösen ist.

Letztlich führen subjektive Einschätzungen und Erwartungen mit Einfluss auf die Bilanzierung verstärkt dazu, dass es auch für die Abschlussprüfer immer schwerer wird, bei der Prüfung eines IFRS-Abschlusses zu dem Ergebnis zu gelangen, dass ein vorgenommener Bewertungsansatz richtig oder falsch ist. Häufig kann nur festgestellt werden, ob die Wertansätze gemäß der zugrunde liegenden Informationen plausibel und letztlich vertretbar sind (vgl. *Küting, Karlheinz* (2012c), S. 1528). Auch von Seiten des *IASB* wird anerkannt, dass z. B. der regelmäßige Werthaltigkeitstest mit subjektiven Einschätzungen behaftet sowie der Aufwand für den *impairment test* (zu?) hoch ist. Gleichwohl sei dieser aussagefähiger und verlässlicher als eine lineare Wertminderung (vgl. IAS 36.BC121; *FAZ* (2013)). Ob eine (typisierte) Regelabschreibung oder der *impairment only approach* der wirtschaftlichen Realität eher gerecht wird, hängt letztlich davon ab, ob man die Ansicht teilen kann, dass sich auch ein *goodwill* über die Jahre verbraucht oder nicht. Mittelfristig werden wir aber weiter damit leben müssen, dass die von vielen Praktikern geforderte Regelabschreibung des *goodwill* vom *IASB* abgelehnt wird.

3.2.3 Problematik der Rückstellungsbilanzierung

Ein weiterer Punkt, der Finanzvorstände und Aufsichtsräte an dem Willen des Gesetzgebers zweifeln lässt, die Unternehmen von vermeidbarem Bilanzierungsaufwand zu entlasten, betrifft den Ansatz und die Bewertung von Rückstellungen. Die Intention des Gesetzgebers, durch Einführung des BilMoG eine »maßvolle Annäherung der handelsrechtlichen Rechnungslegung an die IFRS« (*BMJ* (2008), S. 61) auch im Bereich der Rückstellungen zu erreichen, muss kritisch gesehen werden.

Die Problematik, die sich aus den unterschiedlichen Bilanzregelwerken ergibt, kann schon i. R. d. Rückstellungsbilanzierung dem Grunde nach ausgemacht werden. Hinsichtlich der HGB-Bilanz wird die Meinung vertreten, Rückstellungen seien bereits ansatzfähig, wenn die Inanspruchnahme mit einer gewissen Wahrscheinlichkeit erfolgen wird (vgl. *Mayer-Wegelin, Eberhard* (2014), Rn. 54), ergo diese nicht mit an Sicherheit grenzender Wahrscheinlichkeit ausgeschlossen werden kann (vgl. *Moxter, Adolf* (1998), S. 2464).

Das IFRS-Regelwerk beschreitet dagegen explizit einen anderen Weg. Dies muss demnach auch bei der Auslegung des Wahrscheinlichkeitskriteriums bei der Rückstellungsbilanzierung dem Grunde nach berücksichtigt werden. Nach den Vorschriften der IFRS, im Speziellen des IAS 37.23, muss für die Rückstellungsbildung die Wahrscheinlichkeit der Inanspruchnahme mehr als 50 % betragen (ähnlich hierzu *Lüdenbach, Norbert/Hoffmann, Wolf-Dieter* (2003), S. 5). Soweit die Wahrscheinlichkeit der Inanspruchnahme zwischen 10 % und 50 % liegt, stellt dies eine sog.

Eventualverpflichtung dar, die im Anhang anzugeben ist (vgl. *Pawelzik, Kai U./ Theile, Carsten* (2012), Rn. 3430).

Der Aufsichtsrat sieht sich nun ggf. mit einem Sachverhalt konfrontiert, für den in einem nach HGB-Vorschriften aufzustellenden Jahresabschluss eine Rückstellung passiviert wurde, während der gleiche Sachverhalt in der IFRS-Konzernbilanz wegen seines Eventualcharakters keine Entsprechung findet. Ist es für den Bilanzersteller in aller Regel schon schwierig genug, die Wahrscheinlichkeit einer Inanspruchnahme auf unter oder über 50 % zu beziffern, so bleibt zunächst offen, ob der Abschlussprüfer bei seiner eigenständigen Prüfung des Sachverhalts zur selben Meinung bzgl. der Wahrscheinlichkeit einer Inanspruchnahme gelangt, mithin, ob ihm die Argumentation des Bilanzerstellers anhand der verfügbaren Unterlagen nachvollziehbar und plausibel erscheint. Aber selbst bei übereinstimmender Beurteilung des Sachverhalts durch Bilanzersteller und Abschlussprüfer ist nicht auszuschließen, dass bei der Prüfung des Jahresabschlusses durch den Aufsichtsrat auf dessen Seiten ein Gefühl der Unsicherheit verbleibt – v. a., wenn es sich um Sachverhalte von erheblicher Bedeutung für das Unternehmen handelt.

Unterliegt schon die Entscheidung über Pro und Contra hinsichtlich des Ansatzes einer Rückstellung einem hohen subjektiven Einfluss, so ist leider auch bei der Bewertung von Rückstellungen die Angleichung der HGB-Vorschriften an die IFRS-Regeln nur halbherzig angegangen worden. Durch die Umsetzung des BilMoG wurde der »allgemein anerkannte Bewertungsmaßstab« (*Küting, Karlheinz/Cassel, Jochen/ Metz, Christian* (2008), S. 2317) des Erfüllungsbetrags in die handelsrechtlichen Vorschriften übernommen (vgl. § 253 Abs. 1 Satz 1 HGB). Dies bedeutet, dass zukünftig bei Rückstellungen mit einer Laufzeit von mehr als einem Jahr ein generelles Abzinsungsgebot gilt (vgl. *Kessler, Harald* (2014), Rn. 329). Die Pflicht, derartige Rückstellungen abzuzinsen, gilt auch in den IFRS (vgl. IAS 37.45). Problematisch in diesem Kontext ist indes die Wahl des anzuwendenden Zinssatzes. Gemäß IFRS ist der Marktzins am Bilanzstichtag maßgebend (vgl. IAS 37.47), gemäß HGB gilt der durchschnittliche Marktzins der letzten sieben Jahre (vgl. § 253 Abs. 2 Satz 1). Diese, sich auf den Wertansatz des Erfüllungsbetrags möglicherweise unterschiedlich auswirkenden Zinssätze sind insbesondere ausländischen Aufsichtsratsmitgliedern, die über keine grundlegenden Kenntnisse der HGB-Rechnungslegung verfügen, nur schwer vermittelbar.

Auch aus Sicht des Aufsichtsrats ist es allerdings äußerst begrüßenswert, dass sich der deutsche Gesetzgeber mit der Verabschiedung des BilMoG endlich dazu durchringen konnte, dass Pensionsrückstellungen bestmöglich realitätsnah mit dem nach vernünftiger kaufmännischer Beurteilung notwendigen Erfüllungsbetrag anzusetzen sind (vgl. grundlegend *Küting, Karlheinz/Kessler, Harald/Keßler, Marco* (2009)). Die handelsrechtliche Bilanzierung von Pensionsrückstellungen war vor der Umsetzung des BilMoG aufgrund steuerrechtlicher Einflüsse, der Vielzahl möglicher Abzinsungssätze und der oftmals nicht einbezogenen Lohn-, Gehalts- und Rententrends der Kritik einer unzureichenden Darstellung der Vermögens-, Finanz- und Ertragslage ausgesetzt (vgl. *Fülbier, Rolf Uwe/Gassen, Joachim* (2007),

S. 2610; *Rhiel, Raimund/Veit, Annekatrin* (2008), S. 196; *Pellens, Bernhard/Sellhorn, Thorsten/Stryz, Adam* (2008), S. 2379). Im Zuge des BilMoG wurden diese Regelungen grundlegend überarbeitet und den IFRS angenähert (vgl. *Pierk, Jochen/ Weil, Matthias* (2012), S. 516). Bedauernswert bleibt jedoch, dass diese Regelung nicht auch Eingang in das Steuerrecht gefunden hat.

Nichtsdestotrotz ist der Gesetzgeber zu kurz gesprungen, indem er für die Berechnung der Pensionsrückstellungen das bisherige (HGB-)Wahlrecht beibehalten hat und es Unternehmen nach wie vor gestattet, sowohl vom Teilwert- als auch sog. Anwartschaftsbarwertverfahren *(projected unit credit method)* Gebrauch zu machen. Ein wesentlicher Unterschied zwischen diesen beiden Methoden besteht im Umfang der am Bilanzstichtag nominell zugesagten Versorgungsanwartschaft. Während beim steuerlichen Teilwertverfahren der Umfang dieser Versorgungsanwartschaft am Bilanzstichtag auf den Dienstantrittszeitpunkt des Versorgungsberechtigten zurückprojiziert, also die Fiktion einer gleichbleibenden Prämie bei der Berechnung unterstellt wird, sieht die international, nach Maßgabe des IAS 19 allein zulässige *projected unit credit method* (PUC) dies nicht vor. Bei Letzterer berechnet sich der Personalanteil aus dem Barwert des Versorgungsanteils, den der Pensionsberechtigte im abgelaufenen Jahr erwirtschaftet hat (vgl. zu diesem Wahlrecht tiefergehend die Ausführungen bei *Höfer, Reinhold* (2010), Rn. 681 ff.). Während insbesondere deutsche kapitalmarktorientierte Konzerne im Wesentlichen auf die PUC-Methode zurückgreifen, diese Methodik also bereits in ihren jeweiligen Jahresabschlüssen anwenden, verbleibt immer noch der Unterschied im anzusetzenden Zinssatz. Ob solche potenziellen wertmäßigen Differenzen in der Bilanzierung der Pensionsrückstellungen nach HGB und IFRS einem Aufsichtsratsmitglied, welches keine vertieften Kenntnisse in diesem Themenbereich mitbringt, in seiner Gänze einer analytischen Prüfung zugänglich sind, darf stark bezweifelt werden.

3.2.4 Problematik der Gesamtergebnisrechnung nach IFRS

Die Einzelthemen »*goodwill*« und »Pensionsrückstellungen« sind nur zwei, allerdings auch sehr bedeutsame Punkte, die aufgrund der unterschiedlichen Behandlung gemäß des HGB- und IFRS-Regelwerks sowohl bei den Wirtschaftsprüfern, aber ebenso auch bei den Abschlussadressaten und Aufsichtsratsmitgliedern regelmäßig Fragen aufwerfen.

Einen weiteren Kritikpunkt bildet auch die Gesamtergebnisrechnung nach IFRS. Die IFRS unterscheiden bei Reinvermögensänderungen zwischen solchen, die in der eigentlichen Gewinn- und Verlustrechnung (GuV) gezeigt werden und dem sog. *other comprehensive income* (OCI). Diese beiden Größen ergeben zusammen die Gesamtergebnisrechnung (vgl. *Dobler, Michael/Dobler, Silvia* (2012), S. 36 f.; *Küting, Karlheinz/Reuter, Michael* (2009), S. 44 f.), sodass auch hier zwischen zwei unterschiedlichen »Klassen« bzw. »Arten« von Aufwendungen und Erträgen zu differenzieren ist.

Die Aufwendungen und Erträge, die in der klassischen GuV Berücksichtigung finden, ergeben – als »Gewinn/Verlust« oder »Jahresergebnis« bezeichnet – den Periodenerfolg und sind damit unmittelbar erfolgswirksam, ohne – wie etwa im Falle von Rückstellungen – zwangsläufig bereits realisiert zu sein (vgl. *Küting, Karlheinz/ Pfitzer, Norbert/Weber, Claus-Peter* (2013), S. 176; *Pfitzer, Norbert/Höfner, Sebastian/ Lauer, Peter/Wassong, Vanessa* (2014), S. 384). Die sonstigen Eigenkapitalveränderungen bilden als Saldo das OCI. Beide (Teil-)Erfolgsgrößen, also das Jahresergebnis bzw. der Gewinn/Verlust einerseits und das OCI andererseits – bilden zusammen das Gesamtergebnis (vgl. *Reuter, Michael* (2008), S. 62).

Unabhängig von der im Schrifttum bereits mehrfach angebrachten Kritik an der fehlenden konzeptionell stringenten und eigenständigen definitorischen Abgrenzung erfolgsneutral zu erfassender Eigenkapitalbestandteile (vgl. exemplarisch *Ballwieser, Wolfgang* (2013), S. 44; *Schildbach, Thomas* (2006), S. 311ff.; *Hettich, Silvia* (2007), S. 8ff.) bzw. der in Teilen konzeptionsimmanenten Durchbrechung des Kongruenzprinzips (vgl. *Dobler, Michael/Dobler, Silvia* (2012), S. 36f.) ist die Sinnhaftigkeit der Gesamtergebnisrechnung in Gänze auf den Prüfstand zu stellen.

Sind diese schwierigen und divergierenden Regelungen schon aus der Sicht eines Bilanzerstellers schwierig umzusetzen, so sind diese Ergebniseffekte für den Analysten ebenso schwer nachzuvollziehen (vgl. *Küting, Karlheinz/Pfitzer, Norbert/ Weber, Claus-Peter* (2013), S. 178). Auch für den Aufsichtsrat ist somit eine Würdigung der Qualität des Ergebnisses sowie dessen Nachhaltigkeit nur unter großen Bedenken vorzunehmen.

4 Kritische Würdigung im Kontext des Kosten-Nutzen-Postulats

Die Aufzählung der aufgeführten Themenbereiche, die gerade auch aus dem Blickwinkel eines Aufsichtsratsmitglieds bei der Überprüfung der Abschlüsse kritisch betrachtet werden, könnte beliebig verlängert werden. Man denke hier nur etwa an die Bilanzierung latenter Steuern oder die jüngst vom *IASB* eingeführten (Neu-) Regelungen zur Konzernrechnungslegung, die auch weiterhin dafür sorgen werden, dass sich HGB und IFRS in weiten Teilen konträr gegenüberstehen (zur Konzernrechnungslegung vgl. *Küting, Karlheinz/Pfitzer, Norbert/Weber, Claus-Peter* (2013), S. 240ff.; *Küting, Karlheinz* (2012d), S. 2821ff.). Daher erscheint auch die Motivation der diesjährigen Fachtagung, den Informationsnutzen der IFRS-Rechnungslegung den hierdurch entstehenden Informationskosten kritisch gegenüberzustellen, mehr als angebracht. Denn der Mehraufwand, der dem Bilanzersteller, Abschlussprüfer und Bilanzadressat gegenüber der HGB-Bilanzierung entsteht, ist ein herausragendes Kennzeichen der IFRS-Vorschriften.

Das Ende der Fahnenstange scheint diesbzgl. noch nicht erreicht, zumindest wenn man die Liste der derzeit anstehenden Änderungen sowie intendierten Neuerungen seitens des *IASB* betrachtet. Exemplarisch seien hier nur die Ideen zur Leasing-Bilanzierung genannt. Wenn die Leasing-Vorschriften so umgesetzt werden, wie vorgeschlagen (vgl. hierzu exemplarisch die Ausführungen bei *Fülbier, Rolf Uwe/ Eckl, Elfriede/Fehr, Jane* (2013); quantitative Bilanzierungsbeispiele zum ED/2013/6 finden sich z. B. bei *Kirsch, Hanno* (2013); *Pellens, Bernhard/Fülbier, Rolf Uwe/ Gassen, Joachim/Sellhorn, Thorsten* (2014)), dann wird das einer Vielzahl von Unternehmen erhebliche Schwierigkeiten bereiten und zudem erhebliche Zusatzkosten verursachen (vgl. *Fülbier, Rolf Uwe* (2014), S. 151 ff.). Für die Aufsichtsräte werden sich dann aus diesen zahlreichen Veränderungen viele Ansatzpunkte für Fragen an den Vorstand ergeben, wie z. B. nach den Auswirkungen auf die Bilanzstruktur (vgl. stellvertretend Küting, Karlheinz/Tesche, Thomas (2011)), auf Ergebniskennzahlen und *Financial Covenants* oder den Einfluss auf Vergütungsvereinbarungen.

Es stellt sich immer mehr die Frage, welcher Zweck mit den ständigen Änderungen und Neuerungen im Normengefüge der IFRS verfolgt wird. Zur Verbesserung der Klarheit und besseren Verständlichkeit tragen diese jedenfalls nicht bei, zumal sie oft auch wenig praxisnah sind und sich damit wieder weiter vom HGB entfernen. Sicher ist es vorteilhaft, Abschlüsse international vergleichbar(er) zu machen, aber nicht auf Kosten der völligen Missachtung der vom Bilanzierenden aufzuwendenden Kosten und dem ggf. entstehenden Nutzen – und schon gar nicht unter Außerachtlassung der Anteilseignerinteressen, denen an einer klaren, nachvollziehbaren, objektiven Kriterien genügenden Rechenschaftslegung ihres Unternehmens gelegen ist. Wenn jedes Jahr von Neuem – zumindest in der Jahresabschlusssitzung des Aufsichtsrats – gefragt werden muss, mit welchem Rechenwerk und den dort angewandten Regeln man sich gerade zu beschäftigen hat, und zunächst einmal erläutert werden muss, welche neuen bzw. abgeänderten Vorschriften existieren, dann besteht die große Gefahr, dass die Behandlung der wirklichen Probleme, die sich aus dem laufenden Geschäft ergeben haben, zu kurz kommt.

Die Änderungsdynamik, die das IFRS-Regelungswerk auszeichnet, und die zunehmende Komplexität der geforderten Angaben gehen mit einem gesteigerten Fehlerrisiko einher (vgl. *Küting, Karlheinz* (2012c), S. 1528), dies sowohl auf der Seite der Bilanzersteller als auch auf der Seite der Prüfer. Um die Fehlerrisiken zu minimieren, muss auf beiden Seiten das Qualitätsniveau ständig den steigenden Anforderungen angepasst werden, was nichts anderes bedeutet, als dass der Schulungsaufwand deutlich steigt; Selbiges gilt für die Kostenstruktur insgesamt sowie den zunehmend hohen Bedarf an hochqualifiziertem Personal (vgl. *Küting, Karlheinz* (2012c), S. 1528). Der Aufsichtsrat muss sich bei seiner Prüfung des Jahresabschlusses darauf verlassen können, dass das Testat des Abschlussprüfers fehlerfrei ist, was eine kompetente, qualitativ hochwertige und unabhängige Prüfung voraussetzt. Je größer und internationaler ausgerichtet das zu prüfende Unternehmen ist, umso mehr verlangt dies von den beauftragten Wirtschaftsprüfungsgesellschaften eine internationale, multidisziplinäre und brandaktuelle theoretische Ausrichtung, ohne dabei die Praxisnähe zu vernachlässigen (vgl. *Küting, Karlheinz/Pfitzer, Norbert/ Weber, Claus-Peter* (2013), S. 276). Im Hinblick darauf sollten sich Aufsichtsrat wie Vorstand darüber im Klaren sein, dass beste Qualität auch seinen Preis hat. Bei der Auswahl des Abschlussprüfers und der Festsetzung seines Honorars für die Jahresabschlussprüfung sollte der Aufsichtsrat gewissenhaft prüfen, inwieweit das Honorar dem notwendigen Qualitätsniveau, dem Prüfungsumfang und dem vorgegebenen Terminplan entspricht.

Der Aufsichtsrat (wie auch der Vorstand) muss sich bewusst sein, dass aufgrund des unterschiedlichen Charakters der Prüfung eines IFRS- und HGB-Abschlusses zugleich die Testate unterschiedlich zu beurteilen sind. »Prüfung und Testat ändern sich von einer Ordnungsmäßigkeits- und Richtigkeitsprüfung zu einer Prüfung auf Plausibilität und Vertretbarkeit mit den entsprechend weiten Beurteilungsspielräumen. Der IFRS-Abschluss ist im eigentlichen Sinn schwer prüfbar, da er in wesentlichen Teilen den Charakter einer Planungs- und Unternehmenswertrechnung mit starkem Zukunftsbezug hat. Für den Testatsempfänger ist das Risiko einer Fehlinterpretation außerordentlich hoch, da sich ihm die Beurteilungsspanne für die Plausibilitätsbeurteilung und die Abhängigkeit von der Realisierung der angenommenen Zukunftserwartungen, wenn überhaupt, nur sehr begrenzt erschließen lassen.« (*Küting, Karlheinz/Pfitzer, Norbert/Weber, Claus-Peter* (2013), S. 277).

Wenn von renommierten Abschlussprüfern das Risiko einer Fehlinterpretation – im Zuge der mit der Erstellung eines IFRS-Abschlusses verbundenen subjektiven Risikobeurteilungen und Zukunftserwartungen – eines IFRS-Testats als außerordentlich hoch eingeschätzt wird, dann kann bei den Aufsichtsräten im Rahmen ihrer Prüfung des Jahresabschlusses letztlich nur ein ungutes Gefühl verbleiben.

Der Aufsichtsrat sieht sich bei seiner Jahresabschlussprüfung mit einer Vielzahl von Einzelregelungen konfrontiert, die nicht nur komplex, sondern in großer Regelmäßigkeit auch noch steten Änderungen unterworfen sind. Verschärft wird die ganze Problematik durch eine steigende Anzahl unterschiedlichster (Detail-) Regelungen. Um folglich seine Prüfungsaufgabe verantwortungsbewusst wahrnehmen zu können, genügt jedem einzelnen Aufsichtsrat nicht mehr ein gewöhnliches bilanzielles Grundverständnis von der Jahresabschlussproblematik, sondern er muss sich intensiv mit den Rechnungslegungsvorschriften auseinandersetzen, insbesondere dem IFRS-Regelwerk. Eine Folge dieser zunehmenden Komplexität, die sich zwar überwiegend in dem IFRS-Regelwerk begründet – aber nicht ausschließlich, sondern auch in dem Nebeneinander von IFRS und HGB bei den kapitalmarktorientierten Unternehmen – ist die Einrichtung von Prüfungsausschüssen in den Aufsichtsratsgremien. Von den Mitgliedern des Prüfungsausschusses wird eine tiefere Kenntnis der Rechnungslegungsvorschriften erwartet, zumindest ein unabhängiges Mitglied muss über Sachverstand auf den Gebieten der Rechnungslegung oder der Abschlussprüfung verfügen (§ 100 Abs. 5 AktG). Aber ob dies letztlich ausreicht, muss stark bezweifelt werden.

Die Prüfung des Jahresabschlusses ist i. R. d. Überwachung der Geschäftsführung eine der herausragenden Aufgaben des Aufsichtsrats. Und wenn sich durch die weiter wachsende Internationalisierung der Unternehmen und die sich daran anschließende Internationalisierung der Rechnungslegung die Komplexität und der Umfang der zu prüfenden Jahresabschlüsse deutlich erhöht, dann muss dieser Umstand zwingend Auswirkungen auf die Zusammensetzung des Aufsichtsrats haben; anders gewendet: Es wäre zumindest bei großen Kapitalgesellschaften wünschenswert, wenn künftig gleich mehrere Aufsichtsratsmitglieder über entsprechend fundierte Kenntnisse auf dem Gebiet der Rechnungslegung verfügten. Im Gegenzug sollte aber der Gesetzgeber bzw. *Standardsetter* darauf achten, dass der Regelungsflut hinsichtlich der Jahresabschlussvorschriften Einhalt geboten wird und Nachhaltigkeit auch für die Rechnungslegungsvorschriften ein wertvolles Kriterium ist.

5 Fazit und Ausblick

Die von *Adolf Moxter* bereits 2006 ausgesprochene Prognose, dass das IFRS-Regelwerk »in zehn Jahren noch komplizierter, unübersichtlicher, unbeständiger, diffuser, redundanter und unsystematischer sein wird« (*Moxter, Adolf* (2006), S. I) hat sich heute, sieben Jahre später, bereits bestätigt. Es gilt jedoch im gleichen Atemzug festzuhalten, dass die IFRS heutzutage nun einmal nicht mehr wegzudenken sind und der Zwang, nach Maßgabe der IFRS bilanzieren zu müssen, auch für die mittelständische Industrie weiter zunehmen wird, da auch das Wachstum der mittelständischen Industrie in der Internationalisierung liegt und bei wachsendem Kapitalbedarf immer mehr mittelständische Unternehmen den Kapitalmarkt in Anspruch nehmen (werden). Für den Gesetzgeber und das *IASB* bedeutet dies aber, dass für die mittelständische Industrie ein Regelungswerk gefunden werden muss, das den verfügbaren Personalressourcen des Mittelstands angemessen ist und die Informationsanforderungen den berechtigten Gläubigerinteressen anpasst, sprich sich vom tatsächlichen praktischen Informationsnutzen und vom wirklich notwendigen Informationserfordernis leiten lässt. Wird diesem Gedanken gefolgt, dann sollten sich auch die Kosten in überschaubaren Grenzen halten lassen.

Literaturverzeichnis

Arbeitskreis Externe Unternehmensrechnung und Arbeitskreis Interne Überwachung der Unternehmung der Schmalenbach-Gesellschaft für Betriebswirtschaft e. V. (2009): Anforderungen an die Überwachungsaufgaben von Aufsichtsrat und Prüfungsausschuss nach § 107 Abs. 3 Satz 2 AktG i. d. F. des Bilanzrechtsmodernisierungsgesetzes, in: DB 2009, S. 1249–1304.

Ballwieser, Wolfgang (2013): IFRS-Rechnungslegung, 3. Auflage, München 2013.

Ballwieser, Wolfgang/Küting, Karlheinz/Schildbach, Thomas (2004): Fair value – erstrebenswerter Wertansatz im Rahmen einer Reform der handelsrechtlichen Rechnungslegung?, in: BFuP 2004, S. 529–549.

BMJ (2008): Drucksache 16/10067, Entwurf eines Gesetzes zur Modernisierung des Bilanzrechts, abrufbar unter: http://dip21.bundestag.de/dip21/btd/16/100/1610067.pdf – Stand: 17.02.2014.

Dobler, Michael/Dobler, Silvia (2012): Other Comprehensive Income: Empirische Analyse von Ausmaß, Komponenten und Recycling in deutschen IFRS-Abschlüssen, in: IRZ 2012, S. 35–40.

DPR (2011): Tätigkeitsbericht 2011, abrufbar unter: http://www.frep.info/docs/jahresberichte/2011/2011_tb.pdf – Stand: 17.02.2014.

DPR (2012): Tätigkeitsbericht 2012, abrufbar unter: http://www.frep.info/docs/jahresberichte/2012/2012_tb.pdf – Stand: 17.02.2014.

DPR (2013): Tätigkeitsbericht 2013, abrufbar unter: http://www.frep.info/docs/jahresberichte/2013/2013_tb.pdf – Stand: 17.02.2014.

Dyckmann, Thomas/Davis, Charles/Dukes, Roland (2001): Intermediate Accounting, 5. Auflage, Boston 2001.

Europäisches Parlament (2002): Verordnung (EG) Nr. 1606/2002 des europäischen Parlaments und des Rates vom 19. Juli 2002 betreffend die Anwendung internationaler Rechnungslegungsstandards, abrufbar unter: http://eur-lex.europa.eu/LexUriServ/LexUriServ.do?uri=OJ:L:2002:243:0001:0004:de:PDF – Stand: 17.02.2014.

FAZ (2013): Die Bilanzzahlen müssen vor allem relevant sein – Standardsetzer: Leichte Überprüfbarkeit ist ein nachrangiges Kriterium, abrufbar unter: http://www.seiten.faz-archiv.de/FAZ/20130608/fd2201306083905512.html – Stand: 17.02.2014.

Fülbier, Rolf Uwe (2014): IFRS-Leasingbilanzreform – Ende in Sicht?, in: Küting, Peter/Pfitzer, Norbert/Weber, Claus-Peter (Hrsg.), Rechnungslegung im Spannungsfeld von Kosten-Nutzen-Überlegungen, Stuttgart 2014, S. 149–167.

Fülbier, Rolf Uwe/Gassen, Joachim (2007): Das Bilanzrechtsmodernisierungsgesetz (BilMoG): Handelsrechtliche GoB vor der Neuinterpretation, in: DB 2007, S. 2605–2612.

Fülbier, Rolf Uwe/Eckl, Elfriede/Fehr, Jane (2013): Überarbeiteter Entwurf zu »Leases« liegt vor: IASB und FASB halten an der Bilanzwirksamkeit aller Leasingverträge fest, in: WPg 2013, S. 853–858.

Hettich, Silvia (2007): Mängel und Inkonsistenzen in den derzeitigen Rechnungslegungsregeln nach IFRS – Beseitigung durch Neuregelungen?, in: KoR 2007, S. 6–14.

Hoogervorst, Hans (2012): Press release: IASB hosts public forum to discuss disclosure overload, abrufbar unter: http://www.ifrs.org/Alerts/PressRelease/Documents/2012/PR-disclosure-forum-121112.pdf – Stand: 17.02.2014.

Hopt, Klaus J./Roth, Markus (2005): §111, in: Hopt, Klaus J./Wiedemann, Herbert (Hrsg.), Großkommentar zum Aktiengesetz, 4. Auflage, Berlin/New York 1992 ff.

Höfer, Reinhold (2010): § 249 HGB, in: Küting, Karlheinz/Pfitzer, Norbert/Weber, Claus-Peter (Hrsg.), Handbuch der Rechnungslegung – Einzelabschluss, Loseblattsammlung, Stuttgart 2002 ff., Rn. 600–900.

Kessler, Harald (2014): § 249 HGB, in: Küting, Karlheinz/Pfitzer, Norbert/Weber, Claus-Peter (Hrsg.), Handbuch der Rechnungslegung – Einzelabschluss, Loseblattsammlung, Stuttgart 2002 ff., Rn. 257–350.

Kirsch, Hanno (2013): Bilanzierung von Leasingverhältnissen nach dem Re-Exposure-Draft »Leases« (ED/2013/6), Eine Fallstudie unter Berücksichtigung abschlusspolitischer Gestaltungsmöglichkeiten, in: KoR, 2013, S. 490–497.

Küting, Karlheinz (2010): Der Geschäfts- oder Firmenwert in der deutschen Konsolidierungspraxis 2009, in: DStR 2010, S. 1855–1862.

Küting, Karlheinz (2011a): Der Geschäfts- oder Firmenwert in der deutschen Konsolidierungspraxis 2010, in: DStR 2011, S. 1676–1683.

Küting, Karlheinz (2011b): Die Komplexität des HGB- und IFRS-Regelwerks, in: PiR 2011, S. 131–135.

Küting, Karlheinz (2012a): Der Geschäfts- oder Firmenwert in der deutschen Konsolidierungspraxis 2011, in: DStR 2012, S. 1932–1939.

Küting, Karlheinz (2012b): Zur Komplexität der Rechnungslegungssysteme nach HGB und IFRS, in: DB 2012, S. 297–304.

Küting, Karlheinz (2012c): Zum Schwierigkeitsgrad einer HGB- und IFRS-Abschlussprüfung – Ein Systemvergleich, in: DB 2012, S. 1521–1528.

Küting, Karlheinz (2012d): Konzernrechnungslegung nach IFRS und HGB – kritische Würdigung konkurrierender Systeme anhand ausgewählter Einzelfragen, in: DB 2012, S. 2821–2830.

Küting, Karlheinz (2013): Der Geschäfts- oder Firmenwert in der deutschen Konsolidierungspraxis 2012, in: DStR 2013, S. 1794–1803.

Küting, Karlheinz/Cassel, Jochen/Metz, Christian (2008): Die Bewertung von Rückstellungen nach neuem Recht, in: DB 2008, S. 2317–2324.

Küting, Karlheinz/Kessler, Harald/Keßler, Marco (2009): Kapitel XIV: Bilanzierung von Pensionsverpflichtungen, in: Küting, Karlheinz/Pfitzer, Norbert/Weber, Claus-Peter (Hrsg.), Das neue deutsche Bilanzrecht – Handbuch zur Anwendung des Bilanzrechtsmodernisierungsgesetzes (BilMoG), 2. Auflage, Stuttgart 2009, S. 339–374.

Küting, Karlheinz/Lam, Siu (2012): Umstellung der Rechnungslegung von HGB auf IFRS – (k)eine echte Option für den Mittelstand?, in: GmbHR 2012, S. 1041–1049.

Küting, Karlheinz/Pfitzer, Norbert/Weber, Claus-Peter (2013): IFRS oder HGB?, 2. Auflage, Stuttgart 2013.

Küting, Karlheinz/Reuter, Michael (2004): Bilanzierung im Spannungsfeld unterschiedlicher Adressaten, in: DSWR 2004, S. 230–233.

Küting, Karlheinz/Reuter, Michael (2009): Erfolgswirksame versus erfolgsneutrale Eigenkapitalkomponenten im IFRS-Abschluss, in: PiR 2009, S. 44–49.

Küting, Karlheinz/Strauß, Marc (2011): Die Intensität und Komplexität der Anhangangaben nach HGB und IFRS im Vergleich, in: StuB 2011, S. 439–446.

Küting, Karlheinz/Tesche, Thomas (2011): Die Bilanzierung von Leasingverhältnissen im Jahresabschluss des Leasingnehmers im historischen Zeitablauf, in: WPg 2011, S. 1103–1113.

Küting, Karlheinz/Weber, Claus-Peter/Keßler, Marco/Metz, Christian (2007): Der Fehlerbegriff in IAS 8 als Maßstab zur Beurteilung einer regelkonformen Normanwendung – Auswirkungen der Wesentlichkeit auf die Fehlerbeurteilung, in: DB 2007, S. 1–20.

Leibfried, Peter (2007): Komplexe Rechnungslegung bei strukturierten Produkten – Volatile Jahresrechnung als unerwünschte Nebenwirkung, in: Neue Zürcher Zeitung 2007, S. 75.

Lutter, Marcus (2006): Information und Vertraulichkeit im Aufsichtsrat, 3. Auflage, Köln 2006.

Lutter, Marcus (2010): Professionalisierung des Aufsichtsrats, in: DB 2010, S. 775–779.

Lüdenbach, Norbert (2014): § 5 Anhang, in: Lüdenbach, Norbert/Hoffmann, Wolf-Dieter/Freiberg, Jens (Hrsg.), Haufe IFRS Kommentar, 12. Auflage, Freiburg 2014.

Lüdenbach, Norbert/Hoffmann, Wolf-Dieter (2003): Imparitätische Wahrscheinlichkeit – Zukunftswerte im IFRS-Regelwerk, in: KoR 2003, S. 5–14.

Mayer-Wegelin, Eberhard (2014): § 249 HGB, in: Küting, Karlheinz/Pfitzer, Norbert/Weber, Claus-Peter (Hrsg.), Handbuch der Rechnungslegung – Einzelabschluss, Loseblattsammlung, Stuttgart 2002 ff., Rn. 36–76.

Moxter, Adolf (1997): Grundwertungen in Bilanzrechtsordnungen – ein Vergleich von überkommenem deutschem Bilanzrecht und Jahresbeschlußrichtlinie, in: Budde, Wolfgang

Dieter/Moxter, Adolf/Offerhaus, Klaus, Handelsbilanzen und Steuerbilanzen, Festschrift für Heinrich Beisse, Düsseldorf 1997, S. 347–361.

Moxter, Adolf (1998): Die BFH-Rechtsprechung zu den Wahrscheinlichkeitsschwellen bei Schulden, in: BB 1998, S. 2464–2467.

Moxter, Adolf (2006): Absehbarer Abschied von der HGB-Bilanzierung?, in: BB 2006, Editorial zu Heft 13, S. I.

Pawelzik, Kai U./Dörschell, Andreas (2012): VII. Wertminderung im Anlagevermögen, in: Heuser, Paul J./Theile, Carsten R. (Hrsg.), IFRS Handbuch, 5. Auflage, Köln 2012.

Pelger, Christoph (2011): Rechnungslegungszweck und qualitative Anforderungen im Conceptual Framework for Financial Reporting (2010), in: WPg 2011, S. 908–916.

Pellens, Bernhard/Sellhorn, Thorsten/Stryz, Adam (2008): Pensionsverpflichtungen nach dem Regierungsentwurf eines BilMoG – Simulation erwarteter Auswirkungen, in: DB 2008, S. 2373–2380.

Pellens, Bernhard/Fülbier, Rolf Uwe/Gassen, Joachim/Sellhorn, Thorsten (2014): Internationale Rechnungslegung, IFRS 1 bis 13, IAS 1 bis 41, IFRIC-Interpretationen, Standardentwürfe, 9. Auflage, Stuttgart 2014.

Pfitzer, Norbert/Höfner, Sebastian/Lauer, Peter/Wassong, Vanessa (2014): Informationsnutzen versus Informationskosten der externen Rechnungslegung – Eine kritische Analyse der IFRS anhand ausgewählter Problemstellungen (Teil II), in: DStR 2014, S. 384–387.

Pierk, Jochen/Weil, Matthias (2012): Konvergenz von IFRS und HGB am Beispiel der Pensionsrückstellungen kapitalmarktorientierter Unternehmen, in: KoR 2012, S. 516–521.

PwC (2007): Anhangerstellung nach den International Financial Reporting Standards – eine organisatorische Herausforderung, Frankfurt am Main 2007.

Prigge, Stefan (2012): Überwachung der Vorstandstätigkeit, in: Grundei, Jens/Zaumseil, Peter (Hrsg.), Der Aufsichtsrat im System der Corporate Governance, Wiesbaden 2012, S. 77–92.

Reuter, Michael (2008): Eigenkapitalausweis im IFRS-Abschluss, Berlin 2008.

Rhiel, Raimund/Veit, Annekatrin (2008): Auswirkungen des geplanten Gesetzes zur Modernisierung des Bilanzrechts (BilMoG) auf Pensionsverpflichtungen, in: DB 2008, S. 193–196.

Roth, Markus (2004): Möglichkeiten vorstandsunabhängiger Information des Aufsichtsrats, in: AG, S. 1–13.

Ruhwedel, Peter (2012): Eine Roadmap für den Aufsichtsrat, in: Grundei, Jens/Zaumseil, Peter (Hrsg.), Der Aufsichtsrat im System der Corporate Governance, Wiesbaden 2012, S. 187–199.

Schildbach, Thomas (2006): Der Erfolg im Rahmen der internationalen Rechnungslegung – konzeptionelle Vielfalt bei der Information des Kapitalmarkts, in: Kürsten, Wolfgang/Nietert, Bernhard (Hrsg.), Kapitalmarkt, Unternehmensfinanzierung und rationale Entscheidungen, Festschrift für Jochen Wilhelm, Berlin/Heidelberg 2006, S. 311–328.

Schrimpf-Dörges, Claudia (2013): § 13 Rückstellungen, in: Bohl, Werner et al. (Hrsg.), Beck'sches IFRS-Handbuch, 4. Auflage, München 2013.

Theisen, Manuel R. (2007): Information und Berichterstattung des Aufsichtsrats, 4. Auflage, Stuttgart 2007.

Wagenhofer, Alfred (2002): Die Rolle der Standards des IASB in der Internationalisierung der Rechnungslegung, in: BFuP 2008, S. 161–176.

v. Werder, Axel (2011): Neue Entwicklungen der Corporate Governance in Deutschland, in: ZfbF 2011, S. 48–62.

Wirth, Johannes (2005): Firmenwertbilanzierung nach IFRS, Stuttgart 2005.

Öffentliche Konzernrechnungslegung nach nationalen und internationalen Standards

Thomas Müller-Marqués Berger
Wirtschaftsprüfer, Steuerberater
Partner
Ernst & Young GmbH Wirtschaftsprüfungsgesellschaft
Stuttgart
Mitglied des International Public Sector Accounting Standards Board (IPSASB) der International Federation of Accountants (IFAC), New York
Vorsitzer des Public Sector Committee der Fédération des Experts Comptables Européens (FEE)
Mitglied des Fachausschusses für öffentliche Unternehmen und Verwaltungen (ÖFA) des IDW

Dr. Karsten Nowak
Direktor
Hessischer Rechnungshof
Darmstadt

Inhaltsverzeichnis

1	Paradigmenwechsel in der öffentlichen Rechnungslegung..................	33
2	Nationale Standards zur öffentlichen Konzernrechnungslegung	34
2.1	Regelungen zur öffentlichen Konzernrechnungslegung auf kommunaler Ebene...	34
2.2	Regelungen zur öffentlichen Konzernrechnungslegung auf staatlicher Ebene	35
2.3	Statistische Berichtspflichten..	36
3	Europäische und internationale Entwicklungen in der öffentlichen Rechnungslegung...	37
3.1	Europäische Initiative zur Schaffung von EPSAS	37
3.2	Normierung internationaler Standards durch das IPSASB................	38
4	Regelungen der IPSAS zur öffentlichen Konzernrechnungslegung	40
4.1	Die aktuell noch geltenden Regelungen der Standards IPSAS 6–8	40
4.2	Die Regelungen der Standardentwürfe IPSAS ED 48–52	41

5	Spezifische Fragestellungen einer öffentlichen Konzern-rechnungslegung	43
5.1	Abgrenzung des Konsolidierungskreises	43
5.2	Auswahl der Konsolidierungsmethode	44
5.3	Kapitalkonsolidierung – goodwill im öffentlichen Bereich?	45
6	Umsetzung der öffentlichen Konzernrechnungslegung in Hessen	47
6.1	Doppikeinführung in Hessen	47
6.2	Konsolidierungskreis des Landes Hessen	51
6.3	Konsolidierungsmethoden im Land Hessen	51
7	Zusammenfassung	51
Literaturverzeichnis		52

1 Paradigmenwechsel in der öffentlichen Rechnungslegung

Mit der Einführung der Doppik ist ein Paradigmenwechsel in der öffentlichen Rechnungslegung sichtbar geworden. So wurde für die ehemals kameral geprägte kommunale Rechnungslegung in sämtlichen Bundesländern ein rechtlicher Rahmen für die Einführung der Doppik geschaffen. Zudem haben inzwischen auch der Bund und die Bundesländer die Möglichkeit erhalten, ihre Rechnungslegung – anstatt wie bisher kameralistisch – nunmehr nach der doppelten Buchführung vorzunehmen. Im Detail bestehen zwischen den verschiedenen Regelwerken allerdings zahlreiche Unterschiede. Bedenkt man zudem, dass in den verschiedenen Mitgliedstaaten der EU jeweils wiederum unterschiedliche nationale Ansätze implementiert werden, so zeigt sich die ganze Komplexität der öffentlichen Rechnungslegung in Europa. Diese »Vielfalt« von unterschiedlichen öffentlichen Rechnungslegungsstandards hat in Europa mittelfristig keine Zukunft.

In diesem Zusammenhang sind die derzeitigen europäischen Maßnahmen zur (europaweiten) Harmonisierung der öffentlichen Rechnungslegung von Bedeutung. Dazu hat die europäische Statistikbehörde *Eurostat* in einem Bericht im März 2013 die wesentlichen Ergebnisse eines Konsultationsprozesses (siehe nachfolgend Kapitel 3.1) wie folgt zusammengefasst:

1. Eine Harmonisierung der europäischen Rechnungsführungsgrundsätze ist notwendig,
2. die Doppik ist der geeignete Rechenstil und
3. auf der Basis der IPSAS sollen sog. EPSAS (*European Public Sector Accounting Standards*) erarbeitet werden.

Weil die *International Public Sector Accounting Standards* (IPSAS) als Orientierungsmaßstab für die Ausgestaltung einer europäischen öffentlichen Rechnungslegung dienen sollen, besitzen sie eine besondere Bedeutung. Dieser Beitrag befasst sich schwerpunktmäßig mit Fragestellungen der öffentlichen Konzernrechnungslegung, insbesondere der Konsolidierungstechnik. Nach einer Darstellung der international relevanten öffentlichen Konzernrechnungslegungsvorschriften folgt eine Darstellung der nationalen Umsetzung am Beispiel des Landes Hessen.

2 Nationale Standards zur öffentlichen Konzernrechnungslegung

2.1 Regelungen zur öffentlichen Konzernrechnungslegung auf kommunaler Ebene

Den Bundesländern obliegt gemäß Artikel 70 des Grundgesetzes die Zuständigkeit zur Regelung von Gemeindeverfassungen. Auf dieser Grundlage haben die Bundesländer jeweils Gemeindeordnungen erlassen, in denen auch die Vorgaben zur kommunalen Rechnungslegung geregelt wurden. In den meisten Bundesländern ist den Kommunen zwischenzeitlich die Doppik vorgegeben worden, wobei allerdings mehrjährige Übergangszeiträume vorgesehen sind. In einzelnen Bundesländern ist den Kommunen ein Wahlrecht zwischen der (erweiterten) Kameralistik und der Doppik eingeräumt worden.

Bundesland	Kernverwaltung	Gesamtabschluss
Baden-Württemberg	Doppik bis zum 01.01.2020	31.12.2022
Bayern	Doppik als Wahlrecht	
Brandenburg	Doppik bis zum 01.01.2011	31.12.2013
Hessen	Doppik bis zum 01.01.2015	31.12.2021
Mecklenburg-Vorpommern	Doppik bis zum 01.01.2012	31.12.2015
Niedersachsen	Doppik bis zum 01.01.2012	31.12.2012
Nordrhein-Westfalen	Doppik bis zum 01.01.2009	31.12.2010
Rheinland-Pfalz	Doppik bis zum 01.01.2009	31.12.2013
Saarland	Doppik bis zum 01.01.2009	31.12.2014
Sachsen	Doppik bis zum 01.01.2013	31.12.2016
Sachsen-Anhalt	Doppik bis zum 01.01.2013	31.12.2016
Schleswig-Holstein	Doppik als Wahlrecht	
Thüringen	Doppik als Wahlrecht	

Abbildung 1: Einführung der kommunalen Doppik in den Bundesländern

Die in den jeweiligen Gemeindeordnungen getroffenen Regelungen sind weitgehend an die handelsrechtlichen Vorgaben angelehnt. Als Generalnorm findet sich zudem regelmäßig ein expliziter Verweis auf die (handelsrechtlichen) Grundsätze ordnungsmäßiger Buchführung. Da die Landesgesetzgeber allerdings von ihrem Gestaltungsspielraum bei der Ausgestaltung der einzelnen Detailregelungen intensiv Gebrauch gemacht haben, ist es teilweise zu materiell bedeutsamen Unterschieden betreffend einzelner Detailfragen gekommen.

Auch hinsichtlich der Konsolidierungsvorschriften wird in den Gemeindeordnungen unmittelbar auf handelsrechtliche Normen verwiesen. Da jedoch in einigen Bundesländern ein »statischer Verweis« auf das HGB i. d. F. vor der Modernisierung durch das BilMoG erfolgt ist, gelten für den kommunalen Konzernabschluss – i. d. R. wird dieser als Gesamtabschluss bezeichnet – teilweise noch »alte« HGB-Regelungen. Zu beachten ist zudem, dass auf das Handelsrecht lediglich in Bezug auf die Frage der Konsolidierungsvorschriften referenziert wird. Hinsichtlich der Abgrenzung des Konsolidierungskreises gilt dagegen das von Bundesland zu Bundesland teilweise unterschiedlich ausgestaltete Kommunalrecht (zu weitergehenden Vergleichen der jeweiligen Regelungen, insbesondere auch zur Abgrenzung des Konsolidierungskreises, vgl. *Gornas, Jürgen* (2009) sowie *Müller-Marqués Berger, Thomas/Krebs, Uwe* (2010), S. 275–287).

2.2 Regelungen zur öffentlichen Konzernrechnungslegung auf staatlicher Ebene

Mit dem Haushaltsgrundsätzemodernisierungsgesetz hat der Gesetzgeber die gesetzliche Grundlage für die Einführung der Doppik in das öffentliche Rechnungswesen geschaffen. § 1a Abs. 1 Satz 1 Haushaltsgrundsätzegesetz (HGrG) führt aus, dass die »Haushaltswirtschaft (…) in ihrem Rechnungswesen im Rahmen der folgenden Vorschriften kameral oder nach den Grundsätzen der staatlichen doppelten Buchführung nach § 7a (staatliche Doppik) gestaltet werden« kann. Die hier genannten »Grundsätze der staatlichen doppelten Buchführung« oder die »Grundsätze staatlicher Doppik« werden in § 7a Abs. 1 Satz 1 HGrG wie folgt konkretisiert: »Die staatliche Doppik folgt den Vorschriften des Ersten und des Zweiten Abschnitts Erster und Zweiter Unterabschnitt des Dritten Buches Handelsgesetzbuch und den Grundsätzen der ordnungsmäßigen Buchführung und Bilanzierung.« Die Konkretisierung beinhaltet also zum einen den Verweis auf bestehende Vorschriften zur kaufmännischen Buchführung und Jahres- und Konzernabschlusserstellung, zum anderen den Verweis auf die Grundsätze ordnungsmäßiger Buchführung und Bilanzierung.

§ 7a Abs. 2 HGrG sieht vor, dass »Konkretisierungen, insbesondere die Ausübung handelsrechtlicher Wahlrechte, und von Absatz 1 abweichende Regelungen, die aufgrund der Besonderheiten der öffentlichen Haushaltswirtschaft erforderlich sind, (…) von Bund und Ländern in dem Gremium nach § 49a Absatz 1 erarbeitet« werden. Dem Bund-Länder-Gremium, auch Standardisierungsgremium, gehören 17 Mitglieder des Bund-Länder-Arbeitsausschusses »Haushaltsrecht und Haushaltssystematik« der Finanzministerkonferenz an. Der Vorsitz im Gremium liegt beim Bund. Beratend können Vertreter des Bundes- und der Landesrechnungshöfe, des Statistischen Bundesamtes, der Zentralen Datenstelle der Länderfinanzminister und der Innenministerkonferenz am Standardisierungsgremium teilnehmen. Gebietskörperschaften, die ihr externes Rechnungswesen bereits zum 01.01.2010 auf Doppik umgestellt hatten, haben die Standards staatlicher Doppik ab 2015 anzuwenden (vgl. mit einer kurzen Übersicht über die Standards staatlicher Doppik *Nowak, Karsten/Ranscht-Ostwald, Anja/Schmitz, Stefanie* (2012), Rn. 117–135; vgl. ausführlich hierzu *Häfner, Philipp/Wissing, Rolf/Quast, Eike* (2014), S. 183–270).

Hinsichtlich der Komponenten eines öffentlichen Jahresabschlusses schreibt § 37 Abs. 3 HGrG folgenden Umfang vor: »Bei doppisch basierten Haushalten umfasst die Rechnungslegung zumindest die Rechnungslegung zum Erfolgsplan (Erfolgsrechnung), die Rechnungslegung zum doppischen Finanzplan (Finanzrechnung) nach § 10 Absatz 4 Satz 2 [HGrG] und die Vermögenrechnung (Bilanz).« Für etwaige Produkthaushalte ergänzt § 37 Abs. 4 HGrG, dass bei »Produkthaushalten (…) über die nach Produkten strukturierte Mittelzuweisung sowie über Art und Umfang der erbrachten Leistungen Rechnung zu legen« ist. § 37 Abs. 4 HGrG macht damit deutlich, dass öffentliche Rechnungslegung aus der Darstellung der Vermögens-, Finanz- und Ertragslage und einer Produktsicht besteht. Je nach Informationszweck und Adressat der Rechnungslegung kommt den unterschiedlichen Dimensionen eine eigene Bedeutung zu (vgl. ausführlich zur öffentlichen Rechnungslegung und zu den Grundsätzen staatlicher Doppik *Nowak, Karsten/Ranscht-Ostwald, Anja/Schmitz, Stefanie* (2012), Rn. 85–135).

Derzeit werden auch die IPSAS als Grundlage für eine einheitliche europäische öffentliche Rechnungslegung diskutiert. Dabei sollte auch an die Notwendigkeit einer systemkonformen doppischen Haushaltsplanung gedacht werden (vgl. *Budäus, Dietrich/Burth, Andreas/Hilgers, Dennis* (2013), S. 289–295). Im Fokus der Diskussion steht dabei die Frage, ob und wie die IPSAS bei ihrer Transformation in EPSAS angepasst werden sollten. Bei dieser Diskussion ist der Sinn und Zweck der öffentlichen Rechnungslegung zu berücksichtigen (vgl. hierzu *Wüstemann, Jens/Wüstemann, Sonja* (2013), S. 582–585). Sicher erscheint aber auch, dass die EPSAS eine Chance für die Harmonisierung der europäischen öffentlichen Rechnungslegung sind (vgl. hierzu *Nowak, Karsten* (2013), S. 363–381; vgl. zur Notwendigkeit einer Harmonisierung der öffentlichen Rechnungslegung in Deutschland und Europa bspw. *Böcking, Hans-Joachim* (2013), S. 53–54).

2.3 Statistische Berichtspflichten

Die Finanzstatistik in ihrer Gesamtheit nutzt Interessierten aus Politik, Wirtschaft und Wissenschaft und dient als Grundlage bei politischen Entscheidungen. Aus den Daten der Finanzstatistik wird auch das Staatskonto der Volkswirtschaftlichen

Gesamtrechnungen abgebildet. Im Zusammenhang mit den Maastricht-Kriterien kommt der Finanzstatistik mittelbar eine besondere Bedeutung zu, da sie quasi die Datengrundlage zur Berechnung der Kriterien Defizitquote und Schuldenquote liefert (vgl. ausführlich zur Finanzstatistik *Eibelshäuser, Manfred/Nowak, Karsten* (2011), Rn. 30–105).

§ 49b HGrG schreibt hinsichtlich der statistischen Berichtspflichten folgendes vor: »Bund und Länder stellen unabhängig von der Art ihrer Haushaltswirtschaft sicher, dass zur Erfüllung finanzstatistischer Anforderungen einschließlich der Volkswirtschaftlichen Gesamtrechnungen sowie für sonstige Berichtspflichten die Plan- und Ist-Daten weiterhin nach dem Gruppierungs- und Funktionenplan mindestens auf Ebene der dreistelligen Gliederung bereitgestellt werden.«

In der Praxis erfolgt die Datenlieferung des kameral buchenden Bundes sowie der kameral buchenden Länder an die Finanzstatistik auf kameraler Basis. Basierend auf obiger Rechtsvorschrift liefern aber auch doppisch buchende Bundesländer weiterhin kamerale Daten an die Finanzstatistik. Bei den Kommunen werden entweder die kameralen Daten der noch kameral buchenden Kommunen bereitgestellt. Alternativ können doppisch buchende Kommunen doppische Daten zur Verfügung stellen, die mit Hilfe von Überleitungstabellen in kamerale Daten umgewandelt werden. Beachtlich ist bei dem Begriff Finanzstatistik, dass unter diesem mehrere Statistiken subsumiert werden.

3 Europäische und internationale Entwicklungen in der öffentlichen Rechnungslegung

3.1 Europäische Initiative zur Schaffung von EPSAS

Infolge der Finanz- und Währungskrise und der damit einhergehenden zunehmenden Beachtung von öffentlichen Finanzkennzahlen ist auch die öffentliche Rechnungslegung zum Gegenstand von europäischen Reformdiskussionen geworden. Zudem ist spätestens in der Zypernkrise deutlich geworden, dass europäische Transferzahlungen an einzelne Mitgliedsstaaten zunehmend auch an Bedingungen, wie bspw. an verschärfte Rechenschaftspflichten, geknüpft werden müssen.

Vor dem Hintergrund der bislang nicht erfolgten Harmonisierung der öffentlichen Rechnungslegung (und der daraus abgeleiteten Vermutung einer unzureichenden Vergleichbarkeit) hat die europäische Statistikbehörde *Eurostat* im Jahr 2012 für die *Europäische Kommission* eine Untersuchung durchgeführt, die das tatsächliche Ausmaß an Heterogenität in der öffentlichen Rechnungslegung und Prüfung analysiert hat. Ausgangspunkt dieser Überlegung ist, dass die Transparenz und Verlässlichkeit der finanziellen Berichterstattung durch die bislang nicht gegebene

Harmonisierung der öffentlichen Rechnungslegung in Europa beeinträchtigt wird. Die Studie zur Praxis der Rechnungslegung in den 27 EU-Mitgliedstaaten, welche *Ernst & Young* durchgeführt hat, wurde im März 2013 veröffentlicht (zu den Ergebnissen im Einzelnen, vgl. *Europäische Kommission* (2013b), S. 42–70).

Die Untersuchung wurde erforderlich, da das *Europäische Parlament* die *Europäische Kommission* zur Abgabe einer Einschätzung aufgefordert hat, ob die IPSAS als Rechnungslegungsstandards für die Mitgliedstaaten der EU sowie als Datengrundlage für die öffentliche Finanzstatistik geeignet sind. In Artikel 16 Abs. 3 der europäischen Richtlinie für den haushaltspolitischen Rahmen (Richtlinie 2011/85 EU) wurde eine Bewertung der Frage gefordert, »ob die internationalen Rechnungsführungsgrundsätze für den öffentlichen Sektor [*International Public Sector Accounting Standards (IPSAS)*] für die Mitgliedstaaten geeignet sind«. Zur Klärung dieser Frage hat *Eurostat* eine Arbeitsgruppe, die sog. *Task Force* IPSAS, eingerichtet und einen öffentlichen Konsultationsprozess gestartet, der vom 17.02.2012 bis zum 11.05.2012 lief. *Eurostat* hat in dem Abschlussbericht vom 06.03.2013 die wesentlichen Ergebnisse der Arbeitsgruppe und der *Task Force* veröffentlicht. Hinsichtlich der gestellten Frage, inwiefern eine flächendeckende Einführung der IPSAS in den EU-Mitgliedstaaten als realistisch betrachtet werden kann, kommt die *Europäische Kommission* als vorläufiges Ergebnis zu dem Fazit, dass die verfügbaren internationalen öffentlichen Rechnungslegungsstandards (IPSAS) in ihrer gegenwärtigen Form zwar nicht ohne weiteres in den EU-Mitgliedstaaten eingeführt werden können, jedoch unstreitig einen Orientierungsmaßstab für die zu erwartende weitere Harmonisierung der öffentlichen Rechnungslegung in der EU darstellen. Dabei wird eindeutig herausgestellt, dass die *Europäische Kommission* ein harmonisiertes Rechnungswesen in Europa für erforderlich hält und dieses zudem auf doppischer Basis ausgestaltet werden sollte. Im Ergebnis wird die Schlussfolgerung gezogen, dass »die IPSAS einen geeigneten Bezugsrahmen für die künftige Entwicklung europäischer Rechnungsführungsnormen für den öffentlichen Sektor, die im Folgenden als »EPSAS« bezeichnet werden, darstellen« (vgl. *Europäische Kommission* (2013a), S. 10).

In einem weiteren öffentlichen Konsultationsprozess, der vom 25.11.2013 bis zum 17.02.2014 lief, hat *Eurostat* Fragen über die künftigen EPSAS-Strukturen (»EPSAS-*governance*«) zur Diskussion gestellt. Im März 2014 wurde darüber ein Berichtsentwurf veröffentlicht. Zudem hat *Eurostat* zwei Arbeitsgruppen eingerichtet: Die *Task Force* »EPSAS-*governance*« und die *Task Force* »EPSAS-*Standards*«.

3.2 Normierung internationaler Standards durch das IPSASB

Die IPSAS werden seit dem Jahr 1996 im Rahmen eines transparenten, weltweit abgestimmten Prozesses, der umfassende Möglichkeiten zur Mitwirkung bietet, als spezifische Rechnungslegungsgrundsätze für die öffentliche Hand erarbeitet (vgl. *Heiling, Jens/Wirtz, Holger* (2009), S. 826 ff.). Im Rahmen der Standardsetzung wird auf die IFRS zurückgegriffen, wenn und soweit dies für den öffentlichen Sektor zweckmäßig ist. Abweichende Regelungen werden immer dann normiert, wenn Vorgaben der IFRS für den öffentlichen Sektor nicht sachgerecht sind. Sämtliche Standards sind auf der Website des *International Public Sector Accounting Standards Board* (*IPSASB*) verfügbar (vgl. *IPSASB* (2014)).

Ausgangspunkt für die Entwicklung des *IPSASB* war die 1986 erfolgte Gründung des *Public Sector Committee* der *International Federation of Accountants* (*IFAC*), welches im November 2004 von der *IFAC* in *IPSASB* umbenannt wurde. Entscheidend für die Inangriffnahme der Standardsetzung war das Interesse internationaler Finanzinstitutionen, wie der *Weltbank*, des *IWF* und des UN-Entwicklungsprogramms, die sich 1996 zur Finanzierung eines Projektes zur Standardsetzung der Rechnungslegung entschlossen. In den Jahren 1996 bis 2002, die heute als die 1. Phase der Standardsetzung bezeichnet werden kann, lag der Schwerpunkt deshalb zunächst auf der Erarbeitung eines »core set« von Standards für die öffentliche Rechnungslegung. Grundlage dieser Projektphase, aus der die Standards IPSAS 1 bis IPSAS 20 hervorgegangen sind, waren die zum 31.08.1997 gültigen IAS. Der Schwerpunkt der Jahre 2003 bis 2009, die heute als die 2. Phase der Standardsetzung bezeichnet werden kann, lag in der Umsetzung des sog. Konvergenz-Programms. Als Grundlage (»stable platform«) für die in dieser Phase neu entwickelten Standards IPSAS 25 bis IPSAS 31 wurden die zum 31.12.2008 gültigen IFRS definiert (vgl. *Müller-Marqués Berger, Thomas/Heiling, Jens/Wirtz, Holger* (2010), S. 959 ff.). Mit der Beendigung dieser Phase hat der *IPSASB* die wesentlichen Bestandteile der IFRS an öffentliche Besonderheiten angepasst und damit eine Konvergenz mit den IFRS erreicht.

Schwerpunkt der derzeitigen 3. Phase der Standardsetzung ist die Entwicklung eines Rahmenkonzepts für die Berichterstattung der öffentlichen Hand (*Public Sector Conceptual Framework*). Neben dem Rahmenkonzept stehen Projekte von besonderer Bedeutung für den öffentlichen Sektor (*public sector critical projects*) im Fokus (vgl. *Müller-Marqués Berger, Thomas* (2012a), S. S74–S79). Darunter werden Fragestellungen subsumiert, die für den öffentlichen Sektor spezifisch und zugleich auch als kritisch eingestuft werden. Weiterer Schwerpunkt ist die Anregung eines lebhaften internationalen Austausches von »best practices« zum Zwecke der Entwicklung von öffentlichen Rechnungslegungsgrundsätzen, welche den Anforderungen der Praktikabilität und Anwendbarkeit genügen und zudem die Spezifika des öffentlichen Sektors adressieren.

4 Regelungen der IPSAS zur öffentlichen Konzernrechnungslegung

4.1 Die aktuell noch geltenden Regelungen der Standards IPSAS 6–8

Die IPSAS sind nach IPSAS 1.4 grundsätzlich auf Einzelabschlüsse und auf konsolidierte Abschlüsse anzuwenden. Mit IPSAS 6 – entspricht weitgehend IAS 27 (*rev.* 2003) –, IPSAS 7 – entspricht weitgehend IAS 28 (*rev.* 2003) – und IPSAS 8 – entspricht weitgehend IAS 31 (*rev.* 2003) – bestehen aber auch drei Standards, in denen es um Fragen der Erstellung von öffentlichen Konzernabschlüssen geht (vgl. *Müller-Marqués Berger, Thomas* (2012b), S. 76–89; *Wirtz, Holger* (2010), S. 141–144):

- IPSAS 6: *Consolidated and separate financial statements*
- IPSAS 7: *Investments in associates*
- IPSAS 8: *Interests in joint ventures*

Nach IPSAS 6.20 sind alle beherrschten Einheiten zu einem Konzernabschluss zu konsolidieren. Aus dieser Verpflichtung ergibt sich zunächst die Frage nach der Abgrenzung des Konsolidierungskreises, welche anhand des in IPSAS 6.41 zusammenfassend dargestellen *control*-Konzepts erfolgt. Danach ist in einem dreistufigen Prozess zu hinterfragen, ob von der potenziell beherrschten Einheit ein Nutzen ausgeht (Ergebniskomponente), ob hinsichtlich der potenziell beherrschten Einheit *control*-Rechte bestehen und ob diese Rechte auch ausgeübt werden können (Beherrschungskomponente). Falls diese Voraussetzungen nicht gegeben sind, ist zu prüfen, ob eine assoziierte Einheit i. S. v. IPSAS 7 oder eine gemeinschaftlich geführte Einheit i. S. v. IPSAS 8 vorliegt.

An dem beschriebenen mehrstufigen Prozess wird bereits deutlich, dass eine Einbeziehung nach IPSAS 6.28 grundsätzlich eine (finanzielle oder nicht-finanzielle) Ergebniskomponente und eine Beherrschungskomponente voraussetzt. Nach IPSAS 6.30 muss die Beherrschungskomponente rechtlich gesichert sein, wozu jedoch nicht zwingend eine Mehrheitsbeteiligung notwendig ist. Im Hinblick auf die Besonderheiten der öffentlichen Hand wird in IPSAS 6.37 allerdings ausgeführt, dass regulatorischer Einfluss allein, wie er bspw. durch Umweltämter ausgeübt wird, oder Einkaufsmacht, falls die öffentliche Hand bspw. für militärisches Gerät als einziger Abnehmer in Frage kommt, noch keine Beherrschung begründen.

Nach IPSAS 6.21 besteht im Falle einer nur vorübergehenden Beherrschung bei aktiver Suche nach einem Käufer ein Einbeziehungsverbot. Sofern aufgrund dieses Verbotes grundsätzlich einzubeziehende Einheiten nicht einbezogen werden, sind diese als Finanzinstrumente zu bilanzieren. Durch die Ausübung von Tätigkeiten, die sich von den Tätigkeiten anderer Einheiten innerhalb der wirtschaftlichen Einheit unterscheiden, wird dagegen nach IPSAS 6.27 kein Ausschluss begründet. Ein solcher Fall führt jedoch zu erweiterten Angabeverpflichtungen, die bspw. i. R. d. Segmentberichterstattung erfüllt werden können.

Ausgangspunkt der Konsolidierung ist der in IPSAS 6.49 enthaltene Grundsatz der Einheitlichkeit der Bewertung. Der Ablauf der Kapitalkonsolidierung wird in IPSAS 6.43 nur skizziert, wobei zu relevanten Konsolidierungsproblemen, wie dem Geschäfts- oder Firmenwert, nur allgemein auf nationale oder internationale Regelungen verwiesen wird. Auch die Ermittlung von Minderheitenanteilen wird nicht detailliert geregelt, obgleich vorgegeben wird, dass diese gesondert auszuweisen sind. Die Verpflichtungen zur Schuldenkonsolidierung, zur Zwischenergebniseliminierung und zur Aufwands- und Ertragskonsolidierung ergeben sich aus IPSAS 6.45, wobei ebenfalls keine Vorgaben zur technischen Umsetzung gemacht werden.

Die in IPSAS 6 vorgesehene Vollkonsolidierung ist nicht auf assoziierte Einheiten und gemeinschaftlich geführte Einheiten (*joint ventures*) anzuwenden. Während Anteile an assoziierten Einheiten nach IPSAS 7.19 gemäß der *equity*-Methode einbezogen werden, ist nach IPSAS 8.12 zwischen drei Ausprägungen von gemeinschaftlich geführten Einheiten zu unterscheiden. Bei gemeinsam geführten Tätigkeiten (*jointly controlled operations*) hat die Erfassung der Vermögenswerte, Verpflichtungen, Aufwendungen und Erträge nach IPSAS 8.19 bereits in den jeweiligen Einzelabschlüssen zu erfolgen, sodass kein Konsolidierungsproblem entsteht. Auch bei Vermögenswerten unter gemeinsamer Führung (*jointly controlled assets*, z. B. (Maut-) Straßen oder Pipelines) erfolgt nach IPSAS 8.25 bereits im jeweiligen Einzelabschluss eine anteilige Erfassung der gemeinschaftlichen Vermögenswerte, Verpflichtungen, Aufwendungen und Erträge. Hinsichtlich der gemeinschaftlich geführten Einheiten im engeren Sinne (*joint ventures*, d. h. selbstständige Organisationsformen, die auch im eigenen Namen tätig werden) besteht nach IPSAS 8.35 ein Wahlrecht zwischen der Einbeziehung nach der Quotenkonsolidierung und der *equity*-Methode.

4.2 Die Regelungen der Standardentwürfe IPSAS ED 48–52

Die derzeitigen Regelungen in den Standards IPSAS 6–8 entsprechen weitestgehend den bisherigen Regelungen der IFRS, die vom *IASB* im Mai 2011 i. R. d. Projekte »*consolidation*« und »*joint ventures*« allerdings grundlegend überarbeitet wurden. Vor diesem Hintergrund hat der *IPSASB* im Jahr 2011 ein Projekt zur öffentlichen Konzernrechnungslegung initiiert, in dem die derzeitigen Regelungen der Standards IPSAS 6–8 überarbeitet werden. Im Oktober 2013 wurden fünf Standardentwürfe (*Exposure Drafts*) zur öffentlichen Kommentierung vorgelegt, welche wesentlich durch die jüngeren Änderungen zur Konzernrechnungslegung in den IFRS geprägt sind (vgl. *Müller-Marqués Berger, Thomas/Braun, Robin* (2014)):

- IPSAS ED 48: *Separate financial statements* (entspricht weitgehend IAS 27)
- IPSAS ED 49: *Consolidated financial statements* (entspricht weitgehend IFRS 10)

- IPSAS ED 50: *Investments in associates and joint ventures* (entspricht weitgehend IAS 28)
- IPSAS ED 51: *Joint arrangements* (entspricht weitgehend IFRS 11)
- IPSAS ED 52: *Disclosure of interests in other entities* (entspricht weitgehend IFRS 12)

In den Standardentwürfen sind folgende wesentliche Änderungen zu den Regelungen der bisherigen IPSAS 6–8 vorgesehen:
- Neue Definitionen von Beherrschung (*control*) und gemeinsamer Beherrschung (*joint control*) (vgl. IPSAS ED 49).
- Einführung einer neuen Kategorie für Einheiten, welche als Investmentgesellschaften (*investment entity*) bezeichnet werden. Für solche Investmentgesellschaften, wie auch für Einheiten, welche Investmentgesellschaften beherrschen, sind besondere Konsolidierungsvorschriften und Anhangangaben vorgesehen (vgl. IPSAS ED 49).
- Weiterhin wurde eine neue Kategorie »Strukturierte Einheiten« (*structured entity*) eingefügt sowie Vorschriften bzgl. im Anhang erforderlicher Offenlegungen zu strukturierten Einheiten normiert (vgl. IPSAS ED 52).
- Einführung der Klassifizierung »*joint arrangements*« (gemeinsame Vereinbarungen) (IPSAS ED 51) als Überbegriff für *joint ventures* und *joint operations* sowie die Aufhebung der Quotenkonsolidierung (*proportionate consolidation*) als Bilanzierungsmethode (bisher IPSAS 8).
- Sämtliche Offenlegungsvorschriften werden neu in einem einzelnen Standard gebündelt und teilweise neu geregelt (vgl. IPSAS ED 52).

Wesentliche Abweichungen zu den aktuell gültigen IFRS ergeben sich insbesondere in folgenden Punkten:
- Eine wesentliche Abweichung zwischen IPSAS ED 48 und IAS 27 besteht in der für IPSAS vorgesehenen Beibehaltung der *equity*-Methode zur Bewertung von Beteiligungen im Einzelabschluss, welche gemäß IAS 27.10 nicht mehr zulässig ist.
- Mit Blick auf die öffentlichen Spezifika wurde die bislang auch in IPSAS 6 getroffene Regelung, wonach regulatorische Rechte der öffentlichen Hand allein nicht zu einer Beherrschung i.S.d. *control*-Konzepts führen, auch in IPSAS ED 49.22 übernommen.
- Gemäß IFRS 10.31, und übereinstimmend mit IPSAS ED 49, beziehen Investmentgesellschaften ihre Beteiligungsgesellschaften nicht im Wege der Vollkonsolidierung in ihren Konzernabschluss ein, sondern bilanzieren die Anteile an den beherrschten Einheiten erfolgswirksam zum jeweiligen Zeitwert (*fair value*). Abweichend von IFRS 10 ist in IPSAS ED 49 jedoch zudem vorgesehen, dass auch eine Einheit, welche eine Investmentgesellschaft beherrscht (z.B. eine Gebietskörperschaft), ihrerseits die Beteiligungen der Investmentgesellschaft in ihrem Konzernabschluss auszuweisen und zum *fair value* zu bewerten hat.
- Entsprechend den Regelungen in IFRS 12 sind gemäß IPSAS ED 52 die Ermessensentscheidungen bei der Beurteilung der Beherrschung darzulegen. Gemäß

IPSAS ED 52.13 können die erforderlichen Angaben jedoch auch außerhalb der Abschlüsse in sonstigen öffentlich zugänglichen Dokumenten erfolgen, sofern auf diese innerhalb des Abschlusses durch Querverweise hingewiesen wird.
- Die in IFRS 12 enthaltene Definition der strukturierten Unternehmen, welche insbesondere auf Stimmrechte oder sonstige Rechte abzielt, wurde in IPSAS ED 52 erweitert. Sofern für bestimmte Einheiten Verwaltungsvereinbarungen oder Gesetze die dominierenden Faktoren für die Beurteilung einer möglichen Beherrschung sind (z. B. Behörden oder Ministerien), gilt eine Einheit auch dann als »strukturierte Einheit«, wenn sie so konzipiert wurde, dass die Verwaltungsvereinbarungen oder Gesetze keine entscheidenden Faktoren sind, weil bspw. die relevanten Tätigkeiten durch Vertragsvereinbarungen geregelt werden.

5 Spezifische Fragestellungen einer öffentlichen Konzernrechnungslegung

5.1 Abgrenzung des Konsolidierungskreises

Ziel eines nach nationalen oder internationalen Grundsätzen aufgestellten Konzernabschlusses ist regelmäßig die Abbildung der wirtschaftlichen Einheit (*economic entity*). Die dafür notwendige Konkretisierung der wirtschaftlichen Einheit erfolgt vielfach anhand des *control*-Konzepts. Ausnahmen vom *control*-Konzept werden teilweise jedoch in folgenden Fällen begründet:
- Keine Einbeziehung von wirtschaftlich vergleichsweise unbedeutenden Einheiten aufgrund der Grundsätze der Wesentlichkeit und Wirtschaftlichkeit.
- Keine Einbeziehung von Einheiten bei einer etwaigen heterogenen Geschäftstätigkeit (im öffentlichen Bereich sind insbesondere für staatliche Finanzinstitute regelmäßig Ausnahmen von der Einbeziehungspflicht vorgesehen).
- Keine Einbeziehung in Fällen einer nur vorübergehenden Beherrschung (insbesondere im öffentlichen Bereich hat – nicht zuletzt infolge der Finanz- und Staatsschuldenkrise – die »vorübergehende« Beteiligung der öffentlichen Hand an (in Not geratenen) Unternehmen eine gewisse Bedeutung erlangt).

Im Hinblick auf öffentlich-rechtliche Organisationsformen (z. B. Anstalten, Zweckverbände, Stiftungen) ergeben sich teilweise spezifische Probleme, bspw. bei Organisationen ohne Kapitaleinlagen oder Organisationen mit (durch Rechtsstatus) ausdrücklich eingeräumter Unabhängigkeit in allen Fragen der operativen Tätigkeit. Zwar implizieren öffentlich-rechtliche Organisationsformen eine Zuordnung zum öffentlichen Konsolidierungskreis. Gleichwohl besteht aber nicht bei allen Körperschaften des öffentlichen Rechts (z. B. Kirchen oder berufsständischen Kammern) eine Einflussmöglichkeit auf das öffentliche Vermögen. Dagegen rechtfertigen selbst auferlegte Beschränkungen des Einflusses auf die operative Tätigkeit (z. B. Freiheit der Lehre an Hochschulen oder Rundfunkfreiheit) wohl keine Ausgrenzung aus dem Konsolidierungskreis (vgl. *Wirtz, Holger* (2010), S. 200f.).

Einen vom *control*-Konzept abweichenden Ansatz verfolgen zudem die Volkswirtschaftlichen Gesamtrechnungen. Für Zwecke der makroökonomischen Analyse werden Einheiten zu Gruppen zusammengefasst, die institutionelle Sektoren genannt werden. Dabei werden mit den »nichtfinanziellen Kapitalgesellschaften«, den »finanziellen Kapitalgesellschaften«, dem »Staat«, den »privaten Haushalten« sowie den »privaten Organisationen ohne Erwerbszweck« fünf Sektoren einer Volkswirtschaft unterschieden (vgl. u. a. *Europäische Union* (2013), ESVG 2010, Abs. 2.31). Der i. R. d. Finanzstatistik betrachtete Sektor »Staat« besteht aus allen Einheiten von Bundes-, Landes- und Kommunalregierungen sowie den Sozialversicherungen. Dagegen umfasst der Sektor »Staat« keine kommerziell ausgerichteten Einheiten (sog. Marktproduzenten). Diese Negativabgrenzung bedingt, dass der Sektor »Staat« ausschließlich aus Nicht-Marktproduzenten besteht, die sich primär aus Zwangsabgaben von Einheiten anderer Sektoren finanzieren und/oder die Einkommen und Vermögen umverteilen (vgl. u. a. *Europäische Union* (2013), ESVG 2010, Abs. 2.111). Die Anwendung eines solchen Zurechnungskriteriums auf öffentliche Konzernabschlüsse hätte zur Folge, dass das *control*-Konzept und der Gedanke der wirtschaftlichen Einheit keine Anwendung finden und kommerzielle Tochtergesellschaften, verstaatlichte Unternehmen oder auch Zentralbanken nicht dem Sektor »Staat« zugerechnet würden.

5.2 Auswahl der Konsolidierungsmethode

Neben der Einbeziehung im Wege der Vollkonsolidierung können auch »schwächere« Formen der Einbeziehung vorgesehen werden, wobei insbesondere die *equity*-Methode zu nennen ist. In der *equity*-Methode wird – neben der Einbeziehung von Einheiten unter maßgeblichem Einfluss – insbesondere auch in Fällen einer etwaigen heterogenen Geschäftstätigkeit von beherrschten Einheiten (z. B. bei Kreditinstituten) eine sachgerechte Möglichkeit der Einbeziehung gesehen. In diesen Fällen wird teilweise angeführt, dass sich durch die Einbeziehung der einzelnen Vermögenswerte und Verpflichtungen im Wege der Vollkonsolidierung ein negativer Effekt auf den Informationsgehalt der Rechnungslegung ergeben würde.

Die Vielzahl an möglichen Ausgestaltungen im Hinblick auf die Auswahl der Konsolidierungsmethode wird insbesondere am Beispiel der jüngst in IFRS 10 neu geregelten Investmentgesellschaften (*investment entities*, z. B. Staatsfonds) deutlich. Gesellschaften, die den Kriterien einer Investmentgesellschaft genügen, haben nach IFRS 10.31 ihre Beteiligungsgesellschaften nicht im Wege der Vollkonsolidierung einzubeziehen, sondern in ihrem Konzernabschluss die Anteile an den beherrschten Einheiten erfolgswirksam zum jeweiligen Zeitwert (*fair value*) zu bilanzieren. Weitergehend im Vergleich zu IFRS 10 sieht IPSAS ED 49.52 ff. nun zudem vor, dass auch eine Einheit, welche eine Investmentgesellschaft beherrscht (z. B. eine Gebietskörperschaft), ihrerseits die Beteiligungen der Investmentgesellschaft in ihrem Konzernabschluss auszuweisen und zum *fair value* zu bewerten hat. Lediglich die übrigen Vermögenswerte und Verbindlichkeiten einer solchen beherrschten Investmentgesellschaft sind im Wege der Vollkonsolidierung in den Konzernabschluss der wirtschaftlichen Einheit einzubeziehen. Begründet wird dies damit, dass die Ausdehnung der Ausnahmeregelung für die Investmentgesellschaft auf den Konzernabschluss der öffentlichen Einheit letztlich im Hinblick auf die verfügbaren Informationen konsequent ist. Aus unserer Sicht berücksichtigt dies auch Praktikabilitätsaspekte, da bei Vorliegen einer Konsolidierungsausnahme für die Investmentgesellschaft der beherrschenden öffentlichen Einheit die zur Vollkonsolidierung erforderlichen Detailinformationen regelmäßig nicht vorliegen. Zudem entspricht es nach Auffassung des *IPSASB* regelmäßig den wirtschaftlichen Verhältnissen im öffentlichen Sektor, dass die einzelnen Beteiligungen (der Investmentgesellschaften) auch aus Sicht der öffentlichen Hand im Wesentlichen auf Basis des Zeitwertes (*fair value*) gesteuert werden.

5.3 Kapitalkonsolidierung – goodwill im öffentlichen Bereich?

Während in der öffentlichen Konzernrechnungslegung Fragen zum Konsolidierungskreis regelmäßig detailliert geregelt werden, werden Fragen der technischen Umsetzung nur in geringem Umfang thematisiert. So verweisen bspw. die IPSAS in IPSAS 7.29 hinsichtlich der Behandlung eines Geschäfts- oder Firmenwertes nur allgemein auf nationale und internationale Regelungen. Im Zusammenhang mit der Behandlung von Unterschiedsbeträgen werden folgende Spezifika der öffentlichen Konzernrechnungslegung genannt (vgl. *IPSASB* (2012), S. 10 f.):

- Vor dem Hintergrund des Auftrags der Daseinsvorsorge können die Motive eines Zusammenschlusses auch in der Erreichung einer besseren Versorgung der Bürger oder in einer Anpassung des öffentlichen Angebots an den demographischen Wandel bestehen, ohne dass dies mit erhöhten Gewinnchancen verbunden ist.
- Der Zusammenschluss von öffentlichen Einheiten erfolgt vielfach im Rahmen eines unentgeltlichen Erwerbs von Einheiten.
- Der Zusammenschluss von öffentlichen Einheiten erfolgt teilweise aufgrund gesetzlicher oder behördlicher Anordnung.

In einem im Juni 2012 veröffentlichten Diskussionspapier des *IPSASB* wird bspw. eine Unterscheidung zwischen »Erwerben« (*acquisitions*) und »Zusammenlegungen« (*amalgamations*) vorgenommen (vgl. *Müller-Marqués Berger, Thomas/Wirtz, Holger*

(2012), S. 1026 f.). Für Fälle der Zusammenlegung (*amalgamation*) wird eine Form der in der privatwirtschaftlichen Rechnungslegung zwischenzeitlich aufgegebenen Interessenzusammenführungsmethode (*modified pooling of interests method*) vorgeschlagen (vgl. *IPSASB* (2012), S. 48 f.). Bei dieser Form soll in Bezug auf sämtliche beteiligte Einheiten eine Buchwertfortführung erfolgen, sodass diese Methode mit einer Verschmelzung vergleichbar ist. Im Endeffekt mündet die Interessenzusammenführungsmethode in einer Darstellung, als ob die beteiligten Einheiten bereits seit Gründung vereinigt gewesen wären. Da sich letztlich auch das Eigenkapital nach der Zusammenlegung aus der Addition des jeweiligen Eigenkapitals der beteiligten Einheiten ergibt, entstehen bei dieser Form der Kapitalkonsolidierung keine Unterschiedsbeträge. Für Erwerbsfälle (*acquisitions*) wird dagegen grundsätzlich die Erwerbsmethode in der Form der Neubewertungsmethode (analog IFRS 3.18 bzw. § 301 Abs. 1 Satz 2 HGB) vorgeschlagen. Zur Diskussion wird allerdings die Frage gestellt, ob bei unentgeltlichen Erwerben nicht ausnahmsweise die Buchwerte der erworbenen Einheit fortgeführt werden sollten (vgl. *IPSASB* (2012), S. 33).

Für die i. R. d. Erwerbsmethode technisch entstehenden (aktivischen oder passivischen) Unterschiedsbeträge kommen neben der Aktivierung von aktivischen Unterschiedsbeträgen als Geschäfts- oder Firmenwert (*goodwill*) ggf. auch eine unmittelbare erfolgsneutrale Verrechnung im Eigenkapital sowie die sofortige erfolgswirksame Verrechnung in Frage. Im Kontext der öffentlichen Rechnungslegung verbirgt sich hinter diesen Alternativen implizit die Fragestellung, ob die im privatwirtschaftlichen Bereich verwendete Definition des Geschäfts- oder Firmenwertes auch im öffentlichen Sektor anwendbar ist, da hier vielfach nicht die Generierung von Finanzmitteln im Fokus steht, sondern das zur Auftragserfüllung verwendbare Leistungspotenzial (*service potential*). Bei einer unveränderten Übernahme der privatwirtschaftlichen Grundsätze, würde das dazu führen, dass es den Ausweis eines *goodwill* nur im Fall des Erwerbs eines auf Gewinnerzielung ausgerichteten Unternehmens gäbe. In allen anderen Fällen wäre eine sofortige aufwandswirksame Erfassung vorzunehmen.

Zudem wird teilweise hervorgehoben, dass für das zur Auftragserfüllung verwendbare Leistungspotenzial keine Gesamtbewertung (z. B. analog zur *cash generating unit* i. S. v. IAS 36) zulässig sei, sondern nur einzeln konkret identifizierbare Ressourcen zur Leistungserbringung herangezogen werden könnten. Im Ergebnis wird bei dieser Argumentation folglich die Eigenschaft der sich ergebenden Unterschiedsbeträge als Vermögensgegenstand – und damit die Aktivierungsvoraussetzung – in Zweifel gezogen. Die Diskussion zu dieser Thematik ist bislang nicht abgeschlossen.

6 Umsetzung der öffentlichen Konzernrechnungslegung in Hessen

6.1 Doppikeinführung in Hessen

Das zum 01.01.1998 in Kraft getretene Haushaltsrechts-Fortentwicklungsgesetz hat den Gebietskörperschaften die Möglichkeit eingeräumt, parallel zur Kameralistik auch eine doppische Rechnungslegung zu implementieren. Daraufhin hatte am 14.07.1998 das damalige Kabinett des Landes Hessen beschlossen, die kaufmännische Buchführung in Hessen einzuführen. Der Kabinettbeschluss vom 02.06.1999 sah dann die flächendeckende Umsetzung der Doppikeinführung im Land Hessen bis 2008 vor.

Am 20.11.2009 wurde die erste testierte Eröffnungsbilanz des Landes Hessen auf den 01.01.2009 der Öffentlichkeit vorgestellt. Trotz des damals nicht durch Eigenkapital gedeckten Fehlbetrags von 57,88 Mrd. Euro war die Resonanz insgesamt, insbesondere auch in der Presse, positiv. Die transparente Darstellung der wirtschaftlichen Lage des Landes fand in Schlagzeilen wie »Hessen bilanziert sich ehrlich« ein gutes Echo. Die Reaktionen der Öffentlichkeit bestätigten schon damals die These, dass institutionelle Transparenz ein Demokratieerfordernis ist (vgl. hierzu *Budäus, Dietrich* (2013), S. 81–100).

Wie in Kapitel 2 dargestellt, hat der Gesetzgeber mit dem Haushaltsgrundsätzemodernisierungsgesetz zum 01.01.2010 einen weiteren wesentlichen Schritt in Richtung doppische Rechnungslegung vollzogen. Seither ist es möglich, die Rechnungslegung ausschließlich auf doppischer Basis durchzuführen. Zudem hat der Gesetzgeber explizit auf die Grundsätze ordnungsmäßiger Bilanzierung verwiesen und die Standards staatlicher Doppik begründet.

Am 02.11.2010 wurde der erste testierte Gesamtabschluss des Landes Hessen (zum 31.12.2009) der Öffentlichkeit präsentiert. Dieser wies einen nicht durch Eigenkapital gedeckten Fehlbetrag i. H. v. 64,87 Mrd. Euro aus. Am 27.12.2013 wurde der vierte testierte Gesamtabschluss des Landes Hessen vorgestellt (vgl. mit einer interpretativen Chronik der Reform in Hessen *Lüder, Klaus* (2013), S. 237–299; vgl. insbesondere zur Begleitung der Doppikeinführung in Hessen durch den Rechnungshof *Breidert, Ulrike* (2013), S. 71–80).

Die Vermögensrechnung des Landes Hessen auf den 31.12.2012 weist einen nicht durch Eigenkapital gedeckten Fehlbetrag von ca. 81,25 Mrd. Euro aus. Zum 31.12.2011 belief sich dieser Betrag noch auf 70,62 Mrd. Euro. Der Fehlbetrag des Jahres 2012 beträgt somit 10,63 Mrd. Euro.

In der Pressemitteilung vom 27.12.2013 des *Hessischen Ministerium der Finanzen* (*HMdF*) wird ein wesentlicher Teil des Jahresfehlbetrags durch Bewertungsanpassungen bei den Pensions- und Beihilferückstellungen erklärt: »Die Ursachen für den Fehlbetrag lagen vor allem in der notwendigen Anpassung bei der Bewertung der Pensions- und Beihilferückstellungen in Höhe von insgesamt 7,5 Mrd. Euro.

Dazu gehörten u. a. die Absenkung des Diskontierungszinssatzes entsprechend der Bund-Länder-Vorgabe (-4,7 Mrd. Euro), die Berücksichtigung des Bezüge- und Kostentrends (-2,1 Mrd. Euro) sowie die Folgeanpassung nach den Vorgaben des Bilanzrechtsmodernisierungsgesetzes (-0,7 Mrd. Euro).«

Weitere wesentliche Ursachen für das negative Jahresergebnis waren die Aufwendungen für den Kommunalen Schutzschirm i. H. v. ca. 1,6 Mrd. Euro und die Abwertungen der Kulturgüter und Sammlungen von ca. 0,5 Mrd. Euro.

Bereinigt um nicht wiederkehrende, unregelmäßige Ergebniseffekte, verbleibt – gemäß Presseerklärung des *HMdF* – ein struktureller Jahresfehlbetrag von 1,4 Mrd. Euro. Wird das Jahresergebnis nur um die nicht durch Managementhandeln beeinflussbaren Komponenten bereinigt, verbleibt ein Jahresfehlbetrag von ca. 3,13 Mrd. Euro (Jahresfehlbetrag 10,63 Mrd. Euro abzüglich Bewertungsanpassungen der Pensions- und Beihilferückstellungen 7,5 Mrd. Euro).

Seit Aufstellung der Eröffnungsbilanz auf den 01.01.2009, also in den letzten vier Jahren, hat sich der nicht durch Eigenkapital gedeckte Fehlbetrag des Landes Hessen um ca. 23 Mrd. Euro erhöht. Im Einzelnen sieht die Vermögensrechnung des Landes Hessen auf den 31.12.2012 wie folgt aus:

Aktivseite in EUR	31.12.2012	31.12.2011
A. Anlagevermögen	25.358.544.954,13	25.420.110.369,62
I. Immaterielle Vermögensgegenstände	53.688.329,82	70.260.923,56
II. Sachanlagen	19.533.440.174,02	19.832.991.814,08
III. Finanzanlagen	5.771.416.450,29	5.516.857.631,98
B. Umlaufvermögen	11.090.545.223,84	11.751.919.745,16
I. Vorräte	115.464.723,96	181.267.876,76
II. Forderungen und sonstige Vermögensgegenstände	10.497.411.000,23	10.322.061.508,12
III. Wertpapiere des Umlaufvermögens	10.127.437,00	7.635.339,50
IV. Flüssige Mittel	467.542.062,65	1.240.955.020,78
C. Rechnungsabgrenzungsposten	341.640.503,66	339.027.662,17
D. Nicht durch Eigenkapital gedeckter Fehlbetrag	81.254.249.062,85	70.620.078.247,20
BILANZSUMME	118.044.979.744,48	108.131.136.024,15

Passivseite in EUR		
A. Eigenkapital		
I. Nettoposition	-57.879.233.670,48	-57.879.233.670,48
II. Ergebnisvortrag	-12.740.844.576,72	-9.141.552.126,51
III. Bilanzergebnis	-10.634.170.815,65	-3.599.292.450,21
IV. Nicht durch Eigenkapital gedeckter Fehlbetrag	81.254.249.062,85	70.620.078.247,20
B. Sonderposten für Investitionen	464.050.577,28	392.874.032,43
C. Rückstellungen	64.232.330.907,66	54.800.877.621,15
I. Rückstellungen für Pensionen und ähnliche Verpflichtungen	55.767.112.512,00	47.646.518.038,00
II. Steuerrückstellungen	235.673,57	281.493,10
III. Sonstige Rückstellungen	8.464.982.722,09	7.154.078.090,05
D. Verbindlichkeiten	53.329.260.067,77	52.915.885.988,15
davon Anleihen	29.092.973.137,74	27.617.973.137,74
davon Verbindlichkeiten gegenüber Kreditinstituten	6.211.497.945,82	6.416.941.028,31
davon Verbindlichkeiten gegenüber Gebietskörperschaften	5.201.054.786,46	5.857.718.940,49
E. Rechnungsabgrenzungsposten	19.338.191,77	21.498.382,42
BILANZSUMME	118.044.979.744,48	108.131.136.024,15

Abbildung 2: Vermögensrechnung auf den 31.12.2012

Für die Ergebnisrechnung des Landes Hessen für das Jahr 2012 ergibt sich folgendes Bild:

Erträge/Aufwendungen in EUR	2012	2011
A. Steuern und steuerähnliche Erträge	17.833.192.220,92	17.324.081.406,46
B. Erträge aus Transferleistungen	3.130.260.692,16	2.995.307.930,97
C. Erträge aus Verwaltungstätigkeit, Umsatzerlöse	1.828.305.501,22	1.817.964.508,78
D. Bestandsveränderungen/aktivierte Eigenleistungen	31.478.863,97	65.450.432,41
E. Sonstige Erträge	1.705.679.941,39	1.263.316.119,14
SUMME ERTRÄGE	**24.528.917.219,66**	**23.466.120.397,76**
F. Bezogene Waren und Leistungen	1.753.845.076,94	1.732.489.466,43
G. Personalaufwand	10.740.254.036,10	9.574.823.487,01
H. Abschreibungen	599.152.393,35	637.293.699,16
I. Steuern und steuerähnliche Aufwendungen	2.836.468.485,83	3.343.631.984,92
J. Aufwendungen aus Transferleistungen	8.281.791.274,64	6.661.925.256,15
K Sonstige Aufwendungen	1.170.766.537,71	1.099.460.019,80
SUMME AUFWENDUNGEN	**25.382.277.804,57**	**23.049.623.913,47**
VERWALTUNGSERGEBNIS	**-853.360.584,91**	**416.496.484,29**
L. Erträge aus Beteiligungen und anderen Wertpapieren und Ausleihungen des Finanzanlagevermögens	152.329.766,92	240.771.768,01
M. Sonstige Zinsen und ähnliche Erträge	243.626.385,31	389.879.629,69
N. Abschreibungen auf Finanzanlagen und Wertpapiere des Umlaufvermögens und Verluste aus entsprechenden Abgängen	25.671.480,64	30.997.309,97
O. Zinsen und ähnliche Aufwendungen	8.993.417.293,25	4.249.727.880,98
FINANZERGEBNIS	**-8.623.132.621,66**	**-3.650.073.793,25**
ERGEBNIS DER GEWÖHNLICHEN GESCHÄFTSTÄTIGKEIT	**-9.476.493.206,57**	**-3.233.577.308,96**
P. Außerordentliche Erträge	94.343.955,69	121.735.898,79
Q. Außerordentliche Aufwendungen	1.241.710.261,26	739.485.097,38
AUSSERORDENTLICHES ERGEBNIS	**-1.147.366.305,57**	**-617.749.198,59**
R. Steuern	10.311.303,51	15.721.092,51
JAHRESERGEBNIS	**-10.634.170.815,65**	**-3.867.047.600,06**
S. Auflösung der Rücklage nach BilMoG	0,00	267.755.149,85
BILANZERGEBNIS	**-10.634.170.815,65**	**-3.599.292.450,21**

Abbildung 3: Ergebnisrechnung für das Jahr 2012

6.2 Konsolidierungskreis des Landes Hessen

Der Konsolidierungskreis des Landes Hessen besteht aus einem vollkonsolidierten Bereich und einem *at equity* bzw. zu Anschaffungskosten bewerteten Beteiligungsbereich. Zum vollkonsolidierten Bereich gehören der »virtuelle« Abschluss der Landesregierung i. S. d. *control*-Konzepts und die unabhängigen Einrichtungen *Landtag*, *Staatsgerichtshof*, Datenschutzbeauftragter und *Rechnungshof*. Der »virtuelle« Abschluss der Landesregierung enthält neben der Staatskanzlei die Geschäftsbereiche der Minister und den Teilkonzern Finanzierung.

Neben dem Behördenbereich werden die Hochschulen (inkl. der *Stiftungsuniversität Goethe-Universität Frankfurt am Main*) und die Landesbetriebe (wie bspw. *Hessen Forst*) vollkonsolidert.

Nicht konsolidiert werden rechtlich selbständige Stiftungen (z. B. *Stiftung Kloster Eberbach*) und rechtlich selbständige Anstalten des öffentlichen Rechts, wie bspw. der *Hessische Rundfunk*.

6.3 Konsolidierungsmethoden im Land Hessen

Als Konsolidierungsmethoden werden im Land Hessen die Vollkonsolidierung und die *at equity*-Bewertung angewendet; Beteiligungen bis 20 % Anteilsquote werden zu Anschaffungskosten bewertet.

Im Rahmen der Vollkonsolidierung werden eine Schuldenkonsolidierung sowie eine Aufwands- und Ertragskonsolidierung durchgeführt. Aufgrund fehlender Kapitalverflechtungen ist eine Kapitalkonsolidierung nicht erforderlich. Eine Zwischenergebniseliminierung wird unter Wesentlichkeitsaspekten nicht vorgenommen.

Grundsätzlich würden Unterschiedsbeträge nach § 312 HGB behandelt. Da seit erstmaliger Aufstellung des Gesamtabschlusses keine wesentlichen Neuzugänge im Beteiligungsportfolio zu verzeichnen waren, hat sich die Frage zur Behandlung etwaiger Unterschiedsbeträge in der Praxis noch nicht gestellt.

7 Zusammenfassung

Konzernabschlüsse bzw. die Bilanzierung von Anteilen an anderen Einheiten spielen insbesondere im öffentlichen Sektor eine wichtige Rolle, da dieser durch eine Vielzahl von rechtlich verselbstständigten Aufgabenbereichen geprägt wird. Um einen transparenten und vollumfänglichen Überblick über die Finanzsituation der öffentlichen Hand vermitteln zu können, ist eine Gesamtsicht unabdingbar.

Die öffentliche Konzernrechnungslegung in Deutschland ist derzeit weitgehend an handelsrechtlichen Vorgaben ausgerichtet. Allerdings sind diese Regelungen in den unterschiedlichen Regelwerken an verschiedenen Stellen punktuell modifiziert worden, sodass eine Heterogenität der öffentlichen Rechnungslegung auch in diesem Bereich festzustellen ist.

Vor diesem Hintergrund sind die derzeitigen Reformbestrebungen, u. a. zur Vereinheitlichung der öffentlichen Konzernrechnungslegung, zu begrüßen. Inwieweit es Anpassungsbedarf bei einer möglichen Umstellung auf EPSAS gibt, bspw. beim Hessischen Konzernabschluss, hängt von der konkreten Ausgestaltung der einzuführenden Normen ab. Dabei ist festzustellen, dass Hessen bei weiteren Reformschritten weniger Anpassungsbedarf haben wird, da es bereits eine doppische Rechnungslegung auf Landes- und kommunaler Ebene eingeführt hat.

In der Koalitionsvereinbarung zwischen der *CDU Hessen* und dem *Bündnis 90/ Die Grünen Hessen* für die Legislaturperiode 2014 bis 2019 wird wie folgt zu den EPSAS Stellung genommen: »Die derzeit auf europäischer Ebene in Diskussion befindliche Entwicklung einheitlicher Rechnungslegungsstandards (EPSAS) wollen wir mit Blick auf die Vorreiterrolle Hessens bei der Einführung der Doppik in den Ländern aktiv mitgestalten.«

Literaturverzeichnis

Böcking, Hans-Joachim (2013): Zur Bedeutung der Informationsfunktion im Rahmen der öffentlichen Rechnungslegung, in: Wallmann, Walter/Nowak, Karsten/Mühlhausen, Peter/Steingässer, Karl-Heinz (Hrsg.), Moderne Finanzkontrolle und Öffentliche Rechnungslegung, Denkschrift für Manfred Eibelshäuser, Köln 2013, S. 47–58.

Breidert, Ulrike (2013): Die Einführung der Doppik in der hessischen Landesverwaltung und deren Begleitung durch den Rechnungshof, in: Wallmann, Walter/Nowak, Karsten/Mühlhausen, Peter/Steingässer, Karl-Heinz (Hrsg.), Moderne Finanzkontrolle und Öffentliche Rechnungslegung, Denkschrift für Manfred Eibelshäuser, Köln 2013, S. 71–80.

Budäus, Dietrich (2013): Institutionelle Transparenz als wesentliches Element einer demokratisch legitimierten öffentlichen Ressourcensteuerung, in: Wallmann, Walter/Nowak, Karsten/Mühlhausen, Peter/Steingässer, Karl-Heinz (Hrsg.), Moderne Finanzkontrolle und Öffentliche Rechnungslegung, Denkschrift für Manfred Eibelshäuser, Köln 2013, S. 81–100.

Budäus, Dietrich/Burth, Andreas/Hilgers, Dennis (2013): European Public Sector Accounting Standards (EPSAS), Bedarf, aktuelle Entwicklungen und Perspektiven eines harmonisierten öffentlichen Haushalts- und Rechnungswesens für Europa, in: Verwaltung & Management 2013, S. 289–295.

Eibelshäuser, Manfred/Nowak, Karsten (2011): Öffentliche Rechnungslegung – Von der Kameralistik zur Doppik, Teil 5, in: Engels, Dieter/Eibelshäuser, Manfred (Hrsg.), Wolters Kluwer: Kommentar zum Haushaltsrecht.

Europäische Kommission (2013a): Bericht der Kommission an den Rat und das Europäische Parlament: Die angestrebte Umsetzung harmonisierter Rechnungsführungsgrundsätze für den öffentlichen Sektor in den Mitgliedstaaten, Die Eignung der IPSAS für die Mitgliedstaaten, COM(2013)114 final, Brüssel 2013, abrufbar unter: http://eur-lex.europa.eu/LexUriServ/LexUriServ.do?uri=COM:2013:0114:FIN:DE:PDF – Stand: 19.05.2014.

Europäische Kommission (2013b): Commission Staff Working Dokument, SWD(2013)57 final, Brüssel 2013, abrufbar unter: http://eur-lex.europa.eu/LexUriServ/LexUriServ. do?uri = SWD:2013:0057:FIN:EN:PDF – Stand: 19.05.2014.

Europäische Union (2013): Europäisches System Volkswirtschaftlicher Gesamtrechnungen 2010 (»ESVG 2010«), Amtsblatt der Europäischen Union 2013, S. L 174/1, abrufbar unter: http://eur-lex.europa.eu/LexUriServ/LexUriServ.do?uri = OJ:L:2013:174:0001:0727:DE:P DF – Stand: 19.05.2014.

Gornas, Jürgen (2009): Der kommunale Gesamtabschluss im doppischen Haushalts- und Rechnungswesen, Hamburg 2009, abrufbar unter: http://doppikvergleich.de/uploads/ tx_jpdownloads/Vorschriften_zum_Gesamtabschluss_2_2.pdf – Stand: 19.05.2014.

Häfner, Philipp/Wissing, Rolf/Quast, Eike (2014): Standards staatlicher Doppik. Umsetzungen der neuen Regelungen für die Praxis, Freiburg/München 2014.

Heiling, Jens/Wirtz, Holger (2009): Anmerkungen zur Modernisierung des Haushaltsgrundsätzegesetzes – Grundsätze staatlicher Doppik, in: WPg 2009, S. 821–827.

IPSASB (2012): Public Sector Combinations, Consultation Paper, New York 2012.

IPSASB (2014): IPSAS, abrufbar unter: http://www.ifac.org/public-sector – Stand: 19.05.2014.

Lüder, Klaus (2013): Die Neue Verwaltungssteuerung des Landes Hessen: Interpretative Chronik einer Reform, in: Wallmann, Walter/Nowak, Karsten/Mühlhausen, Peter/Steingässer, Karl-Heinz (Hrsg.), Moderne Finanzkontrolle und Öffentliche Rechnungslegung, Denkschrift für Manfred Eibelshäuser, Köln 2013, S. 237–299.

Müller-Marqués Berger, Thomas (2012a): Aktuelles Arbeitsprogramm des International Public Sector Accounting Standards Boards (IPSASB), in: WPg Sonderheft 2012, S. S74–S79.

Müller-Marqués Berger, Thomas (2012b): IPSAS Explained – A Summary of International Public Sector Accounting Standards, 2. Auflage, Chichester 2012.

Müller-Marqués Berger, Thomas/Braun, Robin (2014): Konzernrechnungslegung der öffentlichen Hand – Zur Umsetzung von IFRS 10, IFRS 11 und IFRS 12 durch die IPSAS, in: WPg 2014, S. 200–205.

Müller-Marqués Berger, Thomas/Heiling, Jens/Wirtz, Holger (2010): IPSASB vollendet Konvergenz-Programm, in: WPg 2010, S. 959–963.

Müller-Marqués Berger, Thomas/Krebs, Uwe (Hrsg.) (2010): Der Kommunale Gesamtabschluss, Stuttgart 2010.

Müller-Marqués Berger, Thomas/Wirtz, Holger (2012): Konzernrechnungslegung der öffentlichen Hand – Das »Public Sector Combinations«-Projekt des IPSASB, in: WPg 2012, S. 1025–1028.

Nowak, Karsten (2013): European Public Sector Accounting Standards (EPSAS) als Chance für eine Harmonisierung der europäischen öffentlichen Rechnungslegung, in: Wallmann, Walter/Nowak, Karsten/Mühlhausen, Peter/Steingässer, Karl-Heinz (Hrsg.), Moderne Finanzkontrolle und Öffentliche Rechnungslegung, Denkschrift für Manfred Eibelshäuser, Köln 2013, S. 363–381.

Nowak, Karsten/Ranscht-Ostwald, Anja/Schmitz, Stefanie (2012): Öffentliches Rechnungswesen: Haushaltsplanung, Haushaltsrechnung und Haushaltssteuerung, in: Böcking, Hans-Joachim/Castan, Edgar/Heyman, Gerd/Pfitzer, Norbert/Scheffler, Eberhard, Beck'sches Handbuch der Rechnungslegung, B 990.

Wirtz, Holger (2010): Grundsätze ordnungsmäßiger öffentlicher Buchführung, 2. Auflage, Berlin 2010.

Wüstemann, Jens/Wüstemann, Sonja (2013): Die Grundsätze ordnungsmäßiger staatlicher Bilanzierung und der Stand der Bilanztheorie, in: Wallmann, Walter/Nowak, Karsten/ Mühlhausen, Peter/Steingässer, Karl-Heinz (Hrsg.), Moderne Finanzkontrolle und Öffentliche Rechnungslegung, Denkschrift für Manfred Eibelshäuser, Köln 2013, S. 579–596.

Die Klassifizierung und konsolidierungstechnische Behandlung von joint operations nach IFRS 11
– Offene Fragen der Anwendung und mögliche Lösungen –

Sebastian Höfner, M. Sc.
Wissenschaftlicher Mitarbeiter
Centrum für Bilanzierung und Prüfung (CBP)
Universität des Saarlandes
Saarbrücken

Inhaltsverzeichnis

1	Problemstellung	57
2	Kategorisierung gemeinschaftlicher Vereinbarungen	58
2.1	Das Konzept	58
2.2	Die Klassifikationskriterien zur Typisierung einer gemeinschaftlichen Vereinbarung	59
2.2.1	Bestehen eines separaten Vehikels	59
2.2.2	Rechtsform des separaten Vehikels	60
2.2.3	Vertragliche Vereinbarungen	60
2.2.4	Sonstige Fakten und Umstände	61
2.3	Würdigung der Kriterien	62
3	Die Regelungen zur Abbildung einer rechtlich selbstständigen joint operation	64
3.1	Allgemeine Regelungen zur bilanziellen Abbildung	64
3.2	Maßgebliche Quote	65
3.2.1	Entstehung und Behandlung konsolidierungstechnischer Differenzen aufgrund abweichender Abnahme- und Kapitalanteile	66
3.2.2	Die relevante Quote bei abweichenden Abnahme- und Gewinnanteilen	67
3.2.3	Problem der Zwischenergebniseliminierung bei abweichenden Abnahme- und Gewinnanteilen	67
3.2.4	Weitere notwendige Konsolidierungsmaßnahmen	68

4	Fallbeispiel	68
4.1	Parameter des Ausgangssachverhalts	68
4.2	Konzernbilanzielle Abbildung bei A zum 31.12.2014	70
4.2.1	Quotale Übernahme der Vermögenswerte und Schulden zum 31.12.2014	70
4.2.2	Erst- und Folgekonsolidierung der C zum 31.12.2014	71
4.2.3	Quotale Übernahme der Vermögenswerte und Schulden zum 31.12.2015	73
4.2.4	Folgekonsolidierung der C zum 31.12.2015	74
5	Fazit	76
Literaturverzeichnis		77

1 Problemstellung

Durch die stetig steigenden Herausforderungen globalisierter Märkte sehen sich viele Unternehmen heutzutage einem wachsenden Wettbewerbsdruck ausgesetzt, der von ihnen nicht nur eine erhöhte Effizienz sondern auch eine ständige Innovationsfähigkeit abverlangt (vgl. *Seel, Christoph* (2013), S. 1). Dieser anspruchsvollen Situation versuchen viele Unternehmen durch das Eingehen von Kooperationen mit anderen Unternehmen zu beggnen. Die Motive zur Errichtung einer solchen gemeinschaftlich geführten Aktivität sind vielschichtig, können jedoch im Wesentlichen in gemeinsamen Verkaufs- und Marketingstrategien sowie der Überwindung von Markteintrittsbarrieren gesehen werden (vgl. *Labrenz, Helfried/Neubauer, Lars/Schmidt, Matthias/Schmidt, Peer* (2008), S. 183). Daher verwundert es auch nicht, dass die Abbildung von gemeinschaftlich geführten Aktivitäten in praxi einen der wichtigsten Themenbereiche in der Konzernrechnungslegung darstellt (vgl. *Wirth, Johannes* (2012), S. 39).

Durch die Verordnung (EU) Nr. 1254/2012 der Kommission vom 11.12.2012 wurde IFRS 11, der fortan für Zwecke der Abgrenzung und Bilanzierung gemeinschaftlicher Kooperationen einschlägig ist, in Europäisches Gemeinschaftsrecht übernommen. Unternehmen, deren Geschäftsjahre nach dem 31.12.2013 beginnen, sehen sich damit im Bereich der Konzernrechnungslegung erneut mit einer weiteren, überaus komplexen und vielfältige Anwendungsfragen aufwerfenden (Neu-) Regelung konfrontiert.

So gilt es künftig im Kontext des den bis dato einschlägigen IAS 31 substituierenden IFRS 11 bei der Klassifizierung gemeinschaftlicher Vereinbarungen zu beurteilen, wie etwaige Rechte und Pflichten verteilt sind. Je nach vertraglicher Ausgestaltung der gemeinschaftlichen Vereinbarung liegt demnach eine gemeinschaftliche Tätigkeit (*joint operation*) oder ein Gemeinschaftsunternehmen (*joint venture*) vor. An diese Klassifizierung schließt unmittelbar die bilanzielle Abbildung an. *Joint ventures* sind gemäß der *equity*-Methode nach IAS 28 einzubeziehen (vgl. IFRS 11.24), für *joint operations* sieht der Standard eine quotale Einbeziehung vor (vgl. IFRS 11.20f.).

Während die neue Klassifikation von gemeinschaftlich geführten Aktivitäten nach IFRS 11 im Schrifttum bereits Gegenstand umfangreicher Kritik war (vgl. exemplarisch *Wirth, Johannes* (2012), S. 39; *Seel, Christoph* (2013), S. 220f.), wurde die konkrete konsolidierungstechnische Abbildung von *joint operations* bisher eher vernachlässigt, wenngleich die Problematik vereinzelt bereits angesprochen wurde. So stellte *Wirth* u. a. die »fehlenden Vorgaben hinsichtlich der für *Joint Operations* relevanten Quote der Einbeziehung« (*Wirth, Johannes* (2012), S. 40) heraus und *Seel* konstatierte über die grundsätzliche Problematik der relevanten Quote und den damit einhergehenden Bilanzierungsfragen hinaus, dass »weitaus komplexere Fragestellungen im Kontext von Anteilsveränderungen oder Gesellschafterwechseln [auftreten, d. Verf.]« (*Seel, Christoph* (2013), S. 232).

Im vorliegenden Beitrag wird die bilanzielle Behandlung von *joint operations* einer vertiefenden Betrachtung unterzogen. In einem ersten Schritt wird analysiert, wann anhand der neuen Klassifikationskriterien überhaupt eine *joint operation* – insbesondere im deutschen Rechtsraum – vorliegt, um hierauf aufbauend die konsolidierungstechnische Abbildung dieser Ausprägungsform der gemeinschaftlichen Vereinbarung, nämlich im Wege der quotalen Einbeziehung, zu analysieren.

2 Kategorisierung gemeinschaftlicher Vereinbarungen

2.1 Das Konzept

Das Vorliegen einer gemeinschaftlichen Vereinbarung (*joint arrangement*) und somit die Erfüllung der Anwendungsvoraussetzung des IFRS 11 ist an zwei charakteristische kumulative Bedingungen geknüpft. Es muss auf der Grundlage einer vertraglichen Vereinbarung (*contractual arrangement*) durch mindestens zwei Parteien die gemeinschaftliche Beherrschung (*joint control*) über die von ihnen gemeinsam verfolgten Aktivitäten ausgeübt werden (vgl. IFRS 11.5 und weiterführend *Küting, Karlheinz/Seel, Christoph* (2011) S. 343; *Lüdenbach, Norbert* (2013), Rn. 6). In IFRS 11 werden unter dem neuen terminologischen Oberbegriff der gemeinschaftlichen Vereinbarung (*joint arrangement*) zwei Ausprägungsformen subsumiert:
- gemeinschaftliche Tätigkeiten (*joint operations*) und
- Gemeinschaftsunternehmen (*joint ventures*).

Die aus IAS 31 bekannte starke Orientierung an der rechtlichen Ausgestaltung der gemeinsamen Aktivität tritt in den Hintergrund und stattdessen rückt die Analyse der Rechte und Pflichten aus der gemeinsamen Aktivität in den Vordergrund. Konkret haben die Parteien in diesem Kontext zu analysieren, ob ihnen aus der gemeinsamen Aktivität Rechte an den Vermögenswerten und Pflichten aus den Schulden zustehen oder ob lediglich ein (anteiliger) Anspruch auf das Nettovermögen besteht (vgl. *Zülch, Henning/Erdmann, Mark-Ken/Popp, Marco/Wünsch, Martin* (2011), S. 1819). Stehen den Parteien unmittelbar Rechte an den Vermögenswerten und Verpflichtungen aus den Schulden zu, so ist von einer *joint operation* auszugehen. Besteht indes nur ein anteiliger Anspruch auf das Nettovermögen, so liegt ein *joint venture* vor.

Das *IASB* nahm diese konzeptionelle Änderung i. R. d. Klassifizierung vor, da es zu der Erkenntnis kam, dass die aus IAS 31 bekannte Orientierung an der rechtlichen Organisation der Gesellschaft dazu führen konnte, dass wirtschaftlich identische Sachverhalte unterschiedlich abgebildet wurden (vgl. IFRS 11.BC8). Dies soll fortan durch die neue Kategorisierung vermieden werden.

2.2 Die Klassifikationskriterien zur Typisierung einer gemeinschaftlichen Vereinbarung

2.2.1 Bestehen eines separaten Vehikels

Um zukünftig zu identifizieren, welche Ausprägungsform der gemeinsamen Aktivität vorliegt, stellt das *Board* vier Klassifikationskriterien zur Verfügung, mit deren Hilfe die Parteien beurteilen können, welche Rechte und Pflichten sie an bzw. aus der gemeinsamen Aktivität besitzen.

Das erste Abgrenzungsmerkmal befasst sich mit der Struktur des *joint arrangements*. Für die Typisierung ist daher in einem ersten Schritt von Bedeutung, ob die gemeinsamen Aktivitäten in einem sog. »separaten Vehikel« strukturiert sind. Charakteristisch dafür ist eine getrennte Vermögens- und Finanzstruktur, die im Regelfall in einem separaten Rechtskörper organisiert ist (vgl. IFRS 11.A). Zu beachten ist, dass die Begriffsdefinition des separaten Vehikels nach IFRS 11 Anhang A auf die rechtliche Separierbarkeit, jedoch nicht auf den Grad der Rechtsfähigkeit der relevanten Einheit abstellt (vgl. *Brune, Jens Wilfried* (2013), Rn.16).

Liegt ein *joint arrangement* nicht in der Form eines separaten Vehikels vor, so ist von einer *joint operation* auszugehen (vgl. IFRS 11.B16). Dies bedeutet im Umkehrschluss jedoch nicht, dass bei Vorliegen einer rechtlich selbstständigen Einheit zwangsläufig ein *joint venture* gegeben sein muss (vgl. IFRS 11.BC 30; so auch *Brune, Jens Wilfried* (2013), Rn. 17 und *Mißler, Peter/Duhr, Andreas* (2012), S. 22).

Für die Kategorisierung einer gemeinschaftlichen Vereinbarung als *joint venture* bzw. *joint operation* nach IFRS 11 ist es (im Vergleich zur alten Rechtslage) nicht entscheidend, ob diese durch eine rechtlich selbstständige Einheit gebildet wird. »Das Vorliegen eines gesonderten Rechtskörpers als eine von den Partnern getrennte Vermögens- und Finanzstruktur, der zugleich Träger der gemeinsamen Aktivitäten ist, hat alleinig für die Kategorisierung einer gemeinschaftlichen Tätigkeit keine Bedeutung« (*Wirth, Johannes* (2012), S. 41). Dies ist zwar immer noch ein (starkes) Indiz für das Bestehen eines Gemeinschaftsunternehmens, aber keine hinreichende Bedingung mehr (vgl. *Seel, Christoph* (2013), S. 212).

Das *IASB* hat für die Klassifizierung einen Katalog von (z.T. wirtschaftlich geprägten) Kategorien aufgezählt, die eine (mittelbare) Zurechnung des Gesellschaftervermögens des *joint arrangement* auf die beteiligten Parteien impliziert und somit dazu führen kann, dass die gemeinschaftliche Aktivität trotz der Organisation in einer rechtlich selbstständigen Einheit eine *joint operation* darstellt (vgl. *Böckem, Hanne/Ismar, Michael* (2011), S. 823f.; *Ernst & Young* (2013), S. 930). Die Würdigung hat demnach unter Berücksichtigung der Rechtsform des Vehikels, der Regelungen in der vertraglichen Vereinbarung der Parteien sowie anhand weiterer Fakten und Umstände zu erfolgen (vgl. IFRS 11.17).

2.2.2 Rechtsform des separaten Vehikels

Die Rechtsform eines separaten Vehikels nimmt für die Klassifizierung eine grundlegende, jedoch keine alles entscheidende Bedeutung ein. Liegt die gemeinschaftlich geführte Aktivität in der Form eines separaten Vehikels vor, so entscheidet i. R. d. zweiten Prüfpunkts die Rechtsform, inwieweit eine Trennung der Vermögenssphären zwischen Gesellschaftern und der Gesellschaft vorliegt, d. h., inwieweit eine gesamthänderische Bindung gegeben ist, die den Zugriff der einzelnen Gesellschafter auf die Vermögenswerte verhindert (vgl. *Böckem, Hanne/Ismar, Michael* (2011), S. 824 f.). Handelt es sich bei dem separaten Vehikel um eine rechtlich selbstständige Einheit, die als Träger von Rechten und Pflichten selbst über Vermögen verfügt und in ihrem Namen Schulden eingeht, so entstehen den Parteien keine Rechte an den Vermögenswerten und Pflichten aus den Schulden. Unter diesen Umständen lägen gewichtige Argumente für die Voraussetzungen eines *joint venture* vor, indes sind hier weitere Prüfschritte notwendig (vgl. IFRS 11.B23).

2.2.3 Vertragliche Vereinbarungen

Existiert ein separates Vehikel, das aufgrund seiner Rechtsform zu einer Trennung der Vermögenssphären führt, so sind in einem weiteren Prüfschritt zusätzliche vertragliche Vereinbarungen zu überprüfen, die unabhängig von der rechtlichen Organisation der Gesellschaft dazu führen, dass die Parteien Rechte an den Vermögenswerten und Pflichten aus den Schulden besitzen (vgl. *Brune, Jens Wilfried* (2013), Rn. 17). I. d. R. korrespondieren die in den vertraglichen Vereinbarungen geregelten Rechte und Pflichten mit denen, die den Gesellschaftern aufgrund der Rechtsform des separaten Vehikels zustehen. Jedoch nennt IFRS 11 auch Sachverhalte, bei denen den einzelnen Parteien aus den vertraglichen Vereinbarungen unmittelbar Rechte an den Vermögenswerten und Verpflichtungen aus den Schulden erwachsen, obwohl die gemeinsame Aktivität über ein rechtlich selbstständiges separates Vehikel strukturiert ist (vgl. IFRS 11.B26). Durch die gesonderten vertraglichen Vereinbarungen soll somit ein Zustand hergestellt werden, der bestehen würde, wenn das Vermögen nicht rechtlich abgesondert wäre (vgl. IFRS 11.BC32). Im Zuge solcher vertraglichen Vereinbarungen erwachsen den Parteien – auch bei einer rechtlichen Absonderung des Vermögens – unmittelbar Rechte an den Vermögenswerten und Pflichten aus den Schulden, da die rechtliche Form der Zusammenarbeit nicht mit deren wirtschaftlichem Gehalt korrespondiert (vgl. *Seel, Christoph* (2013) S. 215).

2.2.4 Sonstige Fakten und Umstände

Rechte an den Vermögenswerten sowie Pflichten aus den Schulden können für die einzelnen Parteien auch bestehen, wenn die gemeinschaftliche Aktivität über eine rechtlich selbstständige Einheit strukturiert ist, die eine Trennung der Vermögenssphären aufweist und darüber hinaus die vertragliche Vereinbarung keine entsprechenden Regelungen enthält. Für die Klassifizierung der gemeinschaftlichen Vereinbarung ist daher in einem letzten Prüfschritt die wirtschaftliche Beziehung zwischen den Parteien und der gemeinschaftlichen Aktivität zu untersuchen (vgl. IFRS 11.B29).

Der *Standardsetter* stellt demnach auf eine wirtschaftliche Betrachtungsweise ab und fokussiert auf die Risiko- und Chancenverteilung zwischen den Gesellschaftern und der Gesellschaft (vgl. *Böckem, Hanne/Ismar, Michael* (2011), S. 825). In diesem Sinne liegt eine *joint operation* nach IFRS 11 vor, wenn die Parteien die wesentlichen Rechte an den wirtschaftlichen Vorteilen aus den Vermögenswerten besitzen und zudem die kontinuierliche Fortführung des *joint arrangement* von den Parteien abhängig ist (vgl. IFRS 11.B30ff.). Das *Board* sieht diesen Prüfpunkt als

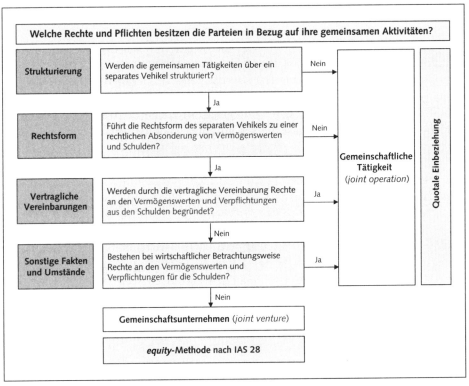

Abbildung 1: Klassifikationskriterien zur Bestimmung der Ausprägungsform der gemeinschaftlichen Vereinbarung

ergänzende Würdigung für die Fälle vor, bei denen die tatsächlichen Rechte und Pflichten aus der vertraglichen Vereinbarung nicht nähergehend konkretisiert sind (vgl. IFRS 11.B29). Ergeben sich i. R. d. wirtschaftlichen Betrachtungsweise sonstiger Fakten und Umstände keine unmittelbaren Rechte an den Vermögenswerten und Pflichten für die Schulden, so steht den Parteien nur ein anteiliger Anspruch auf das Nettovermögen zu, mithin ist von einem *joint venture* auszugehen. Abbildung 1 verdeutlicht die einzelnen Prüfschritte nochmals.

2.3 Würdigung der Kriterien

Die Frage, welchem Klassifikationskriterium entscheidende Bedeutung bei der Beurteilung des Vorliegens einer *joint operation* beizulegen ist, erfordert die Spiegelung der vorangehend dargestellten Klassifikationskriterien an der in Deutschland vorliegenden Rechtsordnung.

Bei der Beurteilung der Rechtsform ist für das deutsche Gesellschaftsrecht festzuhalten, dass eine Trennung der Vermögenssphären zwischen Gesellschafter und Gesellschaft insbesondere bei Kapitalgesellschaften, Personengesellschaften sowie BGB-Außengesellschaften grundsätzlich anzunehmen ist (vgl. vertiefend *Seel, Christoph* (2013), S. 212 f.). Ist die Gesellschaft demnach in einer separaten Rechtspersönlichkeit strukturiert, so ist hier weiterhin von einem *joint venture* auszugehen, da die in Deutschland typischen Gesellschaftsformen dazu führen, dass den Parteien der gemeinsamen Aktivität keine unmittelbaren Rechte an den Vermögenswerten und Pflichten für die Schulden erwachsen.

Zudem ist der Prüfung auf das Vorliegen zusätzlicher vertraglicher Vereinbarungen aufgrund der hierzulande typisch vorzufindenden Abschirmung des Gesellschafter- bzw. Gesamthandvermögens eine eher geringe Bedeutung beizumessen. Die in IFRS 11 hinterlegten Beispiele für solche vertraglichen Vereinbarungen (vgl. IFRS 11.B27) lassen sich in diesem Kontext nicht auf den deutschen Rechtsraum übertragen (vgl. übereinstimmend *Seel, Christoph* (2013), S. 218; *Brune, Jens Wilfried* (2013), Rn. 17; *Fuchs, Markus/Stibi, Bernd* (2011), S. 1454).

Eine entscheidende Bedeutung erlangt somit der letzte Prüfpunkt, die sonstigen Fakten und Umstände, welche im Rahmen einer wirtschaftlichen Betrachtungsweise dazu führen können, dass den Parteien, unabhängig von der rechtlichen Ausgestaltung der Gesellschaft, Rechte an den Vermögenswerten und Pflichten für die Schulden zustehen. Denn: Diese sehr vagen und auf einem hohen Abstraktionsniveau verbleibenden Kriterien erfahren eine weitere Konkretisierung anhand des in IFRS 11.B32 dargestellten Beispiels (vgl. IFRS 11.B32 und ebenda Beispiel 5). Gründen demnach zwei Parteien eine rechtlich selbstständige Einheit, deren Zweck und wirtschaftliche Tätigkeit (im konkreten Beispiel die Herstellung von Vorprodukten) aufgrund einer exklusiven vertraglichen Vereinbarung nahezu ausschließlich zugunsten der Gesellschafter ausgerichtet bzw. begrenzt sind, so ist vom Vorliegen einer *joint operation* auszugehen. Die Gesellschaft ist durch den Umstand, dass der Output (nahezu) exklusiv von den Gesellschaftern abgenommen wird, wirtschaftlich in vollem Umfang von diesen abhängig (vgl. IFRS 11.B32; IFRS 11.IE18). Den Parteien steht aufgrund der exklusiven Abnahmeverpflichtung wirtschaftlich der Nutzen aus den Vermögenswerten zu, zudem haften sie für die bestehenden Schulden der gemeinschaftlichen Tätigkeit, da die Tilgung der Verbindlichkeiten letztlich durch die aus der exklusiven Abnahme des Outputs resultierenden Zahlungseingänge der Gesellschafter an die Gesellschaft bedient wird. Ob allerdings von dem Kriterium der wirtschaftlichen Abhängigkeit auch ausgegangen werden kann, wenn die rechtliche Einheit der Parteien dazu berechtigt ist, den Output an kooperationsfremde Dritte zu veräußern, dürfte von dem Umfang der Transaktionen abhängen. Hat die rechtliche Einheit die Befugnis, den produzierten Output in einem wesentlichen Umfang auch an andere externe Dritte zu veräußern, so wäre von keiner wirtschaftlichen Abhängigkeit auszugehen. Dies ist darin begründet, dass in einer solchen Fallkonstellation die rechtliche Einheit in einem gewissen Umfang die Absatz- und Finanzierungsrisiken selbst trägt, mithin nicht ausschließlich als verlängerter »Arm der Wertschöpfung« (*Küting, Karlheinz/Seel, Christoph* (2011), S. 348) der einzelnen Gesellschafter agiert. Demnach würden die Rechte an den Vermögenswerten sowie die Pflichten aus den Schulden nicht ausschließlich auf die Gesellschafter entfallen. Es läge in solchen Fällen ein *joint venture* vor (vgl. *Küting, Karlheinz/Seel, Christoph* (2011), S. 348).

Es bleibt damit – zumindest für den deutschen Rechtsraum – festzuhalten, dass im Regelfall die vertragliche Regelung von Abnahmemengen im Rahmen einer exklusiven wirtschaftlichen Beziehung (d. h., der produzierte Output geht im Wesentlichen den Betreibern zu) das Vorliegen einer *joint operation* begründet. Unmittelbar verbunden mit dieser Feststellung ist jedoch die Frage der bilanziellen Abbildung einer solchen rechtlich selbstständigen *joint operation*, die in Kapitel 3, basierend auf den voranstehenden Feststellungen, analysiert werden soll. Die nachfolgenden Ausführungen widmen sich der bilanziellen Abbildung gemeinschaftlicher Tätigkeiten, die über eine rechtlich selbstständige Einheit strukturiert und insoweit durch die zuvor beschriebene wirtschaftliche Betrachtungsweise begründet sind.

3 Die Regelungen zur Abbildung einer rechtlich selbstständigen joint operation

3.1 Allgemeine Regelungen zur bilanziellen Abbildung

Die bilanzielle Abbildung einer *joint operation* wird unmittelbar in IFRS 11.20 geregelt. Demgemäß erfasst ein gemeinschaftlicher Betreiber entsprechend seinem Anteil (»*in relation to its interest*«) an der *joint operation* folgende Posten:
a) seine Vermögenswerte, einschließlich seines Anteils an gemeinschaftlich gehaltenen Vermögenswerten;
b) seine Schulden, einschließlich seines Anteils an gemeinschaftlich eingegangenen Schulden;
c) seine Erlöse aus dem Verkauf seines Anteils an den Erzeugnissen oder Leistungen der gemeinschaftlichen Tätigkeit;
d) seinen Anteil an den Erlösen aus dem Verkauf der Erzeugnisse oder Leistungen der gemeinschaftlichen Tätigkeit und
e) seine Aufwendungen, einschließlich seines Anteils an gemeinschaftlich entstandenen Aufwendungen.

Die Erfassung erfolgt jeweils nach Maßgabe der für die jeweiligen Positionen relevanten Standards (vgl. IFRS 11.21). Sofern ein IFRS-Einzelabschluss aufgestellt wird, sind die Regelungen unmittelbar für diesen Abschluss einschlägig (vgl. IFRS 11.26). Wird kein separater IFRS-Einzelabschluss bei den Parteien der gemeinsamen Aktivität erstellt, so treten die vorliegend betrachteten Regelungen auf Konzernebene in Kraft (vgl. IFRS 11.20).

Neben den vorherig dargestellten Regelungen und der Vorgehensweise bei Veräußerung, Einlage oder Erwerb von Vermögenswerten zwischen einer *joint operation* und einem *joint operator* (kodifiziert in IFRS 11.22 bzw. IFRS 11.B34 ff.) finden sich in IFRS 11 selbst jedoch keine weiteren Regelungen für die bilanzielle Abbildung einer solchen gemeinsamen Tätigkeit. Die rudimentären Regelungen zur Bilanzierung einer *joint operation* lassen in Anbetracht der mannigfaltigen sich in praxi ergebenden Sachverhaltskonstellationen viele Anwendungsfragen aufkommen, bspw. welche Quote für die Übernahme der gemeinschaftlich geführten Vermögenswerte bzw. gemeinschaftlich eingegangenen Schulden maßgeblich ist oder welche Konsolidierungsmaßnahmen gemäß der neuen Rechtslage weiterhin notwendig sind.

3.2 Maßgebliche Quote

Bei einer gemeinschaftlichen Tätigkeit hat nach IFRS 11 jeder Betreiber seinen Anteil zu erfassen. Wie nun dieser Anteil zu ermitteln ist, gibt der Standard nicht vor. In dem hier diskutieren Fall ist daher zunächst fraglich, welcher Anteil bzw. welche Quote für die Einbeziehung der Vermögenswerte und Schulden maßgeblich ist. Einen Hinweis bietet IFRS 11.BC38:

> »*The IFRS requires an entity with an interest in a joint operation to recognise assets, liabilities, revenues and expenses according to the entity's shares in the assets, liabilities, revenues and expenses of the joint operation as determined and specified* **in the contractual arrangement**, *rather than basing the recognition of assets, liabilities, revenues and expenses on the ownership interest that the entity has in the joint operation*« [Hervorhebung durch den Autor].

Für die bilanzielle Abbildung sind demzufolge die vertraglichen Regelungen heranzuziehen. Bei einer gemeinschaftlichen Tätigkeit, die – wie beschrieben – durch die wirtschaftlichen Verhältnisse begründet wird, wäre folglich auf einen vertraglich vereinbarten Abnahmeanteil abzustellen (für den Fall der Zuliefergesellschaft bei einer konkreten Aufteilung des Outputs zustimmend *Brune, Jens Wilfried* (2013), Rn. 39). Diese Vorgehensweise steht mit der Konzeption des IFRS 11, die bilanzielle Abbildung an den Rechten und Pflichten und mithin an der wirtschaftlichen Substanz der gemeinschaftlichen Vereinbarung auszurichten, im Einklang. »*Instead, the economic substance of the arrangements depends on the rights and obligations assumed by the parties when carrying out such activities. It is those rights and obligations that the accounting for joint arrangements should reflect*« (IFRS 11.BC43). In dem Umfang, wie die Betreiber den Output abnehmen, ziehen sie auch den Nutzen aus den Vermögenswerten und kommen gleichzeitig für die Schulden der *joint operation* auf. Grundsätzlich kann der von den Betreibern vertraglich vereinbarte Abnahmeanteil mit ihren jeweiligen Kapitalanteilen übereinstimmen. In der Praxis sind allerdings auch Konstellationen anzutreffen, bei denen die Betreiber von dem Kapitalanteil abweichende Quoten zur Abnahme des Outputs vereinbaren (vgl. *Böckem, Hanne/Ismar, Michael* (2011) S. 826; dem zustimmend *Wirth, Johannes* (2012), S. 43). Unter diesen Umständen wäre konsequenterweise im Unterschied zur Quotenkonsolidierung nach IAS 31 – auf den Abnahmeanteil abzustellen. Nach Auffassung von *KPMG* erweist sich diese Vorgehensweise als sachgerecht, wenn der Output von den Betreibern – den vertraglichen Regelungen entsprechend – i. H. d. Herstellungskosten abgenommen wird (vgl. *KPMG* (2013), S. 540). Sofern die Abnahme dagegen zu Marktpreisen erfolgt, könne die Einbeziehung entsprechend dem Kapitalanteil erfolgen. Das quotale Missverhältnis sollte dann durch Annahme eines (fiktiven) Verkaufs zwischen den Betreibern ausgeglichen werden. Jeder Betreiber würde zunächst so gestellt werden, als wäre der Output entsprechend dem Kapitalanteil zu Herstellungskosten bezogen worden, der unterproportional partizipierende Betreiber hätte daraufhin einen Teil des Outputs an den anderen

Betreiber zu Markpreisen veräußert (vgl. *KPMG* (2013), S. 538 ff.). Dieses Vorgehen führt jedoch zu Verzerrungen des Ergebnisausweises zwischen den Betreibern, da nur der unterproportional partizipierende Betreiber einen Gewinn aus der gemeinsamen Aktivität ausweist, während sich bei dem anderen Betreiber die Anschaffungskosten – zu dessen Nachteil – entsprechend erhöhen. Darüber hinaus hätte die Preisgestaltung Einfluss auf die quotale Einbeziehung der Bilanzposten, obgleich die Betreiber durch ihre unterschiedlichen Abnahmequoten – unabhängig von der Preisgestaltung – in unterschiedlichem Maße Nutzen aus den Vermögenswerten der *joint operation* ziehen und für deren Schulden aufkommen.

3.2.1 Entstehung und Behandlung konsolidierungstechnischer Differenzen aufgrund abweichender Abnahme- und Kapitalanteile

Da nach IFRS 11 für die Übernahme der Vermögenswerte und Schulden grundsätzlich der vertraglich vereinbarte Anteil relevant ist, so stellt sich bei den hier betrachteten Fällen die Frage, wie die bilanzielle Abbildung stattzufinden hat, falls der vertraglich fixierte Abnahmeanteil vom gesellschaftsrechtlichen Kapitalanteil abweicht. Eine Kongruenz zwischen dem anteilig übernommenen Nettovermögen und dem vom Betreiber gehaltenen Kapitalanteil ist dann nicht mehr gegeben (vgl. *Seel, Christoph* (2013), S. 228). Es entstehen konsolidierungstechnische Differenzen, deren Behandlung in IFRS 11 nicht geregelt ist. Sie repräsentieren vom Charakter her weder einen *goodwill* i. S. d. IFRS 3 (vgl. hierzu IFRS 3.BC316 ff.) noch einen sog. negativen Unterschiedsbetrag. Eine erfolgswirksame bzw. erfolgsneutrale Erfassung in der GuV bzw. in den Gewinnrücklagen oder die Einbuchung einer Forderung bzw. Verbindlichkeit dürfte im IFRS-Regelwerk als Behandlungsweise ausgeschlossen sein (gl. A. *Lüdenbach, Norbert/Schubert, Daniel* (2012), S. 5). Vormalig entstanden solche Differenzen zudem bereits bei der Quotenkonsolidierung nach IAS 31, wenn Kapital- und Gewinnanteile voneinander abwichen. Nach der einhelligen Meinung im Schrifttum sollten solche Differenzen in den Ausgleichsposten für andere Gesellschafter eingestellt werden (vgl. *Köster, Oliver* (2009), Rn. 107; *Hayn, Benita* (2013), Rn. 12; *Baetge, Jörg/Klarholz, Eva/Harzheim, Thomas* (2007) Rn. 67), was zugleich für die Behandlung solcher Differenzen bei der Abbildung einer *joint operation* konzeptionell sachgerecht erscheint; hierdurch wird dem Bilanzadressaten gezeigt, dass der wirtschaftliche (Nutzungs-)Anteil an den Vermögenswerten und Schulden nicht mit dem gesellschaftsrechtlichen (Kapital-)Anteil korrespondiert. Dieser Ausgleichsposten weist gewisse Ähnlichkeiten zu dem Posten für Anteile nicht-beherrschender Gesellschafter auf, sodass es sachgerecht erscheint, beide Posten zusammenzufassen.

3.2.2 Die relevante Quote bei abweichenden Abnahme- und Gewinnanteilen

Neben der aufgezeigten konsolidierungstechnischen Problematik bei divergierenden Abnahme- und Kapitalanteilen sind darüber hinaus Fallkonstellationen möglich, in denen der zwischen den Betreibern der gemeinsamen Aktivität vereinbarte Gewinnanteil vom vertraglich geregelten Abnahmeanteil abweicht. Diese Problematik ergibt sich insbesondere bei *joint arrangements*, die nicht ausschließlich kostendeckend, sondern nach dem Gewinnerzielungsprinzip operieren (vgl. *Brune, Jens Wilfried* (2013), Rn. 39). Auch hier stellt sich die Frage, auf Basis welchen Anteils (Abnahme- oder Gewinnanteil) die einzelnen Ergebnisposten zu übernehmen sind. Werden demnach die Vermögens- und Schuldpositionen mithilfe des Abnahmeanteils bilanziert, die einzelnen Posten der Ergebnisrechnung indes auf Basis des Gewinnanteils in die Bilanz übernommen, so muss in Kauf genommen werden, dass bei der Anlagenentwicklung keine Kongruenz mit den in der Ergebnisrechnung erfassten Abschreibungspositionen erzielt werden kann (so schon bei der Problematik abweichender Kapital- und Gewinnanteile nach IAS 31, *Baetge, Jörg/Klarholz, Eva/Harzheim, Thomas* (2007), Rn. 67). Um eine konzeptionell stringente Vorgehensweise zu erreichen, wäre es demnach sachgerecht, die einzelnen Posten der Bilanz und GuV auf Basis des Abnahmeanteils zu übernehmen.

Der auf Basis des Abnahmeanteils – nach Eliminierung konzerninterner Beziehungen – ermittelte Ergebnisbeitrag der gemeinschaftlichen Tätigkeit würde bei Vorliegen abweichender Quoten indes nicht die den Betreibern vertraglich jeweils zustehenden Ergebnisse widerspiegeln. Die Betreiber würden Ergebnisse ausweisen, die ihnen in dieser Höhe nicht zustehen. Hier bietet es sich an, diese konsolidierungstechnische Differenz i. R. d. Ergebniszurechnung in einem separaten Korrekturposten »Ergebnisanteil anderer Gesellschafter« auszuweisen (vgl. *Seel, Christoph* (2013), S. 231).

3.2.3 Problem der Zwischenergebniseliminierung bei abweichenden Abnahme- und Gewinnanteilen

Bei der Behandlung von Zwischenergebnissen, die im Zeitablauf entstehen, ergeben sich nach IFRS 11 im Vergleich zu IAS 31 keine konzeptionellen Änderungen. Gewinne und Verluste aus Lieferungs- und Leistungsbeziehungen, die zwischen einem Betreiber und der gemeinschaftlichen Tätigkeit stattfinden, sind nach IFRS 11.B34 auch weiterhin i. H. d. Anteils zu realisieren, der auf andere Betreiber bzw. externe Dritte entfällt. Sie unterliegen wie bisher einer anteiligen Zwischenergebniseliminierung. Aus IFRS 11.B34 lässt sich allerdings nicht ableiten, mithilfe welcher Quote die Eliminierung stattzufinden hat. Sofern bei der Übernahme der Vermögenswerte und Schulden auf den Abnahmeanteil abgestellt wird, erscheint es konzeptionell sachgerecht, gleichermaßen mit den Zwischenergebnissen zu verfahren. Der so ermittelte Ergebnisanteil könnte jedoch wiederum vom vereinbarten Gewinnanteil abweichen. Unter diesen Umständen bietet es sich an, die Zwischenergebniseliminierung zunächst – kongruent zur Erfassung der Bilanz- und GuV-Positionen – auf Grundlage des Abnahmeanteils vorzunehmen. Abweichungen zwischen dieser Quote und dem Gewinnanteil wären sodann gegen den Posten »Ergebnisanteil anderer Gesellschafter« zu korrigieren, um auf Konzernebene einen korrekten Gewinnanteil auszuweisen. Es bietet sich hier wiederum durch Rückgriff auf IAS 31 an, den Ergebnisanteil auf den vertraglich zustehenden Gewinnanteil zu korrigieren und in den Posten »Ergebnisanteil anderer Gesellschafter« einzustellen (vgl. wiederum *Köster, Oliver* (2009), Rn. 107; *Hayn, Benita* (2013), Rn. 12; *Baetge, Jörg/Klarholz, Eva/Harzheim, Thomas* (2007), Rn. 67).

3.2.4 Weitere notwendige Konsolidierungsmaßnahmen

Neben den Regelungen zur Zwischenergebniseliminierung sieht IFRS 11 keine Vorschriften für weitere Eliminierungsmaßnahmen, konkret eine Aufwands- und Ertragseliminierung sowie eine Schuldenkonsolidierung, vor (vgl. *Seel, Christoph* (2013), S. 232). Daher ist zu klären, wie die aus den internen Geschäftsvorfällen anfallenden Aufwendungen und Erträge sowie evtl. bestehende Kreditbeziehungen zu berücksichtigen sind. Nach der hier vertretenen Auffassung ergibt sich aus der Pflicht zur Zwischenergebniseliminierung implizit die Pflicht, eine (anteilige) Aufwands- und Ertragseliminierung sowie eine Schuldenkonsolidierung vorzunehmen (gl. A. *Freiberg, Jens* (2011), S. 177; *Seel, Christoph* (2013), S. 232). Die für die einzelnen notwendigen Eliminierungsmaßnahmen maßgebliche Quote sollte in den hier betrachteten Fällen wiederum der Abnahmeanteil darstellen.

4 Fallbeispiel

4.1 Parameter des Ausgangssachverhalts

Zur Verdeutlichung der notwendigen Konsolidierungsmaßnahmen und der abbildungstechnischen Behandlung beim Abstellen auf den Abnahmeanteil sei nachfolgende Ausgangssituation angenommen:

Am 01.01.2014 gründet A (Gründung durch Sacheinlage) mit der konzernfremden Gesellschaft B die Zuliefergesellschaft C. A legt im Zuge der Gründung ein Patent ein. Der *fair value* des Patents beträgt 1.000 GE (der *fair value* entspricht annahmegemäß dem Buchwert bei A). B stellt technische Anlagen mit einem *fair value* von 1.000 GE zur Verfügung (dieser entspricht ebenfalls dem Buchwert bei B). A und B sind jeweils 50 % an dem Zulieferer C beteiligt, um diesen fortan gemeinschaftlich zu beherrschen. Der Gewinnanteil entspricht dem Kapitalanteil. B bringt das Know-How ein, das für die Herstellung der ausschließlich von beiden Parteien abzunehmenden Vorprodukte notwendig ist. Aufgrund ihrer wirtschaftlichen Situation vereinbaren A und B den Output von C im Verhältnis 60:40 abzunehmen. C liefert zu marktkonformen Preisen an die beiden Betreiber. A stellt C zudem einen marktüblichen Kredit i. H. v. 1.000 GE zur Verfügung.

Zum 31.12.2014 wird C erstmals als *joint operation* in den Konzernabschluss von A einbezogen. C liefert in 2014 Vorprodukte im Wert von 600 GE an A, die bis zum 31.12.2014 auf Lager liegen; im Vorratsvermögen sei annahmegemäß ein eliminierungspflichtiger Zwischengewinn i. H. v. 300 GE enthalten.

Am 01.01.2015 modifizieren A und B ihre Abnahmevereinbarung. Aufgrund der wirtschaftlichen Entwicklung von A vereinbaren A und B vertraglich, dass A ab dem 01.01.2015 statt wie bisher 60 % nunmehr 80 % des Outputs übernimmt. In 2015 werden Vorprodukte i. H. v. 800 GE an A geliefert, in denen wiederum ein Gewinn von 400 GE enthalten ist. Zudem schüttet C die in 2014 erzielten Gewinne an die beiden Betreiber in Höhe ihres jeweiligen Gewinnanspruchs aus.

Die wesentlichen, für die Fallstudie relevanten Prämissen, verdeutlicht nochmals Abbildung 2.

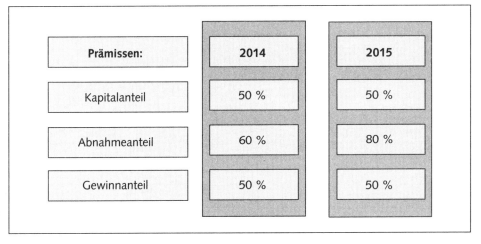

Abbildung 2: Prämissen der Fallstudie

4.2 Konzernbilanzielle Abbildung bei A zum 31.12.2014

4.2.1 Quotale Übernahme der Vermögenswerte und Schulden zum 31.12.2014

Im Rahmen der Erstellung des Konzernabschlusses meldet die rechtlich selbstständige *joint operation* C zum 31.12.2014 eine HB-II an A. Sodann erfolgt, basierend auf diesem Abschluss der C, die Quotierung der einzelnen Vermögenswerte, Schulden sowie Eigenkapitalpositionen.

A sieht sich in diesem Kontext aufgrund der vertraglichen Regelungen der Problematik divergierender Quoten gegenüber. Zum einen sind die Vermögenswerte und Schulden sowie Aufwendungen und Erträge auf Basis des Abnahmeanteils i. H. v. 60 % zu übernehmen. Zum anderen steht A aufgrund seiner Beteiligung i. H. v. 50 % das Kapital ebenso wie der erwirtschaftete Gewinn der C indes nur in dieser Höhe zu. Um der systemseitigen Problematik der Dotierung eines Ausgleichspostens auf Konzernebene durch umfangreiche Korrekturbuchungen zu umgehen, wird bereits auf HB II-Ebene die Dotierung der einzelnen Bilanzpositionen mit der für sie jeweils relevanten Quote vollzogen. Das konsolidierungstechnische Delta zwischen Kapital- und Abnahmeanteil wird sodann in den Posten »Anteile anderer Gesellschafter« eingestellt. Diese Vorgehensweise bietet sich insbesondere bei komplexen Strukturen, wie bspw. beim Vorliegen divergierender oder sich gar im Zeitablauf verändernden Quoten, an.

C zum 31.12.2014	HB-II	Quote	quotierte HB-II	
Umsatzerlöse	1.000	60 %	600	
Umsatzkosten	500	60 %	300	
Jahresüberschuss	**500**	**60 %**	**300**	
Immaterielle Vermögenswerte	1.000	60 %	600	
sonstiges Vermögen	1.000	60 %	600	
Bank / Kasse	1.500	60 %	900	
Summe Aktiva	**3.500**		**2.100**	
Gezeichnetes Kapital	2.000	50 %	1.000	*200*
Jahresüberschuss	500	60 %	300	
Anteile a. Gesellschafter	0		*200*	
div. Verbindlichkeiten	1.000	60 %	600	
Summe Passiva	**3.500**		**2.100**	

Abbildung 3: Quotale Übernahme der Vermögenswerte und Schulden der C auf Ebene der HB-II zum 31.12.2014

Während A das Kapital der C aufgrund des beteiligungsrechtlichen Anteils von 50 % nur in selbiger Höhe zusteht, besitzt A aufgrund des vertraglichen Abnahmeanteils von 60 % Rechte und Pflichten in Höhe dieses Anteils an den Vermögenswerten und Schulden der C (vgl. Abbildung 3). Dies gilt in einem ersten Schritt zugleich für die Aufwendungen und Erträge. Auch bei abweichenden Gewinnanteilen sollte hier auf den vertraglichen Abnahmeanteil abgestellt werden. Die Korrektur auf den vertraglichen Gewinnanteil sollte erst auf Konzernebene stattfinden, da ggf. noch weitere konsolidierungstechnische Effekte zu berücksichtigen sind. Durch die Dotierung der einzelnen Bilanz- sowie GuV-Positionen auf Basis des Abnahmeanteils sowie die Quotierung der für die Kapitalkonsolidierung relevanten Kapitalpositionen auf Basis des Kapitalanteils kommt es demnach bereits auf Ebene der HB-II zur Bildung eines Ausgleichspostens für andere Gesellschafter i. H. v. 200 GE.

4.2.2 Erst- und Folgekonsolidierung der C zum 31.12.2014

Die i. R. d. HB-II zum 31.12.2014 ermittelten quotierten Vermögenswerte und Schulden sowie Kapitalpositionen gehen in einem nächsten Schritt in den Summenabschluss ein (vgl. Abbildung 4). Hierauf aufbauend ist zunächst die Erstkonsolidierung nachzuholen. Dabei muss beachtet werden, dass die Kapitalkonsolidierung im Gegensatz zur Vorgehensweise bei der quotalen Übernahme der Vermögenswerte und Schulden nicht auf Basis des Abnahmeanteils, sondern des Kapitalanteils i. H. v. 50 % zu erfolgen hat. Buchungssatz (1) verdeutlicht die Vorgehensweise. Da bereits auf Ebene der HB-II von C die Quotierung der für die Kapitalkonsolidierung relevanten Kapitalpositionen erfolgt ist, sind keine weiteren Anpassungsbuchungen mehr notwendig.

Sodann sind die konzerninternen Lieferungs- und Leistungsverflechtungen, die bis zum 31.12.2014 entstanden sind, zu eliminieren. Gewinne und Verluste aus Lieferungs- und Leistungsbeziehungen sind nach IFRS 11.B34 i. H. d. Anteils zu realisieren, der auf die nicht in die Transaktion involvierten Parteien entfällt. Dabei ist bei der quotalen Eliminierung auf den Abnahmeanteil (hier: 60 %) abzustellen. Buchungssatz (2) und (3) verdeutlichen diese Vorgehensweise, indem mit Buchungssatz (2) die Innenumsatzeliminierung und mit Buchungssatz (3) die eigentliche Zwischenergebniseliminierung jeweils auf Basis des Abnahmeanteils vorgenommen werden. A besitzt darüber hinaus gegenüber C eine Forderung i. H. v. 1.000 GE. C passiviert in ihrer Bilanz die Verbindlichkeit in korrespondierender Höhe, welche jedoch mit einem Abnahmeanteil von 60 % in den Summenabschluss eingeht. Da, wie bereits ausgeführt, im Zuge der bilanziellen Abbildung einer *joint operation* eine Schuldenkonsolidierung vorzunehmen ist, korrigiert A ihre Forderung gegenüber C ebenfalls in Höhe ihres Abnahmeanteils von 60 % (vgl. Buchungssatz (4)). Bemerkenswert ist bei dieser Konsolidierungsmaßnahme, dass A hierdurch eine Forderung gegenüber Dritten ausweist, die in dieser Form nicht dem tatsächlichen Anspruch aus dem beteiligungsproportionalen (Kapital-)Anteil i. H. v. 50 %

entspricht. Dieser Ausweis ist jedoch aus der wirtschaftlichen Betrachtungsweise heraus sachgerecht. C ist in vollem Umfang von den Parteien A und B abhängig, da die Tilgung ihrer Verbindlichkeiten ausschließlich durch die Zahlungen der Parteien A und B erfolgt. In dem hier betrachteten Fall tilgt A, da sie sich für 60 % der gesamten Zahlungseingänge bei C verantwortlich zeichnet, ihre Forderung in dieser Höhe faktisch selbst. Es besteht aus wirtschaftlicher Sicht letztlich nur ein Anspruch i. H. v. 400 GE (40 % von 1.000 GE), der aus Sicht von A durch externe Dritte (hier B) zur Tilgung der bilanzierten Forderung geleistet wird.

Mit Buchungssatz (5) erfolgt die Korrektur des Konzernjahresüberschusses aufgrund abweichender Gewinn- und Abnahmeanteile. A steht ein Jahresüberschuss von C i. H. v. 250 GE zu (500 GE*0,5). A weist jedoch einen Jahresüberschuss von C i. H. v. 300 GE (500 GE*0,6) aus. Die Differenz i. H. v. 50 GE ist über den Posten »Ergebnisanteil anderer Gesellschafter« zu korrigieren.

31.12.2014	A	C 60%	Summe	Soll		Haben		Konzern
Umsatzerlöse	5.000	600	5.600	(2)	360			5.240
Herstellungskosten	4.000	300	4.300	(3)	180	(2)	360	4.120
div. Erträge	500	0	500					500
div. Aufwendungen	200	0	200					200
Jahresüberschuss	**1.300**	**300**	**1.600**		**540**		**360**	**1.420**
Ergebnisanteil a. G.				(5)	50			50
Beteiligung C	1.000	0	1.000			(1)	1.000	0
Immaterielle Vermögenswerte	5.000	600	5.600					5.600
sonstiges Vermögen	2.300	600	2.900					2.900
Vorräte	600	0	600			(3)	180	420
Forderungen	1.000	0	1.000			(4)	600	400
Bank/Kasse	2.000	900	2.900					2.900
Summe Aktiva	**11.900**	**2.100**	**14.000**					**12.220**
Gezeichnetes Kapital	2.500	1.000	3.500	(1)	1.000			2.500
Kapitalrücklage	2.500	0	2.500					2.500
Jahresüberschuss	1.300	300	1.600		540		360	1.370
Anteile a. Gesellschafter	0	200	200	(5)			50	250
div. Verbindlichkeiten	5.600	600	6.200	(4)	600			5.600
Summe Passiva	**11.900**	**2.100**	**14.000**					**12.220**

Abbildung 4: Erstellung des Konzernabschlusses der A zum 31.12.2014

4.2.3 Quotale Übernahme der Vermögenswerte und Schulden zum 31.12.2015

Zum 01.01.2015 vereinbaren A und B – wie oben dargestellt – vertraglich, dass A fortan statt 60 % nunmehr 80 % des von C hergestellten Outputs übernimmt. Hieraus ergibt sich ein veränderter Abnahmeanteil, der bei der quotalen Übernahme der Vermögenswerte und Schulden zu berücksichtigen ist.

Es erfolgt wiederum auf Ebene der von C übermittelten HB-II die Quotierung der einzelnen Bilanz- und GuV-Positionen mit dem für diesen Zeitraum gültigen Abnahmeanteil (vgl. Abbildung 5). Während der Anspruch auf das Nettovermögen aufgrund unveränderter Kapitalanteile i. H. v. 50 % auch weiterhin in selbiger Höhe in die Summenbilanz übernommen wird, stehen A aufgrund des veränderten Abnahmeanteils von 80 % nun Rechte und Pflichten an den Vermögenswerten und Schulden der C in dieser Höhe zu. Demnach werden die einzelnen Vermögens- und Schuldpositionen auf Basis des neuen Abnahmeanteils i. H. v. 80 % in den Summenabschluss übernommen. Wie bereits zum 31.12.2014 werden auch die einzelnen GuV-Positionen in einem ersten Schritt auf Basis des neuen Abnahmeanteils übernommen.

Fraglich bleibt, mithilfe welcher Quote die in 2014 gebildeten Gewinnrücklagen – sofern keine Gewinnausschüttung vorgenommen wird – zu übernehmen sind. Zum einen könnten diese bereits auf HB-II-Ebene mit der in 2014 gültigen Gewinnanteilsquote von 50 % quotiert werden. Alternativ bestünde zudem die Möglichkeit, jene

C zum 31.12.2015	HB-II	Quote	quotierte HB-II	
Umsatzerlöse	1.000	80 %	800	
Umsatzkosten	500	80 %	400	
Jahresüberschuss	**500**	**80 %**	**400**	
Immaterielle Vermögenswerte	1.000	80 %	800	
sonstiges Vermögen	1.000	80 %	800	
Bank/Kasse	1.500	80 %	1.200	
Summe Aktiva	**3.500**		**2.800**	
Gezeichnetes Kapital	2.000	50 %	1.000	600
Gewinnrücklagen	0	60 %	0	0
Jahresüberschuss	500	80 %	400	
Anteile a. Gesellschafter	0		600	
div. Verbindlichkeiten	1.000	80 %	800	
Summe Passiva	**3.500**		**2.800**	

Abbildung 5: Quotale Übernahme der Vermögenswerte und Schulden der C auf Ebene der HB-II zum 31.12.2015

Position zunächst mit dem in diesem Zeitraum gültigen Abnahmeanteil i. H. v. 60 % zu übernehmen. Da die Korrektur auf den vertraglich zustehenden Gewinnanteil bereits im Vorjahr auf Konzernebene – nach Berücksichtigung etwaiger (eliminierungspflichtiger) Zwischengewinne – vorgenommen wurde, sollte hier in einem ersten Schritt auf den in 2014 gültigen Abnahmeanteil abgestellt und die Korrektur auf den in 2014 gültigen Gewinnanteil erst auf Konzernebene nachvollzogen werden.

Es entsteht ein Ausgleichsposten für andere Gesellschafter i. H. v. 600 GE der in den Posten »Anteile anderer Gesellschafter« eingestellt wird. Dieser ist aufgrund der im Vergleich zum 31.12.2014 größeren Divergenz zwischen Kapital- und Abnahmeanteil höher als der zum 31.12.2014 bilanzierte Ausgleichsposten.

4.2.4 Folgekonsolidierung der C zum 31.12.2015

Aufbauend auf dem zu bildenden Summenabschluss ist in einem ersten Schritt für die Aufstellung des Konzernabschlusses die Kapitalkonsolidierung zum Erstkonsolidierungszeitpunkt zu wiederholen (vgl. Abbildung 6). Dies geschieht durch Buchungssatz (1). Da bereits auf Ebene der HB-II die Quotierung der einzelnen Vermögens- und Schuldpositionen auf Basis des Abnahmeanteils vorgenommen wurde, sind i. R. d. Kapitalkonsolidierung keine Korrekturbuchungen notwendig.

Die in der Vorperiode vorgenommene Zwischenergebniseliminierung i. H. d. damals gültigen Nutzungsanteils von 60 % ist zur Wahrung der Konzernbilanzidentität erfolgsneutral zu wiederholen. Dies verdeutlicht Buchungssatz (2). Mit Buchungssatz (3) erfolgt die Korrektur des in t_1 auf Grundlage des Abnahmeanteils einbezogenen Jahresüberschusses auf den A in diesem Zeitraum zustehenden Gewinnanteil i. H. v. 50 %. Durch diese Korrektur werden die in 2014 erwirtschafteten Gewinne, die zum 31.12.t_1 als Konzernjahresüberschuss i. H. v. 1.370 GE ausgewiesen wurden, in den Gewinnrücklagen konsistent nachvollzogen.

In einem nächsten Schritt ist die Schuldenkonsolidierung auf Basis des nunmehr maßgeblichen Abnahmeanteils vorzunehmen (Buchungssatz (4)). Es ergibt sich eine »Restforderung« i. H. v. 200 GE. Durch den veränderten Abnahmeanteil werden letztlich 80 % der verbleibenden Forderung ausschließlich durch die Zahlungen von A an C, d. h. durch A selbst, getilgt.

Sodann ist für die im Geschäftsjahr 2015 anfallenden Zwischengewinne aus der Vorratslieferung eine Zwischenergebniseliminierung vorzunehmen. Wiederum erfolgt diese in einem ersten Schritt auf Basis des maßgeblichen Abnahmeanteils von 80 % (vgl. Buchungssätze (5) und (6)). In einem letzten Schritt ist der A zustehende Gewinn auf den vertraglich vereinbarten Gewinnanteil zu korrigieren. Die Differenz zwischen dem ausgewiesenen Jahresüberschuss und dem aufgrund der vertraglichen Regelung faktisch zustehenden Gewinn i. H. v. 150 GE wird analog der Vorgehensweise aus 2014 durch Buchungssatz (7) berücksichtigt.

Da A die in 2014 erhaltenen Vorprodukte weiterverarbeitet und an externe Dritte veräußert hat, gilt die in 2014 vorgenommene Zwischenergebniseliminierung als

31.12.2015	A	C 80%	Summe	Soll		Haben		Konzern
Umsatzerlöse	5.000	800	5.800	(5)	640			5.160
Herstellungskosten	4.000	400	4.400	(6)	320	(5) (8)	640 180	3.900
div. Erträge	500	0	500					500
Beteiligungsertrag	250	0	250	(9)	250			0
div. Aufwendungen	200	0	200					200
Jahresüberschuss	**1.550**	**400**	**1.950**		**1.210**		**820**	**1.560**
Ergebnisanteil a. G.				(7)	*150*			*150*
Beteiligung C	1.000	0	1.000			(1)	1.000	0
Immaterielle Vermögenswerte	5.000	800	5.800					5.800
sonstiges Vermögen	2.300	800	3.100					3.100
Vorräte	1.400	0	1.400	(8)	180	(2) (6)	180 320	1.080
Forderungen	1.000	0	1.000			(4)	800	200
Bank/Kasse	3.550	1.200	4.750					4.750
Summe Aktiva	**14.250**	**2.800**	**17.050**					**14.930**
Gezeichnetes Kapital	2.500	1.000	3.500	(1)	1.000			2.500
Kapitalrücklage	2.500	0	2.500					2.500
Gewinnrücklagen	1.300	0	1.300	(2) (3)	180 50	(9) (10)	250 50	1.370
Jahresüberschuss	1.550	400	1.950		*1.210*		*820*	1.410
Anteile a. Gesellschafter	0	600	600	(10)	50	(3) (7)	50 150	750
div. Verbindlichkeiten	6.400	800	7.200	(4)	800			6.400
Summe Passiva	**14.250**	**2.800**	**17.050**					**14.930**

Abbildung 6: Erstellung des Konzernabschlusses der A zum 31.12.2015

realisiert. Dies geschieht durch Buchungssatz (8). In einem letzten Schritt sind sodann die erfolgte Gewinnausschüttung von C und die konzernbilanziellen Auswirkungen auf die jeweiligen Bilanzpositionen nachzuvollziehen. Mit Buchungssatz (9) wird der bei A erfasste Dividendenertrag gegen die Gewinnrücklagen aus 2014 (»Gewinnrücklagen«) gebucht. Durch die Ausschüttung des von C in 2014 erwirtschafteten Ergebnisses wurde Vermögen auf die Betreiber transferiert. Die mit Buchung (3) aufgrund abweichender Quoten vorgenommene Korrektur der Gewinnrücklagen auf den Gewinnanteil ist insoweit hinfällig und wird mittels Buchung (10) entsprechend storniert. Im Ergebnis weist A durch die vorgenannten konsolidierungstechnischen Maßnahmen in den Gewinnrücklagen nunmehr den korrekten, auf dem vertraglichen Gewinnanteil beruhenden Betrag i. H. v. 250 GE (0,5 x 500 GE) aus. Über beide Perioden betrachtet, korrespondiert dies mit dem bei A in der GuV zugerechneten Ergebnis (70 GE in 2014 und 180 GE bei Realisierung der Zwischengewinne in 2014).

5 Fazit

Mit IFRS 11 sieht sich die Konsolidierungspraxis erneut einer hohen Änderungsdynamik ausgesetzt. Das *IASB* verfolgte mit der Überarbeitung des IAS 31 das Ziel, ein die wirtschaftlichen Verhältnisse reflektierendes Bilanzierungskonzept zu schaffen. Dementsprechend ist nun in IFRS 11 die rechtliche Struktur einer gemeinschaftlichen Vereinbarung für die Klassifizierung und mithin die bilanzielle Abbildung nicht mehr allein ausschlaggebend. Bei gemeinschaftlichen Tätigkeiten sieht der Standard nunmehr eine ggf. quotale Einbeziehung der Vermögenswerte und Schulden vor. Sofern diese Aktivitäten rechtlich über eine Gesellschaft strukturiert werden, treten aufgrund der rudimentären Regelungen des IFRS 11 eine Vielzahl bilanzieller Abbildungsfragen auf. Insbesondere hat das *Board* es versäumt, die schon hinreichend aus IAS 31 bekannte Problematik divergierender Quoten konzeptionell stringent zu lösen. Vielmehr wurde eine weitere Abbildungsmethodik eingeführt, die nur abstrakt umrissen wird.

Die Lösung offener Fragen gelingt dem Anwender durch Auslegung der in IFRS 11 verankerten Konzeption. Die vorliegende Fallstudie hat im Fall abweichender vertraglicher Abnahmeanteile gezeigt, dass diese Anwendungsfragen konzeptionell stringent gelöst werden können. Allerdings führt die Abbildung von Rechten und Pflichten bereits bei einfachen Strukturierungen, wie bspw. bei Ein-Produkt-Unternehmen, zu weitreichenden – teils überaus problembehafteten – Fragestellungen. Diese Komplexität erhöht sich bei Vorliegen divergierender Abnahme-, Kapital- und Gewinnanteilsquoten im Zeitablauf auf ein beachtliches Maß. In Anbetracht dieser weitreichenden Bilanzierungsproblematik sollte – auch aus Praktikabilitätsgründen – eine Einbeziehung entsprechend dem Kapitalanteil zur Diskussion gestellt werden. Eine zeitnahe Klarstellung seitens des *IASB* hierzu ist wünschenswert.

Literaturverzeichnis

Baetge, Jörg/Klarholz, Eva/Harzheim, Thomas (2007): IAS 31 – Anteile an Joint Ventures, in: Baetge, Jörg/Wollmert, Peter/Kirsch, Hans-Jürgen/Oser, Peter/Bischof, Stefan (Hrsg.), Rechnungslegung nach IFRS – Kommentar auf der Grundlage des deutschen Bilanzrechts, Loseblatt, Stand: Juni 2007.

Böckem, Hanne/Ismar, Michael (2011): Die Bilanzierung von Joint Arrangements nach IFRS 11, in: WPg 2011, S. 820–828.

Brune, Jens Wilfried (2013): § 29 Joint Arrangements, in: Bohl, Werner/Riese, Joachim/Schlüter, Jörg (Hrsg.), Beck'sches IFRS-Handbuch, 4. Auflage, München 2013.

Ernst & Young (2013): International GAAP 2013, Chichester, West Sussex 2013.

Europäische Kommission (2012): Verordnung (EU) Nr. 1254/2012 der Kommission vom 11.12.2012, abrufbar unter: http://eur-lex.europa.eu/LexUriServ/LexUriServ.do?uri=OJ:L:2012:360:0001:0077:DE:PDF – Stand: 12.02.2014.

Freiberg, Jens (2011): Ausstrahlung der (Voll-)Konsolidierungsmethoden auf assoziierte Unternehmen und joint arrangements, in: PiR 2011, S. 175–177.

Fuchs, Markus/Stibi, Bernd (2011): IFRS 11 »Joint Arrangements« – lange erwartet und doch noch mit (kleinen) Überraschungen?, in: BB 2011, S. 1451–1455.

Hayn, Benita (2013): § 37 Quotenkonsolidierung, in: Bohl, Werner/Riese, Joachim/Schlüter, Jörg (Hrsg.), Beck'sches IFRS-Handbuch, 4. Auflage, München 2013.

Köster, Oliver (2009): IAS 31 – Anteile an Joint Ventures, in: Hennrichs, Joachim/Kleindiek, Detlef/Watrin, Christoph (Hrsg.), Münchner Kommentar zum Bilanzrecht, Band 1, München 2009.

KPMG (2013): Insights into IFRS 2013/2014, 10. Auflage, London 2013.

Küting, Karlheinz/Seel, Christoph (2011): Die Abgrenzung und Bilanzierung von Joint Arrangements nach IFRS 11, in: KoR 2011, S. 342–350.

Labrenz, Helfried/Neubauer, Lars/Schmidt, Matthias/Schmidt, Peer (2008): Joint Ventures im Konzernabschluss deutscher börsennotierter Unternehmen – Studie zur rechtlichen Ausgestaltung und bilanziellen Abbildung von Joint Ventures, in: KoR 2008, S. 178–187.

Lüdenbach, Norbert (2013): § 34 Gemeinsame Vereinbarungen, in: Lüdenbach, Norbert/Hoffmann, Wolf-Dieter (Hrsg.), Haufe IFRS Kommentar, 11. Auflage, Freiburg 2013.

Lüdenbach, Norbert/Schubert, Daniel (2012): Gemeinschaftliche Vereinbarungen (joint arrangements) nach IFRS 11, in: PiR 2012, S. 1–7.

Mißler, Peter/Duhr, Andreas (2012): Neufassung der Regelungen zum Konsolidierungskreis gemäß IFRS 10, IFRS 11 und IFRS 12, in: Küting, Karlheinz/Pfitzer, Norbert/Weber, Claus-Peter (Hrsg.), Brennpunkte der Bilanzierungspraxis nach IFRS und HGB, Stuttgart 2012, S. 9–36.

Seel, Christoph (2013): Joint Ventures in der Konzernrechnungslegung nach IFRS und HGB, Berlin 2013.

Wirth, Johannes (2012): Bilanzierung von Gemeinschaftsunternehmen unter besonderer Berücksichtigung der Übergangsmodalitäten, in: Küting, Karlheinz/Pfitzer, Norbert/Weber, Claus-Peter (Hrsg.), Brennpunkte der Bilanzierungspraxis nach IFRS und HGB, Stuttgart 2012, S. 39–58.

Zülch, Henning/Erdmann, Mark-Ken/Popp, Marco/Wünsch, Martin (2011): IFRS 11 – Die neuen Regelungen zur Bilanzierung von Joint Arrangements und ihre praktischen Implikationen, in: DB 2011, S. 1817–1822.

Bilanzierung bei Spaltungen

Prof. Dr. Peter Oser
Wirtschaftsprüfer, Steuerberater
Partner
Ernst & Young GmbH Wirtschaftsprüfungsgesellschaft
Stuttgart
Mitglied im HGB-Fachausschuss des DRSC e. V.
Mitglied im Hauptfachausschuss des IDW e. V.
Honorarprofessor an der Universität Mannheim

Inhaltsverzeichnis

1	Grundlagen der Bilanzierung bei Spaltungen	81
1.1	Vorbemerkung	81
1.2	Rechtsgrundlagen	81
1.3	Arten der Spaltung	81
1.4	Rechtsfolgen der Spaltung	82
1.5	Ablauf einer Spaltung	83
2	Bilanzierung beim übertragenden Rechtsträger	83
2.1	Schlussbilanz (§ 17 Abs. 2 UmwG)	84
2.2	Aufspaltung	86
2.3	Abspaltung	88
2.4	Ausgliederung	91
2.5	Exkurs: Ausgliederung von Altersversorgungsverpflichtungen	92
3	Bilanzierung beim übernehmenden Rechtsträger	93
4	Bilanzierung bei den Anteilsinhabern des übertragenden Rechtsträgers	94
4.1	Aufspaltung	94
4.2	Abspaltung	95
4.3	Ausgliederung	95
5	Bilanzierung von Verpflichtungen bei den beteiligten Rechtsträgern	96
Literaturverzeichnis		97

1 Grundlagen der Bilanzierung bei Spaltungen

1.1 Vorbemerkung

Das Umwandlungsgesetz (UmwG) ist – seit seiner Geburtsstunde am 01.01.1995 – mehrfach geändert worden. So wurde insbesondere mit dem **Zweiten Gesetz zur Änderung des UmwG** (BGBl. I 2007, S. 542) mit dem »Dogma der Anteilsgewährpflicht« gebrochen (§§ 54 Abs. 1 Satz 3, 68 Abs. 1 Satz 3 UmwG) sowie die sog. Spaltungsbremse des § 132 UmwG a. F. aufgehoben, die zuvor die Ausgliederung von Altersversorgungsverpflichtungen auf eine sog. »Rentnergesellschaft« behinderte. Hinzu kommt, dass auch das **Bilanzrechtsmodernisierungsgesetz (BilMoG)**, mit dem die handelsrechtliche Rechnungslegung grundlegend reformiert wurde (vgl. *Küting, Karlheinz/Pfitzer, Norbert/Weber, Claus-Peter* (2009)), auf die Bilanzierung von Umwandlungen ausstrahlt: Dabei verdienen die Bilanzierung latenter Steuern sowie die Bilanzierung eigener Anteile besondere Erwähnung.

1.2 Rechtsgrundlagen

Sedes materiae des Rechts der Spaltung ist das Dritte Buch des UmwG (§§ 123 bis 173 UmwG). Die Spaltung von Rechtsträgern unterscheidet sich von der Verschmelzung durch die Übertragung (lediglich) von Vermögensteilen jeweils als Gesamtheit im Wege der partiellen Gesamtrechtsnachfolge. Trotz dieses konstitutiven Unterschieds überwiegen die Gemeinsamkeiten beider Umwandlungen mit der Folge, dass § 125 Satz 1 UmwG für die Spaltung – mit wenigen Ausnahmen – eine entsprechende Anwendung der für die Verschmelzung geltenden Vorschriften anordnet (§§ 2–122 UmwG).

1.3 Arten der Spaltung

§ 123 UmwG unterscheidet **drei Arten** der Spaltung:
- die **Aufspaltung** (§ 123 Abs. 1 UmwG),
- die **Abspaltung** (§ 123 Abs. 2 UmwG) und
- die **Ausgliederung** (§ 123 Abs. 3 UmwG),

die jeweils zur Aufnahme oder zur Neugründung erfolgen können. Nach § 123 Abs. 4 UmwG können die Spaltung zur Aufnahme und zur Neugründung auch kombiniert werden (vgl. hierzu *Kallmeyer, Harald* (1995), S. 81 ff.). Die Aufzählung der **Spaltungsformen** ist abschließend; eine analoge Anwendung des § 1 Abs. 2 UmwG ist nicht zulässig.

Bei der Aufspaltung wird das gesamte Vermögen des übertragenden Rechtsträgers unter Auflösung ohne Abwicklung auf mindestens zwei (bestehende oder neu zu gründende) Rechtsträger übertragen; der übertragende Rechtsträger erlischt. Bei der Abspaltung und der Ausgliederung werden dagegen nur ein oder mehrere Teile (zur Totalausgliederung vgl. *Hörtnagl, Robert* (2013c), Rn. 22f.) des Vermögens auf einen (bestehenden oder neu zu gründenden) Rechtsträger übertragen; der übertragende Rechtsträger bleibt in diesen Fällen (bei der Abspaltung als »Rumpf«-Unternehmen) bestehen. Die Anteile des übernehmenden Rechtsträgers sind bei der Auf- und Abspaltung den Anteilsinhabern des übertragenden Rechtsträgers, bei der Ausgliederung dem übertragenden Rechtsträger selbst zu gewähren; im Zuge einer Ausgliederung entstehen mithin »Mutter-/Tochterverhältnisse«.

1.4 Rechtsfolgen der Spaltung

Mit der Eintragung einer Aufspaltung in das Register des übertragenden Rechtsträgers wird die Spaltung irreversibel wirksam (eine Rückabwicklung des Spaltungsvorgangs ist ausgeschlossen; dies gilt selbst dann, wenn gravierende Mängel der Spaltung vorliegen; ebenso wenig ist eine Anfechtung des Spaltungsbeschlusses nach erfolgter Eintragung der Spaltung möglich (vgl. *Teichmann, Arndt* (2014), Rn. 81)). So gehen mit der Eintragung der Spaltung in das Register die im Spaltungs- und Übernahmevertrag/-plan aufgeführten Gegenstände des Aktiv- und Passivvermögens im Wege der Gesamtrechtsnachfolge über. Wurden bei der Aufspaltung Gegenstände des Aktivvermögens (für »vergessene« Verbindlichkeiten gilt unmittelbar § 133 Abs. 1 Satz 1 UmwG, nach dem die übernehmenden Rechtsträger gesamtschuldnerisch für die Verbindlichkeiten des übertragenden Rechtsträgers haften) keinem der übernehmenden Rechtsträger zugeordnet, entsteht – nach der Zuordnungsregel des § 131 Abs. 3 UmwG – Bruchteilseigentum der übernehmenden Rechtsträger (vgl. *Vossius, Oliver* (2013), Rn. 202ff.).

Im Zuge der Eintragung der Aufspaltung in das Register des übertragenden Rechtsträgers erlischt dieser ohne Liquidation (§ 131 Abs. 1 Nr. 2 UmwG). Der Erwerb der Anteile des übernehmenden bzw. neuen Rechtsträgers durch die Anteilsinhaber des übertragenden Rechtsträgers (bei Auf- oder Abspaltung) respektive durch den übertragenden Rechtsträger selbst (bei Ausgliederung) erfolgt ex lege (§ 131 Abs. 1 Nr. 3 Satz 1 UmwG).

1.5 Ablauf einer Spaltung

Der Ablauf einer Spaltung kann in **drei Phasen**, die Vorbereitungsphase, die Beschlussphase und die Vollzugsphase, unterteilt werden. Das zeitliche Ablaufschema einer Spaltung stellt sich (vereinfacht) wie folgt dar:

Vorbereitungsphase
• Abschluss eines Spaltungs- und Übernahmevertrags (Spaltung zur Aufnahme) oder Aufstellung eines Spaltungsplans (Spaltung zur Neugründung) • Zuleitung des Spaltungs- und Übernahmevertrags/Spaltungsplans an den Betriebsrat des übertragenden Rechtsträgers (soweit existent; zu beachten: Zugangsnachweis) • Erstattung eines Spaltungsberichts • Durchführung der Spaltungsprüfung (nur für Aufspaltung und Abspaltung, soweit kein Verzicht)
Beschlussphase
• notariell beurkundeter Spaltungsbeschluss • Kapitalherabsetzung beim abspaltenden Rechtsträger (soweit erforderlich) • Gründung des neuen Rechtsträgers (falls Spaltung zur Neugründung)
Vollzugsphase
• Anmeldung der Spaltung (zugleich mit Anmeldung des neuen Rechtsträgers) zur Eintragung in das Register • Eintragung der Kapitalherabsetzung im Register • Eintragung der Spaltung im Register

Abbildung 1: Ablauf einer Spaltung

2 Bilanzierung beim übertragenden Rechtsträger

Die bilanzrechtlichen Anordnungen des UmwG erschöpfen sich in den §§ 17 Abs. 2, 24 UmwG. Vor diesem Hintergrund müssen Zweifelsfragen der Rechnungslegung in Umwandlungsfällen unter Rekurs auf allgemeine Grundsätze, insbesondere zur Bilanzierung von Anschaffungsvorgängen, entschieden werden. Dabei kommt der IDW RS HFA 43 »Spaltungen im handelsrechtlichen Jahresabschluss« (vgl. *IDW RS HFA 43* (2012) S. 714; *Heeb, Gunter* (2014), S. 189) eine zentrale Bedeutung zu.

Für die Rechnungslegung bei Spaltungen sind bilanzrechtlich zwei Merkmale bedeutsam: Zum einen der (partielle) **Vermögenstransfer** und zum anderen die Finanzierung des Vermögenserwerbs durch **Ausgabe von Anteilen**.

Im Zuge einer Spaltung überträgt ein Rechtsträger **Teile** seines Vermögens als Ganzes auf einen anderen Rechtsträger (im Gegensatz dazu überträgt bei einer

Aufspaltung ein Rechtsträger sein gesamtes Vermögen in Teilen). Dieser **Vermögenstransfer**, der rechtstechnisch im Wege der (partiellen) Gesamtrechtsnachfolge erfolgt, qualifiziert aus Sicht des übernehmenden Rechtsträgers als ein (laufender) **Anschaffungsvorgang**, für den – falls der übernehmende Rechtsträger das Wahlrecht des § 24 UmwG zugunsten der (echten) Anschaffungskosten ausübt –
1. die einzelnen erworbenen Vermögensgegenstände, Schulden (einschließlich Eventualschulden), Rechnungsabgrenzungsposten und Sonderposten (z. B. Sonderposten für erhaltene Investitionszuschüsse), die erworben und übernommen werden, zu identifizieren,
2. die Höhe der Anschaffungskosten, die sich nach Maßgabe der Gegenleistung für den Vermögenserwerb bestimmen (hier: nach Sacheinlage- oder Tauschgrundsätzen), zu bestimmen (zu den Besonderheiten des Anschaffungskostenbegriffs bei Gewährung von Anteilen oder Mitgliedschaftsrechten vgl. *Müller, Welf* (2013b), Rn. 22 ff.) sowie
3. die Anschaffungskosten auf das erworbene Reinvermögen aufzuteilen sind (Allokation); das Verteilungsverfahren ist im Anhang zu erläutern (§ 284 Abs. 2 Nr. 1 HGB, vgl. hierzu auch *Müller, Welf* (2013b), Rn. 37).

Der übernehmende Rechtsträger muss seinerseits den Erwerb des Vermögens des übertragenden Rechtsträgers finanzieren. Konstitutives Merkmal der Spaltung ist, dass die »Akquisitionswährung« nicht Geld, sondern **Anteile oder Mitgliedschaften** am übernehmenden Rechtsträger sind (es sei denn, dass auf die Gewährung von Anteilen verzichtet wird (§§ 54 Abs. 1 Satz 3, 68 Abs. 1 Satz 3 UmwG)), seien es neue Anteile, die im Wege einer Kapitalerhöhung geschaffen werden, oder seien es eigene Anteile, deren Wiederausgabe »wie eine Kapitalerhöhung« abzubilden ist (§ 272 Abs. 1b HGB). Die Art der Finanzierung des Vermögenserwerbs (= Gegenleistung) bestimmt die Höhe der Anschaffungskosten des erworbenen Vermögens: So bestimmen sich diese bei Hingabe neuer oder eigener Anteile nach **Sacheinlagegrundsätzen**, bei Verlust von Anteilen am übertragenden Rechtsträger nach **Tauschgrundsätzen**.

2.1 Schlussbilanz (§ 17 Abs. 2 UmwG)

Nach §§ 125 Satz 1, 17 Abs. 2 UmwG, die für alle Arten der Spaltung gelten, ist der Anmeldung zum Register des Sitzes des übertragenden Rechtsträgers eine Bilanz dieses Rechtsträgers (elektronisch) beizufügen. Diese Bilanz, die das UmwG als **Schlussbilanz** bezeichnet, ist die **handelsrechtliche** Schlussbilanz. Handels- und steuerrechtliche Schlussbilanz sind nicht über den Grundsatz der Maßgeblichkeit (§ 5 Abs. 1 Satz 1 EStG) miteinander verknüpft, sodass für die handelsrechtliche Schlussbilanz der Anwendungsbereich latenter Steuern (§ 274 HGB) grundsätzlich eröffnet ist.

Zur Aufstellung der Schlussbilanz sind die zuständigen Organe (vgl. hierzu *Widmann, Siegfried* (1997), Rn. 51 ff.) des übertragenden Rechtsträgers verpflichtet. Die Aufstellung der Schlussbilanz hat innerhalb der für die jeweilige Rechtsform und Branche des übertragenden Rechtsträgers relevanten Frist zu erfolgen (zu den einzelnen Aufstellungsfristen siehe *Widmann, Siegfried* (1997), Rn. 82). Sie ist von sämtlichen Mitgliedern des für die Aufstellung zuständigen Organs unter Angabe des Datums eigenhändig zu unterzeichnen (§ 245 HGB).

Nach § 17 Abs. 2 Satz 4 UmwG kann die Schlussbilanz auf einen höchstens acht Monate vor der Anmeldung liegenden Stichtag aufgestellt werden (vgl. *LG Frankfurt am Main-Beschluss vom 24.11.1995*, 3/11 T 57/95, S. 542; *Bartovics, Katharina* (1996), S. 514). Stimmen der Stichtag der letzten Jahresbilanz und der Stichtag der Schlussbilanz des übertragenden Rechtsträgers nicht überein, entsteht auf den Stichtag der Schlussbilanz – anders als im Ertragsteuerrecht (vgl. *van Lishaut, Ingo* (2013), Rn. 37) – **kein Rumpfgeschäftsjahr** des übertragenden Rechtsträgers (vgl. *Hörtnagl, Robert* (2013a), Rn. 34). Auf den (abweichenden) Stichtag der Schlussbilanz muss grundsätzlich eine Inventur durchgeführt werden (vgl. *IDW RS HFA 42* (2012), mit der Einschränkung, dass von einer Inventur auf den Stichtag der Schlussbilanz abgesehen werden kann, wenn sichergestellt ist, dass der Bestand der Vermögensgegenstände nach Art, Menge und Wert ohne körperliche Bestandsaufnahme auf diesen Stichtag festgestellt werden kann (z. B. bei permanenter Inventur); a. A. *Bermel, Arno* (1996), Rn. 18; § 63 Abs. 2 Satz 2 UmwG ist insoweit nicht (analog) anwendbar (vgl. *Müller, Welf* (2013a), Rn. 18)). Auch auf den Zeitpunkt der Eintragung der Aufspaltung entsteht kein Rumpfwirtschaftsjahr beim übertragenden Rechtsträger (so *Müller, Welf* (2013a), Rn. 18; *Bermel, Arno* (1996), Rn. 9).

Der Anmeldung zur Eintragung ins Register ist **nur** eine **Bilanz**, **nicht** auch eine **GuV** oder ein **Anhang** beizufügen (vgl. *LG Dresden-Beschluss vom 18.11.1997*, 45 T 52/97, S. 1086; *LG Stuttgart-Beschluss vom 29.03.1996*, 4 KfH T 1/96, S. 701; *IDW RS HFA 42* (2012), Rn. 7; *Müller, Welf* (2013a), Rn. 20; *Hörtnagl, Robert* (2013a), Rn. 14; a. A. *Widmann, Siegfried* (1997), Rn. 103; *Bula, Thomas/Pernegger, Isabelle* (2011a), Rn. 35, 37 (auch GuV)); dies gilt auch, wenn die letzte Jahresbilanz als Schlussbilanz verwendet wird. Jedoch müssen Angaben, die wahlweise in der Bilanz oder im Anhang gemacht werden können (sog. **Wahlpflichtangaben**), entweder in die Bilanz selbst oder in eine Anlage zur Bilanz aufgenommen werden (vgl. *IDW RS HFA 42* (2012), Rn. 7). IDW RS HFA 42 stellt klar, dass die Pflicht nach § 17 Abs. 2 UmwG auch durch Beifügung eines vollständigen Jahresabschlusses nebst Bestätigungsvermerk erfüllt wird (vgl. *IDW RS HFA 42* (2012), Rn. 8).

Für die Schlussbilanz gelten die Vorschriften über die »Jahresbilanz« entsprechend (§ 17 Abs. 2 Satz 2 UmwG). Das bedeutet, dass in der Schlussbilanz so zu bilanzieren ist, als ob es sich um eine aus Anlass eines Jahresabschlusses aufzustellende Bilanz handelt. Die Schlussbilanz ist mithin eine Erfolgs-, keine Vermögensbilanz (vgl. *Bork, Reinhard* (2014), Rn. 5; *Müller, Welf* (1996), S. 859) mit der Folge, dass eine Aufdeckung stiller Reserven/Lasten und/oder eines originären Geschäfts- oder Firmenwerts des übertragenden Rechtsträgers in der Schlussbilanz (**Neubewer-**

tung) nicht zulässig ist (etwas anderes ergibt sich auch nicht aus § 69 Abs. 1 Satz 1 2. Halbsatz 2. Alternative UmwG).

Das für die Schlussbilanz maßgebliche Normensystem sind die Vorschriften des **HGB** i.d.F. des Stichtags, auf den sie aufgestellt wird (vgl. *Müller, Welf* (2013a), Rn. 29). Die (freiwillige) Anwendung internationaler Rechnungslegungsstandards (**EU-IFRS**) i.S.v. § 325 Abs. 2a HGB scheidet für die Schlussbilanz aus (vgl. *Müller, Welf* (2013a), Rn. 28, 43; dies soll auch für eine grenzüberschreitende Hinausverschmelzung gelten).

Schlussbilanz ist grundsätzlich eine Gesamtbilanz des übertragenden Rechtsträgers; die zusätzliche Aufstellung von Teilbilanzen kann – auch unter Hinweis auf den Gläubigerschutz oder auf § 126 Abs. 2 Satz 3 UmwG – nicht gefordert werden (vgl. *IDW RS HFA 43* (2012), Rn. 7).

Bei **Auf- und Abspaltung** ist es indes zulässig, anstelle einer **Gesamtbilanz** geprüfte **Teilbilanzen** für die zu übertragenden Vermögensteile (Aufspaltung) respektive für das zu übertragende und das verbleibende Vermögen (Abspaltung) aufzustellen (vgl. *IDW RS HFA 43* (2012), Rn. 8; a.A. *Bula, Thomas/Pernegger, Isabelle* (2011b), Rn. 17; *Hörtnagl, Robert* (2013a), Rn. 51, die zwingend eine Gesamtbilanz fordern). Ist das zu übertragende (Rein-)Vermögen im Verhältnis zum Gesamtvermögen des übertragenden Rechtsträgers unwesentlich, erscheint es bei Abspaltungen aus Praktikabilitätsgründen auch ausreichend, wenn nur eine Teilbilanz für das zu übertragende Vermögen eingereicht wird (vgl. *IDW RS HFA 43* (2012), Rn. 8).

Auch bei **Ausgliederungen**, die beim übertragenden Rechtsträger zu einer erfolgsneutralen Vermögensumschichtung führen, erscheint es zulässig, anstelle einer Gesamtbilanz eine geprüfte **Teilbilanz** (nur) für das zu übertragende Vermögen einzureichen (vgl. *IDW RS HFA 43* (2012), Rn. 9).

Da die Zulässigkeit der Einreichung von Teilbilanzen anstelle einer Gesamtbilanz als Schlussbilanz indes nicht ausdrücklich in § 125 Satz 1 i.V.m. § 17 Abs. 2 Satz 2 UmwG geregelt ist, empfiehlt es sich, sich im Vorfeld der Anmeldung der Spaltung zur Eintragung mit dem zuständigen Registergericht abzustimmen.

In der Schlussbilanz des übertragenden Rechtsträgers kann das zu spaltende Vermögen bereits an die Ausweis-, Bilanzierungs- und Bewertungsmethoden des übernehmenden Rechtsträgers angepasst werden; daraus resultierende Anpassungen sind erfolgswirksam zu erfassen.

2.2 Aufspaltung

Bei der Aufspaltung erlischt der übertragende Rechtsträger im Zeitpunkt der Eintragung der Spaltung ins Register des Sitzes des übertragenden Rechtsträgers (§ 131 Abs. 1 Nr. 2 Satz 1 UmwG). Zu diesem Zeitpunkt erlischt auch dessen öffentlich-rechtliche Pflicht zur Aufstellung, Prüfung und Offenlegung von (Konzern-)Abschlüssen. Für Abschlussstichtage vor Eintragung der Aufspaltung bestimmt sich die **Zuordnung seines Vermögens** nach allgemeinen Grundsätzen: Mithin ist nicht das zivilrechtliche, sondern das wirtschaftliche Eigentum maßgeblich (§ 246 Abs. 1 Satz 2 HGB). Dabei ist zu beachten, dass wirtschaftliches Eigentum eine Tatsache ist, die nicht rückwirkend begründet werden kann.

Nach *IDW RS HFA 42*, der entsprechend für Spaltungen gilt, müssen die folgenden vier Voraussetzungen **kumulativ** erfüllt sein, um vor Eintragung der Verschmelzung **wirtschaftliches Eigentum** des übernehmenden Rechtsträgers zu begründen (Rn. 29):

- Bis zum Abschlussstichtag (des übernehmenden Rechtsträgers) muss ein Verschmelzungsvertrag formwirksam abgeschlossen sein und es müssen die ggf. erforderlichen Verschmelzungsbeschlüsse sowie die Zustimmungserklärungen der Anteilsinhaber (vgl. §§ 13, 50 UmwG) formwirksam vorliegen. Dies alles sind wertbegründende Ereignisse, denen unabhängig vom Verschmelzungsstichtag keine wertaufhellende Bedeutung zukommt.
- Der vereinbarte Verschmelzungsstichtag muss vor dem Abschlussstichtag (des übernehmenden Rechtsträgers) liegen oder mit diesem zusammenfallen.
- Die Verschmelzung muss bis zur Beendigung der Aufstellung des Jahresabschlusses (des übernehmenden Rechtsträgers) in das Handelsregister eingetragen sein oder es muss mit an Sicherheit grenzender Wahrscheinlichkeit davon ausgegangen werden können, dass die Eintragung erfolgen wird; einer Eintragung der Verschmelzung entgegenstehende Gründe dürfen nicht bekannt sein.
- Es muss faktisch oder durch eine entsprechende Regelung im Verschmelzungsvertrag sichergestellt sein, dass der übertragende Rechtsträger nur im Rahmen eines ordnungsgemäßen Geschäftsgangs oder mit Einwilligung des übernehmenden Rechtsträgers über die Vermögensgegenstände verfügen kann.

Sind diese Voraussetzungen am Abschlussstichtag kumulativ erfüllt, hat der übernehmende Rechtsträger **auch** die **Schulden des übertragenden Rechtsträgers** zum Abschlussstichtag zu passivieren, sei es unmittelbar, sei es als Ausgleichsverpflichtung. Zwar gilt für Schulden der Grundsatz der Zurechnung nach Maßgabe wirtschaftlichen Eigentums nicht (§ 246 Abs. 1 Satz 2, 3 HGB). Da die Eintragung der Verschmelzung ins Handelsregister indes ohne Mitwirkung der Gläubiger (§§ 414, 415 BGB) zum Übergang der Schulden auf den übernehmenden Rechtsträger führt, ist eine **vertragliche Schuldübernahme** als Voraussetzung für eine Entpassivierung der Schulden **nicht erforderlich** (vgl. *IDW RS HFA 42* (2012), Rn. 30; anders noch *IDW HFA 2/1997* (2000); a. A. *Hörtnagl, Robert* (2013a), Rn. 75; *Müller, Welf* (2013a), Rn. 23 (auf der Basis des *IDW ERS HFA 42* (2012))).

Sind diese Voraussetzungen am Abschlussstichtag nicht erfüllt, hat der übertragende Rechtsträger sein gesamtes (Rein-)Vermögen nach allgemeinen Grundsätzen zu bilanzieren. Auf die künftigen Auswirkungen des geschlossenen Spaltungs- und Übernahmevertrags/-plans ist im Anhang und/oder Lagebericht des übertragenden und übernehmenden Rechtsträgers hinzuweisen (vgl. *Hörtnagl, Robert* (2013a), Rn. 76).

Für die **Ergebnisabgrenzung** zwischen dem übertragenden und dem übernehmenden Rechtsträger ist der Spaltungsstichtag maßgebend, der zwingend im Spaltungs- und Übernahmevertrag/-plan geregelt sein muss (§ 126 Abs. 1 Nr. 6 UmwG) und mit dem steuerlichen Übertragungsstichtag (§ 2 Abs. 1 UmwStG) nicht identisch ist. Er bestimmt »den Zeitpunkt, von dem an die Handlungen des übertragenden Rechtsträgers als für Rechnung jedes übernehmenden Rechtsträgers vorgenommen gelten (Spaltungsstichtag)« (§ 126 Abs. 1 Nr. 6 UmwG) (sog. **Für-Rechnungs-Phase**). Ist der Spaltungsstichtag z. B. der 01.01.01, so wirtschaftet der übertragende Rechtsträger bis zum 31.12.00 24:00 Uhr für eigene und ab dem 01.01.01 00:00 für fremde« Rechnung; das Ergebnis aus Rechtsgeschäften ab dem Umwandlungsstichtag – sei es Gewinn oder Verlust – gilt als Ergebnis des übernehmenden Rechtsträgers.

2.3 Abspaltung

Bei der Abspaltung erlischt der übertragende Rechtsträger – anders als bei der Aufspaltung – nicht; er bleibt vielmehr als Rumpfgesellschaft bestehen. Im Zuge der Abspaltung kommt es bei dem übertragenden Rechtsträger bilanziell zu einer Minderung (Erhöhung) seines Vermögens i. H. d. positiven (negativen) Saldos der Buchwerte der abgespaltenen Vermögensgegenstände und Schulden; auch einzelne Vermögensgegenstände und/oder Schulden können Spaltungsobjekt (§ 126 Abs. 1 Nr. 9 UmwG) sein (= **Spaltungsfreiheit**) (zu Einschränkungen der Spaltungsfreiheit siehe *Bula, Thomas/Bultmann, Claudia* (2011), Rn. 51 ff; die zivilrechtliche Spaltungsfreiheit relativiert sich insbesondere durch das Umwandlungssteuerrecht (vgl. § 15 Abs. 1 UmwStG, Teilbetriebsbedingung)). Adressat der Gegenleistung für die Vermögensübertragung sind – anders als bei der Ausgliederung – nicht der übertragende Rechtsträger, sondern die Anteilsinhaber des übertragenden Rechtsträgers.

Für die Bilanzierung der Abspaltung im ersten auf die Spaltung folgenden Jahresabschluss ist zu unterscheiden, ob der Saldo des übertragenen (Rein-)Vermögens, der sich nach den Verhältnissen des Spaltungsstichtags bemisst, zu Buchwerten positiv oder negativ ist:

Ist der **Saldo** der Buchwerte der abzuspaltenden Vermögensgegenstände und Schulden **positiv**, so stellt die Abspaltung eine gesellschaftsrechtlich motivierte Vermögensauskehrung des übertragenden Rechtsträgers an seine Anteilsinhaber dar, die sein Jahresergebnis nicht beeinflussen darf (vgl. *IDW RS HFA 43* (2012), Rn. 11). Die Minderung des (Rein-)Vermögens des übertragenden Rechtsträgers führt zu einer Minderung seines Eigenkapitals; falls nicht ausreichend frei verfügbares Eigenkapital existiert, mit dem die Vermögensminderung verrechnet werden kann, ist das Grund- oder Stammkapital des abspaltenden Rechtsträgers herabzusetzen.

Dabei privilegiert das UmwG eine Kapitalherabsetzung anlässlich einer Abspaltung, da sie – trotz eines Vermögensabflusses beim übertragenden Rechtsträger – in vereinfachter Form durchgeführt werden kann, allerdings nur, falls sie »erforderlich«

ist (vgl. §§ 139 Satz 1, 145 Satz 1 UmwG). **Erforderlich** ist eine **Kapitalherabsetzung**, wenn »alle ungebundenen EK-Teile (Gewinnvortrag, Gewinnrücklagen, Kapitalrücklage) in voller Höhe aufgelöst worden sind« (*IDW RS HFA 43* (2012), Rn. 14). Ausgenommen hiervon sind eine Kapitalrücklage für Nachschusskapital (§ 42 Abs. 2 Satz 3 GmbHG), eine Gewinnrücklage nach § 272 Abs. 4 HGB sowie nach § 268 Abs. 8 HGB ausschüttungsgesperrtes Eigenkapital (Rücklagen oder Ergebnisvortrag), soweit die Tatbestandsvoraussetzungen der Ausschüttungssperre beim übernehmenden Rechtsträger fortbestehen (*IDW RS HFA 43* (2012), Rn. 14). Maßgeblich ist dabei das Eigenkapital in der Schlussbilanz (§§ 125 Satz 1, 17 Abs. 2 UmwG), das um Eigenkapitaländerungen in der Zeit nach dem Spaltungsstichtag bis zur Beschlussfassung über die Spaltung fortzuschreiben ist (vgl. *IDW RS HFA 43* (2012), Rn. 15; a. A. *Hörtnagl, Robert* (2013d), Rn. 7 (Maßgeblichkeit des Zeitpunkts des Wirksamwerdens der Spaltung)).

Umstritten ist, ob bei einer abspaltenden **AG** (Entsprechendes gilt für eine KGaA, § 278 Abs. 3 AktG) eine Kapitalherabsetzung nur erforderlich ist (und mithin in vereinfachter Form durchgeführt werden darf), wenn zuvor die durch § 150 AktG gebundenen Rücklagen (erst die Kapitalrücklage nach § 272 Abs. 2 Nr. 1 bis 3 HGB, dann die gesetzliche Rücklage) verrechnet wurden, soweit diese zusammen den Betrag von 10 % des nach der Spaltung verbleibenden Grundkapitals übersteigen (so *IDW RS HFA 43* (2012), Rn. 14; anders dagegen noch *IDW HFA 1/1998* (1998)). Die gesellschaftsrechtliche Literatur lehnt dies ab (vgl. *Schwab, Martin* (2014), Rn. 18; *Kallmeyer, Harald/Sickinger, Mirko* (2013), Rn. 1; *Simon, Stefan* (2009b), Rn. 3; *Ihrig, Hans-Christoph* (2009), S. 779, 789 f.; a. A. *Hörtnagl*, Robert (2013e), Rn. 4), da § 150 Abs. 3 und 4 AktG eine Verwendung dieser Rücklagen für eine Abspaltung nicht zulässt (»[...] dürfen sie *nur* verwandt werden [...]« (Hervorhebung d. Verf.)). Das vermag indes nicht zu überzeugen (so zutreffend *IDW RS HFA 43* (2012), Rn. 14; ebenso *Groß, Wolfgang* (2010), S. 770). Zwar ist zuzugeben, dass § 150 AktG, der dem Gläubigerschutz dient, eine kasuistisch-enumerative und abschließende Aufzählung der Verwendungszwecke dieser geschützten Rücklagen enthält. Dabei wird indes verkannt, dass die durch § 150 AktG gebundenen Rücklagen keinen größeren Schutz als die Grundkapitalziffer selbst genießen können. § 150 AktG ist m. E. insoweit planwidrig unvollständig (»Lücke«). Um das Risiko einer Ablehnung der Eintragung einer Spaltung zu vermeiden, empfiehlt sich indes vor Durchführung der Abspaltung eine Abstimmung mit dem zuständigen Registergericht.

> **Beispiel:**
> Eine AG hat ein Grundkapital i. H. v. 50.000 GE, andere Gewinnrücklagen i. H. v. 80.000 GE und eine Kapitalrücklage nach § 272 Abs. 1 Nr. 1–3 HGB i. H. v. 25.000 GE. Die AG spaltet ein Vermögen von 100.000 GE ab.

Eine Kapitalherabsetzung ist – nach Verrechnung der Vermögensminderung mit disponiblen Eigenkapitalteilen (hier: 80.000 GE) – m. E. nicht erforderlich, da die (verrechnungsfähige) Kapitalrücklage i. H. v. (höchstens) 20.000 GE zur Verrechnung mit der verbleibenden Vermögensminderung verwendet werden darf.

Falls die Kapitalrücklage dagegen nur 20.000 GE betragen würde, wäre eine Kapitalherabsetzung erforderlich, da die Kapitalrücklage nicht vollständig zur Verrechnung mit der verbleibenden Vermögensminderung verwendet werden darf, weil andernfalls gegen § 229 Abs. 2 Satz 1 AktG verstoßen würde. Bei der Bestimmung des (Höchst-)Betrags, um den das Grundkapital herabgesetzt werden muss, ist zu beachten, dass der Betrag der Kapitalherabsetzung die Bemessungsgrundlage für die nicht-verrechnungsfähige Kapitalrücklage nach § 272 Abs. 2 Nr. 1–3 HGB beeinflusst (Zirkularität).

Allgemein bestimmt sich solchenfalls der (Höchst-)Betrag, um den das Grundkapital vermindert werden muss, wie folgt:

$$VM = KapHer + [KapRL - 0{,}1 \cdot (GezKap - KapHer)]$$

mit VM = verbleibende, zu verrechnende Vermögensminderung
KapHer = (Höchst-)Betrag der Kapitalherabsetzung
KapRL = Kapitalrücklage
GezKap = Betrag des Gezeichneten Kapitals

Nach Umformung ergibt sich

$$KapHer = (VM - KapRL + 0{,}1 \cdot GezKap) / 1{,}1$$

Im Beispiel ergibt sich die (Höchst-)Kapitalherabsetzung i. H. v. 4.545,45 GE; die Kapitalrücklage kann dann i. H. v. (20.000 GE - 4.545,45 GE) zur Verrechnung mit der Vermögensminderung verwendet werden.

Die Minderung des (Rein-)Vermögens ist bei AG/KGaA in der Ergänzung der GuV nach § 158 Abs. 1 Satz 1 AktG nach dem Posten »Jahresüberschuss/Jahresfehlbetrag« gesondert als »Vermögensminderung durch Abspaltung« auszuweisen. Soweit diese Vermögensminderung nicht durch einen Gewinnvortrag und/oder durch einen Ertrag aus der Kapitalherabsetzung kompensiert wird, sind bei AG/KGaA Rücklagen aufzulösen (bei AG/KGaA sind – anders als bei GmbH – die gesetzliche Rücklage und die Kapitalrücklage nach § 272 Abs. 2 Nr. 1–3 HGB erst nach der Auflösung anderer frei verfügbarer Rücklagen aufzulösen) und in der GuV nach dem Posten »Jahresüberschuss/Jahresfehlbetrag« nach §§ 158 Abs. 1, 240 AktG gesondert auszuweisen. Für die GmbH erscheint eine entsprechende Anwendung der aktienrechtlichen Normen sachgerecht.

Bei einer abspaltenden **GmbH** ist § 58a Abs. 2 GmbHG zu beachten (Rechtsgrundverweisung). Danach ist eine Kapitalherabsetzung erforderlich (und mithin in vereinfachter Form zulässig), wenn der Teil der Kapital- und Gewinnrücklagen, der zusammen über 10 % des nach der Herabsetzung verbleibenden Stammkapitals hinausgeht, vorweg aufgelöst und kein Gewinnvortrag besteht (vgl. *IDW RS HFA 43* (2012), Rn. 14; *Hörtnagl, Robert* (2013d), Rn. 8 m. w. N. zum str. Stand der Diskussion).

Ist der **Saldo** der Buchwerte der abzuspaltenden Vermögensgegenstände und Schulden dagegen **negativ** (in diesem Falle müssen in dem übertragenen Vermögensteil ausreichende stille Reserven und/oder ein Geschäfts- oder Firmenwert enthalten sein, da andernfalls die für die Gewährung der neuen Anteile erforderliche Kapitalerhöhung beim übernehmenden Rechtsträger respektive das Eigenkapital des neu gegründeten übernehmenden Rechtsträgers nicht ordnungsgemäß aufgebracht werden), stellt die Abspaltung eine gesellschaftsrechtlich motivierte Leistung der Anteilsinhaber an den übertragenden Rechtsträger dar; der Saldo der Vermögensmehrung ist in die **Kapitalrücklage** nach § 272 Abs. 2 Nr. 4 HGB einzustellen (vgl. *IDW RS HFA 43* (2012), Rn. 19; nach *Hörtnagl, Robert* (2013a), Rn. 58, ist es bei einem entsprechenden Willen der Gesellschafter (gewillkürter Erfolgsbeitrag) auch zulässig, die Vermögensmehrung als **außerordentlichen Ertrag** zu behandeln).

2.4 Ausgliederung

Die Ausgliederung unterscheidet sich von der Abspaltung nur hinsichtlich des Adressaten der Anteile des übernehmenden Rechtsträgers: Dies ist der übertragende Rechtsträger selbst, nicht – wie bei der Abspaltung – die Anteilsinhaber des übertragenden Rechtsträgers. Vor diesem Hintergrund stellt sich die Ausgliederung für den übertragenden Rechtsträger als ein (wertgleicher) Tausch der ausgegliederten Vermögensgegenstände und Schulden gegen die Anteile des übernehmenden Rechtsträgers dar (vgl. *IDW RS HFA 43* (2012), Rn. 21 f.), sodass es – anders als bei der Abspaltung – nicht zu einer Minderung seines Vermögens kommt mit der Folge, dass eine (vereinfachte) Kapitalherabsetzung ausgeschlossen ist (vgl. *IDW RS HFA 43* (2012), Rn. 22; a. A. *Hörtnagl, Robert* (2013d), Rn. 31 m.w.N.).

Bei der Ausgliederung besteht – anders als bei der Auf- oder Abspaltung – eine **Anteilsgewährpflicht** (§ 125 Satz 1 UmwG präkludiert die §§ 54 Abs. 1 Satz 3, 68 Abs. 1 Satz 3 UmwG). Indes muss nach dem rechtskräftigen Beschluss des *OLG München* vom 15.11.2011 (vgl. *OLG München-Beschluss vom 15.11.2011*, 31 Wx 482/11, S. 512; zum Urteil vgl. *Wienecke, Laurenz* (2012), S. 223) der übernehmende dem übertragenden Rechtsträger **nicht ausschließlich Anteile** als Gegenleistung für den Vermögenstransfer gewähren. Vielmehr ist es zulässig, dass der übertragende Rechtsträger dem übernehmenden Rechtsträger für eine Differenz zwischen dem (höheren) übertragenen (Rein-)Vermögen und dem Nennbetrag der Anteile z. B. ein Darlehen gewährt.

Für die Zugangsbewertung der Anteile am übernehmenden Rechtsträger gelten die für den **Tausch** von Vermögensgegenständen entwickelten Grundsätze (vgl. *IDW RS HFA 43* (2012), Rn. 21). Ist der Saldo des ausgegliederten Buchvermögens **negativ** (dagegen muss der Zeitwert des ausgegliederten Reinvermögens positiv sein, da andernfalls bei der Ausgliederung zur Aufnahme gegen Ausgabe neuer Anteile gegen die Sachkapitalerhöhungsvorschriften (§ 142 UmwG für AG; §§ 125,

55 UmwG für GmbH) und bei der Ausgliederung zur Neugründung gegen die Gründungsvorschriften (§ 135 Abs. 2 UmwG) verstoßen würde), sind die Anteile an dem übernehmenden Rechtsträger in der Bilanz des übertragenden Rechtsträgers zumindest mit einem Merkposten anzusetzen (vgl. *IDW RS HFA 43* (2012), Rn. 21; a. A. *Hörtnagl, Robert* (2013a), Rn. 62; *Klingberg, Dietgard* (2008) Rn. 336 (jeweils Pflicht zum Ansatz des Zeitwerts der Anteile)). Auswirkungen aus der Ausgliederung sind stets **erfolgswirksam** in der GuV abzubilden (vgl. *IDW RS HFA 43* (2012), Rn. 21).

2.5 Exkurs: Ausgliederung von Altersversorgungsverpflichtungen

Bis zur Änderung des UmwG durch das Zweite Gesetz zur Änderung des UmwG war wegen § 132 UmwG a. F. zweifelhaft, ob eine **Ausgliederung von Altersversorgungsverpflichtungen** auf eine sog. »Rentnergesellschaft« zulässig ist (zur Ausgliederung von Pensionsverpflichtungen vgl. *Döring, René* (2009), S. 190 ff.; zu Gestaltungsmöglichkeiten vgl. *Wessels, Peter* (2010), S. 1417).

Mit Beschluss vom 22.02.2005 (vgl. *BAG-Beschluss vom 22.02.2005*, 3 AZR 499/03 (A), S. 954) hatte das **BAG** entschieden, dass eine Ausgliederung von Versorgungsverpflichtungen auch ohne Zustimmung der Versorgungsberechtigten oder des PSVaG zulässig ist; auch stehe den Versorgungsberechtigten kein Widerspruchsrecht zu (vgl. *BAG-Urteil vom 11.03.2008*, 3 AZR 358/06, S. 2369). Dies setzt indes voraus, dass der ausgliedernde Rechtsträger ausreichend Vermögen auf die »Rentnergesellschaft« überträgt, sodass diese die übernommenen Versorgungsverpflichtungen erfüllen kann. Andernfalls ist der übertragende Rechtsträger zum Schadenersatz verpflichtet (vgl. § 280 Abs. 1 Satz 1, § 241 Abs. 2, §§ 31, 278 BGB).

Mit Urteil vom 11.03.2008 (vgl. *BAG-Urteil vom 11.03.2008*, 3 AZR 358/06, S. 2369; zum Urteil vgl. *Baum, Sebastian/Humpert, Heike* (2009), S. 950; *Hock, Rainer* (2009), S. 334; *Heinz, Carsten/Wildner, Stephan* (2008), S. 1332; zu den Auswirkungen des BilMoG auf die *BAG*-Rechtsprechung vgl. *Buddenbrock, Christian Freiherr von/Manhart, Jörg* (2008), S. 1237) hat das **BAG** überdies entschieden, dass der ausgliedernde Rechtsträger die »Rentnergesellschaft« so mit Vermögen ausstatten muss, dass diese auch in der Lage ist, ggf. erforderliche Anpassungen der Betriebsrenten nach § 16 BetrAVG zu erfüllen.

Mit dem Zweiten Gesetz zur Änderung des UmwG wurde die »Spaltungsbremse« des § 132 UmwG a. F. aufgehoben, sodass die Rechtsunsicherheiten für die Praxis begraben wurden.

3 Bilanzierung beim übernehmenden Rechtsträger

Nach §125 Satz 1 UmwG ist §24 UmwG für alle Arten der Spaltung entsprechend anzuwenden. §24 UmwG regelt die Bilanzierung im Jahresabschluss des übernehmenden Rechtsträgers (»Jahresbilanzen«), gilt aber auch für die Abbildung von konzernexternen Spaltungen im Konzernabschluss des übernehmenden Rechtsträgers (§298 Abs. 1 HGB verweist auch auf §253 HGB, den §24 UmwG ausdrücklich nennt). Nach §§300 Abs. 2 Satz 2, 308 Abs. 1 Satz 2 HGB (siehe hierzu *IDW RH HFA 1.018* (2013)) kann das Wahlrecht des §24 UmwG im Jahres- und Konzernabschluss des übernehmenden Rechtsträgers unterschiedlich ausgeübt werden (vgl. *Förschle, Gerhard/Deubert, Michael* (2014), Rn. 22).

§24 UmwG regelt (rudimentär) die Zugangsbilanzierung und -bewertung des auf ihn im Zuge der Spaltung übergehenden (Rein-)Vermögens. §24 UmwG eröffnet für die Abbildung dieses Anschaffungsvorgangs ein (systemwidriges) **Wahlrecht**: So kann der übernehmende Rechtsträger das übernommene (Rein-)Vermögen entweder mit den Buchwerten aus der Schlussbilanz des übertragenden Rechtsträgers (= fiktive AK) oder mit den (tatsächlichen) Anschaffungskosten ansetzen, die sich nach dem Wert der Gegenleistung bemessen (zu Einschränkungen des Wahlrechts vgl. *Pfitzer, Norbert* (2014), Rn. F 99 ff.).

Träger des Wahlrechts sind die für die Auf- und Feststellung zuständigen Organe des übernehmenden Rechtsträgers (vgl. *IDW RS HFA 42* (2012), Rn. 35; gl. A. *Müller, Welf* (2013b), Rn. 17; a. A. *Simon, Stefan* (2009a), Rn. 36 (nur die für die Aufstellung zuständigen Organe); *Hörtnagl, Robert* (2013b), Rn. 86 (nur die für die Feststellung zuständigen Organe)); die Ausübung des Wahlrechts kann bereits im Spaltungs- und Übernahmevertrag/-plan vereinbart werden; diese Vereinbarung ist dann grundsätzlich bindend (vgl. *Müller, Welf* (2013b), Rn. 18 (eine andere Wahlrechtsausübung setzt eine formwirksame Änderung des Spaltungs- und Übernahmevertrags/-plans mit den entsprechenden Zustimmungsbeschlüssen der Anteilsinhaber der beteiligten Rechtsträger voraus); a. A. *Hörtnagl*, Robert (2013b), Rn. 88 (Vertragsregelung stellt »aber noch nicht selbst die Wahlrechtsausübung dar«); *Simon, Stefan* (2009a), Rn. 32).

Das Wahlrecht, das im auf die Spaltung folgenden Jahresabschluss des übernehmenden Rechtsträgers ausgeübt wird, kann nur **einheitlich** für ein übernommenes (Rein-)Vermögen insgesamt ausgeübt werden (vgl. *IDW RS HFA 42* (2012), Rn. 35; *Hörtnagl, Robert* (2013b), Rn. 85 m. w. N.). Bei mehreren übertragenden Rechtsträgern ist eine unterschiedliche Ausübung des Wahlrechts indes zulässig (vgl. *IDW RS HFA 42* (2012), Rn. 35; *Müller, Welf* (2013b), Rn. 17; *Priester, Hans-Joachim* (2014), Rn. 77).

Für die Zugangsbilanzierung und -bewertung beim übernehmenden Rechtsträger sei auf die folgenden **Sonderfälle** hingewiesen:

- **Spaltung zur Aufnahme**: Erhalten bei der Auf- oder Abspaltung die Anteilsinhaber des übertragenden Rechtsträgers oder bei der Ausgliederung der übertragende Rechtsträger selbst Anteile des übernehmenden Rechtsträgers, allerdings nicht von dem übernehmenden Rechtsträger selbst, sondern von einem Dritten (z. B. dem Mutterunternehmen des übernehmenden Rechtsträgers, vgl. zu diesem (Ausnahme-)Fall *Fenske, Ralf* (1997), S. 1249), liegt aus Sicht des übernehmenden Rechtsträgers ein unentgeltlicher Erwerb vor. Für diesen **unentgeltlichen Erwerb** gelten die Grundsätze zur Bilanzierung zum *down-stream-* und zum *side-stream-merger* (jeweils, wenn auf die Gewährung von Anteilen verzichtet wird).

- **Spaltung zur Neugründung**: Setzt der neu gegründete übernehmende Rechtsträger in der Rechtsform einer Kapitalgesellschaft das übernommene (Rein-)Vermögen in Ausübung des Wahlrechts des § 24 UmwG mit den Buchwerten aus der Schlussbilanz der übertragenden Rechtsträger an, entsteht insoweit, als der Nennbetrag/rechnerische Wert der neuen Anteile den Saldo des übertragenen Buchvermögens übersteigt, ein Differenzbetrag, der ergebniswirksam zu behandeln ist (Spaltungsverlust) (vgl. *Widmann, Siegfried* (1997), Rn. 331; *Fenske, Ralf* (1997), S. 1247; gegen die Zulässigkeit des Buchwertansatzes, falls der Spaltungsverlust das Nennkapital tangiert: *Bula, Thomas/Pernegger, Isabelle* (2011b), Rn. 97; *Pohl, Herbert* (1995), S. 140 i. V. m. S. 128; *Fischer, Michael* (1995) S. 487); der Differenzbetrag kann bei Buchwertverknüpfung nicht durch Aktivierung eines Geschäfts- oder Firmenwerts ausgeglichen werden. Auch bei einer Spaltung zur Aufnahme gegen Ausgabe neuer Anteile ist der Differenzbetrag ergebniswirksam (Ausweis unter den außerordentlichen Aufwendungen oder Erträgen) (so *Widmann, Siegfried* (1997), Rn. 333; u. U. sind auch zusätzliche Angaben im Anhang nach § 264 Abs. 2 Satz 2 HGB erforderlich) zu behandeln (vgl. *Widmann, Siegfried* (1997), Rn. 332).

4 Bilanzierung bei den Anteilsinhabern des übertragenden Rechtsträgers

4.1 Aufspaltung

Für die Anteilsinhaber des übertragenden Rechtsträgers stellt die Aufspaltung einen Tausch der (untergehenden) Anteile am übertragenden Rechtsträger gegen die Anteile an den übernehmenden Rechtsträgern dar (vgl. *IDW RS HFA 43* (2012), Rn. 32). Für die Bemessung der Anschaffungskosten der erhaltenen Anteile gelten mithin **Tauschgrundsätze**. Da die Anteilsinhaber des übertragenden Rechtsträgers bei der Aufspaltung Anteile von mindestens zwei übernehmenden Rechtsträgern erhalten, sind die nach Tauschgrundsätzen ermittelten Gesamt-Anschaffungskosten auf die erhaltenen Anteile im Verhältnis der Zeitwerte des den übernehmenden Rechtsträgern übertragenen (Rein-)Vermögens aufzuteilen.

Beispiel:
AE ist an A zu 100 % beteiligt. Der Buchwert seiner Anteile an A beträgt 1.200 GE. Das Vermögen von A besteht aus zwei Teilbetrieben. A spaltet den Teilbetrieb 1 auf B und den Teilbetrieb 2 auf C auf. Der Zeitwert von Teilbetrieb 1 beträgt 1.000 GE, der von Teilbetrieb 2 beträgt 500 GE. AE verliert im Zuge der Aufspaltung seine Anteile an A und erhält von B und C jeweils neue und/oder eigene Anteile. Deren gesamte Anschaffungskosten betragen nach Tauschgrundsätzen 1.200 GE (Buchwert), 1.500 GE (Zeitwert) oder – bei einer ggf. entstehenden Ertragsteuerbelastung (z. B. 100 GE) – 1.300 GE (steuerneutraler Zwischenwert). Diese Anschaffungskosten sind dann auf die Anteile an B und C jeweils im Verhältnis 2:1 aufzuteilen.

4.2 Abspaltung

Mindert sich bei einer Abspaltung der innere Wert der Anteile der Anteilsinhaber des übertragenden Rechtsträgers, ist es sachgerecht, bei diesen einen mengenmäßigen Abgang an ihren Anteilen am übertragenden Rechtsträger zu erfassen, und zwar unabhängig davon, ob bei der Abspaltung Rücklagen aufgelöst werden oder eine Kapitalherabsetzung erfolgt (vgl. *IDW RS HFA 43* (2012), Rn. 33). Der Buchwert der Anteile an dem übertragenden Rechtsträger mindert sich im Verhältnis der Zeitwerte des abgespaltenen Vermögens zum ursprünglichen Vermögen des übertragenden Rechtsträgers (vgl. *IDW RS HFA 43* (2012), Rn. 33).

Beispiel:
Gleicher Sachverhalt wie bei der Aufspaltung mit der Maßgabe, dass A den Teilbetrieb 1 auf B abspaltet. AE erhält neue und/oder eigene Anteile von B. Der innere Wert der Anteile von AE an A mindert sich um 800 GE (2/3 = 1.000 GE/1.500 GE) auf 400 GE; die Zugangsbewertung der Anteile an B erfolgt nach Tauschgrundsätzen mit 800 GE (Buchwert), mit 1.000 GE (1.000 GE = 2/3 von 1.500 GE) (Zeitwert) oder – bei einer ggf. entstehenden Ertragsteuerbelastung (z. B. 60 GE) – mit 860 GE (860 GE = 800 GE (Buchwert) + 60 GE (steuerneutraler Zwischenwert)).

4.3 Ausgliederung

Die Ausgliederung löst bei den Anteilsinhabern des übertragenden Rechtsträgers keinen Bilanzierungsanlass aus, da es bei dem übertragenden Rechtsträger infolge des wertgleichen Tauschs lediglich zu einer Änderung in der Zusammensetzung, nicht aber des Werts seines Vermögens kommt.

5 Bilanzierung von Verpflichtungen bei den beteiligten Rechtsträgern

Nach § 133 UmwG haften die an der Spaltung beteiligten Rechtsträger für die Verbindlichkeiten (Verbindlichkeiten i. S. d. § 133 UmwG sind Schulden i. S. d. Bilanzrechts, § 246 Abs. 1 Satz 1 HGB) des übertragenden Rechtsträgers, die vor dem Wirksamwerden der Spaltung (= Zeitpunkt der Eintragung der Spaltung ins Register des Sitzes des übertragenden Rechtsträgers) begründet worden sind, als **Gesamtschuldner** (= Haftungsschuldner).

Der Rechtsträger, dem im Spaltungs- und Übernahmevertrag/-plan die Verbindlichkeiten wirksam zugewiesen worden sind (= Primärschuldner), hat die übernommenen Verbindlichkeiten zu passivieren.

Die im Innenverhältnis freigestellten Rechtsträger (das sind der übertragende Rechtsträger und andere an der Spaltung beteiligte übernehmende Rechtsträger, denen die Verbindlichkeiten nicht zugewiesen wurden) haften für die Verbindlichkeiten grundsätzlich fünf Jahre, für Altersversorgungsverpflichtungen zehn Jahre (§ 133 Abs. 3 UmwG). Eine Pflicht zur Angabe als **Haftungsverhältnis** unter der Bilanz besteht nicht (§§ 251, 268 Abs. 7 HGB) (vgl. *IDW RS HFA 43* (2012), Rn. 30; anders noch *IDW HFA 1/1998* (1998), Abschnitt 5). Gegebenenfalls ist aber eine **Angabe im Anhang** nach §§ 285 Nr. 3a, 288 Abs. 1 HGB erforderlich.

Droht die Inanspruchnahme eines im Innenverhältnis freigestellten Rechtsträgers, hat dieser eine **Rückstellung für ungewisse Verbindlichkeiten** zu bilden (§ 249 Abs. 1 Satz 1 HGB); nimmt der Gläubiger den im Innenverhältnis freigestellten Rechtsträger in Anspruch, hat er eine **Verbindlichkeit** zu passivieren. Im Falle der drohenden/tatsächlichen Inanspruchnahme eines freigestellten Rechtsträgers hat dieser ferner seinen vertraglichen **Freistellungsanspruch** (der Freistellungsanspruch entsteht mit der Begründung des Gesamtschuldverhältnisses, also mit der Eintragung der Spaltung ins Register des Sitzes des übertragenden Rechtsträgers) gegen den Primärschuldner i. H. d. gesamten (so *Hommelhoff, Peter* (2014), Rn. 147) Betrags, mit dem er in Anspruch genommen wird, zu aktivieren; die Bewertung des Freistellungsanspruchs bestimmt sich sodann nach der Bonität des Primärschuldners. Soweit der Primärschuldner mit der Erfüllung des Freistellungsanspruchs ausfällt, hat der in Anspruch genommene Rechtsträger Ausgleichsansprüche gegenüber den anderen Gesamtschuldnern zu aktivieren (§ 426 Abs. 2 Satz 1 BGB) und nach allgemeinen Grundsätzen zu bewerten; die Gesamtschuldner sind – vorbehaltlich einer abweichenden Regelung im Spaltungs- und Übernahmevertrag/-plan, die dringend zu empfehlen ist – nach der gesetzlichen Regelung zum Ausgleich nach gleichen Anteilen verpflichtet (dagegen soll sich der Binnenausgleich nach *Goutier, Klaus* (1996), Rn. 14, in Ermangelung einer vertraglichen Regelung nicht nach gleichen Anteilen, sondern »nur nach dem Verhältnis des übernommenen (Netto-)Vermögens richten«); ob indes ein Ausgleich zwischen den Gesamtschuldnern nach Maßgabe des von ihnen übernommenen (Rein-)Vermögens mit dem Gesetz vereinbar ist,

ist unklar (dafür *Goutier, Klaus* (1996), Rn. 14; dagegen (wohl) *Hommelhoff, Peter* (2014), Rn. 150, der deshalb den Beteiligten eine ausdrückliche Regelung im Spaltungs- und Übernahmevertrag/-plan empfiehlt).

Nach § 133 Abs. 1 Satz 2 UmwG ist zur Sicherheitsleistung (§§ 125, 22 UmwG) nur der an der Spaltung beteiligte Rechtsträger verpflichtet, gegen den sich der Anspruch richtet. Hierdurch entsteht für diesen Rechtsträger indes kein zusätzliches Haftungsverhältnis nach § 251 HGB (vgl. *IDW RS HFA 43* (2012), Rn. 31).

Ist das Spaltungsobjekt ein Betrieb/Betriebsteil, gehen im Zuge der Spaltung nach § 613a BGB die aktiven Arbeitsverhältnisse und damit auch die den aktiven Mitarbeitern gegenüber bestehenden Pensionsverpflichtungen auf den übernehmenden Rechtsträger über (eine davon abweichende Zuordnung der Pensionsverpflichtungen im Spaltungs- und Übernahmevertrag/-plan ist nicht zulässig und deshalb unwirksam, vgl. *Sieger, Jürgen/Aleth, Franz* (2002), S. 1492). Dagegen gehen die Pensionsverpflichtungen des übertragenden Rechtsträgers gegenüber seinen Pensionären und ausgeschiedenen Arbeitnehmern mit unverfallbarer Anwartschaft nur dann auf den übernehmenden Rechtsträger über, wenn diese im Spaltungs- und Übernahmevertrag/-plan dem übernehmenden Rechtsträger wirksam zugewiesen wurden.

Nach § 134 UmwG haftet im Falle einer **Betriebsaufspaltung** die Anlagegesellschaft auch für die Forderungen der Arbeitnehmer der Betriebsgesellschaft als Gesamtschuldner, die binnen fünf Jahren nach dem Wirksamwerden der Spaltung aufgrund der §§ 111 bis 113 des BetrVG begründet werden.

Literaturverzeichnis

BAG-Beschluss vom 22.02.2005, 3 AZR 499/03 (A), in: DB 2005, S. 954–956.
BAG-Urteil vom 11.03.2008, 3 AZR 358/06, in: DB 2008, S. 2369–2372.
Bartovics, Katharina (1996): Die Ausschlußfrist gemäß § 17 Abs. 2 UmwG, in: GmbHR 1996, S. 514–516.
Baum, Sebastian/Humpert, Heike (2009): Zur finanziellen Ausstattung einer durch Ausgliederung entstehenden reinen Rentnergesellschaft, in: BB 2009, S. 950–953.
Bermel, Arno (1996): Kommentierung des § 17 UmwG, in: Goutier, Klaus/Knopf, Rüdiger/Tulloch, Anthony (Hrsg.), Kommentar zum Umwandlungsrecht, Frankfurt am Main 1996.
Bork, Reinhard (2014): Kommentierung des § 17 UmwG, in: Lutter, Marcus (Hrsg.), Umwandlungsgesetz (UmwG), 5. Auflage, Köln 2014.
Buddenbrock, Christian Freiherr von/Manhart, Jörg (2008): Rechtsprechung des BAG zur Ausstattung einer »Rentnergesellschaft« im Licht des BilMoG, in: DB 2008, S. 1237–1238.
Bula, Thomas/Bultmann, Claudia (2011): § 18 Spaltungsrechtliche Regelungen, in: Sagasser, Bernd/Bula, Thomas/Brünger, Thomas R. (Hrsg.), Umwandlungen, 4. Auflage, München 2011.
Bula, Thomas/Pernegger, Isabelle (2011a): § 10 Handelsbilanzielle Regelungen (HGB/IFRS), in: Sagasser, Bernd/Bula, Thomas/Brünger, Thomas R. (Hrsg.), Umwandlungen, 4. Auflage, München 2011.
Bula, Thomas/Pernegger, Isabelle (2011b): § 19 Handelsbilanzielle Regelungen (HGB/IFRS), in: Sagasser, Bernd/Bula, Thomas/Brünger, Thomas R. (Hrsg.), Umwandlungen, 4. Auflage, München 2011.

Döring, René (2009): Rechtliche Enthaftung durch Ausgliederung von Pensionsverpflichtungen nach dem UmwG, in: Kolvenbach, Paulgerd/Sartoris, Joachim (Hrsg.), Bilanzielle Auslagerung von Pensionsverpflichtungen, 2. Auflage, Stuttgart 2009, S. 160–177.

Fenske, Ralf (1997): Besonderheiten der Rechnungslegung übernehmender Kapitalgesellschaften bei Spaltungen, in: BB 1997, S. 1247–1253.

Fischer, Michael (1995): Verschmelzung von GmbH in der Handels- und Steuerbilanz, in: DB 1995, S. 485–491.

Förschle, Gerhart/Deubert, Michael (2014): Kommentierung des § 301 HGB, in: Förschle, Gerhart et al. (Hrsg.), Beck'scher Bilanzkommentar, Handels- und Steuerbilanz, 9. Auflage, München 2014.

Goutier, Klaus (1996): Kommentierung des § 133 UmwG, in: Goutier, Klaus/Knopf, Rüdiger/Tulloch, Anthony (Hrsg.), Kommentar zum Umwandlungsrecht, Frankfurt am Main 1996.

Groß, Wolfang (2010): Deckung eines Spaltungsverlustes bei einer Aktiengesellschaft durch Auflösung nach § 150 III und IV AktG gebundener Rücklagen?, in: NZG 2010, S. 770–772.

Heeb, Gunter (2014): Bilanzierung bei Spaltungen im handelsrechtlichen Jahresabschluss (IDW RS HFA 43), in: WPg 2014, S. 189–199.

Heinz, Carsten/Wildner, Stephan (2008): Zur Frage der Ausgliederung von Versorgungsverbindlichkeiten, in: GmbHR 2008, S. 1332–1334.

Hock, Rainer (2009): BAG: Unzureichende Ausstattung einer Rentnergesellschaft, in: BB 2009, S. 329–335.

Hommelhoff, Peter (2014): Kommentierung des § 133 UmwG, in: Lutter, Marcus (Hrsg.), Umwandlungsgesetz (UmwG), 5. Auflage, Köln 2014.

Hörtnagl, Robert (2013a): Kommentierung des § 17 UmwG, in: Schmitt, Joachim/Hörtnagl, Robert/Stratz, Rolf-Christian (Hrsg.), Umwandlungsgesetz, Umwandlungssteuergesetz: UmwG, UmwStG, 6. Auflage, München 2013.

Hörtnagl, Robert (2013b): Kommentierung des § 24 UmwG, in: Schmitt, Joachim/Hörtnagl, Robert/Stratz, Rolf-Christian (Hrsg.), Umwandlungsgesetz, Umwandlungssteuergesetz: UmwG, UmwStG, 6. Auflage, München 2013.

Hörtnagl, Robert (2013c): Kommentierung des § 123 UmwG, in: Schmitt, Joachim/Hörtnagl, Robert/Stratz, Rolf-Christian (Hrsg.), Umwandlungsgesetz, Umwandlungssteuergesetz: UmwG, UmwStG, 6. Auflage, München 2013.

Hörtnagl, Robert (2013d): Kommentierung des § 139 UmwG, in: Schmitt, Joachim/Hörtnagl, Robert/Stratz, Rolf-Christian (Hrsg.), Umwandlungsgesetz, Umwandlungssteuergesetz: UmwG, UmwStG, 6. Auflage, München 2013.

Hörtnagl, Robert (2013e): Kommentierung des § 145 UmwG, in: Schmitt, Joachim/Hörtnagl, Robert/Stratz, Rolf-Christian (Hrsg.), Umwandlungsgesetz, Umwandlungssteuergesetz: UmwG, UmwStG, 6. Auflage, München 2013.

IDW HFA 1/1998 (1998): IDW Stellungnahme zur Rechnungslegung: Zweifelsfragen bei Spaltungen (ersetzt durch IDW RS HFA 43).

IDW HFA 2/1997 (2000): IDW Stellungnahme zur Rechnungslegung: Zweifelsfragen der Rechnungslegung bei Verschmelzungen (Änderung 2000), (ersetzt durch IDW RS HFA 42).

IDW RH HFA 1.018 (2013): IDW Rechnungslegungshinweise: Einheitliche Bilanzierung und Bewertung im handelsrechtlichen Konzernabschluss, in: FN-IDW 2013, S. 214–216.

IDW RS HFA 42 (2012): IDW Stellungnahme zur Rechnungslegung: Auswirkungen einer Verschmelzung auf den handelsrechtlichen Jahresabschluss, in: FN-IDW 2012, S. 701–713.

IDW RS HFA 43 (2012): IDW Stellungnahme zur Rechnungslegung: Auswirkungen einer Spaltung auf den handelsrechtlichen Jahresabschluss, in: FN-IDW 2012, S. 714–719.

Ihrig, Hans-Christoph (2009): Zum Kapitalschutz bei der Spaltung von Aktiengesellschaften, in: Bitter et al. (Hrsg.), Festschrift für Karsten Schmidt, Köln 2009, S. 779 ff.

Kallmeyer, Harald (1995): Kombination von Spaltungsarten nach dem neuen Umwandlungsgesetz, in: DB 1995, S. 81–83.
Kallmeyer, Harald/Sickinger, Mirko (2013): Kommentierung des § 145 UmwG, in: Kallmeyer, Harald (Hrsg.), Umwandlungsgesetz – Verschmelzung, Spaltung und Formwechsel bei Handelsgesellschaften, 4. Auflage, Köln 2009.
Klingberg, Dietgard (2008): I. Spaltungsbilanzen, in: Budde, Wolfgang Dieter/Förschle, Gerhart/Winkeljohann, Norbert (Hrsg.), Sonderbilanzen, 4. Auflage, München 2008.
Küting, Karlheinz/Pfitzer, Norbert/Weber, Claus-Peter (2009): Das neue deutsche Bilanzrecht, 2. Auflage, Stuttgart 2009.
LG Dresden-Beschluss vom 18.11.1997, 45 T 52/97, in: GmbHR 1998, S. 1086.
LG Frankfurt am Main-Beschluss vom 24.11.1995, 3/11 T 57/95, in: GmbHR 1996, S. 542–543.
LG Stuttgart-Beschluss vom 29.03.1996, 4 KfH T 1/96, in: DNotZ 1996, S. 701–702.
Müller, Welf (1996): Zweifelsfragen zum Umwandlungsrecht, in: WPg 1996, S. 857–868.
Müller, Welf (2013a): Kommentierung des § 17 UmwG, in: Kallmeyer, Harald (Hrsg.), Umwandlungsgesetz – Verschmelzung, Spaltung und Formwechsel bei Handelsgesellschaften, 4. Auflage, Köln 2009.
Müller, Welf (2013b): Kommentierung des § 24 UmwG, in: Kallmeyer, Harald (Hrsg.), Umwandlungsgesetz – Verschmelzung, Spaltung und Formwechsel bei Handelsgesellschaften, 4. Auflage, Köln 2009.
OLG München-Beschluss vom 15.11.2011, 31 Wx 482/11, in: WM 2012, S. 512–514.
Pfitzer, Norbert (2014): Kapitel F »Umwandlungsfälle und deren Prüfung«, in: IDW (Hrsg.), WP-Handbuch, Bd. II, Düsseldorf 2014, S. 447–581.
Pohl, Herbert (1995): Handelsbilanzen bei der Verschmelzung von Kapitalgesellschaften, Düsseldorf 1995.
Priester, Hans-Joachim (2014): Kommentierung des § 24 UmwG, in: Lutter, Marcus (Hrsg.), Umwandlungsgesetz (UmwG), 5. Auflage, Köln 2014.
Schwab, Martin (2014): Kommentierung des § 145 UmwG, in: Lutter, Marcus (Hrsg.), Umwandlungsgesetz (UmwG), 5. Auflage, Köln 2014.
Sieger, Jürgen/Aleth, Franz (2002): Die Ausgliederung von Pensionsverpflichtungen auf eine Pensionsgesellschaft, in: DB 2002, S. 1487–1492.
Simon, Stefan (2009a): Kommentierung des § 24 UmwG, in: Dauner-Lieb, Barbara/Simon, Stefan (Hrsg.), Kölner Kommentar zum Umwandlungsgesetz: UmwG, Köln 2009.
Simon, Stefan (2009b): Kommentierung des § 145 UmwG, in: Dauner-Lieb, Barbara/Simon, Stefan (Hrsg.), Kölner Kommentar zum Umwandlungsgesetz: UmwG, Köln 2009.
Teichmann, Arndt (2014): Kommentierung des § 131 UmwG, in: Lutter, Marcus (Hrsg.), Umwandlungsgesetz (UmwG), 5. Auflage, Köln 2014.
Van Lishaut, Ingo (2013): Kommentierung des § 2 UmwStG, in: Rödder, Thomas/Herlinghaus, Andreas/van Lishaut, Ingo (Hrsg.), Umwandlungssteuergesetz, 2. Auflage, Köln 2013.
Vossius, Oliver (2013): Kommentierung des § 131 UmwG, in: Widmann, Siegfried/Mayer, Dieter (Hrsg.), Umwandlungsrecht, 3. Auflage, München 1995.
Wessels, Peter (2010): Umhängung und Isolierung von Pensionsverpflichtungen durch Spaltung, in: ZIP 2010, S. 1417.
Widmann, Siegfried (1997): Kommentierung des § 24 UmwG, in: Widmann, Siegfried/Mayer, Dieter (Hrsg.), Umwandlungsrecht, 3. Auflage, München 1995.
Wieneke, Laurenz (2012): Anmerkung zum Beschluss des OLG München vom 15.11.2011, Az. 31 Wx 482/11 – Zur Darlehensgewährung im Zusammenhang mit der Ausgliederung, in: EWiR 2012, S. 223–224.

Kapitalkonsolidierung bei Vorliegen eines Teilkonzernerwerbs nach IFRS

Dr. Johannes Wirth
Centrum für Bilanzierung und Prüfung (CBP)
an der Universität des Saarlandes
Geschäftsführer des Saarbrücker Instituts für Rechnungslegung (SIR)
Saarbrücken

Inhaltsverzeichnis

1	Einleitung	103
2	Anwendung der Erwerbsmethode gem. IFRS 3 und das Zusammenspiel mit der Kapitalkonsolidierung gem. IAS 27.18/IFRS 10.B86(b)	104
3	Anwendung der Erwerbsmethode auf einen Teilkonzernerwerb	106
3.1	Ein Erwerbsvorgang oder differenzierte Anwendung der Erwerbsmethode?	106
3.2	Verknüpfung mit den Implikationen der Kapitalkonsolidierung	109
4	Beispielhafte Darstellung	110
4.1	Parameter des Beispielsachverhalts	110
4.2	Durchführung der Kaufpreisallokation	112
4.3	Teilkonzernerwerb als Erwerb eines Korbes von Vermögenswerten und Schulden	115
4.4	Anwendung der Erwerbsmethode für den gesamten Teilkonzern und Abstimmung mit der Kapitalkonsolidierung	116
4.5	Differenzierte Anwendung der Erwerbsmethode und Neubewertung der Beteiligungen entsprechend dem Kaufpreiskalkül	119
4.6	Fortführung der Kapitalkonsolidierung aus der Teilkonzernrechnungslegung und Anpassung der stillen Reserven bzw. Anpassung des goodwill auf Ebene des erwerbenden Konzerns	120
5	Zusammenfassung	123
	Literaturverzeichnis	124

1 Einleitung

Erlangt ein Mutterunternehmen (MU) im Wege eines *share deals* einen beherrschenden Einfluss (*control*) über ein Tochterunternehmen (TU), so ist dieses gemäß IFRS 3 nach der Erwerbsmethode im Konzernabschluss zu bilanzieren. Der Erwerbsmethode liegt die Einzelerwerbsfiktion zugrunde, wonach dem erwerbenden Unternehmen/Konzern ein Bündel von (neu bewerteten) Vermögenswerten und Schulden zugeht und des Weiteren i. H. d. Differenz zum *fair value* der geleisteten Gegenleistung ein Unterschiedsbetrag aus dem Unternehmenserwerb ermittelt wird (vgl. *Küting, Karlheinz/Weber, Claus-Peter* (2012), S. 284 f.). Voraussetzung für die Anwendung der Erwerbsmethode ist, dass die hierbei erworbenen Vermögenswerte und übernommenen Schulden einen Geschäftsbetrieb i. S. v. IFRS 3 darstellen. Stellen die erworbenen Vermögenswerte keinen Geschäftsbetrieb dar, hat das berichtende Unternehmen die Transaktion als einen Erwerb von Vermögenswerten zu bilanzieren, bei dem kein Unterschiedsbetrag i. S. e. *goodwill* oder negativen Unterschiedsbetrags entsteht (vgl. IFRS 3.3).

Der *Standardsetter* definiert indes keine expliziten Regelungen, wenn das Akquisitionsobjekt mehrere Geschäftsbetriebe umfasst, die ggf. in mehreren rechtlichen Teileinheiten strukturiert sind, wie es typischerweise bei einem Teilkonzernerwerb der Fall ist.

Ein Teilkonzernerwerb liegt vor, wenn im Zusammenhang mit dem Unternehmenszusammenschluss ein beherrschender Einfluss über ein Unternehmen erlangt wird, welches wiederum den Tatbestand eines MU i. S. v. IAS 27.13 bzw. IFRS 10.5 erfüllt. Im Beispielsachverhalt der Abbildung 1 kauft der *Nordstar*-Konzern eine 100 %ige Beteiligung an der *Auriga*, wobei die *Auriga* wiederum MU der *Zentauro*, *Artika* und *Taurus* ist.

Gegenstand des vorliegenden Beitrags ist die Untersuchung, ob aus der Anwendung der Erwerbsmethode auf einen Teilkonzern insgesamt nur ein oder ggf. mehrere Unterschiedsbeträge i. S. v. IFRS 3.32 entstehen können, die insbesondere auch unterschiedliche Vorzeichen aufweisen können. Ferner wird auf die Organisation der Kapitalkonsolidierung im Falle eines Teilkonzernerwerbs eingegangen, denn diese ist mit der Frage der Unterschiedsbetragsermittlung abzustimmen.

War es früher üblich, den Konzernabschluss des erworbenen Teilkonzerns als Grundlage für die Kapitalkonsolidierung zu verwenden und nur auf Ebene des erwerbenden Konzerns das Wert- und Mengengerüst an die neue Erwerbersicht anzupassen (Verwendung von sog. vorkonsolidierten Teilkonzernabschlüssen), wird heute überwiegend i. R. d. Konzernabschlusserstellung des erwerbenden Konzerns eine Übernahme der einzelnen Beteiligungen vorgenommen, was auch unter dem Blickwinkel einer Konzernumstrukturierung und einer späteren Endkonsolidierung eindeutig zu präferieren ist. Nicht zu vernachlässigen sind zudem auch die Effekte auf die Steuerungsrechnung, denn es ist nach der hier vertretenen Auffassung zu bevorzugen, dass das neue Wert- und Mengengerüst aus Erwerbersicht in die Steuerungsrechnung des erworbenen Teilkonzerns eingeht. Damit einhergehend stellt

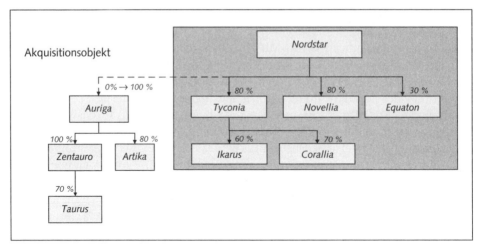

Abbildung 1: Beispielsachverhalt zum Teilkonzernerwerb

sich die Frage, ob nicht nur die übernommenen Vermögenswerte und Schulden, sondern auch die Beteiligungen an den einzelnen TU neu zu bewerten sind.

2 Anwendung der Erwerbsmethode gem. IFRS 3 und das Zusammenspiel mit der Kapitalkonsolidierung gem. IAS 27.18/IFRS 10.B86(b)

Bevor auf die Thematik des Teilkonzernerwerbs eingegangen wird, soll zunächst grundlegend das Zusammenspiel zwischen IFRS 3 und IAS 27/IFRS 10 erläutert werden. Hierzu sei im Beispielsachverhalt der Abbildung 2 unterstellt, dass das MU A eine 100 %ige Beteiligung am TU B kauft; der Kaufpreis beträgt 200 GE. Es liegt ein sog. *share deal* vor, sodass in den Einzelabschlüssen der beteiligten Einheiten keine weiteren Implikationen durch den Erwerbsvorgang zu konstatieren sind. Im Konzernabschluss wird der Vorgang gem. IFRS 3 wie ein *asset deal* abgebildet. Hierzu wird der *fair value* der für den Erwerb der Sachgesamtheit aufgewendeten Gegenleistung bestimmt; im Beispielsachverhalt entspricht dieser dem Kaufpreis der Unternehmensbeteiligung i. H. v. 200 GE. Des Weiteren wird bei der Kaufpreisallokation (PPA) analysiert, welche Vermögenswerte und Schulden des erworbenen TU B die Aktivierungs- bzw. Passivierungsvoraussetzungen der IFRS-Rechnungslegung im Zeitpunkt der *control*-Erlangung erfüllen. Die Bewertung erfolgt – entsprechend der Erwerbsfiktion – mit dem beizulegenden Zeitwert zu diesem Zeitpunkt (zu den Ausnahmen von der *fair value*-Bewertung vgl. IFRS 3.21 ff.).

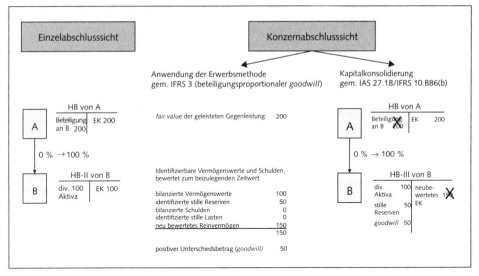

Abbildung 2: Konzeption der Erwerbsmethode und der Zusammenhang zur Kapitalkonsolidierung

Das so ermittelte neu bewertete Wert- und Mengengerüst wird typischerweise in einer Neubewertungsbilanz verwaltet, wobei diese nicht zwingend als eigenständiges Buchwerk zu führen ist. In Anbetracht der Vielzahl der entstehenden Ansatz- und Bewertungsdifferenzen i. R. d. Kaufpreisallokation ist dieses Konzept jedoch klar zu präferieren und wird nach der hier vertretenen Auffassung auch in der Praxis gelebt. In diesem Kontext verwenden insbesondere die größeren Konzerne regelmäßig eine parallele Bilanzierung. Hierbei werden die Einzelabschlüsse der TU nach dem jeweiligen *local gaap* bilanziert und für Zwecke der IFRS-Bilanzierung im ERP-System bspw. technisch ein eigener Bewertungsbereich angelegt, für den unmittelbar die konzerneinheitliche Bilanzierung und das konzernbilanzielle Wert- und Mengengerüst (d. h. inkl. stiller Reserven und Lasten) des erwerbenden Konzerns maßgeblich ist. Im Beispielsachverhalt der Abbildung 2 sind in den übernommenen Vermögenswerten stille Reserven i. H. v. 50 GE erhalten. Abstrahiert von latenten Steuern, beträgt das übernommene Reinvermögen nicht 100 GE, sondern 150 GE. Weil der Tatbestand eines Unternehmenszusammenschlusses erfüllt ist, darf aus der Transaktion ein Unterschiedsbetrag folgen. Im Beispielsachverhalt resultiert ein positiver Unterschiedsbetrag, der als beteiligungsproportionaler *goodwill* i. H. v. 50 GE bilanziert wird; auf die Besonderheiten des *full goodwill* wird nicht weiter eingegangen.

Obwohl der Vorgang als *asset deal* abgebildet werden soll, gehen gleichwohl über den Summenabschluss die Abschlüsse der rechtlichen Teileinheiten in die Konzernabschlusserstellung ein. Mit der Kapitalkonsolidierung gemäß IAS 27/IFRS 10 wird nun auch buchungstechnisch der Vorgang von einem *share deal* in einen *asset deal* transformiert. Hierzu wird die Beteiligung (200 GE) gegen das neu bewertete

Eigenkapital (150 GE) aufgerechnet und es entsteht der Unterschiedsbetrag i. H. v. 50 GE, wie er bereits nach Maßgabe von IFRS 3 ermittelt wurde.

Das Verständnis des Zusammenspiels zwischen der Erwerbsmethode gem. IFRS 3 und der ferner notwendigen Kapitalkonsolidierung ist unverzichtbar für den Teilkonzernerwerb. Im Schrifttum wird der Teilkonzernerwerb vielfach nur aus dem Blickwinkel von IFRS 3 beleuchtet, ohne hierbei darzulegen, wie sinnvollerweise die Ermittlung des Unterschiedsbetrags mit den Kapitalkonsolidierungsanforderungen abzustimmen ist.

3 Anwendung der Erwerbsmethode auf einen Teilkonzernerwerb

3.1 Ein Erwerbsvorgang oder differenzierte Anwendung der Erwerbsmethode?

Wie vorstehend ausgeführt, basiert die Erwerbsmethode auf dem Gedanken eines *asset deal* und im Mittelpunkt stehen die im Zeitpunkt der *control*-Erlangung identifizierbaren Vermögenswerte und Schulden des Akquisitionsobjekts. In IFRS 3 wird in diesem Konzept nur auf das zugehende Wert- und Mengengerüst Bezug genommen, ohne auf dessen wirtschaftliche bzw. rechtliche Strukturierung einzugehen; lediglich in IFRS 3.19(b) erfolgt eine Bezugnahme im Kontext der Berücksichtigung von bestehenden Fremdanteilen am übernommenen Reinvermögen. Auch bei Würdigung der Vorgaben zur Ermittlung eines Unterschiedsbetrags (vgl. IFRS 3.32) könnte man zur Auffassung gelangen, dass stets nur ein Unterschiedsbetrag entstehen kann. Dieser wäre dann – den Vorgaben von IAS 36.80 folgend – auf die firmenwerttragenden zahlungsmittelgenerierenden Einheiten (ZMGE) zu verteilen (vgl. *Küting, Peter* (2012), S. 214 ff.; *Wirth, Johannes* (2005), S. 198 ff.). Diesem Gedanken folgend, führen *Förschle/Hoffmann* aus: »Der Erwerb der Anteile an dem Teilkonzern-MU ist wirtschaftlich ein Vorgang mit einem Kaufpreis und führt daher in Bezug auf den Anteil des Konzerns an dem neuen Teilkonzern auch nur zu einer (Gesamt-)Residualgröße« (*Förschle, Gerhart/Hoffmann, Karl* (2014), Rn. 378 i. V. m. Rn. 379; vgl. auch *Haegler, Olaf* (2009), S. 193).

Auf der anderen Seite sehen *Senger/Brune* Raum für eine differenzierte Anwendung der Erwerbsmethode, wenn i. R. d. Teilkonzernerwerbs mehrere klar voneinander abgrenzbare Geschäftsbetriebe erworben werden (vgl. *Senger, Thomas/Brune, Jens Wilfried* (2013), Rn. 31 f.; so auch *Kessler, Harald/Beck, Helmut/Cappell, Jürgen/Mohr, Martin* (2007), S. 128 ff.; *Lüdenbach, Norbert* (2013), Rn. 138; *Förschle, Gerhart/Deubert, Michael* (2014), Rn. 152 f. (letztgenannte im Kontext der vergleichbaren handelsrechtlichen Konzernrechnungslegung)). »Sofern der Erwerb sich auf einen Teilkonzern bezieht, der unterschiedliche, eindeutig voneinander trennbare Geschäftsfelder umfasst, kann dieser Gesamterwerb zum einen als die Summe mehrerer Einzelunternehmenserwerbe interpretiert werden« (*Senger, Thomas/Brune, Jens Wilfried* (2013), Rn. 31). Aus dem Blickwinkel der Abbildung des Kaufpreiskalküls (vgl. bspw. *Wirth, Johannes* (2005), S. 116 ff.) erscheint eine differenzierende Anwendung der Erwerbsmethode und damit der Unterschiedsbetragsermittlung sinnvoll, denn im Gesamtobjekt »Teilkonzern« werden regelmäßig Teileinheiten mit unterschiedlichen werttreibenden Faktoren eingehen. So könnte die veräußernde Partei nur zu einem Verkauf bereit sein, wenn der Erwerber den gesamten Konzern erwirbt, obwohl dieser nur an einzelnen Divisionen interessiert ist und in anderen Teilbereichen hohe Restrukturierungsbedarfe sieht bzw. diese nur mit Weiterveräußerungsabsicht (vgl. hierzu ausführlich *Hoehne, Felix* (2009), S. 54 f.; *Küting, Karlheinz/Gattung, Andreas/Wirth, Johannes* (2007), S. 348 ff.) übernimmt. Könnte der Erwerber die beiden Divisionen getrennt erwerben, würde sich einerseits ein *goodwill* und andererseits, in Abhängigkeit der im Kaufpreis antizipierten Restrukturierungsbedarfe, ggf. ein negativer Unterschiedsbetrag ergeben. Dass in einer solchen Fallkonstellation nur ein Unterschiedsbetrag ermittelt wird, bei dem sich die beiden unterschiedlichen Wertkalküle saldieren, ist mit dem Ziel einer an den wirtschaftlichen Verhältnissen orientierenden Konzernrechnungslegung, wie sie zweifelsohne nicht zuletzt mit IFRS 11 vom *IASB* propagiert wird (vgl. IFRS 11.BC9), nicht zu vereinbaren. Auch nach der hier vertretenen Auffassung ist eine differenzierte Vornahme der Erwerbsmethode sachgerecht, wenn in einem Erwerbsobjekt mehrere sich als Geschäftsbetriebe (*businesses*) qualifizierende Sachgesamtheiten enthalten sind, und diese signifikante, sich saldierende Wertkalküle aufweisen.

Sind in einem Akquisitionsobjekt mehrere Geschäftsbetriebe enthalten und würde aus der Anwendung der Erwerbsmethode jeweils ein *goodwill* entstehen, ist eine Anwendung der Erwerbsmethode je Geschäftsbetrieb nicht zwingend, denn der *goodwill* wird gem. IAS 36.80 ohnehin für Zwecke der Fortschreibung von der Sachgesamtheit abgekoppelt, mit der er zugegangen ist. Vielmehr wird der *goodwill* in das System der zahlungsmittelgenerierenden Einheiten (ZMGE) integriert und dort auf der Ebene geführt, auf der auch das steuernde Management den *goodwill* in die Steuerungsüberlegungen einbezieht (firmenwerttragende ZMGE); dies erfolgt typischerweise nicht auf der Ebene eines Geschäftsbetriebs, sondern höher aggregiert. Diese Loslösung von der Erwerbseinheit ist in der IFRS-Konzernrechnungslegung auch über Vorgänge der konzerninternen Umstrukturierung (vgl. IAS 36.87) bis hin zur Abgangsverarbeitung (Endkonsolidierung; IAS 36.86) konsequent umgesetzt (vgl. *Küting, Peter* (2012), S. 220 ff.; *PwC* (2012), S. 18068 f.; *Hoehne, Felix* (2009), S. 113), sodass eine geschäftsbetriebsspezifische *goodwill*-Ermittlung nicht erforderlich ist.

Für Zwecke der Durchführung des *impairment test* verlangt der *Standardsetter* aber – für den Fall eines beteiligungsproportional bilanzierten *goodwill* – eine Prüfung, ob konzernfremde Gesellschafter nach dem Teilkonzernerwerb verbleiben (IAS 36.C2). Ist dies der Fall, so ist der *goodwill* ausschließlich für Zwecke der Anwendung von IAS 36 auf einen 100 %-Wertansatz hochzurechnen (vgl. IAS 36.C4;

für die Fortschreibung vgl. IAS 36.C5 ff.). Um diese Norm erfüllen zu können, ist bei Vorhandensein von Fremdanteilen an TU innerhalb des erworbenen Teilkonzerns eine *goodwill*-Allokation auf diese (rechtlichen) Teileinheiten notwendig.

Aufgrund der Vorgaben des Standards ist ferner eine differenzierende Anwendung der Erwerbsmethode anzudenken, um die Anforderungen aus IAS 21.47 hinsichtlich der Einbeziehung des *goodwill* im Kontext der Fremdwährungsumrechnung zu erfüllen. »Jeglicher im Zusammenhang mit dem Erwerb eines ausländischen Geschäftsbetriebs entstehende Geschäfts- oder Firmenwert ... sind als Vermögenswerte und Schulden des ausländischen Geschäftsbetriebs zu behandeln« (IAS 21.47). Mit anderen Worten: Wird ein Teilkonzern erworben, der in unterschiedlichen Währungsräumen agiert, ist der mit dem Erwerb des jeweiligen Geschäftsbetriebs zusammenhängende *goodwill* zu bestimmen, wenn die funktionale Währung des Geschäftsbetriebs von der Konzernberichtswährung abweicht. Ein solcher Fremdwährungsgoodwill wird dann nicht in der Konzernwährung geführt, sondern ist im Zeitpunkt der Erstkonsolidierung in der jeweiligen funktionalen Währung zu bestimmen, damit er im Zeitablauf – analog zu den übrigen Vermögenswerten – in die stichtagskursbezogene Währungsumrechnung eingehen kann (vgl. bspw. *Senger, Thomas/Rulfs, Ronald* (2013), Rn. 29; *Küting, Karlheinz/Weber, Claus-Peter* (2012), S. 265; *Kagermann, Henning/Küting, Karlheinz/Wirth, Johannes* (2008), S. 814 ff. und S. 840 ff.).

Wenn Geschäftsbetriebe unterschiedliche funktionale Währungen aufweisen, muss hieraus nicht zwingend eine differenzierte Anwendung der Erwerbsmethode erfolgen. Alternativ ist es möglich, den auf Ebene des erworbenen Teilkonzerns entstehenden *goodwill* nicht nur gem. IAS 36.80 auf die firmenwerttragenden ZMGE zu verteilen, sondern gleichzeitig auch auf dieser Ebene eine Allokation auf die Währungsräume vorzunehmen. Die Verwaltung der währungsbedingten *goodwill*-Schwankung würde demzufolge nicht auf Ebene der einzelnen TU, sondern auf Ebene der firmenwerttragenden ZMGE erfolgen. In vielen Softwaresystemen ist eine solche Abkopplung des *goodwill* und die einhergehende Währungsumrechnung möglich; diese muss aber auch in ein organisatorisches Gesamtkonzept der *goodwill*-Verarbeitung eingebettet werden.

Die vorstehenden Ausführungen zeigen, dass gewichtige Gründe für eine differenzierte Anwendung der Erwerbsmethode sprechen. Bei der Beurteilung, ob eine solche angezeigt ist, ist sowohl eine Untersuchung der im Teilkonzern enthaltenen abgrenzbaren wirtschaftlichen Einheiten (Geschäftsbetriebe/*businesses*) als auch der rechtlichen Strukturierung notwendig.

3.2 Verknüpfung mit den Implikationen der Kapitalkonsolidierung

Auch aus dem Blickwinkel der Kapitalkonsolidierung und der damit einhergehenden Ermittlung von Unterschiedsbeträgen ist ein starker Fokus auf die rechtliche Strukturierung des Teilkonzerns zu legen. So heißt es in IFRS 10.B86(b), dass »der Beteiligungsbuchwert an jedem Tochterunternehmen mit dessen Anteil am Eigenkapital an jedem Tochterunternehmen aufzurechnen ist.«

Zwischenzeitlich ist es in der Unternehmenspraxis üblich, dass bei einem Teilkonzernerwerb nicht nur ein vorkonsolidierter Teilkonzernabschluss (mit entsprechenden Adjustierungen) in die Kapitalkonsolidierung des erwerbenden MU eingeht, sondern die einzelnen TU im Konsolidierungssystem angelegt werden; Gleiches gilt sinngemäß auch für nach der *equity*-Methode zu bilanzierende Beteiligungen und künftig für gem. IFRS 11 quotal zu konsolidierende Einheiten. Bei Anwendung dieses Konzepts werden für die erworbenen TU die Neubewertungsbilanzen (bzw. gesonderte stille Reserven/Lasten-Buchhaltungen) erstellt und im Meldewesen berücksichtigt, die die Wertverhältnisse zum Zeitpunkt des Übergangs der Beherrschung über den Teilkonzern widerspiegeln.

Ein Augenmerk ist auf die Beteiligungsbuchwerte zu richten, hier insbesondere auf die Beteiligung an vollzukonsolidierenden Unternehmen. Ohne eine Anpassung spiegeln diese den historischen Erwerbs- oder Gründungsvorgang des jeweiligen Unternehmens wider, der ggf. mehrere Jahre alt sein kann. Im Kontext der Vollkonsolidierung ist es offensichtlich, dass ohne eine Anpassung der Beteiligungsansätze aus den Kapitalkonsolidierungsbuchungen Unterschiedsbeträge resultieren, die keine ökonomisch sinnvolle Aussagekraft besitzen, denn es werden Sachverhalte gegeneinander aufgerechnet, die sich betriebswirtschaftlich auf unterschiedliche Zeitpunkte beziehen. Um die Unterschiedsbetragsberechnung gem. IFRS 3 sinnvoll mit der Kapitalkonsolidierungserfordernis aus IAS 27/IFRS 10 zu verbinden, aber auch unter Würdigung der Ergebnisse aus Gliederungspunkt 3.1, ist es nach der hier vertretenen Auffassung angezeigt, i. R. d. Kaufpreisallokation auch die Beteiligungen an den TU – fußend auf dem Kaufpreiskalkül für den Teilkonzernerwerb – neu zu bewerten. Nur so entstehen aus der Kapitalkonsolidierung Unterschiedsbeträge, die einerseits die Wertverhältnisse zum Zeitpunkt des aktuellen Unternehmenserwerbs widerspiegeln und andererseits in Summe den Unterschiedsbetrag gem. IFRS 3 für den gesamten Teilkonzern beschreiben. Im Gliederungspunkt 4.5 wird die Vorgehensweise beispielhaft dargestellt.

Nach *Förschle/Hoffmann* ist eine solche Vorgehensweise »konzeptionell im Hinblick auf die Vermittlung eines den tatsächlichen Verhältnissen entspr Bilds der VFE-Lage des Konzerns nicht zu beanstanden, ist aber stark entobjektiviert. [...]. Die Zulässigkeit dieser Bewertung erscheint uns daher fraglich« (*Förschle, Gerhart/ Hoffmann, Karl* (2014), Rn. 378 i. V. m. Rn. 379). Stattdessen wird angeregt, die Beteiligungen an den einzelnen TU dergestalt anzupassen, dass diese dem anteiligen Reinvermögen des jeweiligen TU entsprechen. Aus der Kapitalkonsolidierung der einzelnen Beteiligungen resultieren dann keine Unterschiedsbeträge; diese entstehen dann erst auf Ebene des MU des Teilkonzerns (vgl. hierzu beispielhaft Gliederungspunkt 4.4). *Förschle/Hoffmann* beschreiben eine solche Vorgehensweise »als die einfachste Lösung«; mit Blick auf die Vorgaben der Währungsumrechnung gem. IAS 21 – hier müsste über eine *top down*-Allokation insbes. eine Disaggregation des *goodwill* auf Währungsräume erfolgen – erscheint fraglich, ob hierbei effektiv eine größere Objektivierung gegeben ist.

In Teilen des Schrifttums wird die Auffassung vertreten, dass bei einer Verminderung der Beteiligungsquote, ohne dass gleichzeitig der beherrschende Einfluss über ein TU verloren geht (sog. Teilabgang), der aus der Erstkonsolidierung des TU entstandene *goodwill* anteilig i. H. d. Quotenänderung zu einer Anpassung des Ausgleichspostens konzernfremder Gesellschafter führt (zur Diskussion vgl. *Senger, Thomas/Diersch, Ulricht* (2013), Rn. 43; *PwC* (2012), S. 24081; *Ernst & Young* (2013), S. 488 f.; *Weber, Claus-Peter/Wirth, Johannes* (2014), S. 18 ff.). Unabhängig davon, ob die ideelle Reallokation des *goodwill* für sachgerecht erachtet wird (vgl. ausführlich *Weber, Claus-Peter/Wirth, Johannes* (2014), S. 18 ff.), würde eine solche Reallokation erfordern, dass der Gesamt-*goodwill* aus einem Teilkonzernerwerb nicht erst auf Teilkonzernebene, sondern je TU entsteht.

4 Beispielhafte Darstellung

4.1 Parameter des Beispielsachverhalts

Im Beispielsachverhalt, der in Abbildung 1 dargestellt ist, kauft der *Nordstar*-Konzern zum 31.12.t1 eine 100 %ige Beteiligung an der *Auriga*, die ausschließlich als *holding* für die *Zentauro, Artika* und *Taurus* fungiert. Der Teilkonzernabschluss der *Auriga* zum 31.12.t1 nebst den zugehörigen Kapitalkonsolidierungsbuchungen ist in Abbildung 3 dargestellt:
- Die *Zentauro* ist ein selbstgegründetes TU; aus der Aufrechnung des Beteiligungsbuchwerts (50 GE) mit dem Eigenkapital aus der Gründung (50 GE) resultiert kein Unterschiedsbetrag, wie es typisch ist für selbstgegründete TU. Das übrige von der Einheit ausgewiesene Eigenkapital (50 GE) ist während der Konzernzugehörigkeit erwirtschaftet worden.
- Vor mehreren Jahren wurden zudem 80 % der Anteile am TU *Artika* zu Anschaffungskosten i. H. v. 80 GE erworben; das konsolidierungspflichtige neubewertete Eigenkapital zum historischen Zugangszeitpunkt soll 50 GE betragen. Bei einer Beteiligungsquote von 80 % resultiert ein *goodwill* i. H. v. 40 GE. Die konzernfremden Gesellschafter (NCI) partizipieren am gesamten Eigenkapital zum Abschlussstichtag und somit auch am anteiligen erwirtschafteten Eigenkapital.

Zusammen mit dem erwirtschafteten Eigenkapital beträgt dieses 100 GE, und hiervon entfallen 20 % = 20 GE auf die konzernfremden Gesellschafter. Hinweis: Um die Zahlen des Beispielsachverhalts möglichst einfach zu halten, wird auf die Berücksichtigung latenter Steuern verzichtet.
- Die Zwischenholding *Zentauro* hält ferner eine 70 %ige Beteiligung an der *Taurus*; der Beteiligungsbuchwert beträgt 30 GE. Bei einem konsolidierungspflichtigen Eigenkapital von 10 GE resultiert hieraus ein *goodwill* i. H. v. 23 GE. Das während der Konzernzugehörigkeit erwirtschaftete Reinvermögen beläuft sich auf 10 GE.

Insgesamt wird im *Auriga*-Konzern ein *goodwill* i. H. v. 63 GE ausgewiesen (vgl. Abbildung 3). Die konzernfremden Gesellschafter (NCI) der Gruppe partizipieren i. H. v. 26 GE am konzernbilanziell ausgewiesenen Reinvermögen.

	Auriga	Zentauro	Artika	Taurus	Summe	Zentauro S	Zentauro H	Artika S	Artika H	Taurus S	Taurus H	Konzern
Beteiligung TU	130	30	0	0	160		50		80		30	0
div. Aktiva	0	70	100	20	190							190
Kasse	100	0	0	0	100							100
goodwill	0	0	0	0	0	0		40		23		63
Aktiva	230	100	100	20	450							353
Eigenkapital	150	100	100	20	370	50		60		13		247
Fremdanteile (NCI)	0	0	0	0	0				20		6	26
Verbindlichkeiten	80	0	0	0	80							80
Passiva	230	100	100	20	450							353

Abbildung 3: Bisherige Kapitalkonsolidierung aus Teilkonzernsicht

Der bisherige Anteilseigner der *Auriga* sucht aus Altersgründen einen neuen Investor. Der *Nordstar*-Konzern ist ein potenzieller Investor, der primär am Know-how der *Zentauro* und der *Taurus* interessiert ist, da die dort vorhandenen Technologien nach Auffassung des Managements der *Nordstar* sehr zukunftsträchtig sind. Die *Artika* arbeitet in einer eigenen Produktlinie; für dieses Unternehmen sieht indes das Management der *Nordstar* im Falle eines Erwerbs umfangreiche Restrukturierungsbedarfe. Trotz intensiver Verhandlungen will der bisherige Anteilseigner die *Auriga*-Gruppe nur als Einheit verkaufen. Zum 31.12.t1 erwirbt die *Nordstar* alle Anteile an der *Auriga* zu einem Preis von 250 GE. Vereinfachend wird in dieser Fallstudie ein Erwerb von 100 % der Anteile an der Teilkonzernmutter *Auriga* unterstellt; des Weiteren ist der erworbene Teilkonzern so strukturiert, dass keine indirekten Fremdanteile bestehen. Generell ist auch bei einem Teilkonzernerwerb festzulegen, ob bei der Kapitalkonsolidierung der additive (direkte) Anteil oder der multiplikativ ermittelte (Kreis-)Anteil verwendet wird; nach der hier vertretenen Auffassung wird die Verwendung des Kreisanteils klar bevorzugt (vgl. hierzu ausführlich und mit Darstellung eines Meinungsspiegels *Küting, Karlheinz/Weber, Claus-Peter/Wirth, Johannes* (2012), S. 43 ff.).

4.2 Durchführung der Kaufpreisallokation

In der Abbildung 4 wird die Kaufpreisallokation für den *Auriga*-Konzern dargestellt. Die Teilkonzernmutter *Auriga* fungiert nur als *holding* und es kommt auf dieser Ebene nur zu einer Neubewertung der Beteiligungen an der *Zentauro* und der *Artika*. Nicht zuletzt basierend auf den Ergebnissen der im Vorfeld des Erwerbs durchgeführten *due diligence* wird seitens der erwerbenden *Nordstar* der Beteiligung an der *Zentauro* ein beizulegender Zeitwert i. H. v. 230 GE (Buchwert: 50) beigemessen und somit werden stille Reserven i. H. v. 180 GE identifiziert. Um die *Zentauro* und die *Taurus* erwerben zu können, musste die *Nordstar* auch die Beteiligung an der *Artika* übernehmen. Diese wird nicht direkt zur Weiterveräußerung gem. IFRS 5 gestellt, sondern die *Nordstar*-Gruppe wird – nach einem Restrukturierungsvorhaben – auch diese Gesellschaft fortführen. Aufgrund der gesehenen Restrukturierungsbedarfe wird ein Kaufpreis i. H. v. null veranschlagt. Im Buchwerk der *Auriga* wird die Beteiligung mit einem Wert von 80 GE geführt; i. R. d. Erstellung der Neubewertungsbilanz (im Folgenden kurz: HB-III) wird demzufolge der Beteiligungsbuchwert – vergleichbar mit einer stillen Last – um 80 GE vermindert (vgl. Abbildung 4). Aus der Neubewertung beider Beteiligungen resultiert ein Eigenkapitaleffekt i. H. v. 100 GE; das gesamte Eigenkapital der *Auriga* beträgt somit 250 GE. Durch die Neubewertung der Beteiligungen kommt es implizit zur Aufteilung der Gesamtanschaffungskosten auf die erworbenen Teileinheiten. Im Beispielsachverhalt wird so kein *goodwill* auf Ebene der erwerbenden *holding* erzeugt; stattdessen entspricht das neu bewertete Eigenkapital dem Betrag der geleisteten Anschaffungskosten (250 GE).

Die *Zentauro* ist eine operativ tätige Gesellschaft und zugleich 100 %ige Tochter der *Auriga*. Bei der Durchführung der Kaufpreisallokation ist festzulegen, welche Abschlüsse Grundlage der Erstellung der Neubewertungsbilanz werden. Gerade wenn der *Auriga*-Konzern weiterhin zur Konzernrechnungslegung verpflichtet ist, ist es anzudenken, die bereits bestehenden (fortgeschriebenen) Neubewertungsbilanzen aus Teilkonzernsicht als Aufsatzpunkt zu verwenden und diese in einem zweiten Schritt an die neue Erwerbersicht anzupassen. Alternativ könnte die HB-II, also das an die IFRS-Rechnungslegung und die konzerneinheitliche Bilanzierung der *Nordstar* angepasste Meldepaket des jeweiligen TU, Ausgangsbasis für die Kaufpreisallokation sein. An dieser Stelle wird von Meldepaketen anstelle von IFRS-Einzelabschlüssen gesprochen, da aufgrund der fehlenden befreienden Wirkung – nach § 325 Abs. 2a HGB ist der IFRS-Einzelabschluss ein zusätzlicher Abschluss für Zwecke der Offenlegung – in der deutschen Bilanzierungspraxis regelmäßig kein IFRS-Einzelabschluss erstellt wird (vgl. insbesondere *Küting, Karlheinz/Lam, Siu* (2011), S. 993). Die IFRS-Rechnungslegung erlangt insofern über den IFRS-Konzernabschluss ihre Bedeutung. Die in einen Konzernabschluss einzubeziehenden Gesellschaften erstellen insofern keinen nativen IFRS-Einzelabschluss, sondern berücksichtigen bereits die konzerneinheitliche Bilanzierung und Bewertung sowie ggf. die stille Reserven/Lasten-Verwaltung, sodass an dieser Stelle von einem IFRS-Meldepaket gesprochen wird.

Im Beispielsachverhalt (vgl. Abbildung 4) werden die Besonderheiten eines weiterhin bestehenden Teilkonzernreportings thematisiert. Aus diesem Grund wird die bisherige fortgeschriebene Neubewertungsbilanz aus Teilkonzernsicht als Ausgangsbasis verwendet, um hierauf aufbauend die Kaufpreisallokation aus Sicht der *Nordstar* vorzunehmen. Zum Zeitpunkt des *control*-Übergangs (31.12.t1) werden (weitere) stille Reserven i. H. v. 10 GE im operativen Vermögen der *Zentauro* identifiziert. Ferner hält die *Zentauro* die Beteiligung an der *Taurus*; nach der hier vertretenen Auffassung wäre auch diese Beteiligung neu zu bewerten. Aufgrund der vorhandenen Technologie wird ein Beteiligungsbuchwert i. H. v. 80 GE festgesetzt; d. h., in der Beteiligung wird eine stille Reserve i. H. v. 50 GE identifiziert. In der Neubewertungsbilanz entsteht ein Neubewertungseffekt i. H. v. 60 GE (vgl. Abbildung 4).

Bei der *Taurus*, der 70 %igen Tochter der *Zentauro*, werden im immateriellen Vermögen stille Reserven i. H. v. 20 GE aufgedeckt, sodass das neu bewertete Eigenkapital 40 GE beträgt. Bei der Kaufpreisallokation für die *Artika* werden bei den bereits bilanzierten Vermögenswerten und Schulden stille Lasten i. H. v. 30 GE identifiziert. Mit dem Unternehmenszusammenschluss verbundene Restrukturierungsrückstellungen sind nach IFRS 3 nur dann Teil der Kaufpreisallokation, wenn – in Abstimmung mit dem veräußernden Unternehmen – Restrukturierungsmaßnahmen bereits eingeleitet wurden und beim erworbenen Unternehmen bzw. Unternehmensteilbereich hierfür bereits eine Verpflichtung i. S. v. IAS 37 passiviert wurde (vgl. IFRS 3.11; IFRS 3.BC132 ff. und auch *Küting, Karlheinz/Weber, Claus-Peter* (2012), S. 361). Da im Erwerbszeitpunkt die Voraussetzungen für eine Schuld noch nicht vorliegen, scheidet die Erfassung einer solchen künftigen Verpflichtung aus, sodass sich die beabsichtigten Restrukturierungsvorhaben noch nicht auf das neu bewertete Eigenkapital auswirken. Mit anderen Worten: Während die in Zukunft notwendigen Restrukturierungsvorhaben bereits in die Kaufpreisfindung eingegangen sind,

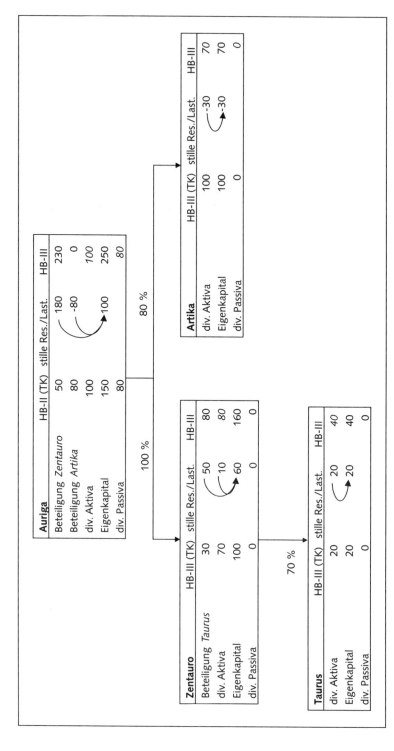

Abbildung 4: Kaufpreisallokation für den Auriga-Teilkonzern

finden sie keinen Niederschlag im übernommenen Vermögen, was zu negativen Unterschiedsbeträgen aus Restrukturierungsvorhaben führen kann.

4.3 Teilkonzernerwerb als Erwerb eines Korbes von Vermögenswerten und Schulden

Nach IFRS 3 ist ein Unternehmenserwerb stets als *asset deal*, also als Erwerb eines Korbes von Vermögenswerten und Schulden, abzubilden. Dieser Gedanke wird nachstehend auf den Teilkonzernerwerb angewendet (vgl. Abbildung 5). Demzufolge wird der *fair value* der geleisteten Gegenleistung (250 GE) den zum Erwerbszeitpunkt identifizierbaren und neubewerteten Vermögenswerten und Schulden aus der erworbenen Sachgesamtheit gegenübergestellt. Da an der *Artika* und der *Taurus* auch nicht-kontrollierende Gesellschafter (NCI) beteiligt sind, müssen auf der Grundlage der rechtlichen Einheiten die Vermögensanteile für diese Fremdgesellschafter ermittelt und in die Berechnung einbezogen werden. In IFRS 3.19b heißt es: »Bei jedem Unternehmenszusammenschluss hat der Erwerber die Bestandteile der nicht beherrschenden Anteile an dem erworbenen Unternehmen ... zum entsprechenden Anteil der gegenwärtigen Eigentumsinstrumente an den für das identifizierbare Nettovermögen des erworbenen Unternehmens« zu bilanzieren.

Nordstar kauft *Auriga*		250
erhält neubewertetes Reinvermögen		
Vermögenswerte *Auriga**	100	
Vermögenswerte *Zentauro*	80	
Vermögenswerte *Taurus*	40	
Vermögenswerte *Artika*	70	
Schulden *Auriga*	70	
	-80	
Fremdanteile am EK (NCI)**	-28	
anteiliges Reinvermögen	184	184
goodwill		66

* Vermögenswerte ohne Beteiligung

** gesondert anhand der Beteiligungsstruktur zu rechnen

Abbildung 5: Unmittelbarer Erwerb als asset deal

Im Beispielsachverhalt betragen diese 26 GE (neubewertetes Eigenkapital der *Artika* (70 GE x 0,2) + neubewertetes Eigenkapital der Taurus (40 GE x 0,3) Reinvermögen der *Taurus*).

Wie in Abbildung 5 dargestellt, entsteht aus der Aufrechnung der Anschaffungskosten der Beteiligung (250 GE) mit dem anteiligen neubewerteten Reinvermögen (184 GE) ein Unterschiedsbetrag aus dem Teilkonzernerwerb i. H. v. 66 GE, der als *goodwill* in der Konzernbilanz der *Nordstar* auszuweisen ist. Wie vorstehend dargestellt, fokussiert dieses Konzept nur auf das übernommene Wert- und Mengengerüst und berücksichtigt nicht die Notwendigkeit der darüber hinaus durchzuführenden Kapitalkonsolidierung gem. IAS 27/IFRS 10.

4.4 Anwendung der Erwerbsmethode für den gesamten Teilkonzern und Abstimmung mit der Kapitalkonsolidierung

In diesem Gliederungspunkt wird nun zusätzlich berücksichtigt, dass der aus dem Unternehmenszusammenschluss resultierende *goodwill* auch im Kontext der vorzunehmenden Kapitalkonsolidierungsbuchungen entstehen muss. In der Unternehmenspraxis wird hierbei häufig ein Weg beschritten, bei dem zwar die identifizierbaren Vermögenswerte und Schulden neu bewertet werden, die Beteiligungen an den TU jedoch nicht entsprechend den Darstellungen in Gliederungspunkt 4.2 auf den beizulegenden Zeitwert, sondern nur auf eine Hilfsgröße umbewertet werden. Maßgabe dieser Umbewertung ist, dass aus Sicht der Kapitalkonsolidierungsbuchungen innerhalb des Teilkonzerns keine Unterschiedsbeträge entstehen (vgl. *Förschle, Gerhart/Hoffmann, Karl* (2014), Rn. 378 i. V. m. Rn. 379). Ein Unterschiedsbetrag entsteht erst aus der Kapitalkonsolidierungsbuchung für die Teilkonzernmuttereinheit (hier die Beteiligungsbeziehung *Nordstar/Auriga*).

Abweichend von der in Gliederungspunkt 4.2 vorgestellten Neubewertung der Beteiligungen werden die Wertansätze der Beteiligungen wie folgt ermittelt: Die *Auriga* hält eine 80 %ige Beteiligung an der *Artika* und das neu bewertete Reinvermögen der *Artika* beträgt 70 GE. Damit aus der Kapitalaufrechnung für diese Beteiligungsbeziehung kein Unterschiedsbetrag entsteht, wird die von der *Auriga* gehaltene Beteiligung nicht an den beizulegenden Zeitwert, sondern an den Wert des anteiligen Reinvermögens angepasst (70 GE x 0,8 = 56 GE).

Um den Beteiligungsbuchwert der *Auriga* an der *Zentauro* zu bestimmen, ist eine *bottom up*-Vorgehensweise – ausgehend von der Beteiligung der *Zentauro* an der *Taurus* – notwendig; der Gesamtprozess wird in Abbildung 6 dargestellt. Der Beteiligungsbuchwert der *Taurus* ermittelt sich aus dem anteiligen neubewerteten Reinvermögen dieses TU und beträgt 28 GE (40 GE x 0,7; Teilschritt (2) der Abbildung 6). Die in der bisherigen HB-III der *Zentauro* bilanzierte Beteiligung beträgt

30 GE und insofern wird bei der Neubewertung der Beteiligungsbuchwert um 2 GE auf 28 GE vermindert. Gekoppelt mit den stillen Reserven aus dem operativen Vermögen (10 GE) wird ein neubewertetes Eigenkapital i. H. v. 108 GE ermittelt (Teilschritt (3) der Abbildung 6). Korrespondierend hierzu beträgt der Beteiligungsbuchwert der *Auriga* an der *Zentauro* 108 GE (Teilschritt (4) der Abbildung 6), da eine 100 %ige Beteiligung gehalten wird. Ist der Beteiligungsbuchwert der *Auriga* an der *Zentauro* bestimmt, kann nun das neubewertete Eigenkapital der *Auriga* i. H. v. 184 GE ermittelt werden, wie es in Teilschritt (5) der Abbildung 6 skizziert ist. Die so ermittelten Neubewertungsbilanzen gehen anschließend in den Kapitalkonsolidierungsprozess der *Nordstar* ein.

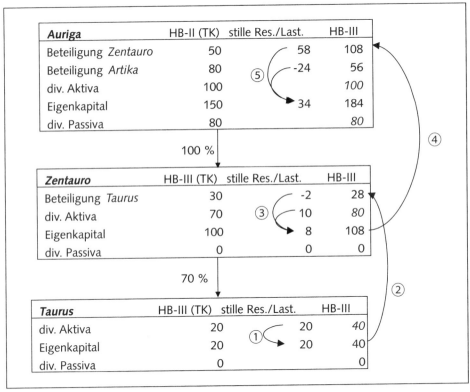

Abbildung 6: Kaufpreisallokation unter Beachtung, dass Beteiligungen des Teilkonzerns mit dem anteiligen Reinvermögen des TU bewertet werden

In Abbildung 7 werden der Summenabschluss und die nachfolgende Konsolidierung nach dem Simultankonsolidierungskonzept dargestellt. Aus Gründen der Übersichtlichkeit werden in diesem Tableau die übrigen TU der *Nordstar* nicht in die Betrachtung einbezogen; der Fokus liegt auf der Darstellung des Teilkonzernerwerbs. Bei der Kapitalkonsolidierung der *Auriga* werden die Anschaffungskosten für den Teilkonzernerwerb (250 GE) mit dem neu bewerteten Eigenkapital der *Auriga* (184 GE) aufgerechnet und es entsteht der *goodwill* i. H. v. 66 GE, wie er im vorstehenden Gliederungspunkt ebenfalls ermittelt wurde. Die übrigen Kapitalkonsolidierungsvorgänge innerhalb des Teilkonzerns schließen indes mit einem Unterschiedsbetrag von null ab.

Der Beispielsachverhalt zeigt deutlich auf, dass über die dargestellte Konzeption für den gesamten erworbenen Teilkonzern nur ein Unterschiedsbetrag gem. IFRS 3 ermittelt wird; dies erfolgt auf Ebene der (erworbenen) Teilkonzernmutter. Sind im Teilkonzern betriebliche Teilbereiche vorhanden, die unterschiedliche werttreibende Faktoren aufweisen, so saldieren sich diese und es wird nur die verbleibende Residualgröße in die konzernbilanzielle Berichterstattung einbezogen. Wie im nachfolgenden Gliederungspunkt gezeigt wird, sind aber mit dem TU *Artika* umfangreiche Restrukturierungsbedarfe verbunden, die bei einem Einzelerwerb zu einem negativen Unterschiedsbetrag führen. Nur aufgrund der rechtlichen Strukturierung der Akquisition saldiert sich die höhere Zahlungsbereitschaft für die beiden Gesellschaften *Zentauro* und *Taurus* mit einem Kaufpreis von null für die *Artika*, sodass nur ein marginal unterschiedlicher *goodwill* im Vergleich zum bisherigen Teilkonzernabschluss entsteht.

	Nordstar	Auriga	Zentauro	Artika	Taurus	Summe	Auriga S	Auriga H	Zentauro S	Zentauro H	Artika S	Artika H	Taurus S	Taurus H	Konzern
Beteiligung TU	250	164	28	0	0	442		250		108		56		28	0
div. Aktiva	1050	100	80	70	40	1340									1340
goodwill		0	0	0	0	0	66		0		0		0		66
Aktiva	1300	264	108	70	40	1782									1406
Eigenkapital	1000	150	100	70	20	1340	150		100		100		20		970
Neubewert-RL		34	8	0	20	62	34		8			30	20		30
Jahresüberschuss		0	0	0	0	0									0
Fremdanteile (NCI)		0	0	0	0	0		0				14		12	26
Verbindlichkeiten	300	80	0	0	0	380									380
Passiva	1300	264	108	70	40	1782									1406

Abbildung 7: Kapitalkonsolidierung mit Unterschiedsbetragsermittlung auf Ebene der Teilkonzernmutter

4.5 Differenzierte Anwendung der Erwerbsmethode und Neubewertung der Beteiligungen entsprechend dem Kaufpreiskalkül

Nach der hier vertretenen Auffassung wird eine differenzierte Unterschiedsbetragsermittlung favorisiert. Grundlage hierfür sind nicht nur die neubewerteten übernommenen Vermögenswerte und Schulden der erworbenen TU im Erwerbszeitpunkt, sondern darüber hinaus auch die neubewerteten Beteiligungen an den TU. Hierdurch kommt es zu einer Aufteilung der Gesamtanschaffungskosten auf die erworbenen betrieblichen Teileinheiten. Die hierfür notwendigen Informationen können regelmäßig aus den Daten der *due diligence* abgeleitet werden.

Im Beispielsachverhalt gelten die Wertansätze, wie sie in Gliederungspunkt 4.2 beschrieben wurden. Die *Auriga* weist einen kumulierten Beteiligungsbuchwert von 230 GE aus, wobei die Beteiligung an der *Artika* mit einem Wert von null angesetzt ist. Für die Gesellschaft wurde ein neubewertetes Eigenkapital i. H. v. 70 GE ermittelt; hiervon entfallen 80 % auf die *Auriga*. Aus der Aufrechnung entsteht ein negativer Unterschiedsbetrag i. H. v. 56 GE, der nach Vornahme eines *reassessment*, wo die Parameter der Erwerbsmethode nochmals überprüft werden, erfolgswirksam in der GuV auszuweisen ist (vgl. IFRS 3.34 ff.; *KPMG* (2013), 2.6.1010.20 ff., S. 282). Geht der *Standardsetter* davon aus, dass negative Unterschiedsbeträge typischerweise sehr selten auftreten (vgl. IFRS 3.BC371), sind sie immer dann sehr praxisrelevant, wenn mit einem Unternehmenserwerb umfangreiche, im Kaufpreis antizipierte Restrukturierungsvorhaben verbunden sind. In Abbildung 8 ist die dazugehörige Kapitalkonsolidierungsbuchung zu sehen.

Die *Auriga* ist mit 100 % an der *Zentauro* beteiligt. Bei der Kapitalkonsolidierung wird der neubewertete Beteiligungsbuchwert (230 GE) gegen das anteilige neubewertete Eigenkapital (160 GE) aufgerechnet und es entsteht ein *goodwill* i. H. v. 70 GE. Die *Zentauro* hält wiederum eine 70 %ige Beteiligung an der *Taurus* und – wie in Abbildung 8 dargestellt – kommt es mit der Kapitalkonsolidierung für diese Beteiligungsbeziehung zu einem *goodwill*-Ausweis von 52 GE. Weil das Konzept der Simultankonsolidierung angewendet wird, können unmittelbar auch mehrstufige Sachverhalte in einem Konsolidierungsvorgang verarbeitet werden (zur Simultankonsolidierung vgl. ausführlich *Kagermann, Henning/Küting, Karlheinz/ Wirth, Johannes* (2008), S. 505).

Würdigt man die in Abbildung 8 dargestellten Kapitalkonsolidierungsbuchungen, so wird deutlich, dass einerseits ein kumulierter *goodwill* i. H. v. 122 GE (*Zentauro* = 70, *Taurus* = 52) und andererseits ein negativer Unterschiedsbetrag i. H. v. 56 GE bei der *Artika* ausgewiesen wird. Anstelle des aggregierten Ausweises i. H. v. 66 GE werden bei diesem Verfahren positive und negative Werttreiber unsaldiert ermittelt und gelangen auch so in den Ausweis.

Es ist *Kessler/Beck/Cappell/Mohr* zuzustimmen, dass ein solch differenzierter Ausweis erhöhte Anforderungen an eine Dokumentation der Wertfindung stellt

	Nord-star	Auri-ga	Zen-tauro	Ar-tika	Tau-rus	Summe	Auriga		Zentauro		Artika		Taurus		Konzern
							S	H	S	H	S	H	S	H	
Beteiligung TU	250	230	80	0	0	560	250		230		0		80		0
div. Aktiva	1050	100	80	70	40	1340									1340
goodwill		0	0	0	0	0	0			70	0			52	122
Aktiva	1300	330	160	70	40	1900									1462
Eigenkapital	1000	150	100	100	20	1370	150		100		100		20		1000
Neubewert-RL		100	60	-30	20	150	100		60			30	20		0
Jahresüber-schuss		0	0	0	0	0						56			56
Fremdanteile (NCI)		0	0	0	0	0		0				14		12	26
Verbindlich-keiten	300	80	0	0	0	380									380
Passiva	1300	330	160	70	40	1900									1462

Abbildung 8: Kapitalkonsolidierung mit neubewerteten Beteiligungen und Reinvermögen

(vgl. *Kessler, Harald/Beck, Helmut/Cappell, Jürgen/Mohr, Martin* (2007), S. 129). Zentrale Informationsquelle dürfte die *due diligence* sein, deren Qualität hinsichtlich belastbarer Wertfindung und dokumentarischer Darlegung ausschlaggebend für die Anwendung dieses Verfahrens sein dürfte.

4.6 Fortführung der Kapitalkonsolidierung aus der Teilkonzernrechnungslegung und Anpassung der stillen Reserven bzw. Anpassung des goodwill auf Ebene des erwerbenden Konzerns

In der Unternehmenspraxis sind Konstellationen zu finden, in denen der erworbene Teilkonzern aufgrund einer Kapitalmarktorientierung weiterhin teilkonzernabschlusspflichtig ist. Beim Erwerb eines solchen Teilkonzerns treten organisatorische Fragestellungen auf, da für die erworbenen TU des Teilkonzerns zwei unterschiedliche Wert- und Mengengerüste vorzuhalten sind (vgl. *Busse von Colbe, Walther/ Ordelheide, Dieter/Gebhardt, Günter/Pellens, Bernhard* (2010), S. 308 f.):

- Einerseits ist an die Anwendung der (historischen) Erwerbsmethode aus dem Blickwinkel des Teilkonzerns zu denken. Die damit aufgedeckten und fortgeschriebenen stillen Reserven/Lasten sind unverändert für das Teilkonzernreporting maßgebend.
- Andererseits ist für die zum Zeitpunkt des Teilkonzernerwerbs vorhandenen TU eine neue Kaufpreisallokation auf der Wertbasis der aktuellen Wertverhältnisse durchzuführen; diese Werte sind im Zeitablauf fortzuführen.

Korrespondierend hierzu unterscheidet sich auch die *goodwill*-Verwaltung auf den beiden Konzernebenen; gemeint ist einerseits die unterschiedliche betragliche *goodwill*-Verwaltung, andererseits aber auch die unterschiedliche Allokation auf die ZMGE-Struktur. Selbst moderne Konsolidierungssoftwaresysteme stoßen bei dieser Komplexität an ihre Grenzen und gerade solchen Konstellationen ist eine große Aufmerksamkeit zu schenken.

Auch bei einem fortzuführenden Teilkonzernreporting sollte auf Ebene des erwerbenden Konzerns nicht auf einen vorkonsolidierten Teilkonzernabschluss zurückgegriffen werden. Gerade wenn es innerhalb des Teilkonzerns zu Änderungen im Konsolidierungskreis und/oder der Zuordnung von betrieblichen Teileinheiten zu ZMGE kommt, ist die Überleitung auf eine zutreffende Sicht des hierarchisch höheren Gesamtkonzerns kaum sinnvoll möglich.

Nach der hier vertretenen Auffassung sollte die Konzernstruktur des Teilkonzerns mit seinen rechtlichen Einheiten im Konsolidierungssystem des erwerbenden Konzerns angelegt werden. Auf dieser Grundlage melden die einbezogenen Einheiten in einer Zwischenstufe diejenigen Meldepakete, die auch für die Teilkonzernabschlusserstellung verwendet wurden. Im Ergebnis würde so in eine Zwischenstufe zunächst der Teilkonzernabschluss der *Auriga* im Konsolidierungssystem der *Nordstar* abgebildet werden (Abbildung 9).

Über organisatorische Maßnahmen ist sicherzustellen, dass auch das durch die Kaufpreisallokation aus Sicht der *Nordstar* geänderte Wert- und Mengengerüst der TU in die Verarbeitung eingeht. Manche Softwaresysteme können an dieser Stelle pro Konsolidierungseinheit eine eigene gesonderte Datenscheibe (Kategorie) verwenden, die nur in die Konzernabschlusserstellung der hierarchisch höheren *Nordstar* eingeht. Auf dieser gesonderten Datenscheibe wird dann die Datenmeldung der zusätzlich zu berücksichtigenden stillen Reserven/Lasten gemeldet und verwaltet. Hilfsweise werden in anderen Softwaresystemen sog. PPA-Gesellschaften (verstanden als gesonderte technische Konsolidierungseinheiten) gebildet, auf denen die Anpassungen an die neue Konzernsicht gebucht werden. Die Verwendung einer PPA-Gesellschaft für den erworbenen Teilkonzern ist jedoch nicht unproblematisch, denn auch hier treten typischerweise Informationsprobleme auf, wenn sich im Zeitablauf die Organisationsstruktur ändert und die stillen Reserven/Lasten aus unterschiedlichen Währungsräumen stammen. Die Verwendung einer PPA-Gesellschaft ist in Abbildung 9 dargestellt. Es ist ersichtlich, dass in einem ersten Schritt im Konsolidierungssystem der *Nordstar* zunächst die Kapitalkonsolidierungen erfolgen, wie sie auch bislang aus dem Blickwinkel der Teilkonzernrechnungslegung der *Auriga* erzeugt wurden (vgl. Abbildung 9). Hieraus resultiert insbesondere auch der bilanzierte *goodwill* aus Sicht des *Auriga*-Teilkonzerns i. H. v. 63 GE. Der so ermittelte Teilkonzernabschluss der *Auriga* wird dann – ähnlich dem Konzept der Stufenkonsolidierung – in die PPA-Gesellschaft kopiert. In einem nachfolgenden Schritt erfolgen die Anpassungen an die neue Erwerbersicht; diese ist schematisch in der zweiten Stufe der Abbildung 9 dargestellt:

- Ausgangsbasis ist das Konzerneigenkapital des *Auriga*-Konzerns.
- In einem nächsten Schritt wird der *goodwill* aus Teilkonzernsicht (63 GE) mit dem Eigenkapital aufgerechnet und es entsteht ein korrigiertes Eigenkapital i. H. v. 184 GE.
- Nachfolgend werden die Änderungsbeträge der stillen Reserven/Lasten über alle TU erfasst; dies erfolgt i. H. d. Differenzbetrags aus (Rest-)Buchwert aus Teilkon-

1) Übernahme der Kapitalkonsolidierungsbuchungen aus dem Teilkonzernabschluss

						Auriga		Zentauro		Artika		Taurus		
	Auriga	Zentauro	Artika	Taurus	Summe	S	H	S	H	S	H	S	H	Konzern
Beteiligung TU	130	30	0	0	160				50		80		30	0
div. Aktiva	0	70	100	20	190									190
Kasse	100	0	0	0	100									100
goodwill	0	0	0	0	0			0		40		23		63
Aktiva	230	100	100	20	450									353
Eigenkapital	150	100	100	20	370			50		60		13		247
Fremdanteile (NCI)	0	0	0	0	0							20		6	26
Verbindlichkeiten	80	0	0	0	80									80
latente Steuern	0	0	0	0	0									0
Passiva	230	100	100	20	450									353

2) Anpassung des Wert- und Mengengerüsts an die neue Erwerbersicht

Anschaffungskosten des *Auriga*-Konzerns		250
abzüglich Eigenkapital gem. Konzernabschluss	247	
korrigiert um *goodwill*	-63	
= korrigiertes Eigenkapital	184	184
Unterschiedsbetragsberechnung		66
- neu entstandene stille Reserven	30	24
+ neu entstandene stille Lasten	-30	-24
goodwill aus dem Erwerb des *Auriga*-Konzerns		66

Abbildung 9: Paralleles Gesamt- und Teilkonzernreporting

zernsicht und dem Wertansatz auf Basis der aktuellen Erwerbsbilanzierung. Die stillen Reserven/Lasten gehen mit den vollen Werten in die Bilanzierung ein; für die nachfolgende *goodwill*-Ermittlung ist indes nur der Konzernanteil relevant. Angewendet auf den Beispielsachverhalt: Bei der *Zentauro* werden zusätzliche stille Reserven i. H. v. 10 GE und bei der Taurus von 20 GE identifiziert. Weil die *Taurus* jedoch nur eine 70 %ige Tochter der *Zentauro* ist, geht in die *goodwill*-Ermittlung nur der Konzernanteil ein und es ergibt sich ein kumulierter Betrag i. H. v. 24 GE. Seitens der *Artika* werden stille Lasten i. H. v. 30 GE identifiziert; da es sich um ein 80 %iges TU handelt, gehen nur 80 % der stillen Lasten in die *goodwill*-Ermittlung ein.

Für die Unterschiedsbetragsermittlung wird nun der *fair value* der geleisteten Gegenleistung (hier: Anschaffungskosten 250 GE) mit dem korrigierten Eigenkapital (184 GE) und den Konzernanteilen der stillen Reserven/Lasten aufgerechnet und es entsteht der *goodwill* auf den Wertverhältnissen zum Zeitpunkt des Teilkonzernerwerbs (66 GE).

5 Zusammenfassung

Im vorliegenden Beitrag wurde der Frage nachgegangen, wie die Zugangsbilanzierung gemäß IFRS 3 zu erfolgen hat, wenn das Erwerbsobjekt nicht nur ein einzelnes TU umfasst, sondern ein ganzer Teilkonzern erworben wird. Bei einem Erwerb komplexer Unternehmensstrukturen stellen sich sowohl betriebswirtschaftliche als auch organisatorische Fragestellungen. Aus organisatorischer Sicht ist zu prüfen, ob bspw. aufgrund einer Kapitalmarktorientierung weiterhin auch das Teilkonzernreporting fortzuführen ist. Ist ein solches erforderlich, führt ein Teilkonzernerwerb zu einem nicht zu unterschätzenden organisatorischen Aufwand, weil im Zeitablauf zwei unterschiedliche Wert- und Mengengerüste sowohl in Bezug auf stille Reserven/Lasten als auch auf den *goodwill* verwaltet werden müssen. Ist fortan kein Teilkonzernreporting mehr notwendig, sollte bei der konsolidierungstechnischen Umsetzung nicht auf den vorkonsolidierten Teilkonzernabschluss abgestellt werden, wobei dieser an zentraler Stelle dann an die neue Erwerbersicht angepasst wird. Vielmehr sollten die einzelnen Beteiligungen innerhalb des erworbenen Teilkonzerns auch im Konsolidierungssystem des erwerbenden Konzerns angelegt werden. Beschreitet man diesen präferierten Weg, stellt sich unmittelbar die Frage, wie die Parameter der Kapitalkonsolidierung und damit die Parameter der Erwerbsmethode auf die einzelnen Mutter-Tochterverhältnisse innerhalb des Teilkonzens anzuwenden sind. Während es unstrittig ist, die zum Erwerbszeitpunkt identifizierbaren Vermögenswerte und Schulden – unter Berücksichtigung der in IFRS 3 genannten Ausnahmen – mit dem beizulegenden Zeitwert zu bewerten, wird die Behandlung der innerhalb des Teilkonzerns vorhandenen Beteiligungen heftig diskutiert. So wird aus Gründen der Objektivierung vorgeschlagen, diese i. R. d. Kaufpreisallokation nur soweit anzupassen, als dass aus der Kapitalaufrechnung kein Unterschiedsbetrag entsteht. Ein Unterschiedsbetrag entsteht folglich erst auf Ebene der Teilkonzernmutter. Nach der hier präferierten Auffassung werden die Beteiligungen an TU, an nach der *equity*-Methode zu bilanzierende Beteiligungen und quotal nach IFRS 11 zu bilanzierende Beteiligungen an den aktuellen beizulegenden Zeitwert angepasst. Durch diese Vorgehensweise entsteht nicht nur auf Ebene des erworbenen Teilkonzerns ein Unterschiedsbetrag gemäß IFRS 3, sondern dieser verteilt sich auf die einzelnen Beteiligungsbeziehungen. Mit den vorliegenden Ausführungen konnte dargelegt werden, dass unter Würdigung aller relevanten IFRS-Normen eine solche Vorgehensweise sachgerecht ist.

Literaturverzeichnis

Busse von Colbe, Walther/Ordelheide, Dieter/Gebhardt, Günther/Pellens, Bernhard (2010): Konzernabschlüsse, 9. Auflage, Wiesbaden 2010.
Ernst & Young (2013): International GAAP 2013, Chichester, West Sussex 2013.
Förschle, Gerhart/Deubert, Michael (2014): Kommentierung des § 301 HGB, in: Förschle, Gerhart et al. (Hrsg.), Beck'scher Bilanzkommentar – Handels- und Steuerbilanz, §§ 238 bis 339, 342 bis 342e HGB mit IFRS-Abweichungen, 9. Auflage, München 2014.
Förschle, Gerhart/Hoffmann, Karl (2014): Kommentierung des § 301 HGB, in: Förschle, Gerhart et al. (Hrsg.), Beck'scher Bilanzkommentar – Handels- und Steuerbilanz, §§ 238 bis 339, 342 bis 342e HGB mit IFRS-Abweichungen, 9. Auflage, München 2014.
Haegler, Olaf (2009): Bilanzierung von Anteilen nicht-beherrschender Gesellschafter im mehrstufigen Konzern nach IFRS, in: PiR 2009, S. 191–194.
Hoehne, Felix (2009): Veräußerung von Anteilen an Tochterunternehmen im IFRS-Konzernabschluss, Wiesbaden 2009.
Kagermann, Henning/Küting, Karlheinz/Wirth, Johannes (2008): IFRS-Konzernabschlüsse mit SAP, 2. Auflage, Stuttgart 2008.
Kessler, Harald/Beck, Helmut/Cappell, Jürgen/Mohr, Martin (2007): Identifizierung des Unterschiedsbetrags nach IFRS 3.51 ff. beim Erwerb mehrerer businesses in einer einheitlichen Transaktion, in: PiR 2007, S. 125–132.
KPMG (2013): Insights into IFRS, 10th Edition 2013/14, London 2013.
Küting, Karlheinz/Gattung, Andreas/Wirth, Johannes (2007): Bilanzierung von zur Veräußerung gehaltenen Tochterunternehmen, in: KoR 2007, S. 348–358.
Küting, Karlheinz/Lam, Siu (2011): Bilanzierungspraxis in Deutschland – Theoretische und empirische Überlegungen zum Verhältnis von HGB und IFRS, in: DStR 2011, S. 991–996.
Küting, Karlheinz/Weber, Claus-Peter (2012): Der Konzernabschluss, 13. Auflage, Stuttgart 2012.
Küting, Karlheinz/Weber, Claus-Peter/Wirth, Johannes (2012): Kapitalkonsolidierung im mehrstufigen Konzern – Fallstudie zur Kapitalkonsolidierung von Enkelkapitalgesellschaften unter Berücksichtigung indirekter Fremdanteile, in: KoR 2013, S. 43–52.
Küting, Peter (2012): Konzerninterne Umstrukturierungen, Stuttgart 2012.
Lüdenbach, Norbert (2013): § 31 Unternehmenszusammenschlüsse, in: Lüdenbach, Norbert/Hoffmann, Wolf-Dieter (Hrsg.), Haufe IFRS-Kommentar 2013, 11. Auflage, Freiburg i. Br. 2013.

PwC (2012): Manual of Accounting – IFRS 2013, London 2012.
Senger, Thomas/Brune, Jens Wilfried (2013): § 34 Unternehmenszusammenschlüsse, in: Bohl, Werner/Riese, Joachim/Schlüter, Jörg (Hrsg.), Beck'sches IFRS-Handbuch, 4. Auflage, München 2013.
Senger, Thomas/Diersch, Ulricht (2013): § 35 Vollkonsolidierung, in: Bohl, Werner/Riese, Joachim/Schlüter, Jörg (Hrsg.), Beck'sches IFRS-Handbuch, 4. Auflage, München 2013.
Senger, Thomas/Rulfs, Ronald (2013): § 33 Währungsumrechnung, in: Bohl, Werner/Riese, Joachim/Schlüter, Jörg (Hrsg.), Beck'sches IFRS-Handbuch, 4. Auflage, München 2013.
Weber, Claus-Peter/Wirth, Johannes (2014): Goodwillbehandlung einer teilweisen Endkonsolidierung ohne Wechsel der Konsolidierungsmethode (Teilabgang), in: KoR 2014, S. 18–24.
Wirth, Johannes (2005): Firmenwertbilanzierung nach IFRS, Stuttgart 2005.

Leistungen an Arbeitnehmer (IAS 19)

Dr. Stefan Bischof
Wirtschaftsprüfer, Steuerberater
Partner IFRS Desk
Ernst & Young GmbH Wirtschaftsprüfungsgesellschaft
Stuttgart

Sybille Bellert
Steuerberaterin
Senior IFRS Desk
Ernst & Young GmbH Wirtschaftsprüfungsgesellschaft
Stuttgart

Inhaltsverzeichnis

1	Überblick zu den Änderungen des IAS 19	129
1.1	Änderungen des IAS 19 (rev. 2011)	129
1.2	»Defined Benefit Plans: Employee Contributions (Amendments to IAS 19)«	133
1.3	Ausblick auf weitere Änderungen des IAS 19	134
2	Rechnungszins	134
3	Sensitivitätsanalyse	137
4	Altersteilzeitverpflichtungen	139
4.1	DRSC AH 1 (IFRS) infolge der Überarbeitung des IAS 19 (rev. 2011)	139
4.2	Folgen für die Bilanzierung	140
5	Rente mit 67	142
5.1	BAG-Urteil vom 15. Mai 2012	142
5.2	Folgen für die Bilanzierung	142
6	Prüfungsschwerpunkte DPR/ESMA	144
Literaturverzeichnis		145

1 Überblick zu den Änderungen des IAS 19

1.1 Änderungen des IAS 19 (rev. 2011)

Das Projekt zur Überarbeitung von Regelungen für die Bilanzierung von Leistungen an Arbeitnehmer stand seit Juli 2006 auf der Agenda des *IASB*. Der finale Standard wurde im Juni 2011 vom *IASB* verabschiedet und im Juni 2012 von der EU in europäisches Recht übernommen. Die Änderungen sind verpflichtend für Berichtsperioden anzuwenden, die am oder nach dem 01.01.2013 beginnen (vgl. IAS 19.172). Im Folgenden wird ein Überblick über die wesentlichen Neuerungen des IAS 19 gegeben (zu den Neuerungen vgl. auch *Scharr, Christoph/Feige, Peter/Baier, Christiane* (2012), S. 9 ff.). Im Anschluss daran werden einzelne Aspekte aus der aktuellen Diskussion zur Bilanzierung von Leistungen an Arbeitnehmer diskutiert.

Kurzfristig fällige Leistungen an Arbeitnehmer
Mit den Änderungen des IAS 19 wurde u. a. die Unterscheidung zwischen kurzfristig fälligen und langfristig fälligen Leistungen an Arbeitnehmer klargestellt. Nunmehr ist der Zeitpunkt maßgeblich, zu dem ein Mitarbeiter die Leistung nach den Erwartungen des Unternehmens tatsächlich erhalten wird, und nicht der Zeitpunkt, zu dem der Arbeitnehmer einen Anspruch hierauf geltend machen kann (vgl. IAS 19.5(a), .8, .9 ff.). Maßgeblich ist, ob die Leistungen in Gänze innerhalb von zwölf Monaten nach dem Bilanzstichtag erfüllt werden. Von Bedeutung ist dies etwa bei Urlaubsansprüchen, wenn Mitarbeiter diesen über einen Zeitraum von zwölf Monaten – gerechnet vom Bilanzstichtag – hinaus vortragen können. Soweit erwartet wird, dass Mitarbeiter den ganzen oder auch nur einen Teil des Urlaubsanspruchs erst nach diesem Zeitraum nehmen, so ist der gesamte Urlaubsanspruch für die (gesamte) Mitarbeitergruppe als andere langfristig fällige Leistungen an Arbeitnehmer zu klassifizieren. Es ist daher erforderlich, die bestehenden Verpflichtungen zu überprüfen und diese ggf. von kurzfristig fälligen Leistungen in andere langfristig fällige Leistungen umzuklassifizieren, mit der Folge, dass diese Verpflichtungen auch versicherungsmathematisch bewertet werden müssen. Soweit (im Beispiel) die Urlaubsansprüche grundsätzlich unverfallbar sind, scheidet jedoch eine Verteilung des Aufwands über mehrere Perioden aus.

Leistungen nach Beendigung des Arbeitsverhältnisses
In der Bilanz sind Über- und Unterdeckungen von Pensionsplänen – unter Beachtung der Begrenzung eines etwaigen Vermögenswerts gemäß IFRIC 14 – in voller Höhe anzusetzen (vgl. IAS 19.63 f.). Die bis dato bestehenden Abgrenzungsmechanismen (Korridormethode oder sofortige ergebniswirksame Erfassung von versicherungsmathematischen Gewinnen und Verlusten bzw. die Verteilung von nachzuverrechnendem Dienstzeitaufwand) wurden abgeschafft. Versicherungsmathematische Gewinne und Verluste sind nunmehr – als Teil der Neubewertungskomponente

– vollständig in der Periode ihres Entstehens erfolgsneutral im sonstigen Ergebnis (*other comprehensive income* (OCI)) zu erfassen (vgl. IAS 19.120(c)). Sie werden auch in der Totalperiode nie ergebniswirksam, auch nicht bspw. bei einem Abgang eines Tochterunternehmens (TU) mit Pensionsverpflichtungen (kein Recycling, vgl. IAS 19.122). Auch ein nachzuverrechnender Dienstzeitaufwand/-ertrag infolge von Planänderungen wird ebenfalls unmittelbar in der Periode der Änderung erfasst, allerdings im Gegensatz zu versicherungsmathematischen Gewinnen und Verlusten stets ergebniswirksam (vgl. IAS 19.120(a) i. V. m. IAS 19.102). Eine pro rata Verteilung bis zur Unverfallbarkeit der Versorgungsanwartschaft ist nicht mehr vorgesehen.

Eine weitere Änderung ergibt sich für die Berechnung der erwarteten Erträge aus dem Planvermögen. Dieses Konzept sah der *IASB* wohl als manipulationsanfällig an. An dessen Stelle ist nun die Verzinsung der Nettoschuld getreten. Die zugrundeliegende Vorstellung ist, dass nur die Nettoschuld (-vermögenswert), die (der) sich nach Abzug eines etwaigen Planvermögens von der Pensionsverpflichtung ergibt, verzinst wird. Der implizite Ertrag aus dem Planvermögen ist damit unabhängig von der tatsächlichen Portfoliostruktur mit dem auf die Pensionsverpflichtung angewandten Rechnungszins nach IAS 19.83 zu ermitteln (vgl. IAS 19.123). Damit ergibt sich die neu definierte Nettozinskomponente durch die Multiplikation der Nettoschuld mit dem Rechnungszins. Die Differenz zwischen dem unterstellten Ertrag auf Basis des Rechnungszinses und der tatsächlichen Rendite des Planvermögens am Ende des Geschäftsjahres ist – wie auch die versicherungsmathematischen Gewinne und Verluste, die sich nach der Neudefinition nur noch auf die leistungsorientierte Verpflichtung beziehen – Teil der im sonstigen Ergebnis zu erfassenden Neubewertungskomponente (vgl. IAS 19.125, .127). Ebenfalls Teil der Neubewertungskomponente sind die Effekte aus der Vermögenswertbegrenzung gemäß IFRIC 14.

Die Gesamtergebnisrechnung enthält somit drei Komponenten (vgl. IAS 19.120), die in nachfolgender Grafik (vgl. Abbildung 1) veranschaulicht werden. Erstens den Dienstzeitaufwand – und zwar laufender und nachzuverrechnender Dienstzeitaufwand sowie Gewinne und Verluste aus Planabgeltungen als Bestandteil des operativen Ergebnisses im Personalaufwand. Nach der Neudefinition umfasst nachzuverrechnender Dienstzeitaufwand nunmehr die Effekte aus Planänderungen und aus Plankürzungen. Die zweite Komponente ist der Nettozinsaufwand. Nach wie vor enthält IAS 19 keine Vorschriften zum Ausweis der Ergebniskomponenten in der Gesamtergebnisrechnung, sodass der Nettozinsaufwand entweder als Bestandteil des operativen Ergebnisses (Personalaufwand) oder des Finanzergebnisses (Zinsaufwand) ausgewiesen werden kann. Dritter Bestandteil sind die Neubewertungen (*remeasurements*), die zwingend im sonstigen Ergebnis zu erfassen sind, und zwar gemäß IAS 1.82A(a) unter den Sachverhalten, die nicht einem Recycling zugänglich sind (vgl. auch IAS 1.96).

Der bisherige IAS 19 sah vor, dass bei Erfassung der versicherungsmathematischen Gewinne oder Verluste diese im Eigenkapitalspiegel in den Gewinnrücklagen zu erfassen waren. Eine derartige Regelung enthält IAS 19 (*rev. 2011*) nicht mehr. Insoweit ist es u. E. zulässig, die Neubewertungseffekte im Eigenkapitalspiegel in den Gewinnrücklagen oder in einem separaten Posten zu erfassen.

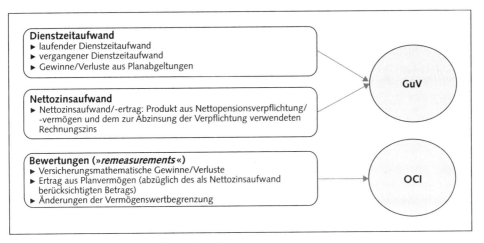

Abbildung 1: Bestandteile der Ergebnisrechnung

Daneben bringt IAS 19 (*rev.* 2011) auch erweiterte Anhangangaben mit sich (vgl. IAS 19.135–152). Ziel der Überarbeitung der Angabepflichten war es, den Abschlussadressaten ein besseres Bild von den bestehenden Pensionsverpflichtungen eines Unternehmens, insbesondere der damit verbundenen Risiken und deren Auswirkung auf die Vermögens-, Finanz- und Ertragslage des Unternehmens zu vermitteln. Zusätzlich zu den bisher schon umfangreichen Erläuterungen und Überleitungsrechnungen der in der Bilanz- und Gesamtergebnisrechnung ausgewiesenen Beträge (vgl. IAS 19.135(b) i. V. m. IAS 19.140–144) sind die Merkmale und Risiken aus leistungsorientierten Plänen ausführlicher zu beschreiben (vgl. IAS 19.135(a) i. V. m. IAS 19.139). Zum anderen soll der Abschlussadressat über den Betrag, die Fälligkeit und Unsicherheit künftiger Zahlungsströme aus den Pensionszusagen informiert werden (vgl. IAS 19.135(c) i. V. m. IAS 19.145 ff.). Hierzu wird u. a. eine Sensitivitätsanalyse für alle wesentlichen versicherungsmathematischen Annahmen (vgl. IAS 19.145) sowie eine Beschreibung der *asset-liability-matching*-Strategie (vgl. IAS 19.146) gefordert. Der Umfang und die Ausgestaltung der Anhangangaben liegen im pflichtgemäßen Ermessen der Abschlussersteller. Nicht zuletzt vor dem Hintergrund, dass die *Deutsche Prüfstelle für Rechnungslegung e. V. (DPR)* u. a. die Anhangangaben des IAS 19 auf die Liste ihrer Prüfungsschwerpunkte für 2014 genommen hat (vgl. DPR (2013), S. 1 sowie die Ausführungen hierzu in Kapitel 6 Prüfungsschwerpunkte DPR/ESMA), sollten die neuen Angabepflichten entsprechend sorgfältig analysiert werden.

Andere langfristig fällige Leistungen an Arbeitnehmer
Auch für andere langfristig fällige Leistungen an Arbeitnehmer wird – analog zu den Leistungen nach Beendigung des Arbeitsverhältnisses – eine Bewertungskomponente (»*remeasurement component*«) eingeführt. Im Gegensatz zu den Pensionsplänen

werden bei den anderen langfristig fälligen Leistungen an Arbeitnehmer nach wie vor alle Komponenten ergebniswirksam in der Gewinn- und Verlustrechnung (GuV) erfasst (vgl. IAS 19.156), sodass sich insoweit keine Änderungen aus der Neufassung von IAS 19 ergeben.

Leistungen aus Anlass der Beendigung des Arbeitsverhältnisses
Wenngleich die Definition von Leistungen aus Anlass der Beendigung des Arbeitsverhältnisses (*termination benefits*) vom Grunde her nicht geändert wurde, so wurden bei den Ausführungen zu den Abfindungen neue Indikatoren, die gegen eine Klassifizierung von Leistungen als Abfindungen sprechen, eingefügt. So fallen Leistungen, die an eine Verpflichtung zur Erbringung von Arbeitsleistungen in der Zukunft geknüpft sind, nicht mehr unter Abfindungen (vgl. IAS 19.159 i. V. m. IAS 19.162). Dies hat in Deutschland vor allem Auswirkungen auf die Bilanzierung von Aufstockungsbeträgen aus Altersteilzeitverpflichtungen (vgl. hierzu die Ausführungen in Kapitel 4 Altersteilzeitverpflichtungen).

Zudem wurden die Vorschriften, ab welchem Zeitpunkt Abfindungsverpflichtungen zu erfassen sind, überarbeitet. Nach der Neuregelung sind Abfindungsverpflichtungen zum früheren der beiden folgenden Zeitpunkte zu erfassen, nämlich sobald ein Abfindungsangebot nicht mehr zurückgezogen werden kann oder Restrukturierungsaufwendungen, die Abfindungen beinhalten, erfasst werden (vgl. IAS 19.165).

Übergangsregelungen
Die erstmalige Anwendung der Änderungen des IAS 19 hat retrospektiv im Einklang mit IAS 8 zu erfolgen (vgl. IAS 19.173). Die Vorschriften sind demnach so anzuwenden, als ob sie schon immer gegolten hätten. Bei wesentlichen Auswirkungen auf die Informationen der Eröffnungsbilanz der Vorperiode ist eine Bilanz zu Beginn der frühesten Vergleichsperiode, die sog. »Dritte Bilanz«, erforderlich (vgl. IAS 1.10(f) i. V. m. IAS 1.40A). Die notwendigen Anpassungsbuchungen werden in der Eröffnungsbilanz der frühesten Vergleichsperiode erfolgsneutral gegen die Gewinnrücklagen vorgenommen (vgl. IAS 8.22). Entsprechend verringert sich das Eigenkapital durch bisher nicht erfasste versicherungsmathematische Verluste oder einen bislang noch nicht erfassten nachzuverrechnenden Dienstzeitaufwand et vice versa.

Zu berücksichtigen sind auch indirekte Effekte, bspw. können sich Auswirkungen auf den *at-equity*-Buchwert von assoziierten Unternehmen ergeben, wenn bisher die Korridormethode angewendet wurde. Demgegenüber braucht aufgrund der Übergangsvorschriften des IAS 19.173(a) nicht der Buchwert von Vermögenswerten außerhalb des Anwendungsbereichs von IAS 19 zum Zeitpunkt der Eröffnungsbilanz der Vorperiode angepasst werden, sofern sich aus der Anwendung von IAS 19 (*rev.* 2011) Änderungen des Buchwerts ergeben würden, etwa wenn in den Buchwert von Vorräten versicherungsmathematische Gewinne oder Verluste einbezogen wurden.

Quantitative Vergleichsinformationen sind grundsätzlich für das Geschäftsjahr und das Vorjahr anzugeben (vgl. IAS 1.38). Eine Ausnahme hiervon besteht bei erstmaliger Anwendung von IAS 19 (*rev.* 2011) für die Angabe von Vergleichssensitivitäten für Abschlüsse, deren Geschäftsjahr vor dem 01.01.2014 beginnt (vgl. IAS 19.173(b)).

Sofern eine dritte Eröffnungsbilanz notwendig ist, ist es nicht erforderlich, die darauf bezogenen Anhangangaben zu machen (vgl. IAS 1.40C). Gleichwohl sind die zusätzlichen Anhangangaben nach IAS 8.28 bei erstmaliger Anwendung eines neuen Rechnungslegungsstandards zu beachten, insbesondere – soweit praktisch durchführbar – die Darstellung der Neuregelung auf die betroffenen Abschlussposten und das Ergebnis je Aktie gemäß IAS 33. Problematisch ist hierbei in der Praxis die Verpflichtung, die Auswirkungen der neuen Rechnungslegungsmethode auch auf die laufende Periode darzustellen, da dies etwa die Fortführung der Korridormethode oder ggf. die Verteilung von nachzuverrechnendem Dienstzeitaufwand in einer Schattenrechnung erfordert.

Wird die Neubewertungskomponente im Eigenkapitalspiegel in einem separaten Posten erfasst, so können sich ebenfalls Herausforderungen bei der Ermittlung des zutreffenden Wertes in der Eröffnungsbilanz der Vorjahresperiode ergeben. Denn es kann nicht ohne weiteres bei bisheriger Anwendung der Korridormethode der im Anhang ausgewiesene Betrag der noch nicht erfassten versicherungsmathematischen Gewinne oder Verluste als Startwert herangezogen werden. Vielmehr ist zu prüfen, ob in der Vergangenheit aufgrund des Überschreitens des Korridors versicherungsmathematische Gewinne oder Verluste in der GuV erfasst wurden. Diese Beträge wären entsprechend bei dem Startwert zu korrigieren, da es bei rückwirkender Anwendung des IAS 19 (*rev.* 2011) eine erfolgswirksame Erfassung nicht gegeben haben kann. Gleichermaßen sind bei Vorhandensein von Planvermögen rückwirkend die erwarteten Erträge aus Planvermögen durch den Nettozins zu ersetzen und die Differenzen beim Startwert zu berücksichtigen. Von der Anpassung kann nur – mit entsprechenden Angabepflichten gemäß IAS 8.28(h) – abgesehen werden, soweit dies praktisch nicht durchführbar ist.

1.2 »Defined Benefit Plans: Employee Contributions (Amendments to IAS 19)«

Am 21.11.2013 hat das *IASB* eine weitere, jedoch eng begrenzte Änderung des IAS 19 mit dem Titel »*Defined Benefit Plans: Employee Contributions (Amendments to IAS 19)*« veröffentlicht (vgl. *IASB* (2013a); *Schmidt, Rüdiger* (2014), S. 69 ff.). Hiermit reagiert der *Standardsetter* auf zwei Anfragen, die im Jahr 2012 beim *IFRS Interpretations Committee* (*IFRS IC*) eingegangen sind, zur Klarstellung der Zuordnung von Beiträgen der Arbeitnehmer oder seitens Dritter zu einem leistungsorientierten Pensionsplan. Relevant ist dies u. a. bei arbeitnehmer(mit-)finanzierten Zusagen – etwa bei Entgeltumwandlungen. Mit der Änderung wurden die Vorschriften des IAS 19.93 ergänzt. Danach ist künftig zu unterscheiden, ob die Beitragshöhe mit der Anzahl der Dienstjahre des Arbeitnehmers verknüpft ist oder nicht. Dies führt zu der Vereinfachung, dass Beiträge, deren Höhe unabhängig von der Anzahl der Dienstjahre des Arbeitnehmers sind, bereits in der Periode, in der die zugehörige Arbeitsleistung erbracht wurde, als Reduktion des laufenden Dienstzeitaufwands erfasst werden. Dies entspricht in vielen Fällen der bisher angewandten Vorgehensweise.

Die genannte Unabhängigkeit liegt z. B. vor, wenn der Beitrag ein fester Prozentsatz des Gehalts ist. Dagegen besteht keine Unabhängigkeit, wenn bspw. der prozentuale Anteil am Gehalt mit der Dauer der Unternehmenszugehörigkeit steigt. In diesem Fall sind die Beiträge von Arbeitnehmern oder Dritten entsprechend den Regeln des IAS 19.70 auf die Dienstjahre als negative Leistung zu verteilen. Die Änderung des IAS 19 ist für Geschäftsjahre anzuwenden, die am oder nach dem 01.07.2014 beginnen; eine vorzeitige Anwendung ist zulässig. Eine Übernahme in EU-Recht wird derzeit erst für das 4. Quartal 2014 erwartet (vgl. *EFRAG* (2014)). Da die Änderung den Charakter einer Klarstellung hat, wird eine entsprechende Vorgehensweise bereits in einem 2013er-Abschluss zulässig sein.

1.3 Ausblick auf weitere Änderungen des IAS 19

Insgesamt betrachtet der *IASB* die Änderungen an IAS 19 als einen Zwischenschritt, der i. R. d. sog. *Memorandum of Understanding* (MoU) gemeinsam mit dem *FASB* zur Annäherung der IFRS und US-GAAP unternommen wurde. Inwieweit eine umfassende Überprüfung der Bilanzierung von Leistungen an Arbeitnehmer erfolgen soll, ist Gegenstand des Forschungsprojektes des *IASB*, wobei dessen Beginn erst nach der *Agenda Consultation* 2015 erwartet wird.

2 Rechnungszins

Für die Bestimmung des Rechnungszinssatzes, der zur Diskontierung von Pensionsverpflichtungen und anderen langfristig fälligen Leistungen an Arbeitnehmer zugrunde zu legen ist, sind Renditen von erstrangigen, festverzinslichen Unternehmensanleihen (*high quality corporate bonds*) heranzuziehen, deren Laufzeiten fristenkongruent mit den voraussichtlichen Fälligkeiten der Arbeitgeberverpflichtungen sein sollen (vgl. IAS 19.83). Allerdings enthalten die IFRS keine konkreten Aussagen etwa dazu, welches Rating Unternehmensanleihen aufweisen müssen, damit sie als *high quality corporate bonds* zu qualifizieren sind (vgl. *Bischof, Stefan/Staß, Alexander* (2013), S. 2755). Einer Empfehlung der *SEC* als Auslegung der US-GAAP aus dem Jahre 1993 folgend wurde bisher in der Praxis der Zinssatz unter Rückgriff auf AA oder besser geratete Anleihen ermittelt (vgl. US-GAAP ASC 715-20-S99, *Thurnes, Georg/Vavra, Rainer/Geilenkothen, André* (2012a), S. 2113 ff.; *Fodor, Jürgen/Gohdes, Alfred/Knußmann, Annette* (2013), S. 2987 ff.).

Seit der Finanz- und Wirtschaftskrise vergeben Ratingagenturen die Bestnoten AAA oder AA seltener, sodass die Anzahl länger laufender erstrangiger Unternehmensanleihen stark zurückgegangen ist. So weist der in der Praxis z. T. als Basis für die Ermittlung des Rechnungszinses herangezogene IBOXX Corporate AA + -Index kaum noch Anleihen mit längeren Durationen auf (vgl. *Thurnes, Georg/Vavra, Rainer/Geilenkothen, André* (2012b), S. 2884). Der sukzessive Wegfall von entsprechenden *high quality corporate bonds* führte in der Folge der Finanzmarktkrise aufgrund der volatilen Märkte zu einer volatilen Zinsentwicklung. Des Weiteren ist der auf dieser Basis ermittelte Zinssatz durch die Niedrigzinspolitik der Europäischen Zentralbank (*EZB*) signifikant gesunken. Daher kam in 2012 eine Diskussion auf, ob bei der Ermittlung des Rechnungszinssatzes bei Pensionsverpflichtungen und anderen langfristig fälligen Leistungen an Arbeitnehmer ein Rückgriff auf (*single*) A geratete *bonds* oder sogar auf alle *bonds* mit *investment grade* zulässig ist (vgl. *Thurnes, Georg/Vavra, Rainer/Geilenkothen, André* (2012a), S. 2113 ff.; *Thurnes, Georg/Vavra, Rainer/Geilenkothen, André* (2012b) S. 2883 ff.; *Rouette, Christian/Volpert, Verena* (2012), S. 329 ff.; *Zeyer, Fedor* (2013), S. 10 ff.).

Der IFRS-Fachausschuss des *Deutschen Rechnungslegungs Standards Committee e. V.* (*DRSC*) hat am 30.10.2012 einen *Potential Agenda Item Request* (PAIR) an das *IFRS IC* gerichtet. In diesem PAIR wurde um eine entsprechende Klarstellung gebeten, ob dieses Verständnis von *high quality corporate bonds*, das aus einem anderen Rechtskreis und aus einer Zeit mit anderen Marktgegebenheiten stammt, auch für die Bestimmung des Zinssatzes nach IAS 19 relevant ist oder ob nicht auch Unternehmensanleihen mit einem Rating von »A« als *high quality corporate bonds* angesehen werden können (vgl. *DRSC* (2012a)). Im November 2013 hat das *IFRS IC* entschieden, das Thema nicht auf die Agenda zu nehmen. In der Begründung hierzu betont jedoch das *IFRS IC* u. a., dass es sich bei »high quality« um ein absolutes Konzept handelt, also der bloße Rückgang von etwa AA gerateten Anleihen nicht zu einem geänderten Konzept von »high quality« führen sollte (vgl. *IFRIC* (2013b), S. 4 f.). Im Übrigen erwartet das *IFRS IC* nicht, dass Unternehmen von einer zur anderen Periode ihre Methoden zur Zinssatzbestimmung wesentlich ändern (einen Überblick über die verschiedenen Methoden zur Bestimmung des Rechnungszinses geben *Leckschas, Janis/Schoepffer, Philipp* (2013), S. 179 ff.; *Thurnes, Georg/Vavra, Rainer/Geilenkothen, André* (2012b), S. 2883 ff.). Zudem weist das *IFRS IC* für den Fall, dass insgesamt oder nur für bestimmte Laufzeiten kein ausreichend tiefer Markt vorliegt, auf die einschlägigen Vorschriften in IAS 19.83 bzw. IAS 19.86 hin, wonach auf Renditen von Staatsanleihen (*corporate bonds*) zurückgegriffen werden müsste.

Zu berücksichtigen ist schließlich, dass die *European Securities and Markets Authority* (*ESMA*) einer Ausweitung der zur Ermittlung des Rechnungszinses heranzuziehenden *bonds* unter Einbeziehung etwa von (*single*) A gerateten *bonds* (mit dem Resultat steigender Zinsen) nach wie vor sehr zurückhaltend gegenüber steht. Sie hatte bereits im November 2012 in ihrem *Public Statement »European common enforcement priorities for 2012 financial statements«*, die Erwartung geäußert, dass die Unternehmen – bis zu einer Klärung durch das *IFRS IC* – an ihrer bisherigen Methodik der Zinssatzbestimmung festhalten, und dies für Abschlüsse zum 31.12.2013 nochmals bekräftigt (vgl. *ESMA* (2012); *ESMA* (2013)). An dieser Erwartungshaltung dürfte sich auch angesichts der oben dargestellten Entscheidung des *IFRS IC* nichts geändert haben. Vor diesem Hintergrund sollten Unternehmen an ihrer bisher gewählten Methode zur Bestimmung des Rechnungszinses festhalten und auf AA oder besser geratete Unternehmensanleihen abstellen.

Das *IFRS IC* weist zudem darauf hin, dass der Rechnungszins als eine der wesentlichen versicherungsmathematischen Annahmen bei der Bewertung von Pensionsverpflichtungen im Anhang einschließlich einer Sensitivitätsanalyse anzugeben ist (vgl. IAS 19.144–145). Weiterhin gehen sowohl das *IFRS IC* als auch die *ESMA* für den Regelfall davon aus, dass die Ermittlung der Abzinsungssätze bei der Darstellung der Rechnungslegungsmethode für Pensionsrückstellungen als wesentliche Ermessensentscheidung i. S. v. IAS 1.122 zu erläutern ist (vgl. IFRIC (2013b), S. 4 f.; *ESMA* (2013)). Dabei sollte auch angegeben werden, welche Abgrenzungskriterien für die Klassifizierung von Unternehmensanleihen als hochwertig, insbesondere welche Bonitätskriterien herangezogen wurden. Änderungen in der Vorgehensweise zur Bestimmung des Zinssatzes, wie z. B. eine geänderte Extrapolationsmethode durch den Versicherungsmathematiker etc., können die Angabepflichten des IAS 8 für Schätzungsänderungen auslösen. Änderungen sollten zudem sachlich begründbar sein. Es ist zu erwarten, dass die *DPR* gemäß ihren aktuellen Prüfungsschwerpunkten Transparenz und Stetigkeit bei der Ermittlung des Rechnungszinses sowie die entsprechenden Anhangangaben weiterhin genau im Auge behalten wird (vgl. hierzu auch die Ausführungen unter Kapitel 6 Prüfungsschwerpunkte *DPR/ESMA*).

Schließlich ist bei der Bestimmung des Rechnungszinses – insbesondere in der Eurozone – zu berücksichtigen, dass diese nicht auf Länderbasis, sondern auf Basis einer Währungszone, bspw. der Eurozone, vorgenommen wird. Das *IASB* hat diesbzgl. im Dezember 2013 eine Klarstellung des IAS 19.83 i. R. d. *Exposure Drafts »Annual Improvements to IFRSS 2012–2014 Cycle«* vorgeschlagen (vgl. *IASB* (2013c)). Eine entsprechende Handhabung in Abschlüssen zum 31.12.2013 erwartet auch die *ESMA* (vgl. *ESMA* (2013)).

3 Sensitivitätsanalyse

Eine der Neuerungen in den erweiterten Anhangangaben des IAS 19 ist die nach IAS 19.145 geforderte Sensitivitätsanalyse. Indem aufgezeigt wird, wie sensitiv der Verpflichtungsumfang auf die Änderung wesentlicher versicherungsmathematischer Annahmen reagiert, soll den Abschlussadressaten die Risikobeurteilung der Pensionszusagen erleichtert werden. Zusätzlich zum Ergebnis der Sensitivitätsanalyse (vgl. IAS 19.145(a)) sind die zugrunde gelegten Methoden und Annahmen (vgl. IAS 19.145(b)) zu erläutern, sowie etwaige Änderungen gegenüber dem Vorjahr (vgl. IAS 19.145(c)) zu begründen.

Dazu ist zunächst festzulegen, welche versicherungsmathematischen Annahmen bei den jeweiligen Versorgungszusagen als wesentlich (*significant*) einzustufen sind (vgl. IAS 19.144). Darunter wird i.d.R. zumindest der Zinssatz fallen (vgl. auch IAS 19.BC239(b)), so auch das *IFRS IC* (vgl. *IFRIC* (2013b), S. 4f.) und wohl auch die *ESMA* (vgl. *ESMA* (2013))). Regelmäßig werden auch die Annahmen zur Sterbewahrscheinlichkeit und abhängig von den Versorgungszusagen der Gehalts- und Rententrend wesentlich sein. Nicht mehr explizit vorgeschrieben ist eine Sensitivität für Kostensteigerung bei Plänen zur medizinischen Versorgung. Diese ist nunmehr, folgerichtig, nach allgemeinen Grundsätzen nur noch erforderlich, wenn es sich hierbei um eine wesentliche Annahme handelt.

Im nächsten Schritt ist das Ausmaß der Variation, d.h. die sog. Bandbreite, zu bestimmen. Nach IAS 19.145(a) soll eine Variation gewählt werden, die ausgehend vom Bilanzstichtag als »*reasonably possible*« anzusehen ist. Der Standard selbst gibt indes keine Hinweise dazu, welcher Betrachtungshorizont hierbei zugrunde zu legen ist. Die *Basis for Conclusion* zu IAS 19 verweisen jedoch in diesem Zusammenhang auf Sensitivitätsanalysen in anderen Standards, z.B. IFRS 7. Nach IFRS 7.B19(b) ist auf die Auswirkung von Änderungen in den relevanten Annahmen abzustellen, die innerhalb der nächsten (jährlichen) Berichtsperiode als »*reasonably possible*« eingeschätzt werden (vgl. IAS 19.BC239(c) i.V.m. IFRS 7.40a, .B19, sowie ausführlich *Fodor, Jürgen/Gohdes, Alfred* (2013), S. 1771f.). Daraus folgt auch, dass die anzugebende Bandbreite für jede wesentliche versicherungsmathematische Annahme gesondert festzulegen ist. Entsprechend ist zu erwarten, dass nicht über alle Annahmen hinweg die gleichen Bandbreiten angegeben werden. »*Worst case*«-Szenarien oder Stress-Tests sollen nicht berücksichtigt werden. Auch ist jede versicherungsmathematische Annahme einzeln zu variieren, eine Wechselwirkung der einzelnen Parameter untereinander, wie z.B. von Rententrend und Gehaltsdynamik, ist nicht zu berücksichtigen (vgl. IAS 19.BC239(a)). Daher muss die Gesamtwirkung, wenn mehrere Parameter geändert würden, nicht notwendigerweise der Summe der Einzeleffekte entsprechen. Um die Vergleichbarkeit mit den Bilanzwerten zu gewährleisten, muss für die Berechnung der Sensitivitäten die gleiche Methode angewandt werden, die für die Berechnung von Pensionsverpflichtungen in der Bilanz zugrunde gelegt wurde (Anwartschaftsbarwertverfahren). Geht man davon aus, dass die einzelnen versicherungsmathematischen Annahmen unvoreingenommen festgelegt werden, erscheint es nicht sachgerecht, eine Sensitivität nur in eine Richtung anzugeben. Im Übrigen ist zu beachten, dass, versicherungsmathematisch bedingt, etwa eine 1 %-Abweichung des Diskontierungssatzes nach oben zu einem anderen Effekt führt, als eine 1 %-Abweichung nach unten. Insoweit bedarf es der diskreten Berechnung beider Abweichungen.

Für das Jahr der erstmaligen Anwendung des IAS 19 (rev. 2011) sehen die Übergangsvorschriften insoweit eine Erleichterung vor, als dass bei Abschlüssen, die vor dem 01.01.2014 beginnen, keine Vorjahresangaben für die Sensitivitäten gemäß IAS 19.145 erforderlich sind (vgl. IAS 19.173(b)). Nachfolgendes Beispiel veranschaulicht die Anhangangaben nach IAS 19.145.

Beispiel Sensitivitätsanalyse
Nachfolgend wird eine quantitative Sensitivitätsanalyse der wichtigsten Annahmen zum 31.12.2013 dargestellt (vgl. *Ernst & Young* (2013b), S. 130).

Annahmen	Veränderung um	Erhöhung TEUR	Rückgang TEUR
Geschätzte Kostentrends für medizinische Versorgungsleistungen	1 %	12	-8
Abzinsungssatz	0,50 %	-34	31
Künftige Gehaltssteigerungen	0,50 %	12	-11
Künftige Rentensteigerungen	1 %	5	-4
Lebenserwartung von Pensionsberechtigten (Männern)	1 Jahr	11	-12
Lebenserwartung von Pensionsberechtigten (Frauen)	1 Jahr	7	-6

Abbildung 2: Sensitivitätsanalyse nach IAS 19.145

Die vorstehenden Sensitivitätsanalysen wurden mittels eines Verfahrens durchgeführt, das die Auswirkung realistischer Änderungen der wichtigsten Annahmen zum Ende des Berichtszeitraums auf die leistungsorientierte Verpflichtung extrapoliert.

4 Altersteilzeitverpflichtungen

4.1 DRSC AH 1 (IFRS) infolge der Überarbeitung des IAS 19 (rev. 2011)

Mit der Überarbeitung des IAS 19 »Leistungen an Arbeitnehmer« hat das *IASB* die Abgrenzungskriterien zur Einordnung von Leistungen aus Anlass der Beendigung des Arbeitsverhältnisses (*termination benefits*) klargestellt. Danach scheidet eine Klassifizierung als Abfindungsverpflichtungen aus, wenn Leistungen in Abhängigkeit von zukünftig noch zu erbringenden Arbeitsleistungen oder i. R. d. Regelungen eines Arbeitnehmerversorgungsplans gewährt werden (vgl. IAS 19.162). In diesen Fällen qualifizieren Leistungen an Arbeitnehmer als Entgelt für Arbeitsleistungen.

In der Folge wurde vom *DRSC* an das *IFRS IC* die Frage nach den bilanziellen Konsequenzen auf die Aufstockungszahlungen von Altersteilzeitplänen in Deutschland gerichtet. Das *IFRS IC* hat im Januar 2012 entschieden, diese Anfrage nicht auf seine Agenda zu nehmen. Abgelehnt wurde die Anfrage mit der Begründung, dass das *IFRS IC* zwar anerkenne, dass die Aufstockungszahlungen grundsätzlich unterschiedlich charakterisiert werden können. Jedoch sei der Umstand, dass zukünftige Arbeitsleistungen i. S. d. IAS 19.162(a) zu erbringen seien, hinreichend, um die Klassifizierung als Abfindungsleistungen auszuschließen (vgl. *IFRIC* (2012a), S. 4 f.). Damit ist die in der Vergangenheit gängige Bilanzierungspraxis, welche insbesondere geprägt war durch den IDW Rechnungslegungsstandard »Bilanzierung von Verpflichtungen aus Altersteilzeitregelungen nach IAS und nach handelsrechtlichen Vorschriften« (IDW RS HFA 3; vgl. *IDW RS HFA 3 a. F.* (1998)) aus dem Jahr 1998 Aufstockungsbeträge als Abfindungsleistungen zu bilanzieren, überholt.

Der IFRS-Fachausschuss des *DRSC* hat daraufhin auf Basis des vom *IASB* überarbeiteten IAS 19 und den Anmerkungen des *IFRS IC* den Anwendungshinweis DRSC AH 1 (IFRS) zur Bilanzierung von Aufstockungsverpflichtungen i. R. v. Altersteilzeitregelungen nach IFRS [DRSC AH 1 (IFRS)] verabschiedet, der am 11.12.2012 vom *DRSC* veröffentlicht wurde (vgl. *DRSC* (2012b); ausführlich zu DRSC AH 1 (IFRS) vgl. *Thaut, Michael* (2013), S. 241–248; *Geilenkothen, André/Krönung, Rafael/Lucius, Friedemann* (2013), S. 299–301; *Geilenkothen, André/Krönung, Rafael/Lucius, Friedemann* (2012), S. 2103–2107; *Hagemann, Thomas/Lieb, Matthias/Neumeier, Günter* (2013), S. 829–832). In IDW RS HFA 3 wurden die Regelungen zur Bilanzierung von Altersteilzeitverpflichtungen nach IFRS – mit Verweis auf DRSC AH 1 – ersatzlos gestrichen (vgl. *IDW RS HFA 3* (2013), Rn. 1).

4.2 Folgen für die Bilanzierung

DRSC AH 1 (IFRS) stellt klar, dass es sich bei den Aufstockungsbeträgen bei Altersteilzeitverhältnissen i.S.d. Altersteilzeitgesetzes (AltTZG) gemäß IAS 19 (*rev.* 2011) nicht mehr um Abfindungsverpflichtungen, sondern aufgrund der Laufzeit der Altersteilzeitverpflichtungen i.d.R. um andere langfristig fällige Leistungen an Arbeitnehmer (*other long-term employee benefits*) i.S.d. IAS 19.8 i.V.m. IAS 19.153f. handelt. Nur in Ausnahmefällen komme eine Klassifizierung als kurzfristig fällige Leistung (*short-term employee benefits*) i.S.d. IAS 19.8 i.V.m. IAS 19.9ff. in Betracht (vgl. *DRSC* (2012b), Rn. 11f.). Neben der Klassifizierung der Aufstockungsbeträge stellt der Anwendungshinweis insbesondere den Ansatzzeitpunkt und die Bewertung hieraus resultierender Rückstellungen klar. Ist, wie im Regelfall, das Altersteilzeitverhältnis bilanziell als andere langfristig fällige Leistung an Arbeitnehmer einzustufen, so sind Aufstockungsbeträge nicht mehr zum Zeitpunkt der erstmaligen Bilanzierung i.H.d. vollen Barwerts der insgesamt zu leistenden Aufstockungen zu erfassen, sondern entsprechend den Bilanzierungsvorschriften für leistungsorientierte Pensionspläne linear-ratierlich über den Erdienungszeitraum des Arbeitnehmers anzusammeln (vgl. IAS 19.155f. i.V.m. IAS 19.56ff.). Die Bilanzierung der Aufstockungsbeträge ist infolgedessen sehr viel komplexer geworden. Dabei kommt drei Aspekten eine besondere Bedeutung zu:

1. Der Bestimmung des Beginns der bilanziellen Erfassung (vgl. *DRSC* (2012b), Rn. 22–27), wobei die Festlegung auf den Zeitpunkt, wann das Unternehmen sich rechtlich oder faktisch seiner Verpflichtung nicht mehr entziehen kann, bei Kollektivvereinbarungen (z.B. Tarifverträgen) schwierig sein kann;
2. Der Bestimmung des Erdienungszeitraums (vgl. *DRSC* (2012b), Rn. 22–33), wobei hier neben der Aktivphase der Altersteilzeit, auch der Zeitraum zwischen Beginn der faktischen Verpflichtung und Beginn der Aktivphase, sowie ggf. Mindestbetriebszugehörigkeiten zu berücksichtigen sind;
3. Sowie der Wahl des Ansammlungsverfahrens (vgl. *DRSC* (2012b), Rn. 42f.), die sich nach der Behandlung der Aufstockungsleistungen im sog. Störfall und den damit zusammenhängenden Unverfallbarkeitsregelungen (d.h. Tod oder Kündigung des Arbeitnehmers) richten muss.

Beispiel ATZ-Erdienungszeitraum

Berechnung des Erdienungszeitraums einer Altersteilzeitverpflichtung
Ende März 2013 wird eine ATZ-Vereinbarung mit einem Mitarbeiter getroffen. Demnach soll die Aktivphase am 01.10.2013 beginnen und sich bis zum 30.09.2015 erstrecken. Der Mitarbeiter ist am 01.04.1990 in das Unternehmen eingetreten. Der Tarifvertrag bestimmt, dass die Teilnahme an ATZ eine Mindestbetriebszugehörigkeit von 15 Jahren bei Abschluss einer ATZ-Vereinbarung erfordert. In den zwei Jahren der Aktivphase erhält der Mitarbeiter eine Gesamtaufstockung (von Lohn und Gehalt sowie zusätzlichen Beiträgen zur Rentenversicherung) von 1.000 Euro pro Monat und somit 24.000 Euro in den zwei Jahren.

Lösung

Der Erdienungszeitraum beträgt 210 Monate und setzt sich wie folgt zusammen:
- 180 Monate (15 x 12 Monate) Mindestbetriebszugehörigkeit
- 6 Monate zwischen Abschluss der Vereinbarung und Beginn der ATZ
- 24 Monate Aktivphase

Auf Basis des Erdienungszeitraums ist der Anwartschaftsbarwert zu berechnen und entsprechend der Gesamtaufwand in nachzuverrechnenden Dienstzeitaufwand und in Dienstzeitaufwand der laufenden und zukünftigen Perioden aufzuteilen. Bei Abschluss der Vereinbarung im März 2013 sind 180 Monate des 210 Monate umfassenden Zeitraums oder 75 % vergangen. Damit sind 75 % des Gesamtaufstockungsbetrags, also 18.000 Euro, Perioden vor Abschluss der ATZ-Vereinbarung zuzuordnen und bei der Ermittlung des Anwarschaftsbarwerts zu diesem Zeitpunkt zu berücksichtigen. Der so ermittelte Anwartschaftsbarwert ist im März 2013 aufwandswirksam als Rückstellungszuführung zu verbuchen. Die noch nicht erfassten Aufstockungen von 6.000 Euro sind über die verbleibende Dienstzeit von 30 Monaten anzusammeln und als Aufwand zu erfassen.

Deutlich wird anhand dieses Beispiels auch, dass eine Verteilung des Aufwands etwa nur über die Aktivphase i.d.R. nicht zulässig ist.

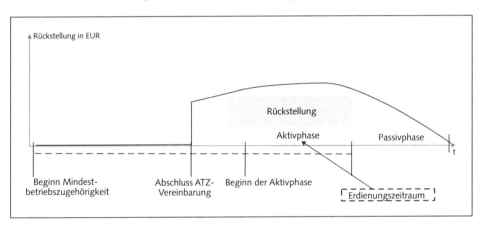

Abbildung 3: Die Festlegung des Erdienungszeitraums (*Ernst & Young* (2013a), S. 14)

Da die Änderungen des IAS 19 (*rev.* 2011) gemäß IAS 19.173 rückwirkend nach den Vorschriften des IAS 8 anzuwenden sind, ist für alle in der Vorjahres- und Berichtsperiode bestehenden Altersteilzeitverträge rückwirkend eine Änderung der bisherigen Bilanzierung erforderlich. Es wird insoweit in den meisten Fällen in der Eröffnungsbilanz der Vorperiode zu einer erfolgsneutralen Herabsetzung bereits erfolgswirksam gebildeter IFRS-Rückstellungen kommen. Im Detail wird auf die Ausführungen zu den Übergangsregelungen in Kapitel 1.1 (Änderungen des IAS 19 (*rev.* 2011)) verwiesen.

5 Rente mit 67

5.1 BAG-Urteil vom 15. Mai 2012

Die »Rente ab 67« gilt regelmäßig auch für die betriebliche Altersversorgung, selbst wenn in der Versorgungsregelung das bisher übliche Alter 65 ausdrücklich als Rentenbeginn festgelegt wurde. Dies hat das *BAG* in seinem Urteil vom 15.05.2012 (vgl. *BAG-Urteil vom 15.05.2012*, 3 AZR 11/10) entschieden. Nach Ansicht des *BAG* ist ein vertragliches Renteneintrittsalter von 65 Jahren in der betrieblichen Altersversorgung grundsätzlich als dynamische Verweisung auf die Regelaltersgrenze in der gesetzlichen Rentenversicherung auszulegen (vgl. *BAG-Urteil vom 15.05.2012*, 3 AZR 11/10, S. 2630 ff.). Damit hat das *BAG* der bisher herrschenden Meinung in der Literatur widersprochen (vgl. *Cisch, Theodor/Kruip, Dirk* (2007), S. 1162 ff.; *Reichenbach, Rita/Grünklee, Stefan* (2006), S. 2234 ff.). Obwohl die Entscheidung des *BAG* zu einer bestimmten Fallgestaltung ergangen ist, kann aufgrund der Urteilsbegründung von einer Übertragbarkeit auf andere Fallgestaltungen bzw. Versorgungsregelungen ausgegangen werden (vgl. *Schumacher, Janna* (2013), S. 2332 f.; *Frank, Thomas* (2013a), S. 757 ff.). Damit betrifft das Urteil des *BAG* grundsätzlich alle Versorgungsregelungen, die vor Inkrafttreten des »Gesetzes zur Anpassung der Regelaltersgrenze an die demografische Entwicklung und zur Stärkung der Finanzierungsgrundlagen der gesetzlichen Rentenversicherung« (RV-Altersgrenzenanpassungsgesetz) am 01.01.2008 begründet wurden und eine feste Altersgrenze von 65 Jahren bestimmen. Das Gericht erkennt zwar an, dass aufgrund der Vertragsfreiheit nach wie vor als feste Altersgrenze auch ein Zeitpunkt vor Erreichen der gesetzlichen Regelaltersgrenze gewählt werden könne, aber man müsse für die vor 2008 getroffenen Versorgungsabreden durch Auslegung ermitteln, ob dies tatsächlich so gewollt gewesen sei (vgl. bzgl. Anhaltspunkte für eine gewollte Abweichung von der Regelaltersgrenze *Frank, Thomas* (2013a), S. 757 ff.; *Frank, Thomas* (2013b) S. 1236; *Schumacher, Janna* (2013), S. 2332 f.). Insoweit besteht Handlungsbedarf für Unternehmen, zu prüfen, ob und inwieweit ihre betriebliche Altersversorgungsregelungen von dem Judikat des *BAG* betroffen sind.

5.2 Folgen für die Bilanzierung

In bilanzieller Hinsicht wirkt sich die *BAG*-Rechtsprechung bei hiervon betroffenen Versorgungsordnungen auf die Höhe des Verpflichtungsumfangs und damit auf die Höhe der Pensionsrückstellungen aus:

Bei Anwendbarkeit der *BAG*-Rechtsprechung verschiebt sich der Zeitpunkt des erstmaligen Bezugs der ungekürzten Altersrente (Vollrente) aus der betrieblichen Altersversorgung nach hinten, d. h. konkret, dass sich die vertragliche Altersgrenze für die Betriebsrente an die Regelaltersgrenze anpasst und sich für Geburtsjahrgänge ab 1947 schrittweise auf das Alter 67 erhöht (»mitwandert«). Da die Höhe der künftigen Pensionsleistung regelmäßig von den Dienstjahren des Arbeitnehmers abhängt, wird ein steigendes Renteneintrittsalter, soweit die Versorgungsordnung keine max. anrechenbare Dienstzeit vorsieht, meist zu einer Erhöhung der erreichbaren Versorgungsleistung führen.

Für einen vorzeitigen Bezug der Betriebsrente sehen Versorgungsordnungen regelmäßig Abschläge auf deren Höhe vor. Soweit Arbeitnehmer vorzeitig, etwa mit 63 Jahren, die Betriebsrente in Anspruch nehmen, wird die *BAG*-Rechtsprechung tendenziell zu höheren Abschlägen und damit einer niedrigeren Betriebsrente führen.

Auswirkungen aus der *BAG*-Rechtsprechung ergeben sich darüber hinaus auch bspw. auf die Höhe von Anwartschaften eines Mitarbeiters, der aus dem Unternehmen ausscheidet, oder im Fall einer Scheidung eines Mitarbeiters auf die für den Versorgungsausgleich zu ermittelnden Anrechte. Diese Ansprüche werden sich i. d. R. reduzieren, da regelmäßig das zeitratierliche Verfahren (m/n-tel Verfahren) gemäß §2 Abs. 1 BetrAVG zur Anwendung kommt, bei dem die mögliche Zeit der Betriebszugehörigkeit ins Verhältnis zur tatsächlich zurückgelegten Dienstzeit gesetzt wird.

Inwieweit sich eine geänderte Verpflichtungsumfassung auf die Höhe des Anwartschaftsbarwerts auswirkt, hängt u. a. davon ab, ob dessen Berechnung das vertragliche Pensionierungsalter oder ein früheres Alter, i. d. R. das Alter der frühestmöglichen Inanspruchnahme der vorzeitigen Altersrente aus der gesetzlichen Rentenversicherung, zugrunde gelegt wird. Bei letzterer Vorgehensweise werden sich, soweit bei der Berechnung des Anwartschaftsbarwerts das bisher zugrunde gelegte Alter unverändert übernommen wird, tendenziell, wie oben beschrieben, höhere Abschläge reduzierend auf den Anwartschaftsbarwert auswirken. Indes wäre in diesem Fall zu überprüfen, soweit sich aus der Versorgungsordnung höhere Abschläge ergeben würden, ob an der bisherigen versicherungsmathematischen Annahme zum Rentenbezugsalter festgehalten werden kann oder ob ggf. auf ein späteres Alter abzustellen ist. Dies kann erforderlich sein, wenn damit zu rechnen ist, dass Arbeitnehmer aufgrund höherer Abschläge ihr Pensionierungsverhalten ändern.

Wird dagegen bei der Berechnung des Anwartschaftsbarwerts auf die gesetzliche Regelaltersgrenze abgestellt, ergeben sich neben den oben beschriebenen Effekten auf den Verpflichtungsumfang folgende entlastende Effekte: Zunächst steigt das Finanzierungsendalter geburtsjahrabhängig auf max. 67 Jahre an, mit der Folge, dass der Finanzierungszeitraum verlängert wird. Aufgrund des Zinseffektes genügt eine geringere Rückstellung, um die erwartete Versorgungsleistung zu erfüllen. Daneben entfallen die Rentenzahlungen zwischen dem Alter 65 und der gesetzlichen Regelaltersgrenze.

Inwieweit sich aus diesen Effekten insgesamt eine Erhöhung oder Reduzierung des Anwartschaftsbarwerts ergeben, ist letztlich abhängig von der konkreten Versorgungsordnung und kann nur auf Basis einer versicherungsmathematischen Berechnung beurteilt werden.

Bewertungsanpassungen, die sich durch die *BAG*-Rechtsprechung ergeben, sind in einem IFRS-Abschluss sofort im Anwartschaftsbarwert und damit in der Pensionsrückstellung zu berücksichtigen. Eine Verteilung über mehrere Jahre ist nicht zulässig. Hinsichtlich der Erfassung der Bewertungsunterschiede in der Gesamtergebnisrechnung kommen grundsätzlich eine Erfassung als nachzuverrechnender Dienstzeitaufwand (GuV-wirksam) oder als Neubewertung in Form versicherungsmathematischer Gewinne oder Verluste (sonstiges Ergebnis) in Betracht. Unseres Erachtens kann zur Einordnung der Bewertungseffekte auf das RIC-Positionspapier »Auswirkungen der gesetzlichen Erhöhung des Renteneintrittsalters aufgrund des RV-Altersgrenzenanpassungsgesetzes auf die Bilanzierung leistungsorientierter Pläne nach IAS 19« aus dem Jahre 2008 abgestellt werden. Danach ist zwischen unmittelbaren und mittelbaren Effekten auf den Versorgungsplan zu differenzieren: Unmittelbare Effekte sind als nachzuverrechnender Dienstzeitaufwand, mittelbare Effekte dagegen als versicherungsmathematischer Gewinn oder Verlust zu erfassen (vgl. *RIC* (2008), S. 1 ff.).

6 Prüfungsschwerpunkte DPR/ESMA

Die *Deutsche Prüfstelle für Rechnungslegung e. V. (DPR)* hat am 15.10.2013 die Liste der Prüfungsschwerpunkte für Konzernabschlüsse 2013 und Zwischenabschlüsse 2014 auf ihrer Homepage veröffentlicht (eine Übersicht hierzu geben *Bischof, Stefan/Staß, Alexander* (2013), S. 2753 ff.). Mit der jährlichen Veröffentlichung der Schwerpunktthemen für die anstehende Prüfungssaison wird das Ziel verfolgt, Unregelmäßigkeiten bereits i. R. d. Abschlusserstellung präventiv entgegenzuwirken. Auf diese Weise wird es den Unternehmen ermöglicht, die bilanzielle Abbildung entsprechender Sachverhalte und der zugehörigen erläuternden Angaben i. R. d. Abschlusserstellung nochmals einer (besonders) kritischen Würdigung zu unterziehen. Für 2014 umfassen die *DPR*-Prüfungsschwerpunkte wie bereits für das Vorjahr auch die Bilanzierung von leistungsorientierten Pensionsverpflichtungen. Das Hauptaugenmerk der *DPR* liegt dabei auf folgenden Aspekten:
- Transparenz und Stetigkeit bei der Ermittlung des Abzinsungssatzes (vgl. IAS 19.135 ff.),
- Beschreibung der Merkmale des Versorgungsplans und der damit verbundenen Risiken (vgl. IAS 19.139),
- Darstellung und Sensitivitäten der versicherungsmathematischen Annahmen (vgl. IAS 19.144 f.) und
- Ergänzung um eine dritte Bilanz bei wesentlichen Auswirkungen in Folge der Erstanwendung des IAS 19 (*rev.* 2011) (vgl. IAS 1.40A).

Darüber hinaus hat die *European Securities and Markets Authority* (*ESMA*) am 11.11.2013 wie – erstmals – in 2012 gemeinsame europäische Enforcementprioritäten in Form eines *Public Statements* veröffentlicht (vgl. *ESMA* (2013), S. 3 f.). Die *ESMA* selbst nimmt keine Enforcementprüfungen vor. Sie erwartet jedoch, dass die nationalen Enforcementstellen die gemeinsamen europäischen Enforcementprioritäten in ihren Prüfungen beachten. Auch hier finden sich wie im Vorjahr die Bewertung und Anhangangaben zu Pensionsverpflichtungen auf der Liste der *ESMA*.

Hintergrund für die Aufmerksamkeit der *DPR* und *ESMA* ist die erstmalige Anwendung des überarbeiteten IAS 19 und die Diskussionen zur Ermittlung des Diskontierungszinssatzes (vgl. zu letzterem Aspekt ausführlich Kapitel 2 Rechnungszins). Die erstmalige Anwendung des überarbeiteten IAS 19 kann zu wesentlichen Effekten in Bilanz und Gesamtergebnisrechnung führen, z. B. wenn bisher von der Abgrenzung versicherungsmathematischer Gewinne und Verluste nach der sog. Korridormethode Gebrauch gemacht wurde. Zudem ist bei wesentlichen Auswirkungen auf die Informationen der Eröffnungsbilanz der Vorperiode die Verpflichtung zur Angabe einer dritten Bilanz nach IAS 1.40A zu beachten. Durch die Neufassung der diesbzgl. Vorschriften in IAS 1 ist nunmehr klargestellt, dass nicht jede retrospektive Anwendung einer Bilanzierungs- und Bewertungsmethode die Verpflichtung zur Angabe einer dritten Bilanz nach sich zieht, sondern nur noch, wenn diese sich wesentlich auf diese Bilanz auswirkt. Bei diesem Teil der Prüfungsschwerpunkte dürfte es sich indes i. d. R. um eher »technische« Aspekte sowie die Überprüfung der Angemessenheit der Wesentlichkeitsbeurteilung des Unternehmens bei einer Nicht-Angabe einer Dritten Bilanz handeln.

Das Hauptaugenmerk der *DPR* dürfte auf die erweiterten Anhangangaben für *defined benefit plans* gerichtet sein. So sind u. a. künftig die Merkmale von Versorgungsplänen und die damit verbundenen Risiken anzugeben (vgl. IAS 19.139) sowie Sensitivitätsanalysen bzgl. der wesentlichen versicherungsmathematischen Annahmen (vgl. IAS 19.145) offenzulegen. Zwar liegt die genaue Ausgestaltung dieser Angaben im pflichtgemäßen Ermessen des Bilanzierenden. Die *DPR* wird in diesem Zusammenhang jedoch kritisch hinterfragen, ob die Angaben so gestaltet sind, dass sie den Abschlussadressaten ein umfassendes Verständnis der Versorgungsverpflichtungen und der damit verbundenen Risiken ermöglichen, und einem etwaigen Ermessensfehlgebrauch entgegentreten. Zudem weist die *ESMA* darauf hin, dass die Informationen zum Planvermögen und zu den leistungsorientierten Verpflichtungen nach IAS 19.138 und .142 disaggregiert zu erfolgen haben, wenn diese entsprechend unterschiedliche Risiken aufweisen.

Literaturverzeichnis

BAG-Urteil vom 15.05.2012, Az. 3 AZR 11/10, Versorgungsordnung – Anhebung der gesetzlichen Regelaltersgrenze, in: BB 2012, S. 2630–2635.

Bischof, Stefan/Staß, Alexander (2013): Prüfungsschwerpunkte der DPR und der ESMA für das Jahr 2014, in: DB 2013, S. 2753–2758.

Cisch, Theodor/Kruip, Dirk (2007): Die Auswirkungen der Anhebung der Altersgrenzen in der gesetzlichen Rentenversicherung auf die betriebliche Altersversorgung, in: BB 2007, S. 1162–1169.

DPR (2013): Prüfungsschwerpunkte 2014, abrufbar unter: http://www.frep.info/docs/pressemitteilungen/2013/20131015_pm.pdf – Stand: 15.01.2014.

DRSC (2012a): Potential Agenda Item Request (PAIR) IAS 19 – Actuarial assumptions: discount rate, abrufbar unter: http://www.drsc.de/docs/press_releases/2012/121030_PAIR_IAS19_%20DiscountRate.pdf – Stand: 15.01.2014.

DRSC (2012b): DRSC AH 1 (IFRS) Einzelfragen zur Bilanzierung von Aufstockungsverpflichtungen i. R. v. Altersteilzeitregelungen nach IFRS [DRSC AH 1 (IFRS)], abrufbar unter: http://www.drsc.de/docs/press_releases/2012/121211_DRSC_AH1_(IFRS)_ATZ_FV.pdf – Stand: 15.01.2014.

EFRAG (2014): Endorsement Status January 2014, abrufbar unter: http://www.efrag.org/WebSites/UploadFolder/1/CMS/Files/Endorsement%20status%20report/EFRAG_Endorsement_Status_Report_31_January_2014.pdf – Stand: 02.02.2014.

Ernst & Young (2013a): IFRS Outlook 1. Quartal 2013.

Ernst & Young (2013b): Good Group Musterkonzernabschluss zum 31. Dezember 2013.

ESMA (2012): Public Statement »European common enforcement priorities for 2012 financial statements«, abrufbar unter: http://www.esma.europa.eu/system/files/2012-725.pdf – Stand: 15.01.2014.

ESMA (2013): Public Statement »European common enforcement priorities for 2013 financial statements«, abrufbar unter: http://www.esma.europa.eu/system/files/2013-1634_esma_public_statement__european_common_enforcement_priorities_for_2013_financial_statements_1.pdf – Stand: 15.01.2014.

Fodor, Jürgen/Gohdes, Alfred (2013): Durchführung der Sensitivitätsanalyse nach IAS 19, in: BB 2013, S. 1771–1775.

Fodor, Jürgen/Gohdes, Alfred/Knußmann, Annette (2013): Rechnungszins und Inflationsrate für betriebliche Versorgungsleistungen im nationalen und internationalen Jahresabschluss zum 31.12.2013, in: BB 2013, S. 2987–2991.

Frank, Thomas (2013a): Betriebsrente mit 65? – Manchmal schon!, in: DB 2013, S. 757–759.

Frank, Thomas (2013b): 40 Jahre Betriebsrentengesetz – Versorgungsordnungen im Unternehmen auf aktuellem Stand, in: DB 2013, S. 1234–1238.

Geilenkothen, André/Krönung, Rafael/Lucius, Friedmann (2012): Neueste Entwicklungen in der Bilanzierung von Altersteilzeitverpflichtungen nach IFRS und HGB, in: BB 2012, S. 2103–2107.

Geilenkothen, André/Krönung, Rafael/Lucius, Friedmann (2013): DRSC AH 1 (IFRS): Einzelfragen zur Bilanzierung von Altersteilzeitverhältnissen nach IFRS – Update zu BB 2012, 2103, in: BB 2013, S. 299–301.

Hagemann, Thomas/Lieb, Matthias/Neumeier, Günter (2013): Altersteilzeitverpflichtungen im IFRS-Jahresabschluss nach dem DRSC Anwendungshinweis 1 (IFRS), in: DB 2013, S. 829–832.

IASB (2013a): Defined Benefit Plans: Employee Contributions (Amendments to IAS 19).

IASB (2013c): Exposure Draft »Annual Improvements to IFRSS 2012–2014 Cycle«.

IDW RS HFA 3 a. F. (1998): Stellungnahme zur Rechnungslegung: Bilanzierung von Verpflichtungen aus Altersteilzeitregelungen nach IAS und nach handelsrechtlichen Vorschriften (IDW RS HFA 3), in: WPg 1998, S. 1063–1065.

IDW RS HFA 3 (2013): Stellungnahme zur Rechnungslegung: Handelsrechtliche Bilanzierung von Verpflichtungen aus Altersteilzeitregelungen (IDW RS HFA 3 i. d. F. vom 19.06.2013), in: WPg Supplement 1/2013, S. 39–45.

IFRIC (2012a): Update January 2012.
IFRIC (2013b): Update November 2013.
Leckschas, Jannis/Schoepffer, Philipp (2013): Bewertung von Pensionsverpflichtungen im Umfeld des Niedrigzinsniveaus, in: KoR 2013, S. 179–181.
Reichenbach, Rita/Grünklee, Stefan (2006): Rente erst mit 67: Anpassungsbedarf für betriebliche Versorgungsregelungen, in: DB 2006, S. 2234–2239.
Rouette, Christian/Volpert, Verena (2012): Where did all the »high quality corporate bonds« go? – Bestimmung des Rechnungszinssatzes zur Bewertung der Pensionsverpflichtung im internationalen Abschluss nach IAS 19, in: CF biz 2012, S. 329–334.
RIC (2008): RIC Positionspapier »Auswirkungen der gesetzlichen Erhöhung des Renteneintrittsalters aufgrund des RV-Altersgrenzenanpassungsgesetzes auf die Bilanzierung leistungsorientierter Pläne nach IAS 19«, abrufbar unter: http://www.drsc.de/docs/press_releases/RIC_Positionspapier_GesErhoehung%20Renteneintrittsal.pdf – Stand: 15.01.2014.
Scharr, Christoph/Feige, Peter/Baier, Christiane (2012): Die Auswirkungen des geänderten IAS 19 auf die Bilanzierung von defined benefit plans und termination benefits in der Praxis, in: KoR 2012, S. 9–16.
Schmidt, Rüdiger (2014): Änderung des IAS 19 – Erfassung von Arbeitnehmerbeiträgen, in: KoR 2014, S. 69–74.
Schumacher, Janna (2013): Arbeitsvertragliche Befristungsabreden auf die Vollendung des 65. Lebensjahres, in: DB 2013, S. 2331–2333.
Thaut, Michael (2013): Die Bilanzierung von Aufstockungsleistungen bei Altersteilzeit nach IFRS und HGB, in: DB 2013, S. 241–248.
Thurnes, Georg/Vavra, Rainer/Geilenkothen, André (2012a): IFRS-Rechnungszins für Pensionsverpflichtungen – Was sind hochwertige Unternehmensanleihen?, in: DB 2012, S. 2113–2116.
Thurnes, Georg/Vavra, Rainer/Geilenkothen, André (2012b): Betriebliche Altersversorgung im Jahresabschluss nach nationalen und internationalen Bilanzierungsgrundsätzen – Bewertungsannahmen zum 31.12.2012, in: DB 2012, S. 2883–2888.
Zeyer, Fedor (2013): Diskussionsstand zur Ermittlung des Diskontierungszinses nach IAS 19, in: IRZ 2013, S. 10–12.

IFRS-Leasingbilanzreform – Ende in Sicht?

Univ.-Prof. Dr. Rolf Uwe Fülbier
Steuerberater
Lehrstuhl für Internationale Rechnungslegung und Forschungsstelle für Familienunternehmen
Universität Bayreuth
Bayreuth

Inhaltsverzeichnis

1	Einleitung	151
2	Re-Exposure ED/2013/6	151
2.1	Ursprüngliche Reformidee und was von ihr übrig blieb	151
2.2	Kernpunkte des ED/2013/6 auch im Unterschied zum Status quo	153
3	Würdigung	156
3.1	Konzeptionelle Aspekte	156
3.2	Würdigung unter Berücksichtigung der empirischen Rechnungslegungsforschung	160
4	Ausblick: Wie geht es weiter?	163
	Literaturverzeichnis	165

1 Einleitung

Die Diskussion über eine mögliche Leasingbilanzreform im IFRS- und US-GAAP-System dauert nach wie vor an. Die von den *Standardsettern* immer wieder neu aufgestellten Zeitpläne bis zur Veröffentlichung eines neuen Standards sind bislang regelmäßig zur Makulatur verkommen. Hätte man z. B. den *IASB*-Zeitplan nach Veröffentlichung des ersten Standardentwurfs *ED/2010/9* vom 17.08.2010 ernst genommen, gäbe es schon seit 2011 einen neuen Leasingstandard (vgl. zum *ED/2010/9* und zum vorherigen Diskussionspapier (DP) 2009 m. w. N. *Fülbier, Rolf Uwe* (2012); *Fülbier, Rolf Uwe/Fehr, Jane* (2010); *Fülbier, Rolf Uwe/Fehr, Jane* (2009); zu frühen Reformüberlegungen bereits *Fülbier, Rolf Uwe/Pferdehirt, Henrik* (2005)). Stärker noch als zum DP 2009 zuvor, hat sich aber mit Veröffentlichung des *ED/2010/9* eine Welle der Kritik über die *Standardsetter* ergossen, die eine mühsame Suche nach einer Kompromisslösung notwendig machte. Vorläufiges Resultat ist der im Mai 2013 vorgelegte *Re-Exposure (Draft) ED/2013/6*. Den zuvor etwa 1.100 Stellungnahmen (zum DP 2009 und *ED/2010/9*) folgten erneut fast 700, die wesentliche Teile des neuen Bilanzierungsvorschlags in Frage stellten (abrufbar unter http://www.ifrs.org/Current-Projects/IASB-Projects/Leases/Pages/Leases.aspx). Ähnlich grundlegende Kritik dürften die *Standardsetter* auf den unzähligen Investorenmeetings, *Fieldwork Meetings* mit Erstellern, *Roundtables* und *Outreach Meetings* weltweit erfahren haben. Deshalb scheinen sie nun auch deutlich vorsichtiger in der Zeitplanung zu sein. Die Agenda-Planung enthält keinen Termin einer finalen Standardverabschiedung mehr. Diese für normale Agenda-Projekte eher unübliche Vorsicht mag insofern Anlass geben zur Spekulation. Ist ein Ende der Reform überhaupt noch in Sicht?

In dem vorliegenden Beitrag wird es darum gehen, den aktuellen Stand der Reformdiskussion aufzuzeigen und zu würdigen. Dazu bedarf es einer komprimierten Erläuterung des zuletzt vorgestellten Standardentwurfs (vgl. *ED/2013/6*), der anschließend konzeptionell und anhand der Erkenntnisse der empirischen Rechnungslegungsforschung kurz analysiert wird, um abschließend über mögliche Szenarien des weiteren Reformverlaufs zu spekulieren.

2 Re-Exposure ED/2013/6

2.1 Ursprüngliche Reformidee und was von ihr übrig blieb

Auslöser der Leasingbilanzreform ist die Kritik an der gegenwärtigen Leasingbilanzierung insbesondere auf Leasingnehmerseite. Nach IAS 17 (und nach vielen anderen Rechnungslegungssystemen) folgt diese Bilanzierung einer Zweiteilung der

Leasingverhältnisse in bilanzunwirksames Operating Leasing und bilanzwirksames Finanzierungsleasing (grundlegend dazu bereits *Fülbier, Rolf Uwe/Pferdehirt, Henrik* (2005), m.w.N.). Diesem *all or nothing approach* wurde und wird vorgeworfen, entscheidungsrelevante Informationen in der bilanzunwirksamen *off balance sheet-*Variante zu verschleiern und von großen Ermessensspielräumen bei der Abgrenzung der beiden Varianten geprägt zu sein. Zudem – heute oft vergessen – prangerte man die Komplexität der gegenwärtigen Leasingbilanzierung an und suchte nach einer einfacheren Lösung. Basierend auf den konzeptionellen Vorarbeiten der G4 + 1-Gruppe aus den 1990er Jahren wurde der *right of use approach* als Gral einer in jeder Beziehung besseren Bilanzierungslösung beschworen. Es schien ursprünglich so einfach und überzeugend: Bei Abschaffung der ermessensbehafteten Zweiteilung sollten alle Leasingverträge einheitlich und konzeptionell konsistent behandelt werden, natürlich bilanzwirksam, indem das jedem Leasingverhältnis per definitionem inne wohnende Nutzungsrecht beim Leasingnehmer zum Ansatz kommt. Der jahrelange Standardsetzungsprozess förderte aber die Erkenntnisse zu Tage, dass es (leider!) keine so einfachen Lösungen gibt, dass Leasingverhältnisse realiter viel komplexer und ökonomisch auch nicht immer »über einen Kamm zu scheren« sind, dass der scheinbar geniale Schwenk zur Nutzungsrechtbilanzierung weitreichende konzeptionelle bilanztheoretische Fragen aufwirft, dass auch neue Lösungen Ermessensspielräume und die Gefahr der Ausweichhandlungen in sich bergen, und, *last but not least*, dass es auch eine Leasinggeberbilanzierung gibt, die im Idealfall auch zur Leasingnehmerbilanzierung passen sollte. Nicht zu vergessen ist auch der Umstand, dass die Bilanzunwirksamkeit des (Operating-)Leasing Teil des (gegenwärtigen) Geschäftsmodells ist, sodass weder auf Leasingnehmer- noch auf Leasinggeberseite große Sympathie gegenüber der Leasingbilanzierungsreform vermutet werden dürfte.

Um der Würdigung des *ED/2013/6* vorwegzugreifen, sei schon vorab betont, dass sich (auch) dieser Standardentwurf mit dem Erreichen der Reformziele schwer tut. Die ermessensbehaftete Zweiteilung ist nicht abgeschafft, sondern im Gegenteil durch den *Re-Exposure* wieder eingeführt worden (in Form der Typ A- und B-Klassifizierung). Eine volle Bilanzwirksamkeit wird durch eingeführte Ausnahmeregeln (für kurzfristige Leasingverhältnisse) nicht in letzter Konsequenz erreicht. Der *right of use approach* wird selbst auch nicht konsistent angewendet (durch die weiterhin gegenständliche Bilanzierung beim Leasinggeber im Typ B-Fall). Auch die Komplexitätsreduktion ist nicht sichtbar; im Gegenteil, es droht ein Komplexitätszuwachs in der Bilanzierung gerade für die Ersteller, der die alte, oft vernachlässigte Frage aufkeimen lässt, ob denn der mögliche Nutzen dieser Bilanzreform (eher auf Adressatenseite zu vermuten) ihre Kosten (eher auf Erstellerseite) übersteigt. Diese Frage wird i.R.d. späteren Würdigung noch einmal aufgegriffen.

2.2 Kernpunkte des ED/2013/6 auch im Unterschied zum Status quo

Bei der Definition von Leasingverhältnissen und der Abgrenzung des Anwendungsbereichs des möglichen neuen Standards ergeben sich insbesondere Änderungen hinsichtlich der Konkretisierung des Leasinggegenstands (im Folgenden angelehnt insbesondere an *Fülbier, Rolf Uwe/Eckl, Elfriede/Fehr, Jane* (2013); quantitative Bilanzierungsbeispiele zum *ED/2013/6* finden sich z. B. bei *Kirsch, Hanno* (2013); *Pellens, Bernhard/Fülbier, Rolf Uwe/Gassen, Joachim/Sellhorn, Thorsten* (2014)). Um als Leasingverhältnis eingestuft zu werden, hat der zugrundeliegende Vertrag nunmehr die Nutzung eines explizit oder implizit identifizierbaren Vermögenswerts vorzusehen und das Recht zur Kontrolle an dieser Nutzung zu übertragen (vgl. *ED/2013/6.7*). Abweichungen zum gegenwärtigen IFRIC 4.9(c) können dabei nicht ausgeschlossen werden (z. B. bei bestimmten *take or pay*-Vereinbarungen). Leasinggeber haben Leasingverhältnisse über immaterielle Vermögenswerte nach dem neuen Standard zur Umsatzrealisierung zu bilanzieren, während für Leasingnehmer ein Wahlrecht zur Anwendung des neuen Leasingstandards besteht (vgl. *ED/2013/6.4f.*). Zentral ist auch die Verpflichtung, Verträge mit mehreren Leasingkomponenten und/oder Nichtleasingkomponenten – auch hinsichtlich der daraus resultierenden Zahlungsströme – zu separieren (vgl. *ED/2013/6.20ff.*).

Die Laufzeit des Leasingverhältnisses wird im Entwurf definiert als der unkündbare Zeitraum zuzüglich optionaler Zeiträume, bei denen ein wesentlicher wirtschaftlicher Anreiz besteht, das Leasingverhältnis zu verlängern bzw. nicht zu kündigen. Bei der insofern notwendigen und wahrscheinlich ermessensbehafteten Beurteilung, ob dieser wesentliche wirtschaftliche Anreiz vorliegt, verweist der Entwurf auf die Berücksichtigung vertrags-, vermögenswert-, unternehmens- und marktspezifischer Faktoren (vgl. *ED/2013/6.25f.*) und fügt in Appendix B5 eine Liste mit Faktoren an, die bei dieser Beurteilung mindestens zu berücksichtigen sind. Eine wesentliche Ausnahme sieht der Entwurf für kurzfristige Leasingverhältnisse vor. Hier wird sowohl Leasingnehmern als auch Leasinggebern ein Wahlrecht eingeräumt, eine weiterhin bilanzunwirksame Abbildung vorzunehmen – in Anlehnung an die derzeitige buchhalterische Abbildung des Operating Leasing (vgl. *ED/2013/6.118ff.*). Kurzfristige Leasingverhältnisse werden im Entwurf über ihre Maximallaufzeit von zwölf Monaten definiert, unter Berücksichtigung etwaiger Verlängerungsoptionen, mit Ausnahme der Leasingverträge mit Kaufoptionen, die nie als kurzfristig gelten.

Trotz aller Bestrebungen zur einheitlichen Behandlung aller Leasingverhältnisse schlägt der neue Entwurf wieder eine Klassifizierung von Leasingverhältnissen vor, die wiederum unterschiedliche Bilanzkonsequenzen nach sich zieht. Ein Leasingverhältnis ist als Typ A-Leasingverhältnis zu klassifizieren, wenn der Leasingnehmer voraussichtlich einen wesentlichen Teil des wirtschaftlichen Nutzenpotenzials des Leasinggegenstands während der Leasinglaufzeit verbraucht (vgl. *ED/2013/6. Introduction*, S. 6ff.). Konkret wird hier wieder auf den derzeit schon gängigen, aber auch in der Kritik stehenden Laufzeit- und Barwerttest zurückgegriffen. Wenn also die Leasinglaufzeit oder der Barwert der Leasingzahlungen einen wesentlichen Teil der (verbleibenden) wirtschaftlichen Nutzungsdauer bzw. des beizulegenden Zeitwerts des Leasinggegenstands umfasst, liegt Typ A vor. Andernfalls ist das Leasingverhältnis als Typ B zu klassifizieren (vgl. *ED/2013/6.29f.*). Zur Verringerung der Komplexität orientiert sich der Entwurf bei dieser Klassifizierung erst einmal an der Natur des Leasinggegenstands und ordnet Immobilien im Grundsatz den Typ B-Leasingverhältnissen zu. Erst in einem zweiten Schritt wird klargestellt, dass der obige Laufzeit- und Barwerttest zur weiteren Beurteilung heranzuziehen ist.

Unabhängig von der Klassifizierung haben Leasingnehmer zu Beginn des Leasingverhältnisses eine Leasingverbindlichkeit für die zu leistenden Leasingzahlungen sowie einen Vermögenswert für das gewährte Nutzungsrecht am Leasinggegenstand (*right of use asset*) zu erfassen (vgl. *ED/2013/6.37*). Damit wird der jahrelang diskutierte und propagierte Grundgedanke des *right of use approach* beibehalten. Die Bewertung der Leasingverbindlichkeit löst sich von den bisher in IAS 17 bekannten Mindestleasingzahlungen und bemisst sich nach dem Barwert der festen Leasingzahlungen, der variablen an einen Index oder an einen Zinssatz gekoppelten Zahlungen sowie der Zahlungen, die im Rahmen einer Restwertgarantie oder bei Ausübung bestimmter Kaufoptionen und als Entschädigung bei vorzeitiger Kündigung des Leasingvertrags voraussichtlich fällig werden (vgl. *ED/2013/6.39*). Als Diskontierungssatz ist der Zinssatz des Leasinggebers zu verwenden, den er dem Leasingnehmer berechnet, oder, sofern nicht bestimmbar und das dürfte der Regelfall in der Praxis sein, der Grenzfremdkapitalzinssatz des Leasingnehmers (vgl. *ED/2013/6.38*). Die Erstbewertung des Nutzungsrechts folgt der Bewertung der Leasingverbindlichkeit zuzüglich etwaiger Leasingvorauszahlungen (abzüglich evtl. erhaltener Leasinganreize) und der dem Leasingnehmer entstandenen anfänglichen direkten Kosten (vgl. *ED/2013/6.40*).

Eine Unterscheidung nach Typ A und B ergibt sich indes bei der Folgebewertung. Im Typ A-Fall wird der Effektivzinsmethode bei der Rückführung der Verbindlichkeit gefolgt (vgl. *ED/2013/6.41(a)*), die in Kombination mit der linearen Abschreibung des Nutzungsrechts (vgl. *ED/2013/6.47f.*) das *front loading* produziert, d. h. einen im Zeitablauf sinkenden Periodengesamtaufwand (auch als beschleunigte Aufwandserfassung bezeichnet). Dieser Effekt soll indes im Typ B-Fall ausgeschlossen werden. Gewissermaßen der Natur eines Dauerschuldverhältnisses folgend (so auch *Bardens, Andrea/Kroner, Matthias/Meurer, Holger* (2013a); *Bardens, Andrea/Kroner, Matthias/Meurer, Holger* (2013b)), wird hier ein konstanter, linearer Periodengesamtaufwand produziert (und gewünscht) – wohl der alten, auch den gegenwärtigen Status quo prägenden Erkenntnis folgend, dass Leasingverhältnisse eben doch nicht alle gleich sind und nicht gleich bilanziert werden sollten. Allerdings ist dieser lineare Periodengesamtaufwand nur darstellbar, wenn bei der weiterhin genutzten Effektivzinsmethode für die Verbindlichkeit eine progressive Abschreibung des Nutzungsrechts eingeführt wird, sodass Nutzungsrecht und Verbindlichkeit identisch folgebewertet werden. Um den linearen Periodengesamtaufwand zu gewährleisten, muss die Abschreibung auf das Nutzungsrecht in dem Maße ansteigen, wie die Zinsbelastung auf die Verbindlichkeit abnimmt (vgl. *ED/2013/6.50*). In der Ergebnisrechnung wird indes nur der lineare Periodengesamtaufwand ausgewiesen. Die Wertminderungsvorschriften des IAS 36 sind ebenso zu berücksichtigen (vgl. *ED/2013/6.51*) wie die Regeln zur Neubewertung, wenn Änderungen hinsichtlich der Leasinglaufzeit, der Faktoren zur Beurteilung eines wesentlichen wirtschaftlichen Anreizes zur Optionsausübung, der Beträge aus Restwertgarantien oder des Indexes oder Zinssatzes von diesbzgl. abhängigen Leasingzahlungen auftreten (vgl. *ED/2013/6.43 ff.*).

Ansatz und Bewertung auf Leasinggeberseite sind ebenfalls abhängig von der Klassifizierung. Leasingverhältnisse vom Typ B sind ähnlich der derzeitigen Bilanzierung für das Operating Leasing zu erfassen, d. h. der Leasinggeber bilanziert hier weiterhin den Leasinggegenstand und erfasst die Leasingerträge nach einer linearen (oder einer anderen systematischen) Methode (vgl. *ED/2013/6.93, 96*). Lediglich die Bilanzierung von Typ A-Leasingverhältnissen löst sich von der gegenständlichen Sicht und folgt stringent der nutzungsrechtsorientierten Konzeption. Hiernach ist der Leasinggegenstand zu Beginn der Leasinglaufzeit auszubuchen, um alsdann eine Leasingforderung für künftige Leasingzahlungen sowie ein Restvermögenswert für die beim Leasinggeber verbleibenden Rechte am Leasinggegenstand zu aktivieren (vgl. *ED/2013/6.68*; *receivable and residual approach*). Ergeben sich Wertdifferenzen zwischen dem beizulegenden Zeitwert des zugrundeliegenden Vermögenswerts und dessen Buchwert, so sind diese auf das Leasingverhältnis (Gewinn) und auf den Restvermögenswert (Bestandteil der Erstbewertung als abgegrenzter unrealisierter Gewinn) aufzuteilen (vgl. *ED/2013/6.73 ff.*).

Die Leasingforderung ist zum Barwert der Leasingzahlungen einzubuchen zuzüglich anfänglicher direkter Kosten unter Verwendung des Zinssatzes, den der Leasinggeber dem Leasingnehmer berechnet (vgl. *ED/2013/6.69 f.*). Der Restvermögenswert entspricht anfänglich dem Barwert des Betrags, den der Leasinggeber nach Ablauf der Leasinglaufzeit aus dem Leasinggegenstand erwartet realisieren zu können, zuzüglich des Barwerts der erwarteten variablen Zahlungen und abzüglich des oben erwähnten abgegrenzten (unrealisierten) Gewinns (vgl. *ED/2013/6.71 ff.*). In der Folge greift die Effektivzinsmethode, um die Leasingforderung und den Restvermögenswert zu bewerten (vgl. *ED/2013/6.76*); Wertminderungs- und Neubewertungsvorschriften sind auch hier zu beachten (vgl. *ED/2013/6.78 ff., .84 f.*).

3 Würdigung

3.1 Konzeptionelle Aspekte

ED/2013/6 folgt im Kern dem Grundgedanken der bisherigen Reformbestrebungen, dem *right of use approach*. Nach wie vor geht es darum, die gegenwärtige, oftmals kritisierte und keineswegs unproblematische Leasingbilanzierung zu ersetzen. Neu im Vergleich zum *ED/2010/9* sind insbesondere die Anstrengungen der *Standardsetter*, die Leasingbilanzierung mit dem ebenfalls laufenden Projekt zur Umsatzrealisierung zu verzahnen und die Komplexität der vorherigen Vorschläge einzudämmen. Wie zuvor in diesem Beitrag bereits angedeutet und im Folgenden weiter ausgeführt, verbleiben große Zweifel an dem Erreichen der ursprünglichen Reformziele, vor allem auch an dem Versuch der Komplexitätsreduktion (vgl. zum Folgenden *Fülbier, Rolf Uwe/Eckl, Elfriede/Fehr, Jane* (2013); ergänzend dazu auch *Bardens, Andrea/Kroner, Matthias/Meurer, Holger* (2013a); *Bardens, Andrea/Kroner, Matthias/Meurer, Holger* (2013b); *Gruber, Thomas* (2013); *Hommel, Michael/Winter, Heike/Zicke, Julia* (2013); *Nemet, Marijan* (2013); in einigen Teilbereichen bereits *Fülbier, Rolf Uwe* (2012), m. w. N.).

a) Gefahr zusätzlicher »Entobjektivierungen« und mehr Komplexität
Insbesondere für die Leasingnehmer wird eine neue Ebene der Komplexität geschaffen, wenn mit Ausnahme kurzfristiger Verträge sämtliche Leasingverträge anzusetzen, erst- und folgebewertet werden müssen. Dafür erscheint hier ein leistungsfähiges und insofern aufwändiges Leasingvertragscontrolling mit Anpassungen auf System- und Prozessebene notwendig (insbesondere *Loitz, Rüdiger/Leuchtenstern, Sylvia/Kroner, Matthias* (2011)). Aber auch auf Leasinggeberseite wird die Bilanzierung im Typ A-Fall auf Grundlage der Ansatz- und Bewertungsvorschriften sicherlich nicht einfacher.

Die (ebenfalls komplexitätstreibende) Gefahr weiterer »Entobjektivierungen« tritt hinzu, ausgelöst u. a. durch neue, schwierige Abgrenzungsfragen insbesondere bei der konkreten Identifikation des Leasinggegenstands, bei der Aufspaltung der Vertragskomponenten, vor allem bei der Abspaltung der oftmals enthaltenen Service-Komponente, durch Schätzungen z. B. der Leasinglaufzeit oder Konkretisierungen z. B. des wesentlichen wirtschaftlichen Anreizes für die Optionsausübung sowie durch die Pflicht zur regelmäßigen Überprüfung und Neubewertung. Objektivierungsvorteile durch (das ursprünglich geplante) Entfallen der bisherigen Zweiteilung der Leasingverhältnisse greifen auch nicht, angesichts einer sehr ähnlichen und damit auch ähnlich ermessensbehafteten Klassifizierung in Typ-A- und B-Verhältnisse. Dass der *ED/2013/6* ausgerechnet auf die derzeit gängigen Laufzeit- und Barwerttests zurückgreift, erscheint in diesem Zusammenhang verwunderlich, war es doch gerade die gegenwärtig praktizierte Klassifizierung und Zweiteilung, die ursprünglich als zutiefst reformbedürftig angesehen wurde. Im Übrigen bleibt an dieser Stelle zu fragen, ob die über Jahre in der Praxis herausgebildeten Grenzwerte (u.a. im Rückgriff auf US-GAAP-Werte) im Rahmen dieser Tests auch noch unter einer neuen Regel Gültigkeit behalten werden.

Weitere Komplexitätstreiber dürften in den deutlich ausgeweiteten Angabepflichten und in der retrospektiven Anwendung des möglichen künftigen Standards (trotz aller Vereinfachungen) vermutet werden.

b) Keine einheitliche, bilanzwirksame und konzeptionell stringente Bilanzierung
Die Klassifizierung der Leasingverhältnisse in Typ A und B dürfte viele verwundern. War die Leasingbilanzreform ursprünglich nicht angetreten, um alle Leasingverträge gleich zu behandeln? Die in einigen Stellungnahmen aufgestellte Forderung nach Abschaffung des *front loading* scheint letztlich der Erkenntnis geschuldet, dass Leasingverträge eben doch nicht alle gleich sind und somit eine differenzierte Form der Bilanzierung erfordern, so wie sie – in anderer Form – in der gegenwärtigen Bilanzierung nach Maßgabe des wirtschaftlichen Eigentums auch zur Zweiteilung der Leasingverhältnisse führt. Dem Ziel einer einheitlichen Bilanzierung wird damit aber nicht entsprochen. Die *Standardsetter* sind insofern in der Zwickmühle. Einerseits wollten sie eine Lösung für das *front loading* anbieten, andererseits wird die neu eingeführte Klassifizierung angesichts der an dieser Stelle doch recht harschen Kritik wohl schwerlich zu halten sein.

Hinzu kommt, dass die bilanzwirksame Behandlung aller Leasingverhältnisse nicht mehr konsequent verfolgt wird. Die neu eingeführte Ausnahmeregel für kurzfristige Verträge ist dem sicherlich sinnvollen Versuch geschuldet, die Komplexität (etwas) zu reduzieren, allerdings auf Kosten der ursprünglichen Zielsetzung. Hier mag es dem Zielerreichungsgrad (nicht der Komplexitätsreduktion) jedoch helfen, dass sich der Ausnahmebereich wahrscheinlich in Grenzen halten dürfte. Bei Festlegung der zwölfmonatigen Laufzeit wird schließlich auf die »maximal mögliche« Laufzeit (*maximum possible term*, ED. App. A) abgestellt, sodass optionale Laufzeiten grundsätzlich einzubeziehen sind (da immer »möglich«) und nicht nur, wie bei der »normalen« Laufzeitbestimmung, wenn ein wesentlicher wirtschaftlicher Anreiz für die Optionsausübung besteht (so auch Expl. 11, IE 6 in *IASB* (2013b)). Die Masse der gegenwärtigen Leasingverhältnisse dürften insofern nicht unter diese Ausnahmeregel fallen (vgl. *Bardens, Andrea/Kroner, Matthias/Meurer, Holger* (2013a), S. 459), ganz abgesehen davon dass dieser Unterschied in der Laufzeitbestimmung selbst wieder komplexitätssteigernd wirkt.

Es bleibt die Frage, ob die Konzeption des *right of use approach* im *Re-Exposure* eine stringente Anwendung erfährt. Kann dies für die Leasingnehmerseite trotz der Differenzierung in Typ A- und Typ B-Verhältnisse noch bejaht werden, so gilt dies nicht mehr für die Leasinggeberseite. Konzeptionell konsequent ist hier nur der Typ A-Fall, der ein residuales Recht an dem Leasinggegenstand für die Zeit nach Vertragsablauf vorsieht (konsequenterweise müsste das Residualrecht aber auch die Restrechte des Leasinggebers während der Vertragslaufzeit verkörpern, also z.B. das nur dem rechtlichen Eigentümer zustehende Veräußerungsrecht) und eine zusätzliche Forderung für die künftigen Leasingeinzahlungen. Die gegenständliche Bilanzierung im Typ B-Fall dient zwar der Vereinfachung auf Leasinggeberseite, korrespondiert aber nicht mit der Nutzungsrechtsperspektive auf Leasingnehmerseite (vgl. analog bereits zu *ED/2010/9 Thi, Tami D./Fink, Christian/Schultze, Wolfgang* (2011)).

c) »Klassiker« der Reformkritik: Paradigmenwechsel durch Rechtebilanzierung, Abgrenzung zu Dauerschuldverhältnissen und Friktionen mit dem Rahmenkonzept

Seit Anbeginn der Reform bleiben weitere konzeptionelle Fragen unbeantwortet, die das *IASB* letztlich nicht wirklich adressiert hat (vgl. bereits *Fülbier, Rolf Uwe* (2012); u. a. auch *Gruber, Thomas* (2013); *Küting, Karlheinz/Koch, Christian/Tesche, Thomas* (2011); *Labrenz, Helfried* (2013)). So ist immer wieder angemerkt worden, dass die Hinwendung zum *right of use approach* (und zum mikroökonomischen *property rights approach*) das traditionelle gegenständliche Verständnis der zu bilanzierenden Vermögenswerte im Grundsatz berührt und zu konzeptionellen Inkonsistenzen auf der Aktivseite führt. Würde man die Aufsplittung der Eigentumsrechte in Teilrechte (*unbundling of property rights*, dazu bereits *Fülbier, Rolf Uwe/Pferdehirt, Henrik* (2005); ausführlich auch *Labrenz, Helfried* (2013)) wirklich ernst nehmen, müsste man jeden Gegenstand als Rechtebündel bilanzieren, darüber hinaus zustehende sowie fehlende Teilrechte z. B. durch Eigentumsvorbehalte o. ä. noch »dazurechnen« bzw. »herausrechnen«. Abgesehen davon, dass dies einem Paradigmenwechsel gleich käme und wahrscheinlich kein Adressat solche Bilanzen mehr verstehen würde, wirkt die jetzt vorgeschlagene alleinige und zudem noch nicht einmal konsequente *right of use*-Ausrichtung in der Leasingbilanzierung eher wie ein Fremdkörper.

Unbeantwortet bleibt auch die Frage, warum die Leasingbilanzierungsreform Positionen auf Aktiv- und Passivseite beider Vertragspartner induziert, die wahrscheinlich dem gegenwärtigen Rahmenkonzept, insbesondere den Definitionen und Ansatzvoraussetzungen von Vermögenswerten und Schulden nicht immer entsprechen dürften. Zweifel resultieren z. B. aus dem Verbindlichkeitscharakter einer leasinginduzierten Schuld bei einer Gesamtlaufzeitabschätzung (der Leasingnehmer hat ja evtl. die Möglichkeit, zu kündigen oder die Verlängerungsoption nicht auszuüben), dem Vermögenswertcharakter einer leasinginduzierten Forderung und der damit einhergehenden Interpretation des Realisationsprinzips (auf Leasinggeberseite im Fall des Typs A). Auch mag man an der Vermögenseigenschaft eines Leasinggegenstands zweifeln, der beim Leasinggeber zu bilanzieren ist, wenn der langjährige Leasingvertrag beim Leasingnehmer z. B. wegen existierender Funktionszusammenhänge mit anderen Gütern oder Dienstleistungen den auf Kontrolle zielenden Definitionskriterien des *ED/2013/6* nicht entspräche. Weder ist dieser Gegenstand im physischen Besitz des Leasinggebers, noch kann dieser die Nutzung des Gegenstands kontrollieren (vgl. *Bardens, Andrea/Kroner, Matthias/Meurer, Holger* (2013a), S. 456 f.).

Immer wieder steht auch die Abgrenzung zu den sonstigen Dauerschuldverhältnissen zur Diskussion, von denen mit der Leasingbilanzreform nun ein Teil, aber eben nicht alle, in die Bilanzwirksamkeit getrieben werden. Als Beispiel ist hier schon der bilanzunwirksame Vorstandsvertrag angeführt worden, der durchaus ähnlich zu einem Leasingvertrag Vermögens- und Schuldpositionen provoziert (so bereits *Fülbier, Rolf Uwe* (2012); *Gruber, Thomas* (2013)). Selbst wenn man die Vermögenswerteigenschaft des Nutzungsrechts (an der Arbeitskraft des Vorstands) in diesem Beispielfall angesichts fehlender Kontrolle bezweifelt, dürfte das zumindest nicht gegen die korrespondierende Verbindlichkeitsposition (die vereinbarte Vergütung, die im Regelfall auch bei früherem Ausscheiden als Abfindung gezahlt wird) sprechen. Die Grenze zwischen Bilanzunwirksamkeit und Bilanzwirksamkeit aus dem Leasingbereich ist mit der Reform letztlich also nur verschoben worden, weit in die Dauerschuldverhältnisse hinein.

d) Konzeptionelle und praktische Akzeptanz einer Abschreibung als Residualgröße

Problematisch dürfte auch die konzeptionelle Akzeptanz und buchungstechnische Umsetzung einer als Residualgröße interpretierten und vom Zinsaufwand abhängigen Abschreibung bei Typ-B-Verhältnissen auf Leasingnehmerseite sein. Einerseits lehnen *IASB* und *FASB* progressive Abschreibungen grundsätzlich ab und beantworten nicht die Frage, warum eine konzeptionell ähnlich gelagerte Residualabschreibung im Leasingfalle dennoch Anwendung finden soll (vgl. *Zeff, Stephen* (2013)). Auch das *front loading*-Vermeidungsargument als Rechtfertigung einer Residualabschreibung überzeugt nicht wirklich. Zum einen wird in diesem Zusammenhang das *matching principle* angeführt, um einen gleichbleibend linearen Gesamtaufwandsverlauf im dauerschuldähnlichen Typ B-Fall zu kreieren. Die insofern notwendige Residualabschreibung verstößt aber selbst wohl auch gegen das auf die Nutzungsrechtsinanspruchnahme bezogene *matching principle*. Andererseits existieren auch Alternativlösungen zum *front loading*-Problem, z. B. das Einbuchen eines kompensierenden Ausgleichspostens (vgl. *Labrenz, Helfried* (2013)). Zudem erscheint die praktische Herausforderung für die Anlagenbuchhaltung immens, schließlich hängt die Abschreibungshöhe vom Finanzergebnis und damit von einer völlig anderen unternehmerischen Sphäre ab (so auch *Loitz, Rüdiger* (2013)).

e) Kosten-Nutzen-Erwägungen und abschließende Frage nach dem Informationsdefizit

Nachdem weiterhin Zweifel an dem Erreichen der ursprünglichen Reformziele verbleiben und konzeptionelle sowie praktische Friktionen wahrscheinlich sind, steht weiterhin das von Seiten der *Standardsetter* immer wieder bemühte und auf die Nutzerperspektive zielende Argument der Informationsdefizite i. R. d. heutigen Operating Leasing (z. B. *IASB* (2013)) im Raum. Dieses Rechtfertigungsargument für eine reformierte Leasingbilanzierung hängt letztlich an der zentralen Frage, ob die Adressaten existierende Anhang-Informationen adäquat verarbeiten und Märkte insofern informationseffizient sind oder nicht. Wenn man ökonomisches Effizienzdenken bei den *Standardsettern* unterstellt, könnte immer noch argumentiert werden, dass mögliche Friktionen und Kosten (vornehmlich auf Seiten der Ersteller) durch einen Nutzenzuwachs auf Adressatenseite (über-)kompensiert werden. Adressaten erhalten – so die Reformidee – mehr entscheidungsrelevante Informationen und/oder können diese einfacher (und damit transaktionskostengünstiger) den Abschlüssen entnehmen. Der Nutzen bemisst sich letztlich in der gesteigerten Markteffizienz.

Abgesehen davon, dass eine vollumfängliche und präzise Quantifizierung der Kosten-Nutzen-Überlegungen regelmäßig scheitern dürfte (sodass das Markteffizienzargument wie ein Totschlagargument wirkt), sind bei dieser Argumentation zudem zwei zentrale Aspekte zu beachten.

Zum einen müsste die Kostenbetrachtung auf Erstellerseite deutlich über das bisher angesprochene Maß erweitert werden. Neben einmaligen Umstellungs- und laufenden Mehrkosten sind es insbesondere die Ausweichhandlungen der Ersteller, die dort zu suboptimalen Entscheidungen und damit zu weiteren Ineffizienzen führen (können). Um der vollständigen bilanziellen Abbildung der Leasingverhältnisse zu entgehen, ist schließlich mit Ausweichhandlungen, z. B. mit kürzer- und kurzfristigen Leasingverhältnissen oder völlig anderen Finanzierungs- und Vertragskonstellationen, zu rechnen, selbst wenn dadurch die Finanzierungs- und andere Kosten auf Leasingnehmerseite ansteigen dürften. Weitere informationsinduzierte Verhaltensänderungen mit Kosten für die Erstellerseite könnten auch bei Mitwettbewerbern oder Adressaten anfallen. Im Übrigen dürften auch bei Adressaten Kosten anfallen durch die Umstellung auf neue Korrekturverfahren, z. B. zur standardisierten Reduzierung leasingnehmerinduzierter Ermessensspielräume.

Zum anderen muss geprüft werden, ob die Adressaten tatsächlich durch das Operating Leasing fehlinformiert werden und ob die (halbstrenge) Informationseffizienzannahme (grundlegend *Fama, Eugene F.* (1970)) hinsichtlich der relevanten Märkte tatsächlich nicht erfüllt sein sollte. Um diese Frage(n) zu beantworten, soll im Folgenden kurz die diesbzgl. relevante empirische Rechnungslegungsforschung bemüht werden.

3.2 Würdigung unter Berücksichtigung der empirischen Rechnungslegungsforschung

Das Kernargument der Leasingbilanzreform, Märkte seien durch das bilanzunwirksame (Operating) Leasing fehlgeleitet, bedarf der Überprüfung (zu nachfolgend zitierten Forschungsergebnissen ausführlich und m. w. N. *Fülbier, Rolf Uwe/Fehr, Jane* (2013); sehr komprimierte Wiedergabe in *Fülbier, Rolf Uwe/Eckl, Elfriede/ Fehr, Jane* (2013)). Schließlich existieren auch unter IAS 17 Anhangangaben zum Operating Leasing, die eine Approximation der damit einhergehenden Zahlungskonsequenzen schon heute erlauben. Die dahinter stehende Frage nach der (halbstrengen) Informationseffizienz der Märkte zielt also auf die Frage, ob Adressaten Anhangangaben anders verarbeiten als Informationen in den Rechenwerken – eine in der empirischen Forschung unter der Überschrift *recognition versus disclosure* seit Jahrzehnten für viele Bilanzierungsbereiche überprüfte These (vgl. u. a. dazu *Schipper, Katherine* (2007)).

Bei der Begründung der Informationsdefizite gehen die *Standardsetter* vergleichsweise simpel vor. Das bekannte Zitat des ehemaligen *IASB Chairman Sir David Tweedie* zur gegenwärtigen Leasingbilanzierung (»*One of my great ambitions before I die is to fly in an aircraft that is on an airline's balance sheet*«, *Tweedie, David* (2008)) deutet bereits die auf die Bilanz beschränkte Sichtweise an. In der Reform des *all or nothing approach* geht es bei *Tweedie* letztlich also nur darum, Informationen in die Bilanz zu ziehen. Ob diese Informationen nun zuvor außerhalb der Bilanz existieren oder nicht, scheint keine Rolle zu spielen. Von Seiten der *Standardsetter* werden deshalb auch i. d. R. Simulationsstudien bemüht, die aufzeigen, wie stark sich die Verschuldung und andere Finanzkennzahlen bei Bilanzwirksamkeit des Operating Leasing auf Leasingnehmerseite verändern (vgl. für Deutschland z. B. *Fülbier, Rolf Uwe/Lirio Silva, Jorge/Pferdehirt, Henrik* (2008); *Pferdehirt, Henrik* (2007); vereinfacht u. a. auch *Giersberg, Jens/Vögtle, Marcus* (2007); *Küting, Karlheinz/Koch, Christian/Tesche, Thomas* (2010); *Leibfried, Peter/Rogowski, Carmen* (2005), komprimierte Evidenz auch in *Fülbier, Rolf Uwe* (2012)). Diese Studien dokumentieren aber nur das Ausmaß des Operating Leasing und die möglichen Bilanzwirkungen, wenn die außerhalb der Bilanz geführten Verträge tatsächlich (ceteris paribus) bilanzwirksam würden. Diese Studien sagen nicht zwingend etwas darüber aus, ob die Adressaten durch das bilanzunwirksame Operating Leasing tatsächlich fehlgeleitet werden. Dafür müsste zudem gezeigt werden, dass die Adressaten und die Märkte die für das Operating Leasing vorhandenen Informationen im Anhang nicht effizient verarbeiten.

Aussagekräftiger sind deshalb Studien, die mittels Experimenten und Fragebögen aufzuzeigen versuchen, ob und wie Anhang-Informationen zum Operating Leasing von Seiten bestimmter Finanzanalysten und Kreditsachbearbeiter verarbeitet werden. Diese Studien zielen primär auf die befragten Individuen und ihre persönlichen Fähigkeiten und Einschätzungen, sind also auch stark von der jeweiligen Auswahl der Antwortenden (in einem Fragebogen-*Setting*) bzw. der Probanden (in einem experimentellen *Setting*) abhängig. Insofern verwundert es nicht, dass die Ergebnisse keineswegs eindeutig sind. Allenfalls in der Tendenz lässt sich erkennen, dass Anhang-Informationen zum Operating Leasing von Seiten bestimmter Finanzanalysten und Kreditsachbearbeiter eher unzureichend verarbeitet werden. Tendenziell scheint eine adäquate, d. h. eine formalanalytisch präzise Korrektur der Bilanz- und Unternehmensanalyse um bilanzunwirksame Leasingverhältnisse weder bei Gläubigern noch Anlegern die Regel zu sein, sodass angesichts vereinfachter Näherungslösungen gewisse Informationseinbußen zu vermuten sind (vgl. z. B. *Abdel-khalik, Rashad A.* (1981); *Munter, Paul/Ratcliffe, Thomas A.* (1983); *Hartman, Bart P./Sami, H.* (1989); *Durocher, Sylvain/Fortin, Anne* (2009)). Aber selbst diese Tendenz belegt noch nicht zwingend ein Informationsdefizit ganzer

Märkte. So ist z. B. gezeigt worden, dass bei Adressaten die Befähigung zur Wahrnehmung von Leasinginformationen im Anhang und zur präzisen Korrektur ihrer Bewertungsmodelle zunimmt, je professioneller und größer sie sind. Insofern mag es Umverteilungseffekte und kurzfristige Anpassungsprozesse auf den Eigen- oder Fremdkapitalmärkten geben, ohne per se eine Verzerrung des Preissystems zu indizieren. Auch zeigen Studien, dass Kreditentscheidungen oft gar nicht von dem individuellen Leasing-Informations- und -Kenntnisstand einzelner Kreditsachbearbeiter abhängen, sondern von externen Ratingurteilen getrieben werden und internationale Ratingagenturen Informationen zum Operating Leasing sehr wohl berücksichtigen (vgl. z. B. *Sengupta, Partha/Wang, Zheng* (2011); *Altamuro, Jennifer/Johnston, Rick/Pandit, Shail/Zhang, Haiwen* (2011); *Cornaggia, Kimberly J./Franzen, Laurel A./Simin, Timothy T.* (2012)). Untersuchungsergebnisse bei Studien mit Kreditsachbearbeitern sind insofern eher irreführend, wenn diese Sachbearbeiter selbst gar nicht die Kreditwürdigkeit aufgrund von Rechnungslegungsinformationen prüfen, sondern stattdessen externe Urteile heranziehen. Dasselbe gilt für Eigen- und Fremdkapitalgeber, die gar nicht selbst ihr Investment analysieren, sondern auf Urteile anderer vertrauen.

Abschließend scheinen also diejenigen Studien vor allem aussagekräftig zu sein, die auf aggregierter Ebene zu analysieren versuchen, ob Fremd- oder Eigenkapitalmärkte durch das Operating Leasing insgesamt fehlgeleitet werden. Die empirische Kapitalmarktforschung, die das aggregierte Marktverhalten auf der Grundlage von Wertrelevanz- bzw. Assoziationsstudien untersucht, messen den statistischen Zusammenhang der Leasinginformationen und des am Markt zum Ausdruck kommenden Kreditrisikos bzw. des Marktwerts des Eigenkapitals (sei es über die Risikobeurteilung oder über die Aktienrenditen). Trotz ebenfalls nicht widerspruchsfreier Ergebnisse, deuten diese Studien in der Mehrheit an, dass Eigen- und Fremdkapitalmärkte durch bilanzunwirksame Leasinginformationen nicht per se fehlgeleitet sind (vgl. z. B. *Elam, Rick* (1975); *Ro, Byung T.* (1978); *Martin, John D./Anderson, Paul F./Keown, Arthur J.* (1979); *Bowman, Robert G.* (1980); *Cheung, Joseph K.* (1982); *Beattie, Vivien/Goodacre, Alan/Thomson, Sarah* (2000); *Dhaliwal, Dan/Lee, Hye S./Neamtiu, Monica* (2011), jüngst wieder *Kraft, Anastasia/Lopatta, Kerstin* (2013)). Insofern kann auch die Effizienzthese nicht verworfen werden, sodass ein Informationsdefizit und damit auch die Reformnotwendigkeit nicht zweifelsfrei belegt ist.

Offen bleibt in der Forschung zudem, welche Ineffizienzen dadurch hervorgerufen werden, dass Leasingnehmer schon aus Sorge vor Fehlinterpretation auf Adressatenseite kostenträchtige Umstrukturierungen einleiten. Im Rahmen der Kosten-Nutzen-Überlegungen klang dieser Gedanke bereits an (vgl. z. B. hierzu auch *Fehr, Jane* (2013)). Die Forschung vermag zu zeigen, dass Leasingnehmer wohl eine starke Präferenz für das bilanzunwirksame Operating Leasing haben, weil sie – wie gezeigt, nicht wirklich zu Recht – eine ineffiziente Informationsverarbeitung auf Adressatenseite befürchten. So konnten bei der Einführung der teilweisen Bilanzwirksamkeit des Leasing durch das Finanzierungsleasing in den 1970er und

1980er Jahren (vgl. insbesondere SFAS 13 in den USA 1976, SSAP 21 in UK 1984, AAS 17 in Australien 1987) erhebliche Substitutions- und Kapitalstruktureffekte gemessen werden, mit denen die Leasingnehmer versuchten, Verschlechterungen wichtiger Bilanzkennzahlen entgegen zu wirken (vgl. z. B. *Abdel-khalik, Rashad A.* (1981); *Goodacre, Alan* (2003); *Cornaggia, Kimberly J./Franzen, Laurel A./Simin, Timothy T.* (2012)). Selbst wenn also relevante Märkte insgesamt informationseffizient funktionieren, reicht die Sorge der Leasingnehmer bereits aus, Ineffizienzen zu provozieren. Diese Effekte wären also auch bei einer neuen Reform mit einer umfassenden Bilanzwirksamkeit zu vermuten.

4 Ausblick: Wie geht es weiter?

Was kann als Fazit festgehalten werden? Die Leasingbilanzreform wirft alte und neue ungelöste konzeptionelle Fragen auf. Sie dürfte zudem, gegenüber dem Status quo, mit einem Zuwachs an Komplexität auf der Erstellerseite einhergehen und dort wahrscheinlich auch problematische Substitutions- und Kapitalstruktureffekte nach sich ziehen. Dem steht ein ungewisser Nutzen auf Adressatenseite gegenüber.

Insofern verwundert auch nicht die im Grundsatz heftige Kritik in den Stellungnahmen zum *ED/2013/6*. Im Übrigen war den *Standardsettern* wohl auch bewusst, dass mit Gegenwind der betroffenen Leasinggeber und Leasingnehmer zu rechnen ist (*o. V.* (2013) im Hinblick auf die *US-SEC*, die früh schon »strong resistance« antizipierte, so auch der *IASB Chairman Hoogervorst, Hans* (2012); vgl. auch Kap. 2.1).

Eine erste Analyse dieser Stellungnahmen deutet an, dass die Klassifizierung in Typ A- und Typ B-Leasingverhältnisse stark kritisiert und möglicherweise wieder aufgegeben wird. Völlig offen ist dann allerdings, ob und wie die *Standardsetter* das bei manchen Erstellern ungeliebte *front loading* abstellen. Offen ist auch, wie die *Standardsetter* mit dem Hauptkritikpunkt umgehen werden, der als überbordend angesehenen Komplexität. Schließlich war ja schon der *Re-Exposure* von dem (weitgehend erfolglosen) Versuch der Komplexitätsreduktion geprägt. Interessant ist auch die nicht selten erhobene Forderung, die Leasinggeberbilanzierung auszuklammern und sich auf die Reform der Leasingnehmerbilanzierung zu konzentrieren. Dann müsste allerdings gefragt werden, nach welchen Regeln die Leasinggeber bilanzieren sollen.

Was ist also für den weiteren Fortgang der Reform zu erwarten? Das jahrelange Ringen um eine Leasingbilanzierungsreform deutet auf jeden Fall Interessenkonflikte der Betroffenen an. So vermag die Leasingforschung zu zeigen, dass Adressaten, hier insbesondere Banken und Analysten, eine volle Bilanzwirksamkeit tendenziell eher befürworten, während die Ersteller diesen Vorschlag eher ablehnen (vgl. z. B. *Abdel-khalik, Rashad A.* (1981); *Beattie, Vivien/Goodacre, Alan/Thomson, Sarah* (2006); *Durocher, Sylvain/Fortin, Anne* (2009)). Neben den höheren Erstellungskosten zweifeln letztere wohl weiterhin an der informationseffizienten Verarbeitung auf Adressatenseite. Sofern Erkenntnisse u. a. der Lobbyismus-Forschung berücksichtigt werden, wonach die Adressaten bei der Standardsetzung eher unzureichend repräsentiert sind, die Ersteller indes deutlich mehr Einfluss ausüben (vgl. z. B. *Jonas, Gregory J./Young, Stephen J.* (1998); *Young, Joni J.* (2006); im Überblick m. w. N. z. B. *Auste, Torben* (2011)), dürfte die Bilanzwirksamkeit aller Leasingverhältnisse noch keineswegs sicher sein (so auch die Erwartung von *Fülbier, Rolf Uwe/Fehr, Jane* (2013)). Was heißt das allerdings für die Reformbemühungen des *IASB* und *FASB*?

Ein mögliches Szenario wäre die Einstellung des Projekts. Beide *Standardsetter* haben sich indes mit ihren jahrelangen Bemühungen selbst unter Druck gesetzt, eine Leasingbilanzierungsreform umzusetzen. Schon aus der für private Gremien nie unwichtigen und mit der eigenen Legitimation verknüpften Reputation dürfte an der Einstellung dieses Prestige-Projekts (»*the biggest-ever accounting change*«, o. V. (2013)) jedoch gezweifelt werden. Um das »Gesicht zu wahren«, dürfte es wahrscheinlich einen »erfolgreichen« Reformabschluss, d. h. irgendein Resultat dieser Reformbemühungen geben. Allerdings lassen sich schon leichte Anzeichen für Friktionen zwischen den beiden *Standardsettern* erkennen, die zumindest den Fortgang der Konvergenzbemühungen etwas unwahrscheinlicher werden lassen (vgl. z. B. *Gaetano, Chris* (2013) mit Hinweis auf Meldungen des *Wall Street Journal*). Ob einer der beiden *Standardsetter* eine grundlegende Reform der Leasingbilanzierung alleine verantworten möchte, kann dann aber eher bezweifelt werden.

Damit ergibt sich als zweites Szenario eine Kompromisslösung, die entweder sehr viel stärker als der *ED/2013/6* an dem gegenwärtigen Status quo (vorerst) festhält und diesen insbesondere durch Anhangangaben ergänzt (übrigens auch so bereits von der *EFRAG* vorgeschlagen; vgl. *EFRAG* (2013)). Die *Standardsetter* kämen so mit »einem blauen Auge« aus dem Projekt heraus und der Kritik könnte in Teilen entsprochen werden. Oder die Kompromisslösung basiert wie der *ED/2013/6* auf dem *right of use approach*, findet aber über materielle Änderungen zum *Re-Exposure* noch den (ungemein schwierigen) Weg hin zu weniger Komplexität, mehr Einheitlichkeit und konzeptioneller Stringenz. Dieses zweite Szenario erscheint, in welcher Variante auch immer (oder in beiden Varianten, erst das Festhalten am Status quo und dann, in Phase 2, eine Hinwendung zu einem deutlich modifizierten *right of use approach*), am wahrscheinlichsten. Fast undenkbar angesichts der Stellungnahmen und der augenscheinlichen Kritik von vielen Seiten erscheint indes ein drittes Szenario: Die Umsetzung des *ED/2013/6* mit allenfalls geringen Modifikationen.

Alles in allem ist ein Ende der Leasingbilanzierungsreform noch nicht in Sicht. Der weitere Fortgang bleibt mit Spannung abzuwarten. Den betroffenen Unternehmen, insbesondere den Leasingnehmern, sei indes geraten, die verbleibende Zeit zu nutzen, um ihre internen Prozesse hin zu einem leistungsfähigen Leasingvertragscontrolling zu optimieren (so ähnlich bereits *Loitz, Rüdiger/Leuchtenstern, Sylvia/ Kroner, Matthias* (2011)). Zudem gilt es in dieser Zeit, den Informationsstand der zentralen Adressaten – gerade auch abseits der Kapitalmärkte, bei weniger professionellen und institutionellen Vertragspartnern – zu überprüfen und ggf. dort über die Leasingbilanzierungsreform zu informieren, um spätere Fehlinterpretationen zu vermeiden. Demgegenüber können die Leasinggeber vielleicht sogar noch darauf hoffen, dass die Reform sich (noch) stärker auf die Leasingnehmer fokussiert. Sie sollten dennoch ihr Geschäftsmodell überdenken, zumindest dann, wenn es im Wesentlichen auf der Bilanzunwirksamkeit des Operating Leasing basiert(e), und stattdessen andere Vorteile, z. B. die Servicekomponente eines Leasingvertrags, deutlich stärker betonen.

Literaturverzeichnis

Abdel-khalik, Rashad A. (1981): The Economic Effects on Leases of FASB Statement No. 13: Accounting for Leases, Stamford, CT 1981.

Altamuro, Jennifer/Johnston, Rick/Pandit, Shail/Zhang, Haiwen (2011): Operating leases and credit assessments, Working Paper, Ohio State University et al. 2011 (SSRN-id1115924).

Auste, Torben (2011): Einfluss von Lobbying auf den IFRS-Standardsetzungsprozess, Frankfurt am Main 2011.

Bardens, Andrea/Kroner, Matthias/Meurer, Holger (2013a): Neuer Standardentwurf zur Reformierung der Leasingbilanzierung nach IFRS und US-GAAP – eine schöne Bescherung? (Teil 1), in: KoR 2013, S. 453–459.

Bardens, Andrea/Kroner, Matthias/Meurer, Holger (2013b): Neuer Standardentwurf zur Reformierung der Leasingbilanzierung nach IFRS und US-GAAP – eine schöne Bescherung? (Teil 2), in: KoR 2013, S. 509–516.

Beattie, Vivien/Goodacre, Alan/Thomson, Sarah (2000): Recognition versus disclosure: An investigation of the impact on equity risk using UK operating lease disclosure, in: Journal of Business Finance & Accounting 2000, S. 1185–1224.

Beattie, Vivien/Goodacre, Alan/Thomson, Sarah (2006): International lease-accounting reform and economic consequences: The views of U. K. users and preparers, in: The International Journal of Accounting 2006, S. 75–103.

Bowman, Robert G. (1980): The debt equivalence of leases: An empirical investigation, in: The Accounting Review 1980, S. 237–253.

Cheung, Joseph K. (1982): The association between lease disclosure and the lessee's systematic risk, in: Journal of Business Finance & Accounting 1982, S. 297–305.

Cornaggia, Kimberly J./Franzen, Laurel A./Simin, Timothy T. (2012): Managing the balance sheet with operating leases, Working Paper, Loyola Marymount University et al. 2012 (SSRN-id2114454).

Dhaliwal, Dan/Lee, Hye S./Neamtiu, Monica (2011): The impact of operating leases on firm financial and operating risk, in: Journal of Accounting, Auditing & Finance 2012, S. 151–197.

Durocher, Sylvain/Fortin, Anne (2009): Proposed changes in lease accounting and private business bankers' credit decisions, in: Accounting Perspectives 2009, S. 9–42.

EFRAG (2013): Comment letter to the IASB, Re: Exposure Draft Leases, as of Oct 14, 2013.

ED/2013/6: Exposure Draft: Leases, IASB, Mai 2013, abrufbar unter: http://www.ifrs.org/Current-Projects/IASB-Projects/Leases/Exposure-Draft-May-2013/Pages/ED-and-comment-letters.aspx – Stand: 02.01.2014.

ED/2013/6.IE: Illustrative Examples on Exposure Draft: Leases, IASB, Mai 2013, abrufbar unter: http://www.ifrs.org/Current-Projects/IASB-Projects/Leases/Exposure-Draft-May-2013/Pages/ED-and-comment-letters.aspx – Stand: 02.01.2014.

Elam, Rick (1975): The effect of lease data on the predictive ability of financial ratios, in: The Accounting Review 1975, S. 25–43.

Fama, Eugene F. (1970): Efficient capital markets. A review of theory and empirical work, in: Journal of Finance 1970, S. 383–417.

Fehr, Jane (2013): Die künftige Leasingbilanzierung nach IFRS: Auswirkungen auf das Entscheidungsverhalten der Akteure, Frankfurt am Main 2013.

Fülbier, Rolf Uwe (2012): Reform der Leasingbilanzierung nach IFRS, in: Küting, Karlheinz/Pfitzer, Norbert/Weber, Claus-Peter (Hrsg.), Brennpunkte der Bilanzierungspraxis nach IFRS und HGB, Stuttgart 2012, S. 99–115.

Fülbier, Rolf Uwe/Eckl, Elfriede/Fehr, Jane (2013): Überarbeiteter Entwurf zu »Leases« liegt vor: IASB und FASB halten an der Bilanzwirksamkeit aller Leasingverträge fest, in: WPg 2013, S. 853–858.

Fülbier, Rolf Uwe/Fehr, Jane (2009): Die bilanzwirksame Gleichbehandlung aller Leasingverträge steht vor der Tür: Das IASB/FASB-Discussion Paper zu »Leases«, in: WPg 2009, S. 629–635.

Fülbier, Rolf Uwe/Fehr, Jane (2010): IASB und FASB machen Ernst mit der neuen Leasingbilanzierung: Der Standardentwurf zu »Leases« liegt vor, in: WPg 2010, S. 1019–1023.

Fülbier, Rolf Uwe/Fehr, Jane (2013): Bilanzwirksamkeit und -unwirksamkeit von Leasingverhältnissen aus Sicht der empirischen Forschung, in: Journal für Betriebswirtschaft 2013, S. 207–242.

Fülbier, Rolf Uwe/Lirio Silva, Jorge/Pferdehirt, Henrik (2008): Impact of lease capitalization on financial ratios of listed German companies, in: sbr 2008, S. 122–144.

Fülbier, Rolf Uwe/Pferdehirt, Henrik (2005): Überlegungen des IASB zur künftigen Leasingbilanzierung: Abschied vom off balance sheet approach, in: KoR 2005, S. 275–284.

Gaetano, Chris (2013): Lease proposal poorly received, in: CPA.BLOG, submitted 11/19/2013, 16:39, abrufbar unter: http://www.nysscpa.org/blog/2013/11/19/lease-proposal-poorly-received – Stand: 02.01.2014.

Giersberg, Jens/Vögtle, Marcus (2007): Bilanzielle Auswirkungen der Adjustierung von Operating-Leasingverhältnissen, in: FB 2007, S. 431–442.

Goodacre, Alan (2003): Assessing the potential impact of lease accounting reform: A review of the empirical evidence, in: Journal of Property Research 2003, S. 49–66.

Gruber, Thomas (2013): Der neue Standardentwurf zur IFRS Leasingbilanzierung – konzeptionell oder pragmatisch?, in: DB 2013, S. 2221–2230.

Hartman, Bart P./Sami, Heibatollah (1989): The impact of accounting treatment of leasing contracts on user decision making: A field experiment, in: Advances in Accounting 1989, S. 23–35.

Hommel, Michael/Winter, Heike/Zicke, Julia (2013): ED/2013/6 »Leases«: Neue Bestimmungen für Miete, Pacht und Leasing, in: BB 2013, S. 1707–1712.

Hoogervorst, Hans (2012): LSE – Accounting harmonisation and global economic consequences, public lecture at the London School of Economics, 6 November 2012, abrufbar unter: http://www.ifrs.org/Alerts/Conference/Documents/HH-LSE-November-2012.pdf – Stand: 02.01.2014.

IASB (2013): Snapshot Leases, Exposure Draft, May 2013, London.

Jonas, Gregory J./Young, Stephen J. (1998): Bridging the gap: Who can bring a user focus to business reporting? in: Accounting Horizons 1998, S. 154–159.

Kirsch, Hanno (2013): Bilanzierung von Leasingverhältnissen nach dem Re-Exposure-Draft »Leases« (ED/2013/6), Eine Fallstudie unter Berücksichtigung abschlusspolitischer Gestaltungsmöglichkeiten, in: KoR 2013, S. 490–497.

Kraft, Anastasia/Lopatta, Kerstin (2013): IASB changes on leasing: A study discovering the impact of lease disclosures in the assessment of equity risk, in: International Journal of Accounting, Auditing and Performance Evaluation 2013, S. 27–57.

Küting, Karlheinz/Koch, Christian/Tesche, Thomas (2011): Umbruch der internationalen Leasingbilanzierung – Fluch oder Segen, in: DB 2011, S. 425–430.

Küting, Karlheinz/Koch, Christian/Tesche, Thomas (2010): Die internationale Leasingbilanzierung vor dem Umbruch: Eine bilanzanalytische Betrachtung der Leasingnehmerbilanzierung, in: PiR 2010, S. 283–293.

Labrenz, Helfried (2013): Konzeptionelle Analyse der geplanten Leasingbilanzierung – Plädoyer für eine prinzipienbasierte Standardsetzung, in: KoR 2013, S. 79–87.

Leibfried, Peter/Rogowski, Carmen (2005): Mögliche zukünftige Leasingbilanzierung nach IFRS, in: KoR 2005, S. 552–555.

Loitz, Rüdiger (2013): Leasing – Eine Idee wird bittere Realität, Gastkommentar, in: DB 2013 (Nr. 24), S. M 1.

Loitz, Rüdiger/Leuchtenstern, Sylvia/Kroner, Matthias (2011): Leasing Heute und Morgen – Die Unternehmenspraxis, in: DB 2011, S. 1873–1881.

Martin, John D./Anderson, Paul F./Keown, Arthur J. (1979): Lease capitalization and stock price stability: Implications for accounting, in: Journal of Accounting, Auditing & Finance 1979, S. 151–163.

Munter, Paul/Ratcliffe, Thomas A. (1983): An assessment of user reactions to lease accounting disclosure, in: Journal of Accounting, Auditing & Finance, 1983, S. 108–114.

Nemet, Marijan (2013): Bilanzierung von Leasingverhältnissen nach IFRS, Der zweite Entwurf: Anforderungen und praktische Herausforderungen, in: PiR 2013, S. 237–246.

o. V. (2013): The lease bad solution, in: The Economist, Nov. 18, 2013, abrufbar unter: http://ww2.cfo.com/accounting-tax/2013/11/lease-bad-solution/ – Stand: 02.01.2014.

Pellens, Bernhard/Fülbier, Rolf Uwe/Gassen, Joachim/Sellhorn, Thorsten (2014): Internationale Rechnungslegung, 9. Auflage, Stuttgart 2014.

Pferdehirt, Henrik (2007): Die Leasingbilanzierung nach IFRS, Wiesbaden 2007.

Ro, Byung T. (1978): The disclosure of capitalized lease information and stock prices, in: Journal of Accounting Research 1978, S. 315–340.

Schipper, Katherine (2007): Required disclosures in financial reports, in: The Accounting Review 2007, S. 301–326.

Sengupta, Partha/Wang, Zheng (2011): Pricing of off-balance sheet debt: How do bond market participants use the footnote disclosures on operating leases and postretirement benefit plans?, in: Accounting and Finance 2011, S. 787–808.

Thi, Tami D./Fink, Christian/Schultze, Wolfgang (2011): Reform der Leasingbilanzierung nach IFRS – Asymmetrische Behandlung von Leasingnehmer und Leasinggeber, in: KoR 2011, S. 458–466.

Tweedie, David (2008): Prepared remarks of Sir David Tweedie, chairman of the IASB, at The Empire Club of Canada, Toronto, April 25 abrufbar unter: http://www.ifrs.org/News/Announcements-and-Speeches/Documents/Sir_David_Tweedie_Empire_Club_Speech.pdf, – Stand: 02.01.2014.

Young, Joni J. (2006): Making up users, in: Accounting, Organizations and Society 2006, S. 579–600.

Zeff, Stephen (2013): The IASB and FASB stumble over the annuity method of depreciation, Working Paper, Rice University 2013 (SSRN-id2326493).

Bilanzierung der Finanzierung von Unternehmenserwerben

Ralf Geisler
Wirtschaftsprüfer, Steuerberater
Partner
Financial Accounting Advisory Services
Ernst & Young GmbH Wirtschaftsprüfungsgesellschaft
Frankfurt am Main

Inhaltsverzeichnis

1	Einleitung	171
2	Darstellung einer typischen Finanzierungsstruktur bei einem Unternehmenserwerb	171
3	Bilanzierung von hybriden Finanzinstrumenten im Rahmen eines Unternehmenserwerbs	172
3.1	Ausgestaltung und bilanzielle Klassifikation von Preferred Equity Certificates (PEC)	172
3.1.1	Darstellung des hybriden Finanzinstrumentes	172
3.1.2	Klassifizierung als Eigen- oder Fremdkapital	173
3.2	Einsatz von Wandelschuldverschreibungen im Rahmen eines Unternehmenserwerbs	175
3.2.1	Nutzung der Wandeloption zum Kontrollerwerb	175
3.2.2	Bewertung der Eigen- und Fremdkapitalkomponente beim erstmaligen Ansatz	176
3.2.3	Folgebilanzierung des hybriden Finanzinstrumentes	177
4	Klassifikation und Amortisation von Transaktionskosten bei komplexen Erwerbsfinanzierungen	177
4.1	Erstbewertung der finanziellen Verbindlichkeit	177
4.2	Folgebewertung der finanziellen Verbindlichkeit	178
4.3	Besonderheiten bei vorzeitigen Refinanzierungen	179

5	Trennung von eingebetteten Derivaten aus der Finanzierungs-vereinbarung	180
5.1	Problemdarstellung und Definition	180
5.2	Mindestverzinsung (Eingebettete Zinsuntergrenze/Floor)	181
5.3	Kündigungsoptionen	182
5.4	Verzinsung in Abhängigkeit von sonstigen Variablen	183
5.5	Zusammenwirken von eingebetteten Derivaten	183
6	Zusammenfassung	184

Literaturverzeichnis 185

1 Einleitung

Der Beitrag analysiert anhand einer typischen Finanzierungsstruktur bei einem Unternehmenserwerb wesentliche Bilanzierungsprobleme nach den *International Financial Reporting Standards* (IFRS). Besonderes Augenmerk wird dabei neben der Darstellung der bilanzierungsbezogenen Praxisprobleme, die zu materiellen Auswirkungen auf den Konzernabschluss des Erwerbers führen können, auf die Erarbeitung von Gestaltungsvarianten bei der Finanzierung gelegt, die wesentliche Bilanzierungskonsequenzen nach IFRS mit sich bringen. Schwerpunkte des Beitrags sind die Themengebiete hybride Finanzinstrumente und deren optimale Ausgestaltung für einen Unternehmenserwerb, Behandlung von Transaktionskosten bei komplexen Erwerbsfinanzierungen und Refinanzierungen sowie die Identifikation und Trennung von eingebetteten Derivaten in typischen Dealfinanzierungen.

4 Darstellung einer typischen Finanzierungsstruktur bei einem Unternehmenserwerb

Im Zusammenhang mit Unternehmensfinanzierungen stehen in der Praxis div. Finanzierungsinstrumente zur Verfügung, die, je nach Ausgestaltung, zu einer unterschiedlichen bilanziellen Abbildung führen und demzufolge einen wesentlichen Einfluss auf die Vermögens-, Finanz- und Ertragslage des Unternehmens sowie auf Finanzkennzahlen nehmen. Die regelmäßig in der Praxis – insbesondere bei größeren Transaktionen – eingesetzten Instrumente lassen sich grundsätzlich vier Kategorien zuordnen: Gesellschafterdarlehen, Verkäuferdarlehen, externe Bankenfinanzierungen sowie die Ausgabe von Wandelschuldverschreibungen. Im nachfolgenden Schaubild ist eine in der Praxis häufig anzutreffende Finanzierungsstruktur exemplarisch dargestellt.

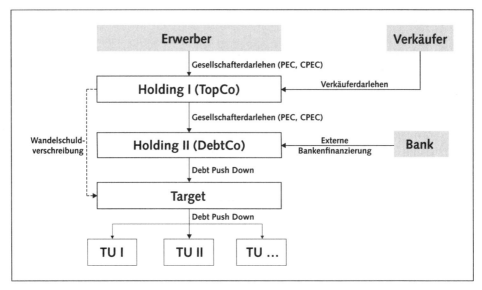

Abbildung 1: Typische Akquisitions- und Finanzierungsstruktur

Akquisitionen erfolgen in der Praxis häufig in Form einer mehrstöckigen Holdingstruktur. Diese bietet div. steuerliche und haftungsrechtliche Vorteile sowie eine höhere Flexibilität (z. B. bei der Implementierung von Managementbeteiligungsprogrammen, Nutzung als zukünftige Verkaufs- oder Börsenvehikel). In den folgenden Abschnitten wird im Detail auf die bilanziellen Herausforderungen sowie auf die potenziellen Gestaltungsmöglichkeiten dieser Finanzierungselemente eingegangen.

3 Bilanzierung von hybriden Finanzinstrumenten im Rahmen eines Unternehmenserwerbs

3.1 Ausgestaltung und bilanzielle Klassifikation von Preferred Equity Certificates (PEC)

3.1.1 Darstellung des hybriden Finanzinstrumentes

Aufgrund des relativ flexiblen steuerlichen und legalen Umfelds in Luxemburg (siehe z. B. *Bieber, Julien/Auger, Gaëlle/Taing, Linda* (2011)) dienen luxemburgische Holdinggesellschaften häufig zur Durchführung von Unternehmenserwerben, insbesondere auch im *private equity* Umfeld. In die Finanzierungsstruktur solcher

Luxemburger Holdinggesellschaften als Kaufvehikel i. R. v. Unternehmenserwerben werden in der Praxis häufig sog. »*Preferred Equity Certificates*« (PEC) auf den Ebenen der neu gegründeten Holdings an die Anteilseigner ausgegeben. Steuerlich werden diese PEC in Luxemburg als Fremdkapital behandelt und erlauben damit die steuerliche Abzugsfähigkeit der Zinsaufwendungen beim Emittenten (die steuerliche Behandlung auf Seiten des PEC-Investors hängt hingegen vom nationalen Steuerrecht seines Sitzstaates ab, in den USA erfolgt eine Klassifikation als Eigenkapital, in Deutschland als Fremdkapital, siehe z. B. *Bieber, Julien/Auger, Gaëlle/Taing, Linda* (2011)). PEC zeichnen sich durch rechtlich lange Laufzeiten zwischen 29 und 99 Jahren und die Endfälligkeit der Verpflichtung aus. Optional können die PEC-Vereinbarungen aber auch eine vorzeitige Rückzahlungsmöglichkeit auf Wunsch des Managements der Luxemburger Holdinggesellschaft vorsehen. Je nach Ausgestaltung können die PEC mit einer fixen (als Regelfall) oder variablen Verzinsung versehen sein.

Eine besondere Gestaltungsform stellen die sog. »*Convertible Preferred Equity Certificates*« (CPEC) dar, die zusätzlich zu den anderen bereits dargestellten Ausgestaltungsmerkmalen der PEC eine Wandlungsmöglichkeit in Eigenkapitalanteile an der Luxemburger Holdinggesellschaft zu einem fixierten Wandlungspreis offerieren (vgl. *Termaten, Eddy R.* (2010), S. 2). Obwohl auch die CPEC steuerlich in Luxemburg als Fremdkapital behandelt werden, enthalten sie mit der Wandlungsmöglichkeit ein Element eines hybriden Finanzinstrumentes. Zudem stellt sich, je nach Ausgestaltung von PEC und CPEC, generell die Frage, ob nach IFRS eine Klassifikation als Fremdkapital zu erfolgen hat oder ob auch Eigenkapitalbestandteile vorliegen.

3.1.2 Klassifizierung als Eigen- oder Fremdkapital

Die Beurteilung eines Finanzinstrumentes als Eigen- oder Fremdkapital erfolgt nach IAS 32.16 ff. Demnach liegt ein Eigenkapitalinstrument nur dann vor, wenn das Finanzinstrument keine vertragliche Verpflichtung beinhaltet,
1. flüssige Mittel oder einen anderen finanziellen Vermögenswert an ein anderes Unternehmen abzugeben; oder
2. finanzielle Vermögenswerte oder finanzielle Verbindlichkeiten mit einem anderen Unternehmen zu potenziell nachteiligen Bedingungen für den Emittenten auszutauschen (zudem stellt IAS 32.16(b) auch Möglichkeiten zur Klassifizierung als Eigenkapital dar, wenn ein Finanzinstrument mit Eigenkapitalinstrumenten des Emittenten erfüllt wird).

Wie unter 3.1.1 dargestellt, enthalten die PEC- und CPEC-Vereinbarungen häufig eine Verpflichtung zur Rückzahlung der überlassenen Mittel zum Endfälligkeitstermin. Kann das Management der Luxemburger Gesellschaft aufgrund der getroffenen Vereinbarung diesen Zahlungsabfluss für den Nominalbetrag der PEC und CPEC nicht verhindern, sind diese als finanzielle Verbindlichkeiten zu klassifizieren.

Allerdings findet man in der Praxis verschiedene Varianten von PEC und CPEC, die zumindest Indikatoren für eine teilweise Eigenkapitalklassifizierung enthalten. Diese resultieren entweder aus der Zinskomponente oder aber aus einem enthaltenen Wandlungsrecht:

Zinsniveau
Regelmäßiger findet man jedoch die Variante, dass manche PEC oder CPEC nicht oder nur mit einem Zinssatz verzinst werden, der unter dem Marktzinsniveau vergleichbarer Finanzinstrumente liegt. In diesen Fällen gewährt der PEC-Inhaber (der auch meist die Gesellschafterfunktion in der Luxemburger Gesellschaft innehat) i. H. d. Differenzbetrags zwischen den vereinbarten Zins- und Tilgungszahlungen (im Extremfall: Zinszahlungen von Null) diskontiert mit einem marktkonformen Zinssatz und dem Nominalbetrag der Gesellschaft einen wirtschaftlichen Vorteil, der zum Zeitpunkt der Emission der PEC als Eigenkapital zu klassifizieren ist. Die Differenz zwischen dem Nominalbetrag der PEC und diesem wirtschaftlichen Vorteil ist als Fremdkapital zu bilanzieren (vgl. *Ernst & Young* (2012), S. 3216 ff.; *PwC* (2012), S. 67003). In Höhe der Fremdkapitalkomponente multipliziert mit dem marktkonformen Zinssatz für das Finanzinstrument ergeben sich über die Laufzeit der PEC die nach IFRS zu bilanzierenden Zinsaufwendungen.

Wandlungsrechte
Sofern eine der involvierten Parteien (Inhaber oder Emittent) das Recht hat, anstelle der Rückzahlung in Geld die Lieferung von Eigenkapitalanteilen zu verlangen, kann sich auch hier ein Eigenkapitalbestandteil ergeben. Hat z. B. das Management der verpflichteten Luxemburger Gesellschaft die Möglichkeit, ohne Zustimmung der Inhaber der CPEC diese in Eigenkapital zu wandeln und kommt es nur dann zu einer Rückzahlung des Nominalbetrags am Ende der vertraglichen Laufzeit sofern das Management von diesem Wandlungsrecht keinen Gebrauch macht, kann faktisch das Management der Gesellschaft einen Zahlungsabfluss i. H. d. Nominalbetrags vermeiden. Eine solche vertragliche Ausgestaltung spricht für die Klassifikation als Eigenkapital. Voraussetzung ist jedoch nach IAS 32.16 (b)(i), dass das Austauschverhältnis im Vorhinein fixiert ist (sog. *fixed-for-fixed*-Regel).

Hat nicht das Management der Gesellschaft, sondern der Inhaber der CPEC die Möglichkeit, diese in eine fixe Anzahl von Anteilen an der Gesellschaft zu wandeln, dann liegt ebenfalls ein hybrides Finanzinstrument mit einer Eigen- und Fremdkapitalkomponente vor. IAS 32.28 und .29 verlangen vom Emittenten solcher Finanzinstrumente die erfolgsneutrale Aufteilung in beide Komponenten zum Zeitpunkt der erstmaligen Bilanzierung. Dabei wird zuerst der Marktwert der Fremdkapitalkomponente ermittelt, indem der Marktwert eines vergleichbaren Finanzinstrumentes ohne die eingebettete Option zur Wandlung in Eigenkapital bestimmt wird. In der Praxis wird dazu der Barwert aller Zahlungsabflüsse des betrachteten hybriden Finanzinstrumentes mit einem Zinssatz berechnet, welcher zum Emissionszeitpunkt für ein reines Fremdkapitalinstrument mit vergleichbarer Kreditwürdigkeit am Markt gehandelt wird. Die Eigenkapitalkomponente ist dann der Unterschiedsbetrag zwischen dem Emissionserlös der CPEC und der so ermittelten Fremdkapitalkomponente (vgl. *Ernst & Young* (2012), S. 3092 f.; *Termaten, Eddy R.* (2010), S. 3). In den Folgeperioden erfolgt keine Anpassung dieser Aufteilung der CPEC unabhängig von der Wahrscheinlichkeit der Ausübung der Wandlungsoption.

Kommt es im Zeitablauf zur Ausnutzung der eingebetteten Option, d. h. zur Wandlung in Eigenkapital, wird die Fremdkapitalkomponente erfolgsneutral in das Eigenkapital der Luxemburger Gesellschaft umgebucht (vgl. *Ernst & Young* (2012), S. 3095 ff.).

Kritisch bei der Bestimmung der Fremdkapitalkomponente ist die zu erwartende wirtschaftliche Laufzeit der CPEC. Zwar zeichnen sich diese – wie oben dargestellt – durch lange rechtliche Laufzeiten aus, jedoch kommt es in der Praxis häufig zur Rückzahlung der CPEC-Verpflichtung, sobald der Inhaber der CPEC seine Gesellschafterstellung in der Luxemburger Gesellschaft aufgibt. Somit muss für die Berechnung der Fremdkapitalkomponente der wirtschaftliche Zeitraum bis zum erwarteten Ausscheiden des CPEC-Inhabers aus der Gesellschafterposition herangezogen werden.

3.2 Einsatz von Wandelschuldverschreibungen im Rahmen eines Unternehmenserwerbs

3.2.1 Nutzung der Wandeloption zum Kontrollerwerb

Wandelschuldverschreibungen beinhalten neben einer festen Verzinsung das Recht für den Gläubiger, die Schuldverschreibung innerhalb einer bestimmten Wandlungsfrist oder zu einem bestimmten Wandlungszeitpunkt mittels eines festgelegten Wandlungsverhältnisses in Gesellschaftsanteile des Emittenten zu tauschen (auf die Darstellung der Bilanzierungskonsequenzen eines variablen Austauschverhältnisses wird bewusst verzichtet). Damit handelt es sich um ein hybrides Finanzinstrument mit einer festverzinslichen Schuldverschreibung sowie einer *call*-Option auf Anteile des Emittenten (vgl. *Schaber, Mathias/Rehm, Kati/Märkl, Helmut/Spiess Kordelia* (2010), S. 178 f.). Im Rahmen eines Unternehmenserwerbs sind für die Beurteilung eines Kontrolltransfers nicht nur bestehende Anteilsstimmrechte, sondern auch potentielle Stimmrechte aufgrund von Optionen oder Wandelschuldverschreibungen zu beachten. So kann z. B. ein Gesellschafter mit gerade erworbenen 40 % der Stimmrechte an einer Gesellschaft sowie einer substanziellen Option auf weitere 20 % der Stimmrechte aufgrund gehaltener Wandelschuldverschreibungen nach IFRS 10.B47 ff. diese Gesellschaft konsolidieren. Die Option aus der Wandelschuldverschreibung ist dann als substanziell und damit als relevant für die Konsolidierungsfrage zu betrachten, wenn folgende Voraussetzungen erfüllt sind:

- Der fixierte Wandlungspreis ist »im Geld«, d. h., er ermöglicht einen Anteilserwerb zu günstigeren Konditionen als am Markt. Sofern der Wandlungspreis »nicht im Geld« ist, wird die Wandeloption nur als substanziell betrachtet, falls die Ausnutzung der Option und damit die Durchführung des Unternehmenserwerbs solche materiellen Synergieeffekte erwarten lässt, dass auch ein »nicht im Geld« befindlicher Preis die Nutzung der Wandeloption wirtschaftlich sinnvoll macht. Es muss zudem beachtet werden, dass die Beurteilung der wirtschaftlichen Vorteilhaftigkeit fortlaufend zu erfolgen hat.
- Die Wandlungsmöglichkeit in Anteile an der Gesellschaft muss aktuell oder bis zum nächsten Zeitpunkt, an dem Entscheidungen über die relevanten Aktivitäten der Gesellschaft anstehen (bspw. Gesellschafterversammlung), gegeben sein (vgl. für weitere Details zum Vorliegen von substanziellen Optionsrechten Ernst & Young (2012), S. 397 ff.).

Unter Berücksichtigung dieser Bilanzierungskonsequenzen für substanzielle Optionen nach IFRS 10 kann es wirtschaftlich sinnvoll sein, einen Unternehmenserwerb nicht als direkten Erwerb der Mehrheit, sondern als Minderheitenerwerb sowie der Zeichnung von (jederzeit optierbaren) Wandelschuldverschreibungen des Zielunternehmens zu strukturieren. Ist die Wandlungsoption aufgrund der positiven Entwicklung des Zielunternehmens zukünftig »im Geld«, dann qualifizieren die bereits gehaltenen Minderheitenanteile sowie die substantielle Option den Erwerber als den kontrollierenden Gesellschafter. Eine Konsolidierung als Tochterunternehmen (TU) ist jedoch solange nicht erforderlich, solange die Option aufgrund einer schwächeren *performance* des Zielunternehmens »nicht im Geld« ist. Somit kann durch den Einsatz einer Wandelschuldverschreibung eine Konsolidierung als TU nur in späteren, insbesondere bei Start-Up Unternehmen wirtschaftlich stärkeren Jahren erreicht werden. Sollte die Wandeloption niemals »im Geld« sein, bleibt dem Inhaber immer noch sein Rückforderungsanspruch aus der Schuldverschreibung.

3.2.2 Bewertung der Eigen- und Fremdkapitalkomponente beim erstmaligen Ansatz

Auch bei einer Wandelschuldverschreibung handelt es sich um ein hybrides Finanzinstrument mit einer Eigenkapitalkomponente (Wandeloption) und einer Fremdkapitalkomponente (Schuldverschreibung). Somit gelten die unter 3.1.2 gemachten Ausführungen für die Ermittlung der Komponenten bei den CPEC analog auch für die Wandelschuldverschreibung. Allerdings ist zu beachten, dass das Wandlungsrecht Fremdkapital darstellt, wenn die Wandelschuldverschreibung entweder in einer anderen als der funktionalen Währung des Emittenten begeben wird (vgl. *Kuhn, Steffen/Scharpf, Paul* (2006), S. 570 f.; PwC (2012), S. 65051 ff.), das Wandlungsverhältnis nicht fixiert ist oder aber eine Möglichkeit zum Barausgleich besteht.

Transaktionskosten, die im Zusammenhang mit der Emission der Wandelschuldverschreibung entstehen, sind proportional auf die Eigenkapital- und Fremdkapitalkomponente aufzuteilen und für die Fremdkapitalkomponente im Wege der Effektivzinsmethode zu verteilen (siehe auch Abschnitt 4).

3.2.3 Folgebilanzierung des hybriden Finanzinstrumentes

In der Folgebilanzierung wird die Wandelschuldverschreibung bis zu einer evtl. Ausübung des Wandlungsrechts wie andere Anleiheinstrumente mittels der Effektivzinsmethode fortgeschrieben (vgl. hierzu Abschnitt 4). Dabei besteht der Zinsaufwand nicht nur aus den nominalen Kuponzahlungen, sondern enthält auch die im Wege der Effektivzinsmethode allokierten Transaktionskosten für die Fremdkapitalkomponente. Kommt es zur Wandlung des Finanzinstruments in Eigenkapital, erfolgt eine erfolgsneutrale Umbuchung der fortgeschriebenen Fremdkapitalkomponente in das Eigenkapital der Gesellschaft (vgl. *Ernst & Young* (2012), S. 3095 ff.).

Wird die Schuldverschreibung nicht gewandelt, sondern vorzeitig getilgt (z. B. aufgrund eines Verhandlungsergebnisses mit den Eigentümern der Schuldverschreibung), ist der Zahlungsbetrag anteilig auf die Eigen- und Fremdkapitalkomponente aufzuteilen; dabei ist wieder zuerst der Marktwert der Fremdkapitalkomponente zum Tilgungstermin zu bestimmen und dieser Teil wird als Tilgung der Fremdkapitalkomponente bilanziert. Der verbleibende Tilgungsbetrag wird dann der Eigenkapitalkomponente zugeordnet. Unterschiede zwischen der bilanzierten Fremdkapitalkomponente und dem anteilig zugeordneten Tilgungsbetrag sind erfolgswirksam zu erfassen, Unterschiede hinsichtlich der Eigenkapitalkomponente hingegen erfolgsneutral im Eigenkapital zu erfassen (vgl. IAS 32.AG33 und 34; *Ernst & Young* (2012), S. 3097 ff.).

4 Klassifikation und Amortisation von Transaktionskosten bei komplexen Erwerbsfinanzierungen

4.1 Erstbewertung der finanziellen Verbindlichkeit

Die bei der Finanzierung eines Unternehmenserwerbs häufig eingesetzten Instrumente wie Gesellschafterdarlehen oder externe Bankdarlehen sind nach IAS 39.9 typischerweise der Kategorie »sonstige Verbindlichkeiten« zuzuordnen, da diese vielfach nicht die Kriterien eines Eigenkapitalinstruments erfüllen (zu den Kriterien zur Abgrenzung zwischen Eigenkapital und Fremdkapital bei Unternehmensfinanzierungen siehe Abschnitt 3.1). Sonstige finanzielle Verbindlichkeiten sind bei ihrem erstmaligen Ansatz zu ihrem Marktwert unter Berücksichtigung von Transaktionskosten, die in einem unmittelbaren Zusammenhang mit dem Abschluss der Verbindlichkeit stehen, anzusetzen (vgl. IAS 39.43). IAS 39.9 konkretisiert, dass darunter jene Kosten zu verstehen sind, die nicht angefallen wären, wenn das Unternehmen das Schuldinstrument nicht emittiert hätte. Beispiele für Transaktionskosten sind *bank arrangement fees*, Beraterkosten, Rechtsanwaltskosten, Gebühren oder Provisionen. Bei der Finanzierung anfallende Agien oder Disagien stellen keine Transaktionskosten i. S. d. IAS 39 dar (vgl. IAS 39.A13).

Besteht die Finanzierung nicht nur aus einem einzigen Darlehen, sind die identifizierten Transaktionskosten für die Gesamtfinanzierung auf die einzelnen Finanzierungskomponenten (z. B. Darlehenstranchen, Kreditlinie, Akkreditivlinie) zu allokieren. Insbesondere in den Fällen, in denen die anfallenden Transaktionskosten nur in Summe auf das gesamte Finanzierungspaket und nicht direkt den einzelnen Komponenten zugeordnet werden können (bspw. fallen typischerweise *bank arrangement fees* wie auch Beratungs- und Rechtsanwaltskosten für das gesamte Finanzierungspaket an), ist hierfür vom bilanzierenden Unternehmen ein geeigneter Schlüssel zu definieren. Üblich ist in der Praxis eine hinsichtlich des Nominalvolumens und der Laufzeit gewichtete Aufteilung der Transaktionskosten auf die einzelnen Bestandteile der Finanzierung, sofern eine andere Schlüsselung nicht zu einer wirtschaftlich sinnvolleren Allokation führen sollte.

Eine Besonderheit stellt sich in Bezug auf Komponenten dar, die entweder bilanziell nicht abgebildet (z. B. Akkreditivlinie) oder nur sporadisch in Anspruch genommen werden (z. B. Revolver). Im Fall einer Akkreditivlinie können Transaktionskosten nicht einer finanziellen Verbindlichkeit zugeordnet und bei deren erstmaligem Ansatz berücksichtigt werden. In der Praxis wird daher in diesem Fall i. H. d. Transaktionskosten typischerweise ein Vermögenswert angesetzt, der über die Laufzeit der Akkreditivlinie verteilt wird. Inhaltlich wird durch diesen Aktivposten das Recht widergespiegelt, eine zur Verfügung gestellte Linie über einen bestimmten Zeitraum nutzen zu dürfen. Im Falle eines Revolvers wird in der Praxis eine Allokation der Transaktionskosten auf Basis der erwarteten zukünftigen Inanspruchnahme vorgenommen.

5.2 Folgebewertung der finanziellen Verbindlichkeit

Die Folgebewertung der sonstigen finanziellen Verbindlichkeiten hat zu fortgeführten Anschaffungskosten unter Berücksichtigung der Effektivzinsmethode zu erfolgen (vgl. IAS 39.47 i. V. m. IAS 39.9). Der Effektivzinssatz ist dabei so zu bestimmen, dass eine Diskontierung der geschätzten zukünftigen Ein- und Auszahlungen aus dem Finanzinstrument exakt dem Restbuchwert der finanziellen Verbindlichkeit entspricht (vgl. IAS 39.9). In diesem Zusammenhang sind sowohl die Ein- und Auszahlungen aus der Verbindlichkeit (im Wesentlichen

Zins- und Tilgungszahlungen) als auch deren Laufzeit unter Berücksichtigung aller vertraglichen Konditionen (z. B. Verlängerungs- und Kündigungsoptionen, Sondertilgungen, Zinsanpassungen) zu schätzen. Nur in Ausnahmefällen, in denen eine verlässliche Einschätzung der *cash flows* nicht durchführbar ist, ist auf die vertraglichen Zahlungsströme abzustellen (vgl. *PwC* (2012), S. 67023). Wichtig ist zudem, dass eingebettete Derivate nur dann bei der Schätzung der *cash flows* zu berücksichtigen sind, sofern diese nicht trennungspflichtig sind, da es ansonsten zu einer Doppelerfassung des Effekts aufgrund der Marktbewertung des getrennt zu bilanzierenden eingebetteten Derivats sowie der Auswirkungen aus der Effektivzinsmethode kommen würde. In diesen Fällen ist die vertragliche Laufzeit der finanziellen Verbindlichkeit bei der Ermittlung des Effektivzinssatzes zugrunde zu legen (vgl. PwC (2012), S. 67023).

Die Einschätzung bzgl. der erwarteten *cash flows* aus der finanziellen Verbindlichkeit ist vom bilanzierenden Unternehmen kontinuierlich zu überprüfen (IAS 39.AG 8). Wird die Einschätzung der *cash flows* geändert (weil bspw. die Ausübung einer nicht trennungspflichtigen Verlängerungsoption wahrscheinlich wird), ist der Buchwert der sonstigen finanziellen Verbindlichkeit nach IAS 39. AG8 dergestalt zu modifizieren, dass dieser den aktualisierten Zahlungsstrom, diskontiert mit dem ursprünglichen Effektivzinssatz, widerspiegelt. Die Änderung des Buchwertes der sonstigen finanziellen Verbindlichkeit ist dabei im Ergebnis der Periode, in der die Schätzungsänderung eingetreten ist, zu erfassen.

4.3 Besonderheiten bei vorzeitigen Refinanzierungen

Häufig kommt es i. R. v. Unternehmenserwerben oder in deren Folge zu Refinanzierungen von Unternehmen. Eine Refinanzierung wird nach IAS 39 entweder als Modifikation der alten Finanzierungsstruktur angesehen oder aber als Tilgung der alten und Aufnahme einer neuen Finanzierung behandelt. Während bei einer Modifizierung – wie es der Name schon sagt – nur eine Anpassung vorgenommen wird und mithin Fragen der Abspaltung von Derivaten und Auflösung von Transaktionskosten entfallen, führt die Tilgung und Neuaufnahme bilanziell dazu, dass die alte Finanzierung aufwandswirksam abgelöst wird und die neue Finanzierung bilanziell neu zu beurteilen ist.

In einem ersten Schritt gilt es nach IAS 39.40 zu überprüfen, ob sich i. R. d. Refinanzierung die beteiligten Vertragsparteien geändert haben. Sofern dies der Fall sein sollte, kommt es immer zu einem Abgang der Altfinanzierung und der anschließenden Erfassung einer neuen Verbindlichkeit. Diese Frage kann insbesondere bei syndizierten Kreditverträgen von hoher praktischer Relevanz sein. Hierbei ist zu überprüfen, ob es sich wirtschaftlich um ein Darlehen mit einem Konsortium vertreten durch den Konsortialführer oder um mehrere Darlehen mit den einzelnen Konsorten handelt. Kriterien, die wirtschaftlich für das Vorliegen eines Darlehens mit einem Konsortium sprechen, sind bspw., dass die Rückzahlungen pro rata auf die einzelnen Konsorten aufgeteilt werden, die Konsorten gleiche Kreditbedingungen aufweisen und sie zudem keine individuellen Vertragsbedingungen mit dem Darlehensnehmer aushandeln dürfen (vgl. *PwC* (2012), S. 66088).

Jegliche Transaktionskosten, die zum Zeitpunkt des Abgangs der Altfinanzierung noch nicht mittels der Effektivzinsmethode amortisiert wurden, sind unmittelbar erfolgswirksam auszubuchen. Neu entstehende Kosten und Gebühren im Zusammenhang mit der Refinanzierung sind entsprechend der obig dargestellten Systematik zu bilanzieren.

Ändern sich hingegen die Vertragsparteien nicht, so ist in einem weiteren Schritt zu überprüfen, ob sich die Vertragsbedingungen signifikant verändert haben (vgl. IAS 39.40 i. V. m. IAS 39.AG62). Diese haben sich gemäß IAS 39.AG62 substantiell geändert, sofern die unter Berücksichtigung des ursprünglichen Effektivzinses diskontierten Zahlungsströme unter den alten und neuen Vertragsbedingungen um mehr als 10 % voneinander abweichen (sog. Barwerttest). Neben dieser quantitativen Beurteilung, ob eine substantielle Vertragsänderung vorliegt, sind des Weiteren auch qualitative Faktoren heranzuziehen. So können unabhängig vom Barwerttest Vertragsänderungen in Bezug auf Darlehensgewährung, Verzinsung, eingebettete Derivate oder Definitionen von Kreditvereinbarungen auch für sich genommen zu einer signifikanten Vertragsänderung führen (vgl. *PwC* (2012), S. 66088). Kommt man auf Basis der quantitativen und qualitativen Analyse zu dem Ergebnis, dass es sich um eine wesentliche Vertragsänderung handelt, ist die Refinanzierung wie eine Tilgung zu bilanzieren. Das bedeutet, dass alle bis dato noch nicht amortisierten Transaktionskosten ergebniswirksam zu erfassen sind, ebenso wie alle i. R. d. Refinanzierung anfallenden Kosten und Gebühren (vgl. IAS 39.AG62). Qualifiziert die Vertragsanpassung hingegen als Modifikation, so sind sowohl die noch nicht amortisierten Transaktionskosten der alten Finanzierung als auch die entstandenen Kosten und Gebühren, die i. R. d. Refinanzierung angefallen sind, nach der Effektivzinsmethode zu verteilen.

5 Trennung von eingebetteten Derivaten aus der Finanzierungsvereinbarung

5.1 Problemdarstellung und Definition

Wie zu Beginn des Beitrags bereits angesprochen, spielen Unternehmensfinanzierungen i. R. v. Transaktionen immer eine wesentliche Rolle. Relevant sind hierbei zum einen die zum Zeitpunkt des Unternehmenserwerbs bereits existenten Drittfinanzierungen sowie die zu diesem Zeitpunkt neu aufgenommenen Finanzierungen.

Dabei können die Refinanzierungsverträge umfangreiche Werke darstellen und verschiedene Fallstricke in Form von »eingebetteten Derivaten« enthalten.

Ein eingebettetes Derivat ist Bestandteil eines strukturierten (zusammengesetzten) Instruments, das auch einen nicht-derivativen Basisvertrag enthält. Für zusammengesetzte Instrumente ist charakteristisch, dass ein Teil der Zahlungsströme ähnlichen Schwankungen ausgesetzt ist wie ein freistehendes Derivat. Zu beachten ist, dass ein Derivat, das mit einem Finanzinstrument verbunden, jedoch unabhängig von diesem Instrument vertraglich übertragbar ist oder mit einer von diesem Instrument abweichenden Vertragspartei abgeschlossen wurde, kein eingebettetes derivatives Finanzinstrument, sondern ein eigenständiges Finanzinstrument darstellt (vgl. IAS 39.10).

Ein eingebettetes Derivat ist von dem Basisvertrag dann und nur dann zu trennen und nach IAS 39 als Derivat zu bilanzieren, wenn (vgl. IAS 39.11; IFRIC 9.2) die wirtschaftlichen Merkmale und Risiken des eingebetteten Derivats nicht eng mit den wirtschaftlichen Merkmalen und Risiken des Basisvertrags verbunden sind (vgl. IAS 39.AG30; IAS 39.AG33), ein eigenständiges Instrument mit den gleichen Bedingungen wie das eingebettete Derivat die Definition eines Derivats erfüllen würde und das strukturierte (zusammengesetzte) Instrument nicht zum Marktwert bewertet wird, dessen Änderungen sich unmittelbar im Periodenergebnis niederschlagen. Die Beurteilung, ob eine Abspaltung vorzunehmen ist, hat zum Zeitpunkt des Vertragsabschlusses oder aber zum Zeitpunkt des Kontrollübergangs im Rahmen eines Unternehmenserwerbs nach IFRS 3 zu erfolgen, da hier der Erwerber erstmalig Vertragspartei wird. In diesem Zusammenhang ergibt sich das Problem, dass sich Marktgegebenheiten zwischen Aufnahme des Finanzinstruments und dem Termin des Unternehmenserwerbs derart geändert haben können, dass ein vormals nicht abspaltungspflichtiges Derivat nunmehr getrennt zu bilanzieren ist.

In den folgenden Abschnitten werden die am häufigsten angetroffenen Strukturierungen erläutert und die damit zusammenhängenden Praxisprobleme dargestellt.

5.2 Mindestverzinsung (Eingebettete Zinsuntergrenze/Floor)

Teilweise enthalten Finanzierungen für Unternehmenserwerbe mit einer generell variablen Verzinsung die folgende Definition hinsichtlich des anzuwendenden Zinssatzes für die betroffenen Zinsperioden: EURIBOR zuzüglich Marge (separat definiert), aber Minimum X,XX%. Eine solche Klausel gilt als eingebettetes Derivat in Form eines Zinsfloors (vgl. *Schaber, Mathias/Rehm, Kati/Märkl, Helmut/Spiess, Kordelia* (2010), S. 239 ff.).

Nach IAS 39.AG 33(b) ist ein eingebetteter Zinsfloor als eng mit dem Basisvertrag verbunden zu sehen, wenn der Mindestzins auf dem oder unterhalb des aktuellen Marktzinsniveaus liegt (vgl. *PwC* (2012), S. 63017). Fraglich ist hier in der Praxis, welcher Marktzins für die Bestimmung des Vergleichszinses heranzuziehen ist. In

Frage käme zum einen der aktuelle Marktzins für die im Kreditvertrag vorgegebene und gerade laufende Zinsperiode oder aber ein fairer fixer Zins bestimmt über die vertragliche Laufzeit der Finanzierung (vgl. *Ernst & Young* (2012) S. 3007). Letzteres ist über das Aufsetzen eines marktkonformen Zinsswaps ermittelbar. Typischerweise führt die Ermittlung eines fairen fixen Zinssatzes gerade bei einer neu abgeschlossenen Finanzierung eher dazu, dass eine Abspaltung vermieden werden kann. Dagegen kommt es bei der Übernahme einer bestehenden Finanzierung (je nach Alter) im Rahmen eines Unternehmenserwerbs in Zeiten niedriger oder fallender Zinsen regelmäßig dazu, dass das aktuelle Zinsniveau unterhalb der vertraglichen Mindestverzinsung liegt und damit eine Abspaltung unerlässlich ist.

5.3 Kündigungsoptionen

Finanzierungsverträge enthalten regelmäßig Kündigungsrechte. Zu unterscheiden sind hier neben der Frage, wem das Kündigungsrecht zusteht (Inhaber- oder Gläubigerkündigungsrechte) auch, ob die Rechte nur beim Eintritt eines Ereignisses relevant werden (z. B. »*change of control*«-Klauseln, »*covenant-break*«-Klauseln oder »*cross-defaults*«), ob diese verpflichtend durchzuführen sind oder ob diese im Ermessen des Optionsinhabers stehen. Kündigungsrechte im Zusammenhang mit dem Eintritt eines externen Ereignisses wie die angeführten »*change-of-control*«- oder »*covenants-break*«-Klausel werden typischerweise als »*not genuine*« eingestuft und damit für die Betrachtung außer Acht gelassen.

Gleiches gilt regelmäßig für alle verpflichtenden Rückzahlungsmechanismen, sei es »*excess-cash*« oder aber die Pflichttilgung aus der Veräußerung von Vermögenswerten durch den Schuldner, nach denen der Schuldner bestimmte liquide Mittel zwangsweise zur Tilgung verwenden muss.

Zu betrachten sind in diesem Zusammenhang jedoch Kündigungsrechte des Schuldners, die dieser unabhängig von einem Ereignis zu im Vorhinein definierten Preisen ausüben kann. Nach IAS 39.AG 30(g) sind solche Kündigungs-Optionen separat zu bilanzieren, wenn nicht der Ausübungspreis (der dann zu leistende Betrag zur Tilgung der Schuld) annähernd gleich den fortgeführten Anschaffungskosten ist (vgl. IAS 39.AG 30(g)(i)) oder aber der Gläubiger durch den Ausübungspreis einen Ausgleich der ihm in Zukunft entgehenden Zinsen erhält (vgl. IAS 39.AG 30(g)(ii) fordert »*approximate present value of lost interest for the remaining term*«, *PwC* (2012), S. 63019).

Variante 1 (Ausübungspreis = fortgeführte Anschaffungskosten) stellt in der Praxis immer dann ein Problem dar, wenn der Schuldtitel mit einem wesentlichen Agio/Disagio aufgenommen wurde, wesentliche Transaktionskosten bei der Aufnahme angefallen sind oder aber der Schuldtitel i. R. d. Unternehmenserwerbs zu einem wesentlich von par abweichendem Marktwert zugegangen ist. Wie schon in Abschnitt 4 dargestellt, ist die Schuld nach IAS 39.47 mittels der Effektivzinsmethode auf den Rückzahlungsbetrag fortzuschreiben. Der Standard schreibt nun keine absolute oder prozentuale Größe vor, welche noch das Kriterium »annähernd gleich« erfüllt. In der Praxis werden hier Abweichungen zwischen Ausübungspreis und fortgeführten Anschaffungskosten von max. 3–5 % als noch akzeptabel diskutiert, sodass bis zu diesen Werten eine Trennung vermieden werden kann.

Variante 2 (Entschädigung für entgangene Zinsen) ist regelmäßig dann relevant, wenn eine vorzeitige Kündigung zum Nominalbetrag möglich ist oder aber der Aufschlag für die vorzeitige Rückzahlung erheblich unterhalb der im Kreditvertrag vereinbarten Marge liegt. In diesen Fällen ist eine Entschädigung des Gläubigers für entgangene Zinsen per se ausgeschlossen, sodass nur der Nachweis der Nichtabspaltungspflicht über IAS 39.AG 30(g)(i) erbracht werden kann. Vertragsklauseln, die die Abspaltungspflicht generell vermeiden, regeln dagegen eine Verpflichtung zur Abfindung in Höhe aller ausstehenden Zinszahlungen bis zur Fälligkeit diskontiert mit einem Marktzins auf den Kündigungstermin (vgl. *Ernst & Young* (2012), S. 3006).

5.4 Verzinsung in Abhängigkeit von sonstigen Variablen

Regelmäßig sehen Finanzierungen Änderungen der Zins-Marge in Abhängigkeit von der Kreditwürdigkeit des Schuldners vor, welche an verschiedenen Kennzahlen, wie z. B. »*net debt to equity*« festgemacht werden. Ebenso können aber auch erfolgsabhängige Verzinsungen enthalten sein, welche ebenfalls an Kennzahlen gekoppelt sind. Solange diese nicht-finanziellen Kennzahlen spezifisch für eine der beiden Vertragsparteien sind (typischerweise spezifisch für den Schuldner), so erfüllt die Vertragsgestaltung nicht die Definition eines Derivates nach IAS 39 und resultiert somit nicht in einer Trennung einer Komponente des Finanzinstrumentes (vgl. IAS 39.9; *Schaber, Mathias/Rehm, Kati/Märkl, Helmut/Spiess, Kordelia* (2010), S. 303 ff.).

Anders sieht es allerdings aus, wenn hinsichtlich der relevanten Kennzahl auf wirtschaftliche Kennzahlen anderer Unternehmen statt auf die des Schuldners abgestellt wird. In diesem Fall ist die Abspaltung zwingend.

5.5 Zusammenwirken von eingebetteten Derivaten

Eingebettete Derivate sind grundsätzlich jeweils einzeln hinsichtlich ihrer Abspaltungspflicht zu untersuchen. Sofern sich jedoch für ein eingebettetes Derivat eine Abspaltungspflicht ergibt, sind zwangsweise alle eingebetteten Derivate, welche sich auf die identische Variable beziehen, ebenfalls abzuspalten und gemeinsam als ein Derivat separat zu erfassen (vgl. *Ernst & Young* (2012) S. 3023). Dies lässt sich am besten am Beispiel eines eingebetteten Zinsfloors und einer Kündigungsoption des Schuldners darstellen. Die Marktwerte beider potentiell zu bilanzierenden Derivate schwanken jeweils im beizulegenden Zeitwert in Abhängigkeit vom Zinsniveau. Umso niedriger das Marktzinsniveau sinkt, umso negativer wird der beizulegende Zeitwert des Zinsfloors aus Sicht des Schuldners. Gleichzeitig steigt aber auch analog der positive beizulegende Zeitwert der Kündigungsoption, da sich der Schuldner mit Hilfe der Option dem Nachteil zukünftig höherer Zahlungen entziehen kann.

Sollte sich nun eine der beiden als eingebettete Derivate identifizierten Optionen als trennungspflichtig erweisen, wären in diesem Fall beide abzuspalten und als ein Instrument separat zu erfassen. Da sich die Effekte aus dem Marktzinsniveau aus beiden Optionen z. T. aufheben, bleibt in diesem Fall die Kreditmarge, deren Volatilität und die vom Markt geforderte Marge als wesentliche, den Marktwert der Derivate beeinflussende Größen übrig.

6 Zusammenfassung

Der Erfolg einer Unternehmensakquisition ist materiell beeinflusst durch die Finanzierung des Erwerbs. Um die Finanzierung unter wirtschaftlichen und steuerlichen Gesichtspunkten optimal zu gestalten, werden immer komplexere und häufig hybride Finanzinstrumente eingesetzt. Die mit diesen komplexen Finanzinstrumenten verbundenen IFRS-Bilanzierungsfragen, aber auch die möglichen Gestaltungsalternativen bedingen schon vor dem Abschluss der Finanzierung eine detaillierte Würdigung aller Vertragsaspekte und -alternativen. Nur so kann – wie in diesem Beitrag aufgezeigt – auch unter Bilanzierungsgesichtspunkten eine optimale Finanzierung erreicht werden.

Wie ausgeführt hängt z. B. die IFRS-Klassifikation von PEC und CPEC als Eigen- oder Fremdkapital sehr stark von den individuellen vertraglichen Gegebenheiten ab. Zwar kommt es erfahrungsgemäß bei den PEC meist zu einer Klassifikation als Fremdkapital und bei den CPEC zur Abspaltung des Wandlungsrechts als eingebettetes Derivat. Empfehlenswert ist es jedoch auch aufgrund der evtl. steuerlichen Implikationen eine detaillierte Analyse im jeweiligen Einzelfall vorzunehmen, um so die gewünschten bilanzpolitischen Zielsetzungen durch die entsprechende Ausgestaltung dieser interessanten Finanzinstrumente erreichen zu können.

Wandelschuldverschreibungen können im Rahmen eines Unternehmenserwerbs intelligent eingesetzt werden, um optional von den zukünftigen Erfolgsaussichten die Kontrolle an einem Unternehmen zu erlangen.

Auch die Allokation von Transaktionskosten mittels der Effektivzinsmethode bedingt eine genaue Analyse der Finanzierungsverträge, weil z. B. Verlängerungs- oder Kündigungsoptionen, Sondertilgungen oder eingebettete Derivate diese erfolgswirksame Verteilung maßgeblich beeinflussen. Refinanzierungen können je nach Ausgestaltung zur vorzeitigen Aufwandserfassung materieller Transaktionskosten führen.

Zudem enthalten bestehende oder neue Finanzierungen im Rahmen eines Erwerbs häufig eingebettete Derivate, deren Identifikation und gesonderte Bewertung eine weitere Komplexität bei der Bilanzierung von Unternehmenserwerben bewirkt.

Literaturverzeichnis

Bieber, Julien/Auger, Gaëlle/Taing, Linda (2011): BNA International Inc. – Tax Planning International Review™ vom 05.06.2011, abrufbar unter: https://www.kpmg.com/LU/en/IssuesAndInsights/Articlespublications/Documents/Private-Equity-structuring-in-Luxembourg-BNA-May-2011.pdf – Stand: 01.10.2013.

Ernst & Young (2012): International GAAP 2013 – Generally Accepted Accounting Practice under International Financial Reporting Standards, Chichester 2012.

Kuhn, Steffen/Scharpf, Paul (2006): Rechnungslegung von Financial Instruments nach IFRS – IAS 32, IAS 39 und IFRS 7, 3. Auflage, Stuttgart 2006.

PwC (2012): Manual of accounting – IFRS 2013, PricewaterhouseCoopers LLP, London 2012.

Schaber, Mathias/Rehm, Kati/Märkl, Helmut/Spiess, Kordelia (2010): Handbuch strukturierte Finanzinstrumente: HGB – IFRS, 2. Auflage, Düsseldorf 2010.

Termaten, Eddy R. (2010): Deloitte Luxembourg IFRS Newsletter, May 2010, abrufbar unter: https://www.deloitte.com/assets/Dcom-Luxembourg/Local Assets/Documents/Newsletters/IFRS newsletter/2010/lu_ifrsnewsletter_052010.pdf – Stand: 01.10.2013.

Die neuen Vorschriften zur Umsatz- und Gewinnrealisierung

Andreas Grote
Wirtschaftsprüfer
Partner, Financial Accounting Advisory Services
Ernst & Young GmbH Wirtschaftsprüfungsgesellschaft
Frankfurt am Main

Prof. Dr. Jochen Pilhofer
Wirtschaftsprüfer, Steuerberater, Certified Public Accountant
Hochschule für Technik und Wirtschaft des Saarlandes
Saarbrücken

Inhaltsverzeichnis

1	Projekthintergrund und Projektzeitplan	189
2	Das »5-Schritte-Modell« im Überblick	191
2.1	Identifikation von Verträgen mit Kunden	192
2.2	Identifikation von separaten Leistungsverpflichtungen	193
2.3	Ermittlung des Transaktionspreises	196
2.4	Allokation des Transaktionspreises	197
2.5	Erfassung der Erträge bei Erfüllung der Leistungsverpflichtungen	199
3	Kurzreflexion ausgewählter Thematiken	203
4	Erstanwendung	209
5	Kritische Würdigung	211
	Literaturverzeichnis	212

1 Projekthintergrund und Projektzeitplan

Die in der Erfolgsrechnung ausgewiesenen Umsatzerlöse qualifizieren als »eine der wichtigsten Kennziffern eines Unternehmens« (*Adler, Hans/Düring, Walther/ Schmaltz, Kurt* (1995), §275, Rn. 21) und sind aus dem Blickwinkel des Managements regelmäßig der »Spielball des Gewinnmanagements« (*Küting, Karlheinz/ Weber, Claus-Peter/Pilhofer, Jochen* (2002), S. 318). Daher ist es wenig verwunderlich, dass sich die beiden international bedeutendsten *Standardsetter* von Rechnungslegungsnormen *IASB* und *FASB* (im Folgenden auch »die *Boards*«) im Rahmen ihrer Konvergenzbestrebungen bereits früh mit diesem Themenkomplex auseinandersetzten und bereits im Juni 2002 ein gemeinsames Projekt zur umfassenden Reformierung der Umsatzrealisierung nach IFRS und US-GAAP initiierten. Seitdem verfolgen die *Boards* die Zielsetzung, die de lege lata existierenden einzelfallspezifischen Rechnungslegungsnormen in **einem** (prinzipienorientierten) Standard unter einer einheitlichen und im Einklang mit dem Rahmenkonzept stehenden theoretischen Konzeption – dem sog. *asset-and-liability approach* – zusammenzufassen. Nach dem ungewöhnlich langen Standardentwicklungsprozess (sog. *due process*) steht die Veröffentlichung des finalen Standards nach nunmehr mehr als elf Jahren unmittelbar bevor. Die daraus resultierenden konzeptionellen Auswirkungen sind aus Sicht der US-amerikanischen Rechnungslegung ungleich größer als aus Sicht der IFRS-Rechnungslegung. Im IFRS-Normensystem werden die gegenwärtig einschlägigen Standards IAS 11 und IAS 18 sowie die gegenwärtig einschlägigen einzelfallspezifischen Interpretationen IFRIC 13, IFRIC 15, IFRIC 18 und SIC-31 de lege ferenda durch einen branchenübergreifenden Standard ersetzt (vgl. *ED/2011/6.C6*). Demgegenüber haben sich in der US-amerikanischen Rechnungslegung historisch betrachtet – basierend auf dem hier einschlägigen *case law*-Rechtssystem – weit mehr als 100 einzelfallspezifische (sowohl allgemeingültige als auch branchenspezifische) Rechnungslegungsnormen entwickelt. Deren Nachteile in der Rechtsanwendung – vor allem durch die Verwendung einer Vielzahl unbestimmter Rechtsbegriffe und der damit einhergehenden Auslegungsproblematik – wurden in der Fachdiskussion erkannt und bereits ausgiebig kritisiert (vgl. stellvertretend *Pilhofer, Jochen* (2002), S. 60ff. m.w.N.). Die bevorstehende Ablösung des »US-amerikanischen Dschungel[s; d. Verf.] der Ertragsrealisationsnormen« (*Pilhofer, Jochen* (2002), S. 66) durch einen prinzipienorientierten und branchenübergreifenden Standard könnte als Beleg dahingehend angesehen werden, dass sich auch das US-amerikanische Rechnungslegungssystem künftig voraussichtlich stärker in Richtung Prinzipienorientierung (sog. *principle-based standards*) entwickeln dürfte.

Vor dem Hintergrund der in praxi nicht selten erst auf den zweiten Blick erkennbaren Komplexität der Umsatzrealisierung – daher bildlich mit einem Eisberg im Meer vergleichbar (vgl. *Grote, Andreas/Hold, Christiane/Pilhofer, Jochen* (2012a), S. 105 m.w.N.) – überrascht es nicht, dass der erstmals veröffentlichte Standardentwurf *ED/2010/6 Revenue from Contracts with Customers* (im Folgenden kurz »*ED/2010/6*«) erst nach jahrelangen Diskussionen im Sommer 2010 veröffentlicht wurde. Basierend auf dem im Einklang mit dem Rahmenkonzept stehenden bilanzorientierten *asset-and-liability approach* sollen Umsatzerlöse grundsätzlich (erst) dann i. H. d. zu erwartenden Gesamtvergütung erfasst werden, wenn die Verfügungsmacht der zugesagten Güter oder Dienstleistungen auf den Kunden übertragen wurde (Ausfluss des sog. *control principle*). Der Wandel vom *risk-and-reward approach* des IAS 18 bzw. dem *continuous approach* des IAS 11 hin zum *control principle* stellt keinen Paradigmenwechsel oder gar eine Revolution der Umsatzrealisierung dar (vgl. *Wüstemann, Jens/Wüstemann, Sonja* (2010), S. 2040). Im Gegenteil: Für die überwiegende Mehrzahl von Verkäufen wird das neue Konzept keine wesentlichen Auswirkungen haben (im Ergebnis auch *Wollmert, Peter* (2012), S. 87), da der Übergang der Verfügungsgewalt häufig mit dem Übergang der mit dem Eigentumsrecht verbundenen wesentlichen Risiken und Verwertungschancen einhergeht.

Eine konsequente Umsetzung des *asset-and-liability approach* hätte vor allem erheblich die in der internationalen Rechnungslegungspraxis bis dato bedeutsame Teilgewinnrealisierung (sog. *percentage-of-completion method*; im Folgenden auch kurz »POC-Methode«) beeinflusst. Von der öffentlichen Kommentierungsmöglichkeit des Standardentwurfs *ED/2010/6* machten daher vor allem diejenigen Unternehmen Gebrauch, die gegenwärtig wesentliche Anteile ihrer Umsatzerlöse unter Anwendung der POC-Methode realisieren. Deren ersatzlose Streichung wurde in der Fachdiskussion nämlich nach der Veröffentlichung des dem Standardentwurf *ED/2010/6* zeitlich vorgelagerten sog. *Discussion Paper* im Jahre 2008 allgemein befürchtet. Der Wegfall der POC-Methode hätte für davon betroffene Unternehmen ggf. zu erheblichen Periodenverschiebungen in der Umsatzrealisierung führen können und damit einhergehend einen einschneidenden Eingriff in die Darstellung der Ertragslage bedeutet.

Gerade vor dem Hintergrund des mit 974 erhaltenen Stellungnahmen (sog. *comment letter*) zum *ED/2010/6* außergewöhnlich großen öffentlichen Interesses und des dadurch bekundeten immensen Diskussionsbedarfs seitens der Öffentlichkeit entschieden sich die *Boards* für eine erneute Veröffentlichung eines überarbeiteten Standardentwurfs im November 2011 – den sog. *Re-Exposure Draft ED/2011/6 Revenue from Contracts with Customers* (im Folgenden kurz »*ED/2011/6*«). Entgegen den ursprünglichen Vorschlägen zu Beginn des Standardentwicklungsprozesses wurde endgültig von einer konsequenten Umsetzung des *control principle* Abstand genommen. Das *control principle* wurde letztlich durch die Normierung praxisgerechter Lösungsansätze partiell aufgeweicht und somit wurde aus bilanztheoretischer Sicht de facto ein inkonsistentes *mixed model* konstruiert. Vor allem wird dadurch auch künftig (unter bestimmten Voraussetzungen) eine Teilgewinnrealisierung als zulässig erachtet. Dies kann als wesentliche Begründung dafür angeführt werden, dass sich die bei beiden *Boards* eingegangenen 357 Stellungnahmen zum *ED/2011/6* im Vergleich zum vorherigen Standardentwurf *ED/2010/6* (mit knapp 1.000 Stellungnahmen) signifikant reduzierten.

Zwischen Juni 2012 und Oktober 2013 fanden in regelmäßigen Abständen Beratungen von *IASB* und *FASB* statt (sog. *redeliberations*). Basierend auf deren zwischenzeitlich getroffenen vorläufigen Entscheidungen (sog. *tentative decisions*) wird der finale Standard seit November 2013 letztmalig von den *Boards* überarbeitet. Die Veröffentlichung des finalen Standards wird für das erste Halbjahr 2014 erwartet. Die erstmalige verpflichtende Anwendung ist für Berichtsperioden vorgesehen, die am oder nach dem 1. Januar 2017 beginnen.

Der vorliegende Beitrag reflektiert die in *ED/2011/6* manifestierten Vorschläge unter besonderer Berücksichtigung der i. R. d. zeitlich nachgelagerten Beratungen zwischenzeitlich getroffenen vorläufigen Entscheidungen beider *Boards*. Dabei wurden sämtliche öffentlich verfügbaren Quellen (vor allem *IASB Meeting Summaries and Observer Notes*, *Staff Papers*) eingehend ausgewertet. Dadurch soll ein vorausschauender Blick auf den finalen Standard zur Umsatzrealisierung nach IFRS und US-GAAP und dem damit verbundenen Anpassungsbedarf gegenüber den gegenwärtigen Rechtsnormen ermöglicht werden. Dabei gilt es insbesondere, die zentrale (und gegenwärtig kontrovers diskutierte) Frage zu beantworten, ob die Anwendung des neuen Standards künftig zu einschneidenden und nachhaltigen Auswirkungen i. R. d. Anwendung internationaler Rechnungslegungsstandards sowie in der Folge zu Anpassungen von Prozessen und Systemlandschaften in der Unternehmenswelt führen wird, oder, ob insgesamt nur marginale Auswirkungen zu erwarten sind.

2 Das »5-Schritte-Modell« im Überblick

Der Prozess der Umsatzrealisierung wird nach der von den *Boards* neu entwickelten Konzeption systematisch in die folgenden fünf Schritte zerlegt (vgl. *ED/2011/6.IN10*):

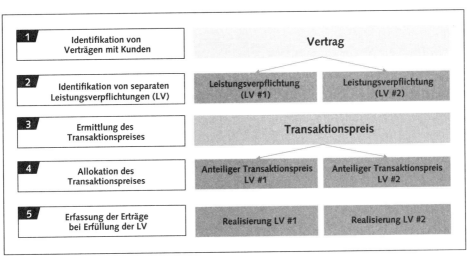

Abbildung 1: Das »5-Schritte-Modell« der Umsatzrealisierung

Diese fünfstufige Untergliederung war konzeptionell bereits in dem ersten Standardentwurf *ED/2010/6* enthalten. Seitdem wurden überwiegend nur marginale Feinadjustierungen der den fünf Schritten zugrundeliegenden Kernprinzipien vorgenommen. Nachfolgend wird der – nach Abschluss der Beratungen der *Boards* – aktuelle Diskussionsstand, bezogen auf die in den einzelnen fünf Schritten enthaltenen Grundkonzeptionen, kritisch reflektiert. Dadurch soll eine bestmögliche Vorausschau auf den im ersten Halbjahr 2014 zu erwartenden finalen Standard zur Umsatzrealisierung ermöglicht werden.

2.1 Identifikation von Verträgen mit Kunden

Der sachliche Anwendungsbereich des neuen Standards erstreckt sich (nur) auf Verträge mit Kunden. In Schritt 1 gilt es daher zunächst den relevanten Kundenvertrag zu identifizieren.

Ein »Vertrag« in diesem Sinne liegt vor, wenn eine Vereinbarung zwischen zwei oder mehreren Parteien durchsetzbare Rechte und Pflichten begründet (vgl. *ED/2011/6.Appendix A*). Dabei müssen die in *ED/2011/6.14* aufgeführten vier Kriterien kumulativ erfüllt werden; diese betreffen (a) den wirtschaftlichen Gehalt des Vertrags; (b) die Zustimmung der Vertragsparteien ihren Verpflichtungen nachzukommen; (c) die Identifizierbarkeit der Rechte der Vertragsparteien in Bezug auf die Übertragung der Güter bzw. Dienstleistungen; und (d) die Identifizierbarkeit der Zahlungsbedingungen für die zu übertragenden Güter bzw. Dienstleistungen. Im Rahmen ihrer Beratungen im Oktober 2013 haben die *Boards* den vorgenannten Kriterienkatalog insofern erweitert, als dass zusätzlich auch der Erhalt der Gegenleistung vom Kunden wahrscheinlich sein muss (sog. *collectability threshold*). Diese Prüfung hat sowohl die Zahlungsfähigkeit als auch die Absicht des Kunden zu berücksichtigen.

Ein »Kunde« in diesem Sinne ist definiert als »*party that has contracted with an entity to obtain goods or services that are an output of the entity's ordinary activities*« (ED/2011/6.Appendix A). Insbesondere bei Verträgen betreffend eine gemeinsame Forschungs- und Entwicklungskooperation (z. B. zwischen einem Pharma- und einem BioTech-Unternehmen) dürfte es regelmäßig fraglich sein, ob der Kooperationspartner überhaupt als »Kunde« in diesem Sinne anzusehen ist, vor allem, da das Ziel solcher Vereinbarungen die Teilung von Chancen und Risiken und nicht primär die Umsatzgenerierung ist. Diese Ermessensentscheidung betreffend den sachlichen Anwendungsbereich des neuen Standards ist künftig im Lichte aller Umstände des Einzelfalls zu treffen und dürfte einen nicht unerheblichen Gestaltungsspielraum eröffnen.

Gegebenenfalls sind mehrere gleichzeitig oder zeitnah abgeschlossene Einzelverträge mit derselben Partei bei entsprechenden Preisinterdependenzen oder sonstigen wirtschaftlichen oder technischen Interdependenzen zusammenzufassen (vgl.

ED/2011/6.17). Wird bspw. mit einem Kunden ein Verlustvertrag abgeschlossen und in unmittelbarer zeitlicher Nähe kompensatorisch ein Vertrag mit einer entsprechend hohen Gewinnmarge kontrahiert, ist zu prüfen, ob künftig beide Verträge zwingend als eine bilanzielle Einheit zu behandeln sind. Dies könnte bei solchen Unternehmen mit Prozess- und Systemanpassungen verbunden sein, die derzeit solche Routinen systemseitig nicht abgreifen.

Im neuen Standard zur Umsatzrealisierung wird erstmals explizit die bilanzielle Erfassung von Vertragsänderungen geregelt (vgl. *ED/2011/6.18 ff.*). Bei Änderung der ursprünglich vereinbarten Konditionen (z. B. hinsichtlich des Lieferumfangs und/oder der Preise) wird künftig zu beurteilen sein, ob diese Anpassung als ein separater Vertrag zu behandeln, oder, ob die Änderung als Teil des ursprünglichen Vertrags zu bilanzieren ist und entweder prospektiv oder mittels sog. *cumulative catch-up adjustment* zum Zeitpunkt der Vertragsänderung abzubilden ist (vgl. hierzu ausführlich *Küting, Karlheinz/Lam, Siu* (2013), S. 1835 f.).

2.2 Identifikation von separaten Leistungsverpflichtungen

In Schritt 2 sind unmittelbar nachgelagert zur Identifikation des Kundenvertrages dessen separat zu bilanzierende Leistungsverpflichtungen (sog. *performance obligations*) abzugrenzen. Dadurch soll im Ergebnis der wirtschaftliche Gehalt von Geschäftstransaktionen im Abschluss zutreffend abgebildet werden, vor allem, da mit der Erbringung verschiedener Leistungsverpflichtungen in praxi meist signifikant divergierende Gewinnmargen verbunden sind (z. B. kostendeckender Verkauf von Gütern i. V. m. zugehörigen Dienstleistungen mit entsprechend hohen inhärenten Gewinnmargen). Bedarf an Prozess- und Systemanpassungen könnte insoweit künftig dann bestehen, wenn das Leistungsangebot eines Unternehmens Mehrkomponentenverträge, bestehend aus mehreren Leistungsverpflichtungen, umfasst.

Die in *ED/2011/6* ursprünglich vorgesehene Konzeption der Identifikation von separaten Leistungsverpflichtungen wurde von den *Boards* im Rahmen ihrer Beratungen (*redeliberations*) nicht unwesentlich modifiziert. Die *Boards* hielten zwar an dem aus dem Standardentwurf *ED/2011/6* bekannten sog. *disctinct*-Kriterium grundsätzlich fest – allerdings wurde im Rahmen ihrer Beratungen eine stärker prinzipienorientierte *disctinct*-Konzeption entwickelt, indem vormals einschlägige (unwiderlegbare) Kriterien künftig nur noch als ergänzend heranzuziehende (ggf. widerlegbare) Indikatoren qualifizieren.

Eine Leistungsverpflichtung ist demnach dann als eigenständig zu beurteilen, wenn die beiden folgenden Grundsatzkriterien kumulativ vorliegen, die selbst wiederum durch entsprechende (ggf. widerlegbare) Indikatoren konkretisiert werden:
1. Abgrenzungsfähigkeit (»*capable of being distinct*«); und
2. Abgrenzbarkeit im Vertragskontext (»*distinct within the context of the contract*«).

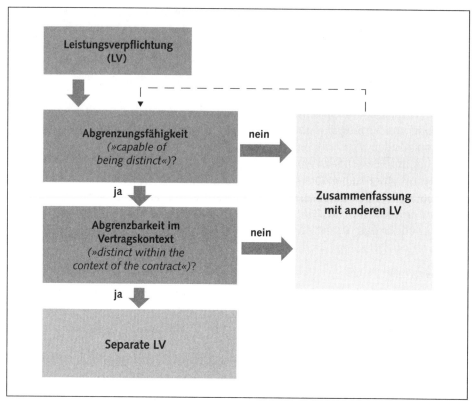

Abbildung 2: Identifikation von separaten Leistungsverpflichtungen

Die Abgrenzungsfähigkeit von Gütern bzw. Dienstleistungen liegt vor, wenn der Kunde das Gut bzw. die Dienstleistung eigenständig (ggf. auch i. V. m. anderen bereits verfügbaren Ressourcen) nutzen kann. Der separate Verkauf dieser Güter bzw. dieser Dienstleistungen i. R. d. gewöhnlichen Geschäftstätigkeit ist dabei als Indikator für die Existenz eines eigenständigen Nutzens in diesem Sinne anzusehen.

Die Abgrenzbarkeit im Vertragskontext liegt vor, wenn die Güter bzw. Dienstleistungen nicht in hohem Maße abhängig von oder verbunden mit anderen vertraglich kontrahierten Gütern und/oder Dienstleistungen sind. Folgende Indikatoren sprechen dabei regelmäßig für das Vorliegen einer Abgrenzbarkeit im Vertragskontext:

- Das Unternehmen erbringt keine wesentlichen Integrationsleistungen, wodurch Güter und/oder Dienstleistungen zu einem einheitlichen Gesamtwerk integriert werden, das der Kunde bestellt hat.
- Die Kaufentscheidung kann vom Kunden hinsichtlich einzelner Güter bzw. Dienstleistungen losgelöst von den anderen vertraglich kontrahierten Gütern und/oder Dienstleistungen getroffen werden.

- Einzelne Güter bzw. Dienstleistungen des Vertrages werden nicht wesentlich an andere vertraglich vereinbarte Güter bzw. Dienstleistungen kundenspezifisch angepasst.
- Die Güter bzw. Dienstleistungen sind kein Bestandteil einer Reihe von fortlaufend zu übertragenden Gütern bzw. Dienstleistungen, die die beiden folgenden Kriterien kumulativ erfüllen: (a) Die Güter oder Dienstleistungen stellen eine kontinuierlich zu erfüllende Leistungsverpflichtung dar; und (b) das Unternehmen verwendet eine einheitliche Methode zur Ermittlung des Leistungsfortschritts.

Diese nach der Veröffentlichung von *ED/2011/6* zwischenzeitlich modifizierte Konzeption einer sachgerechten Identifikation von Leistungsverpflichtungen soll an nachfolgendem Praxisbeispiel aus der Softwarebranche erläutert werden (in Anlehnung an *Küting, Karlheinz/Lam, Siu* (2013), S. 1836).

Praxisbeispiel aus der Softwarebranche

Sachverhalt:
Softwareunternehmen S verkauft dem Kunden K eine Softwarelizenz inkl. spezifischer Wartungsleistungen für einen zweijährigen Zeitraum. K kann in diesem Zeitraum jederzeit Hotline-Dienstleistungen und Software-Updates kostenfrei beziehen. S bietet marktseitig regelmäßig sowohl Softwarelizenzen als auch entsprechende Wartungsleistungen separat an.

Kurzwürdigung:
Die Einräumung der Softwarelizenz, die Erbringung von Hotline-Dienstleistungen und die Lieferung von Software-Updates sind jeweils als separate Leistungsverpflichtung abzugrenzen. Sowohl die Abgrenzungsfähigkeit als auch die Abgrenzbarkeit im Vertragskontext liegen im vorliegenden Sachverhalt unstreitig vor.

Sachverhalt (Abwandlung):
Softwareunternehmen S verkauft dem Kunden K eine Softwarelizenz inkl. umfangreicher Anpassungen an das betriebsindividuelle IT-Umfeld von K (sog. *customizing*). S bietet marktseitig regelmäßig sowohl Softwarelizenzen als auch *customizing*-Leistungen separat an.

Kurzwürdigung (Abwandlung):
Die Softwarelizenz und die *customizing*-Leistungen sind als eine Leistungsverpflichtung anzusehen. Zwar liegt die Abgrenzungsfähigkeit im vorliegenden Sachverhalt sowohl betreffend die Softwarelizenz als auch betreffend die *customizing-Leistungen* unstreitig vor. Allerdings kann das zusätzlich zu erfüllende Grundsatzkriterium einer Abgrenzbarkeit im Vertragskontext vor dem Hintergrund der umfassenden Anpassungsleistungen an das kundenspezifische IT-Umfeld argumentativ (wohl) nicht vertreten werden.

2.3 Ermittlung des Transaktionspreises

In Schritt 3 ist der Transaktionspreis des in Schritt 1 identifizierten Kundenvertrags zu bestimmen. Maßgeblich ist dabei das geschätzte Entgelt, das das Unternehmen im Austausch für die Güter und Dienstleistungen erwartungsgemäß vom Kunden erhält (vgl. *ED/2011/6.50*). Diese Schätzungen können je nach spezifischen Gegebenheiten entweder auf dem wahrscheinlichkeitsgewichteten Wert (Erwartungswert) – so z. B. bei einer entsprechend großen Grundgesamtheit – oder auf dem wahrscheinlichsten Wert basieren (so explizit *ED/2011/6.55*).

Im Rahmen des Standardentwicklungsprozesses wurde i. R. d. Ermittlung des Transaktionspreises vor allem die Problematik variabler Gegenleistungen intensiv und kontrovers diskutiert. Insbesondere die Begrenzung der Erfassung variabler Gegenleistungen (sog. *constraint*) wurde basierend auf den in *ED/2011/6* enthaltenen Regelungen i. R. d. *deliberations* verfeinert: Variable Gegenleistungen dürfen grundsätzlich nur in der Höhe berücksichtigt werden, in der nachträgliche wesentliche Stornierungen von Umsatzerlösen höchstwahrscheinlich (*highly probable*) nicht zu erwarten sind. Ausreichende Erfahrungswerte des Unternehmens mit ähnlichen Leistungsverpflichtungen können nach Ansicht der *Boards* eine entsprechende Umsatzrealisierung von variablen Gegenleistungen stützen. Eine Ausnahme soll lediglich für umsatzabhängige Entgelte in Zusammenhang mit der Lizenzgewährung betreffend geistiges Eigentum gelten (sog. *sales-based royalties*), für die bereits in *ED/2011/6* eine Ausnahmeregelung vorgesehen war (vgl. *ED/2011/6.85*). Derartige Lizenzentgelte sind beim Lizenzgeber erst dann zu vereinnahmen, wenn der Umsatz beim Lizenznehmer realisiert wird, da sich der Lizenznehmer bis dahin jederzeit der Lizenzzahlung durch Einstellung der Verkäufe entziehen könnte (vgl. *Wollmert, Peter* (2012), S. 82).

Auf zahlreiche Kritik im Standardentwicklungsprozess stieß der in *ED/2011/6.68 f.* enthaltene Vorschlag, Wertberichtigungen auf kurzfristige Forderungen in der Erfolgsrechnung nicht wie gegenwärtig gesondert als Aufwand auszuweisen, sondern offen von den Umsatzerlösen abzusetzen (vgl. stellvertretend *Grote, Andreas/Hold, Christiane/Pilhofer, Jochen* (2012a), S. 108 f.). Nur im Falle des Vorliegens einer wesentlichen Finanzierungskomponente (und somit des Vorliegens langfristiger Forderungen) sollten die Wertminderungen in einem Aufwandsposten der GuV bzw. der Gesamtergebnisrechnung ausgewiesen werden (vgl. *ED/2011/6.BC175*). Der Ausweis des Ausfallrisikos als Gegenposten zu den Umsatzerlösen wurde i. R. d. *redeliberations* generell verworfen und man hat sich stattdessen analog zur gegenwärtigen Rechtslage für einen Ausweis der zu erwartenden Wertminderungen als betrieblicher Aufwand ohne Auswirkungen auf die Bruttomarge entschieden. Insofern wäre de lege ferenda im Gegensatz zu den in *ED/2011/6* enthaltenen Vorschlägen keine Unterscheidung mehr zwischen Verträgen mit und ohne wesentlicher Finanzierungskomponente vorzunehmen.

Fallen Leistungs- und Zahlungszeitpunkte auseinander und ist die explizit oder implizit vereinbarte Finanzierungskomponente als wesentlich einzustufen, muss künftig zwingend eine Aufspaltung in eine Finanzierungs- und in eine Leistungskomponente vorgenommen werden (vgl. *ED/2011/58f.*). Eine Finanzierungskomponente kann (aus Vereinfachungsgründen) als unwesentlich eingestuft werden, wenn die Zeitspanne zwischen Leistung und Zahlung die Dauer von einem Jahr unterschreitet. Der Zeitwert des Geldes ist nicht nur in den Fällen zu berücksichtigen, in denen die Zahlung nach der Leistung erfolgt, sondern auch im umgekehrten Fall (d.h. bei Kundenvorauszahlungen). Eine Ausnahme soll bei Kundenvorauszahlungen lediglich dann gelten, wenn der Zeitpunkt der Leistungserbringung im Kundenermessen steht (z.B. bei sog. Prepaid-Karten oder bei der Einlösung von Treuepunkten). Insbesondere vor dem Hintergrund der Komplexität bei der Ermittlung eines Aufzinsungszeitraums hat in diesem speziellen Fall eine Aufzinsung generell zu unterbleiben. Ist der Zeitwert des Geldes dagegen zu berücksichtigen, muss ein zeit- und risikoadäquater Zinssatz gewählt werden (vgl. *ED/2011/6.61*). Dies eröffnet vor dem Hintergrund der Ermessensbandbreiten systemimmanent einen nicht unerheblichen Ermessensspielraum. Da de lege lata die Umsatzerlöse in Abhängigkeit des Zahlungszeitpunktes (vor oder nach der eigentlichen Leistungserbringung) nicht zwingend auf- oder abzuzinsen sind (vgl. stellvertretend *Wüstemann, Jens/ Wüstemann, Sonja/Neumann, Simone* (2010), IAS 18, Rn. 17 m.w.N.), können in Einzelfällen dadurch künftig permanente Auswirkungen auf Umsatz, Bruttomarge und EBIT entstehen (im Ergebnis bereits *Bösser, Jörg/Oppermann, Michael/Pilhofer, Jochen* (2012) S. 246).

2.4 Allokation des Transaktionspreises

In Schritt 4 ist der geschätzte Transaktionspreis (Schritt 3) den zuvor in Schritt 2 identifizierten separat zu bilanzierenden Leistungsverpflichtungen des in Schritt 1 identifizierten Kundenvertrags zuzuordnen. Diese Allokation hat grundsätzlich auf der Basis des für jede Leistungsverpflichtung zu ermittelnden relativen Einzelveräußerungspreises (*stand-alone selling price*) zu erfolgen (vgl. *ED/2011/6.71*). Da die Summe der Einzelveräußerungspreise der insgesamt identifizierten Leistungsverpflichtungen des Vertrags bei Mehrkomponentenverträgen regelmäßig die kontrahierte Gesamtvertragssumme überschreitet (vgl. stellvertretend *Pilhofer, Jochen/Bösser, Jörg/Düngen, Jens* (2010), S. 84), ist bezogen auf jede Leistungsverpflichtung anteilig eine gleichmäßige Abstockung vorzunehmen, um ausgehend von den Einzelveräußerungspreisen die sog. relativen Einzelveräußerungspreise zu ermitteln (zu einem entsprechenden Zahlenbeispiel vgl. *Pilhofer, Jochen/Bösser, Jörg/Düngen, Jens* (2010), S. 89f.).

Während vertragliche Preise bei Mehrkomponentenverträgen vor dem Hintergrund von preis- und marketingpolitischen Gestaltungsspielräumen häufig ungeeignet sind, stellen am Markt beobachtbare Preise einzelner Güter und Dienstleistungen bei separater Veräußerung durch das Unternehmen grundsätzlich den besten Nachweis für den Einzelveräußerungspreis einer Leistungsverpflichtung dar. Sofern das Unternehmen die Güter oder Dienstleistungen indes nicht separat anbietet, ist der Einzelveräußerungspreis anderweitig zu schätzen (vgl. *ED/2011/6.73*), so z. B. auf Basis eines »*adjusted market assessment approach*«, auf Basis eines »*expected cost plus a margin approach*« oder mittels des »*residual approach*«. Die *Boards* haben sich dabei bewusst gegen eine Hierarchisierung der möglichen Schätzmethoden entschieden (vgl. *ED/2010/6.BC121*). Gerade die zuletzt genannten Wertmaßstäbe dürften in praxi zu erheblichen Interpretations- und Ermessensspielräumen führen und zwingen Unternehmen, die hierauf zurückgreifen müssen, vor allem zur Implementierung und Dokumentation von entsprechenden Prozessen, um die sachliche und zeitliche Stetigkeit der Ermittlungsmethodik sicherzustellen. Die Residualmethode ist ausnahmsweise dann zulässig, wenn die Einzelveräußerungspreise der zu beurteilenden Leistungsverpflichtung entweder stark schwanken (*highly variable*) oder ungewiss (*uncertain*) sind (so z. B. bei Softwarelizenzen). In den Beratungen der *Boards* wurde jedoch klargestellt, dass die Residualmethode nur dann anwendbar sein soll, wenn in dem identifizierten Vertrag zumindest der Transaktionspreis einer Leistungsverpflichtung am Markt beobachtbar ist.

An dieser Stelle sei abschließend darauf hingewiesen, dass die – vor dem Hintergrund der de lege lata existierenden Regelungslücken in der IFRS-Rechnungslegung – in praxi regelmäßig angewandte und vielfach beliebte sog. *cash-received restriction* i. S. v. ASC 605-25 künftig nicht mehr zulässig sein wird (vgl. zur diesbzgl. Adaption US-amerikanischer Rechnungslegungsnormen im IFRS-Normensystem bei Vorliegen von Regelungslücken ausführlich *Pilhofer, Jochen/Bösser, Jörg/Düngen, Jens* (2010), S. 78 ff.). Hiernach ist der einer Leistungsverpflichtung zuzuordnende Wertmaßstab durch den Betrag begrenzt, den der Bilanzierende unabhängig von der Erfüllung der noch ausstehenden Leistungskomponente(n) beanspruchen, d. h. im Ergebnis auch juristisch durchsetzen kann. Durch Adaption dieser US-amerikanischen Deckelungsnorm wird in praxi gegenwärtig ein Gleichklang zwischen »*accounting*« einerseits und »*billing*« andererseits sichergestellt. Eine derartige Bilanzierungspraxis ist im finalen Standard nicht vorgesehen, mit der Folge einer »Abkoppelung der Ertragsrealisierung vom Rechnungsstellungsprozess« (*Gruss, Christoph/Karitskaya, Ekaterina/Wied, Andre* (2011), S. 94) und somit erheblichen Prozess- und Systemanpassungen durch die zwingend vorzunehmende (ausnahmslose) Allokation auf Basis von relativen Einzelveräußerungspreisen. Unternehmen, die mit einer Vielzahl von unterschiedlichen Kundenverträgen konfrontiert sind und gegenwärtig die *cash-received restriction* anwenden (z. B. Telekommunikations- und Softwareunternehmen), dürften somit künftig (wohl) regelmäßig zur Komplexitätsreduktion auf entsprechende (unter bestimmten Voraussetzungen) als zulässig erachtete Portfolio-Methoden zurückgreifen.

2.5 Erfassung der Erträge bei Erfüllung der Leistungsverpflichtungen

In Schritt 5 erfolgt abschließend die Umsatzrealisierung des zuvor in Schritt 4 auf die einzelnen Leistungsverpflichtungen zugeordneten Transaktionspreises, wenn die jeweiligen Leistungsverpflichtungen erfüllt werden. Basierend auf der theoretischen Konzeption des *control principle* sind die Umsatzerlöse grundsätzlich dann zu realisieren, sobald der Kunde die Verfügungsmacht über die Produkte bzw. Dienstleistungen erlangt. Bei der Beurteilung des Übergangs der Verfügungsmacht ist zwischen einer zeitraumbezogenen (kontinuierlichen) und einer zeitpunktbezogenen Erfüllung der Leistungsverpflichtung zu differenzieren. Die in *ED/2011/6* ursprünglich vorgesehenen Kriterien einer zeitraumbezogenen (kontinuierlichen) Umsatzrealisierung wurden von den *Boards* im Rahmen ihrer Beratungen (*redeliberations*) verfeinert. Eine zeitraumbezogene (kontinuierliche) Umsatzrealisierung ist sowohl für Güter als auch für Dienstleistungen dann vorzunehmen, wenn entweder

- im Falle der Herstellung oder Bearbeitung eines Vermögenswerts der Kunde im Zeitraum dieses Bearbeitungsprozesses die Verfügungsmacht erlangt bzw. ohnehin besitzt (Beispiel: Bauleistungen auf dem Grund und Boden des Auftraggebers); oder
- der Kunde kontinuierlich am Projektfortschritt durch entsprechenden Nutzenzufluss profitiert **und** die bisher bereits erbrachten Leistungen nicht erneut erbracht werden müssten, wenn (aus welchen Gründen auch immer) die noch ausstehenden Leistungsverpflichtungen auf ein anderes Unternehmen übertragen würden (Beispiel: Dienstleistungen eines Rechenzentrums, Transportleistungen o. ä.); oder
- kein Vermögenswert mit alternativer Nutzungsmöglichkeit geschaffen wird, das Unternehmen einen rechtlich durchsetzbaren Anspruch auf Zahlung der bisher erbrachten Leistungen hat **und** überdies davon auszugehen ist, dass die Leistungen insgesamt vertragskonform erfüllt werden (Beispiel: Beratungsleistungen mit Vergütungsanspruch bei vorzeitiger Vertragsaufhebung).

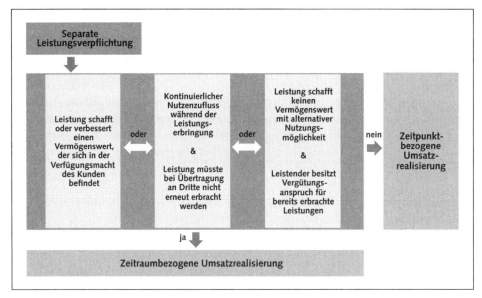

Abbildung 3: Zeitpunkt- versus zeitraumbezogene Umsatzrealisierung

Aus bilanztheoretischer Sicht führen diese Kriterien einer zeitraumbezogenen Umsatzrealisierung faktisch zu einer Aufweichung des ansonsten vom *IASB* präferierten *control principle*, also des Grundsatzes der Umsatzrealisierung zum Zeitpunkt des Kontrollübergangs der erbrachten Leistung(en). Gerade bei einer zeitraumbezogenen Verpflichtungserfüllung werden diesbzgl. theoretische Inkonsistenzen im vorliegenden Standardentwurf unmittelbar evident (vgl. *Wüstemann, Jens/Wüstemann, Sonja* (2011), S. 3117 ff.). Insbesondere die ermessensbehafteten Kriterien einer zeitraumbezogenen Umsatzrealisierung führen zu erheblichen Interpretationsspielräumen und erfordern in praxi entsprechende Prozess- und Systemanpassungen zur Dokumentation der getroffenen Bilanzierungsentscheidung.

In den Stellungnahmen wurde insbesondere auf die Problematik des unbestimmten Rechtsbegriffs einer alternativen Nutzungsmöglichkeit mit der zwangsläufigen Folge eines nicht unerheblichen Ermessensspielraums hingewiesen (vgl. *Küting, Karlheinz/Lam, Siu* (2013), S. 1837 m. w. N.). Fraglich könnte bspw. sein, ob allein eine explizite vertragliche Beschränkung einer Übertragungsmöglichkeit auf eine andere Partei einer alternativen Nutzungsmöglichkeit per se entgegensteht. Dem ist indes nach der hier vertretenen Auffassung nicht zuzustimmen. Können für die vertragliche Beschränkung der Übertragungsmöglichkeit keine tatsächlichen oder rechtlichen Gründe hierfür angeführt werden, so liegt grundsätzlich der Verdacht nahe, dass diese Vereinbarung ausschließlich zu bilanzpolitischen Gestaltungszwecken mit der Zielsetzung einer kontinuierlichen Umsatzrealisierung getroffen wurde.

Falls eine Leistungsverpflichtung nicht zeitraumbezogen erfüllt wird, liegt eine zeitpunktbezogene Leistungsübertragung vor. Um den Zeitpunkt zu bestimmen,

zu dem der Kunde die Verfügungsgewalt über einen Vermögenswert erhält, sind folgende Indikatoren heranzuziehen (*ED/2011/6.37*):
- Das Unternehmen hat einen unbedingten Zahlungsanspruch.
- Das Unternehmen hat dem Kunden das rechtliche Eigentum an dem Vermögenswert übertragen.
- Das Unternehmen hat dem Kunden den physischen Besitz an dem Vermögenswert verschaffen.
- Der Kunde trägt die mit dem Eigentumsrecht verbundenen maßgeblichen Risiken und Chancen.
- Der Kunde hat den Vermögenswert abgenommen.

Es wird indes keine Aussage darüber getroffen, wie viele Indikatoren für den Kontrollübergang erfüllt sein müssen. Die Indikatoren dienen lediglich der Hilfestellung zur Bestimmung des Kontrollübergangs. Die Bestimmung des Zeitpunkts des Kontrollübergangs hat unter Berücksichtigung aller relevanter Aspekte nach dem Gesamtbild der Verhältnisse zu erfolgen.

Diese nach der Veröffentlichung von *ED/2011/6* zwischenzeitlich verfeinerte Konzeption einer sachgerechten Bestimmung einer zeitraum- oder zeitpunktbezogenen Umsatzrealisierung soll an nachfolgendem Praxisbeispiel aus der Luftfahrtindustrie erläutert werden.

Praxisbeispiel aus der Luftfahrtindustrie

Sachverhalt:
Flugzeughersteller F verkauft der Airline A ein Passagierflugzeug. Bei dem in Auftrag gegebenen Passagierflugzeug handelt es sich weitgehend um ein Standardmodell. Gleichwohl wird dieses Standardmodell von F an die spezifischen Kundenwünsche von A angepasst (u. a. Lackierung, Sitzreihenabstände, Entertainment System, Bordküche). F besitzt einen Zahlungsanspruch für bereits erbrachte Leistungen.

Kurzwürdigung:
Eine zeitraumbezogene Umsatzrealisierung kommt nur dann in Betracht, wenn mindestens eins der drei im Standard genannten Kriterien einer zeitraumbezogenen Umsatzrealisierung einschlägig ist. Das Flugzeug befindet sich während der Produktionsphase weder in der Verfügungsmacht von Kunden A noch profitiert A von einem kontinuierlichen Nutzenzufluss. Insofern entscheidet im vorliegenden Fall das Kriterium »Keine alternative Nutzungsmöglichkeit & Vergütungsanspruch« über die zentrale Frage, ob eine zeitraum- oder eine zeitpunktbezogene Umsatzrealisierung vorzunehmen ist. Zunächst ist daher zu prüfen, ob Flugzeughersteller F für das Passagierflugzeug eine alternative Verwendungsmöglichkeit besitzt. Es bestehen keine vertraglichen Beschränkungen wie z. B. Schutzrechte, die den Transfer des Vermögenswerts an einen anderen

Abnehmer per se verbieten. Sofern das Passagierflugzeug ohne erheblichen Kostenaufwand umgebaut werden könnte (mit anderen Worten die spezifischen Kundenwünsche von A rückgängig zu machen sind, sodass ein Verkauf auch an einen anderen Auftraggeber möglich wäre), läge eine alternative Nutzungsmöglichkeit vor. Ist die alternative Nutzungsmöglichkeit gegeben, scheidet indes eine zeitraumbezogene Umsatzrealisierung von Vornherein aus und die Umsatzerlöse sind zeitpunktbezogen zu realisieren. Im vorliegenden Sachverhalt sprechen (wohl) mehr Gründe für als gegen eine alternative Nutzungsmöglichkeit in diesem Sinne. Die Umsatzrealisierung wäre überdies im Ergebnis identisch zur gegenwärtigen Rechtslage, da im vorliegenden Sachverhalt die Anwendung von IAS 11 Fertigungsaufträge tendenziell nicht in Betracht kommen dürfte und somit IAS 18 Umsatzerlöse einschlägig wäre. Eine Umsatzrealisierung ist im vorliegenden Fall im Ergebnis de lege lata wie de lege ferenda zum Zeitpunkt des Gefahrenübergangs (mit der Übergabe des Flugzeugs) sachgerecht.

Sachverhalt (Abwandlung):
Flugzeughersteller F verkauft dem Staat S ein auf Kundenwunsch entwickeltes Militärflugzeug. F besitzt einen Zahlungsanspruch für bereits erbrachte Leistungen.

Kurzwürdigung (Abwandlung):
Analog zur Kurzwürdigung im obigen Ausgangssachverhalt entscheidet auch in der hier einschlägigen Abwandlung das Kriterium »Keine alternative Nutzungsmöglichkeit & Vergütungsanspruch« über die zentrale Frage, ob eine zeitraum- oder eine zeitpunktbezogene Umsatzrealisierung vorzunehmen ist. Zunächst ist daher zu prüfen, ob Flugzeughersteller F für das Militärflugzeug eine alternative Verwendungsmöglichkeit besitzt. Sofern das Militärflugzeug ohne erheblichen Kostenaufwand umgebaut werden könnte (mit anderen Worten die spezifischen Kundenwünsche von S rückgängig zu machen sind, sodass ein Verkauf auch an einen anderen Auftraggeber möglich wäre), läge eine alternative Nutzungsmöglichkeit vor. Im vorliegenden Sachverhalt sprechen aufgrund der speziellen Kundenanforderungen des Staates S indes (wohl) deutlich mehr Gründe gegen als für eine alternative Nutzungsmöglichkeit in diesem Sinne. Da F einen Zahlungsanspruch für bereits erbrachte Leistungen besitzt, ist eine zeitraumbezogene Umsatzrealisierung vorzunehmen. Die Umsatzrealisierung wäre überdies im Ergebnis identisch zur gegenwärtigen Rechtslage, da im vorliegenden Sachverhalt die Anwendung von IAS 11 Fertigungsaufträge in Betracht kommen dürfte und somit de lege lata wie de lege ferenda im Ergebnis de facto eine zeitraumbezogene Umsatzrealisierung nach Projektfortschritt (POC-Methode) sachgerecht ist.

3 Kurzreflexion ausgewählter Thematiken

Nach der Reflexion der dem »5-Schritte-Modell« zugrundeliegenden Grundkonzeptionen (Kapitel 2) werden nachfolgend ausgewählte Einzelthematiken der Umsatzrealisierung einer Kurzwürdigung unterzogen. Fokussiert werden dabei insbesondere die potenziellen Änderungen gegenüber den gegenwärtigen IFRS-Rechtsnormen und die in den *redeliberations* ggf. vorgenommenen Anpassungen der *Boards* gegenüber dem Standardentwurf *ED/2011/6*.

Gewährleistungen (warranties)

Bei in praxi in vielfältigen Ausprägungen vorzufindenden Gewährleistungsverpflichtungen ist künftig zu prüfen, ob diese als separate Leistungsverpflichtungen oder als (reine) Kostenabgrenzungen i. S. v. IAS 37 abzubilden sind. Während für gesetzliche Gewährleistungen auch weiterhin (lediglich) reine Kostenabgrenzungen vorgenommen werden müssen, sind Gewährleistungsverpflichtungen dann als separate Leistungsverpflichtungen abzugrenzen, wenn der Kunde die betreffende Gewährleistungsvereinbarung optional abschließen kann – so z. B. bei über die gesetzliche Gewährleistung hinausgehenden verlängerten Garantievereinbarungen (vgl. *ED/2011/6.B11*). Ist die zu prüfende Gewährleistungsvereinbarung als separate Leistungsverpflichtung abzugrenzen, könnten sich somit Änderungen gegenüber der gegenwärtigen Bilanzierungspraxis ergeben. Dagegen besteht grundsätzlich dann kein künftiger Anpassungsbedarf, sofern ein Unternehmen ausschließlich gesetzlichen Gewährleistungsverpflichtungen ausgesetzt ist (vgl. *Grote, Andreas/Hold, Christiane/Pilhofer, Jochen* (2012a), S. 108).

Rückgaberechte (rights of return)

Wird dem Kunden ein Rückgaberecht eingeräumt, so darf zum Verkaufszeitpunkt nur der Teil des Umsatzes realisiert werden, bei dem die Kunden basierend auf verfügbaren historischen oder branchenüblichen Erfahrungswerten erwartungsgemäß von ihrem Rückgaberecht keinen Gebrauch machen (vgl. *ED/2011/6.B2ff.*). Der darüberhinausgehende Teil des vereinnahmten Kaufpreises ist erfolgsneutral als Rückerstattungsverpflichtung zu passivieren. Die Waren sind entsprechend auszubuchen – i. H. d. zu erwartenden Rücksendung tritt indes eine gleich hohe Rückgabeforderung, die ggf. um die evtl. entstehenden Wiedererlangungskosten zu vermindern ist (vgl. *ED/2011/6.B2ff.*). Da die buchhalterische Behandlung von Rückgaberechten de lege ferenda gegenüber den gegenwärtigen Regelungen in IAS 18.17 umfassender normiert und anhand von Anwendungsbeispielen ausführlich kommentiert wird, sind in Einzelfällen Änderungen der Bilanzierungspraxis künftig möglich (vgl. *Grote, Andreas/Hold, Christiane/Pilhofer, Jochen* (2012a), S. 108).

Kundengewinnungskosten (subscriber acquisition costs; kurz »SAC«)

De lege ferenda sind an Kunden direkt gezahlte Beträge ohne entsprechende Gegenleistung als Umsatzkürzung abzubilden, während an Dritte gezahlte Kundengewinnungskosten (z. B. Vertriebsprovisionen) dann als Vermögenswert (sog. *cost to obtain a contract*) zu aktivieren und über die geschätzte Vertragslaufzeit zu verteilen sind, wenn die Kosten ohne den Vertragsabschluss nicht angefallen wären (sog. *incremental costs*) und eine Amortisation dieser Kosten vom Kunden i. R. d. Leistungserbringung zu erwarten ist (vgl. *ED/2011/6.94ff.*). Als praktische Erleichterung dürfen diese Kundengewinnungskosten sofort als Aufwand erfasst werden, wenn der zugrundeliegende Vertrag eine erwartete Laufzeit von max. einem Jahr aufweist (vgl. *ED/2011/6.97*). De lege lata besteht aufgrund mangelnder expliziter Vorschriften ein erheblicher Ermessensspielraum, wobei realiter von einer Aktivierung und planmäßigen Verteilung über die voraussichtliche Kundenbindungsdauer, über eine sofortige aufwandswirksame Erfassung bis hin zu einer unmittelbaren Umsatzreduktion in praxi (wohl) alle Varianten vorzufinden sind (vgl. stellvertretend *Ernst & Young* (2013), S. 1952ff.). Entsprechend dürften sich künftig nicht selten Änderungen in der Bilanzierungspraxis ergeben. Werden an Dritte gezahlte Kundenakquisitionskosten gegenwärtig bspw. aufwandswirksam erfasst, würden sich künftig bei Erfüllung der Voraussetzungen nachhaltige positive Effekte auf den Non-GAAP *Financial Measure* EBITDA ergeben.

Lizenzen

Die Umsatzrealisierung von Lizenzerlösen kann sich vor dem Hintergrund divergierender Neuregelungen künftig ändern. Lizenzerlöse sind gegenwärtig unter Auslegung von IAS 18.IE20 basierend auf einer wirtschaftlichen Betrachtungsweise entweder als Vermietung oder als Verkauf abzubilden. Mit anderen Worten: Ist die Lizenzvergabe zeitlich begrenzt, sind die Erlöse grundsätzlich linear zu erfassen; dagegen wird bei Fehlen zeitlicher Restriktionen (zeitlich unbegrenztes Nutzungsrecht) regelmäßig eine sofortige Realisierung als sachgerecht beurteilt. Die ursprünglich im Standardentwurf *ED/2011/6* enthaltene Grundkonzeption zur Erfassung von Lizenzerlösen wurde während der Beratungen der *Boards* erneut diskutiert und dabei klargestellt, dass bei der Bilanzierung von Lizenzerlösen zunächst – basierend auf den wirtschaftlichen Gegebenheiten – zu prüfen ist, ob es sich um eine Einräumung eines Rechts auf Nutzung von (statischem) geistigem Eigentum eines Unternehmens handelt, oder, um ein Versprechen einen Zugang zu dem (dynamischen) geistigen Eigentum eines Unternehmens zu verschaffen. De lege ferenda entscheidet also die Art des der Lizenz zugrunde liegenden Leistungsversprechens darüber, ob die Lizenzerlöse zeitpunkt- oder zeitraumbezogen zu realisieren sind. Mit anderen Worten: Räumt ein Lizenzgeber ein Nutzungsrecht an seinem (statischen) geistigen Eigentum ein, so ist eine zeitpunktorientierte Umsatzrealisierung vorzunehmen, vor allem deshalb, da nach Vertragsschluss grundsätzlich keine weiteren Aktivitäten des Lizenzgebers erforderlich sind. Dagegen ist immer dann eine zeitraumorientierte Umsatzrealisierung zwingend, wenn ein Lizenzgeber einen Zugang zu seinem (dynamischen) geistigen Eigentum gewährt, vor allem deshalb, da der Lizenzgeber auch nach dem Vertragsschluss weiterhin Aktivitäten bzgl. seines geistigen Eigentums entfalten muss.

Principal-Agent-Transaktionen

Während die Thematik Brutto- versus Nettoausweis bei Vermittlungstransaktionen (sog. Principal-Agent-Transaktionen) de lege lata (nur) in den inoffiziellen sog. *illustrative examples* des IAS 18 geregelt wird, sind die korrespondierenden Vorschriften de lege ferenda in der zum Standard zählenden sog. *application guidance* enthalten und weisen dadurch einen höheren Verbindlichkeitscharakter auf. Nach der hier vertretenen Auffassung dürften die künftig explizit zum offiziellen Standardtext zählenden diesbzgl. Regelungen indes nur ausnahmsweise zu Anpassungsbedarf führen (vgl. *ED/2011/6.B16ff.*). Sofern die derzeitige Bilanzierungspraxis mit den gegenwärtig in IAS 18.IE21 enthaltenen Kriterien konform ist, sollten sich demzufolge grundsätzlich – trotz leicht unterschiedlichem Wortlaut – keine abweichenden Beurteilungen hinsichtlich eines Brutto- oder Nettoausweises der Umsatzerlöse ergeben.

Bill-and-hold Transaktionen

Analog zu den Principal-Agent-Transaktionen sind auch die sog. *bill-and-hold*-Transaktionen de lege lata (nur) in den inoffiziellen sog. *illustrative examples* des IAS 18 geregelt. Dagegen sind die korrespondierenden Vorschriften de lege ferenda unmittelbar in der zum Standard zählenden sog. *application guidance* kodifiziert und weisen dadurch einen höheren Verbindlichkeitscharakter auf. Die bisher lediglich im unverbindlichen Anhang enthaltenen Kommentierungen (vgl. IAS 18. IE1) sind indes – trotz leicht unterschiedlichem Wortlaut – mit den Regelungen in der künftig unmittelbar zum Standard zählenden *application guidance* weitgehend identisch (vgl. ED/2011/6.B51 ff.). Insofern ist hieraus grundsätzlich kein künftiger Anpassungsbedarf zu erwarten.

Kundenbindungsprogramme

Im Einzelhandel erfreuen sich als Absatzanreize (*sales incentives*) vor allem auch Kundenbindungsprogramme (*customer loyalty programmes*) seit einigen Jahren einer immer größeren Beliebtheit (so bereits *Küting, Karlheinz/Pilhofer, Jochen* (2002), S. 2059 ff.). Bereits gegenwärtig ist gem. IFRIC 13 bei derartigen Geschäftstransaktionen die *multiple-element theory* anzuwenden und die gewährten Prämien sind als separate Bestandteile des Verkaufsgeschäftes abzuspalten. Obwohl die konzeptionellen Unterschiede zwischen IFRIC 13 de lege lata und dem neuen Standard zur Umsatzrealisierung de lege ferenda auf den ersten Blick nur marginal sind, können sich dennoch in Einzelfällen durchaus abweichende Beurteilungen und sich somit Änderungen gegenüber der gegenwärtigen Bilanzierungspraxis ergeben. Insbesondere i. R. d. Allokation des geschätzten Transaktionspreises auf die identifizierten Leistungsverpflichtungen (Schritt 4) könnten sich de lege ferenda Abweichungen ergeben, da gegenwärtig bspw. der Einzelveräußerungspreis der Prämienkomponente ausschließlich auch (noch) auf Basis des isolierten Prämienmarktwertes ermittelt werden darf, d. h. ohne Berücksichtigung der entsprechenden Marktwerte der anderen Komponenten (vgl. IFRIC 13.BC14).

Verfallene Kundenrechte (breakage)
Gerade im Einzelhandel erfreuen sich seit Jahren Geschenkgutscheine (*gift cards*) jeglicher Ausprägungen einer großen Beliebtheit. Ganz unstreitig ist sowohl de lege lata als auch de lege ferenda die Umsatzrealisierung solange mittels bilanzieller (passivischer) Abgrenzung hinauszuzögern, bis der Kunde den Gutschein einlöst. Mit anderen Worten: Zum Zeitpunkt des Verkaufs der Geschenkgutscheine ist keine Umsatzrealisierung vorzunehmen, sondern die Transaktion ist als Kundenvorauszahlung und somit faktisch als (erfolgsneutrale) Bilanzverlängerung zu erfassen. Streitig ist in diesem Kontext indes die Behandlung desjenigen Anteils aus dem Gutscheinverkauf, der auf Basis historischen Datenmaterials von den Kunden voraussichtlich nicht eingelöst wird. International wird dieser Anteil als *breakage* bezeichnet. Gegenwärtig ist diesbzgl. eine *diversity in practice* vorzufinden, da es de lege lata an spezifischen Regelungen mangelt. Der neue Standard zur Umsatzrealisierung schließt diese Regelungslücke: De lege ferenda ist dieser Anteil – sofern zuverlässig ermittelbar – entsprechend der von den Kunden ausgeübten Rechte zu realisieren (vgl. *ED/2011/6.B25 ff.*). Sofern der voraussichtlich von den Kunden nicht eingelöste Anteil der Gutscheine (zunächst) nicht zuverlässig ermittelt werden kann, erfolgt eine Umsatzrealisierung erst zu dem Zeitpunkt, an dem die Einlösung als unwahrscheinlich gilt. Insofern können sich Divergenzen gegenüber der bisherigen Bilanzierungspraxis ergeben.

Nicht-erstattungsfähige Einrichtungs- und Anschlussgebühren (non-refundable upfront fees)
Nicht-rückerstattungsfähige Einrichtung- und Anschlussgebühren (*non-refundable upfront fees*) sind de lege lata (nur) dann über die (geschätzte) Vertragslaufzeit zu verteilen, sofern ein zeitraumbezogener Vorteil bzw. eine zeitraumbezogene Vergünstigung gewährt wird (vgl. IAS 18.IE17). Da der Kunde in Zusammenhang mit der Zahlung von *non-refundable upfront fees* regelmäßig aber gerade keinen zeitraumbezogenen Vorteil erhält, werden diese Gebühren realiter häufig sofort in voller Höhe realisiert, so z.B. in der Telekomunikations- und der Softwarebranche (vgl. ausführlich *Grote, Andreas/Hold, Christiane/Pilhofer, Jochen* (2012a), S. 110 ff.). Aufgrund expliziter Regelungen und Anwendungsbeispiele im Anhang sind nicht-rückerstattungsfähige Einrichtungs- und Anschlussgebühren de lege ferenda tendenziell (wohl eher) über die (geschätzte) Vertragslaufzeit abzugrenzen, da mit Entrichtung der Gebühr im Regelfall keine Güter auf den Kunden übertragen oder (materielle) Dienstleistungen erbracht werden (so explizit *ED/2011/6.B30*). Die zentrale Frage wird künftig in diesem Kontext also sein, ob es sich bei der Zahlung von *non-refundable upfront fees* (ausnahmsweise) um eine separate Leistungsverpflichtung handelt, oder lediglich um eine Vorauszahlung für zukünftig zu liefernde Güter oder zu erbringende Dienstleistungen. Letzteres dürfte realiter nach der hier vertretenen Auffassung (wohl) regelmäßig vorliegen. Insofern dürften in praxi nicht selten diesbzgl. Änderungen gegenüber der bisherigen Bilanzierungspraxis zu konstatieren sein.

Ermittlung des Fertigstellungsgrads

Zwischen der kontinuierlichen zeitraumbezogenen Umsatzrealisierung de lege ferenda und der Teilgewinnrealisierung i.S.v. IAS 11 bzw. IAS 18 de lege lata dürften bzgl. der Ermittlung des Fertigstellungsgrads nach der hier vertretenen Auffassung regelmäßig keine materiellen Unterschiede zu erwarten sein. So ist analog zur gegenwärtigen Rechtslage auch zukünftig vor allem der Leistungsfortschritt mit demjenigen Fertigstellungsgrad (input- oder outputorientiert) zu ermitteln, der die jeweiligen Projektgegebenheiten unter wirtschaftlicher Betrachtungsweise am besten widerspiegelt (vgl. *ED/2011/6.38ff.*). Selbst die sog. gewinnneutrale Ertragsrealisation i.S.v. IAS 11.32 bzw. IAS 18.26 bleibt künftig in den (restriktiven) Fällen erhalten, in denen keine vernünftigen Schätzungen des Fertigstellungsgrades vorgenommen werden können (vgl. *ED/2011/6.48*).

Änderungen gegenüber der gegenwärtigen Bilanzierungspraxis können sich bei Anwendung einer inputorientierten Methode jedoch bei Vorliegen sog. uninstallierter Güter ergeben. Dies deshalb, da der neue Standard zur Umsatzrealisierung hier erstmals explizite einzelfallspezifische Regelungen vorgibt. Die Problematik uninstallierter Güter wird immer dann unmittelbar evident, wenn dem Kunden die Verfügungsmacht über zu liefernde Güter zu einem Zeitpunkt übertragen wird, der den zugehörigen Dienstleistungen wesentlich vorangeht. In diesen Fällen kann es ggf. erforderlich sein, im Zeitpunkt der Lieferung der Güter die korrespondierenden Umsatzerlöse nur in der Höhe zu erfassen, die den Kosten dieser Güter entspricht (vgl. *ED/2011/6.46*). Dies soll anhand des nachfolgenden Praxisbeispiels veranschaulicht werden.

Praxisbeispiel aus der Bauwirtschaft

Sachverhalt:

Bauunternehmen B schließt mit Kunde K einen Vertrag über den Bau eines kundenspezifischen Kühl(lager)hauses (Planungs- und Bauleistungen sind als einheitliche Leistungsverpflichtung zu beurteilen). Der gesamte Transaktionspreis wird mit 5,7 Mio. GE veranschlagt, die Gesamtkosten werden auf 5,2 Mio. GE geschätzt. B bezieht die Kühlaggregate von dem Drittanbieter D (Kosten: 1,35 Mio. GE). Die tatsächlich entstandenen Baukosten betragen am Bilanzstichtag 2,0 Mio. GE (ohne die Berücksichtigung der Kühlaggregate). Kurz vor dem Bilanzstichtag sind jedoch bereits die von D zu beziehenden Kühlaggregate ausgeliefert worden, obwohl deren Einbau erst bei Fertigstellung der übrigen Bauleistungen in ca. drei Monaten vorgesehen ist. Annahme: Die einheitliche Leistungsverpflichtung ist zeitraumbezogen zu realisieren; dabei spiegelt die inputorientierte *cost-to-cost method* den Fertigstellungsgrad am besten wider.

Kurzwürdigung:

Bei den von D bezogenen Kühlaggregaten handelt es sich um uninstallierte Güter i.S.v. *ED/2011/6.46*. Die Kühlaggregate werden von einem Drittanbieter bezogen und werden von B nicht wesentlich modifiziert. Da die Kosten der

Kühlaggregate wesentlich im Verhältnis zum Gesamtauftragswert sind, dürfen die Kosten der vorab gelieferten Kühlaggregate nicht in die Ermittlung des Fertigstellungsgrads der inputorientierten *cost-to-cost method* einbezogen werden. Der Fertigstellungsgrad beträgt somit am Bilanzstichtag (ohne Berücksichtigung der Kühlaggregate) 51,95 % (2,0 Mio. GE/3,85 Mio. GE). Insofern dürfen diesbzgl. 2,26 Mio. GE Umsatzerlöse realisiert werden (51,95 % x 4,35 Mio. GE). Bei der Lieferung der Kühlaggregate sind von B überdies Umsatzerlöse und Kosten i. H. v. 1,35 Mio. GE zu erfassen.

Belastende Verträge (onerous contracts)
De lege lata existieren in den spezifischen Ertragsrealisationsnormen – mit Ausnahme der Regelungen in IAS 11.36 f. – keine Regelungen hinsichtlich »belastender Verträge«, sodass regelmäßig auf die entsprechenden in IAS 37.66 ff. normierten allgemeinen Regelungen zurückzugreifen ist. Demgegenüber waren in *ED/2011/6* spezifische Einzelfallregelungen für solche Fälle enthalten, in denen zeitraumbezogene Leistungen über einen Zeitraum von mehr als einem Jahr zu erbringen sind. Im Rahmen der *redeliberations* haben sich die *Boards* indes nochmals mit diesen Vorschlägen auseinandergesetzt und deren ersatzlose Streichung im neuen Standard zur Umsatzrealisation beschlossen. Insofern sind de lege ferenda – analog zur Rechtslage de lege lata – diesbzgl. ausschließlich die Regelungen in IAS 37 »Rückstellungen, Eventualschulden und Eventualforderungen« einschlägig. Bei Vorliegen mehrerer Leistungsverpflichtungen ist künftig somit vor allem nach wie vor die Abgrenzung der maßgebenden bilanziellen Einheit (*unit of accounting*) streitig, sodass künftig auch weiterhin eine diesbzgl. *diversity in practice* zu erwarten ist.

Anhangangaben (disclosures)
Die Vielzahl an quantitativen und qualitativen Anhangangaben die im Standardentwurf *ED/2011/6* gefordert wurden, sind i. R. d. *redeliberations* signifikant reduziert worden. So sind vor allem die nicht trivialen tabellarischen Überleitungsrechnungen betreffend die Entwicklung der vertraglichen Vermögenswerte und Verbindlichkeiten sowie betreffend die für die Auftragserlangung oder -erfüllung aktivierten Kosten ersatzlos entfallen. Dies vor allem mit der Zielsetzung, dem in der aktuellen Fachdiskussion vielzitierten »*disclosure overload*« (vgl. stellvertretend *Küting, Karlheinz/Pfitzer, Norbert/Weber, Claus-Peter* (2013), S. 153 ff.) entgegenzuwirken. Der im neuen Standard geforderte Mix aus quantitativen und qualitativen Angaben soll vor allem dem Verständnis der Abschlussadressaten zu Höhe und zu Zeitpunkt der Erfassung von Umsatzerlösen und von Zahlungsströmen aus vertraglichen Vereinbarungen mit Kunden beitragen. Vor dem Hintergrund der zwingend vorzunehmenden erheblichen Ermessensentscheidungen und Schätzunsicherheiten wird zudem explizit deren Offenlegung im Anhang gefordert (vgl. *ED/2011/6.124 ff.*). Da die bisher in IAS 11.39 ff. bzw. IAS 18.35 f. geforderten Anhangangaben zum Themenkomplex der Umsatzrealisierung ohnehin im Vergleich zu anderen Bilanzierungsthematiken eher als überschaubar zu beurteilen sind, überrascht es wenig, dass die künftig

geforderten Anhangangaben dennoch erheblich umfassender sind. Unternehmen sind somit gut beraten, sich rechtzeitig mit den erforderlichen Angabepflichten auseinanderzusetzen und entsprechende Prozesse und ihre Systemlandschaft anzupassen, damit die geforderten Aufgliederungen, Überleitungen, ggf. Laufzeitbänder und sonstigen (vor allem qualitativen) Informationen zeitnah (auch retrospektiv und konzernübergreifend) bereitgestellt werden können.

4   Erstanwendung

Die *Boards* haben sich im Rahmen ihrer Sitzung im Februar 2013 dafür ausgesprochen, dass der neue Standard zur Umsatzrealisation für alle Geschäftsjahre verpflichtend anzuwenden ist, die am oder nach dem 01.01.2017 beginnen. Da die zwischenzeitlich vorgesehene Veröffentlichung des finalen Standards im Jahre 2013 vor dem Hintergrund offener Anwendungsfragen letztlich nicht erfolgt ist und sich der Standardentwicklungsprozess somit abermals verzögert hat, kann gegenwärtig indes nicht ganz ausgeschlossen werden, dass sich die Erstanwendung zeitlich letztlich weiter nach hinten verschiebt. Bezüglich einer im Raum stehenden (freiwilligen) vorzeitigen Anwendung konnte i. R. d. *redeliberations* indes kein Konsens zwischen den *Boards* gefunden werden. Das *FASB* bestätigte die bereits in *ED/2011/6* manifestierte Unzulässigkeit einer vorzeitigen Anwendung. Dagegen ist die vorzeitige Anwendung nach IFRS möglich. Zu beachten ist für EU-Bilanzierer jedoch, dass Voraussetzung einer vorzeitigen Anwendung des neuen Standards zur Umsatzrealisierung dessen Transformation in Europäisches Recht i. R. d. EU-Endorsement-Verfahrens ist (sog. Komitologieverfahren). Dieses Komitologieverfahren nimmt regelmäßig eine Zeitspanne von mindestens einem Jahr in Anspruch und dürfte insofern die vorzeitige Anwendung zeitlich faktisch nicht unerheblich einschränken.

Der Standard ist – basierend auf der allgemeinen IAS 8-Konzeption – grundsätzlich retrospektiv anzuwenden. Dabei haben die *Boards* zwei konkurrierende (gleichwertige) Übergangsszenarien vereinbart, die den Umstellungsaufwand beim Übergang auf die Neuregelungen ggf. erheblich reduzieren sollen.

Entscheidet sich das Unternehmen für eine retrospektive Erstanwendung, so können (Wahlrecht) dabei verschiedene Erleichterungen in Anspruch genommen werden. Bspw. brauchen solche Verträge nicht an die neuen Rechtsnormen angepasst werden, deren Leistungen vor dem Tag der Erstanwendung (ohne vorzeitige Anwendung und ohne vom Kalenderjahr abweichende Berichtsperioden also der 01.01.2017) bereits vollständig erbracht sind und insgesamt nur eine Rechnungslegungsperiode betreffen (vgl. *ED/2011/6.C3a*). Außerdem sind keine Schätzungen von variablen Vergütungsbestandteilen notwendig, sofern die Leistungen des zugrunde liegenden Vertrags vor dem Tag der Erstanwendung (ohne vorzeitige Anwendung und ohne vom Kalenderjahr abweichende Berichtsperiode also der 01.01.2017) bereits vollständig erbracht sind (vgl. *ED/2011/6.C3b*). Aus Vereinfachungsgründen kann hier anstelle der Verwendung eines Schätzbetrages vom zu diesem Zeitpunkt letztlich bereits feststehenden tatsächlichen Erfüllungsbetrag ausgegangen werden. Die Vereinfachungen sind als Wahlrechte manifestiert, sodass, je nach Zielsetzung der Unternehmen, davon Gebrauch gemacht werden kann oder nicht. Die Wahlrechte sind frei wählbar (sog. *cherry picking*), sodass dadurch letztlich die Vergleichbarkeit von Abschlüssen nicht unerheblich beeinträchtigt wird. Sämtliche Umstellungseffekte sind im Falle einer derartigen retrospektiven Anwendung (mit oder ohne Inanspruchnahme von Wahlrechten) zu Beginn der ersten dargestellten Vergleichsperiode (bei nur einer dargestellten Vergleichsperiode ohne vorzeitige Anwendung und ohne vom Kalenderjahr abweichende Berichtsperiode also am 01.01.2016) erfolgsneutral als sog. *retained earnings adjustment* abzubilden. Mit anderen Worten: Der Eröffnungsbilanzwert eines jeden Bestandteils des Eigenkapitals ist so anzupassen, als ob die neue Rechnungslegungsmethode schon immer angewandt worden wäre (vgl. IAS 8.22).

Neben der retrospektiven Erstanwendung (mit oder ohne Inanspruchnahme von Erleichterungen) kann der folgende alternative Übergang auf die neuen Rechnungslegungsnormen erfolgen: Es sind lediglich die Verträge an die neuen Rechnungslegungsmethoden anzupassen, deren Leistungen am Tag der Erstanwendung (ohne vorzeitige Anwendung und ohne vom Kalenderjahr abweichende Berichtsperiode also der 01.01.2017) noch nicht vollständig erbracht wurden. Faktisch wäre der neue Standard (nur) für alle neuen und zum Zeitpunkt der Erstanwendung noch nicht oder noch nicht vollständig erfüllten Verträge anzuwenden. In diesem Falle ist die kumulative Anpassungsbuchung des Eröffnungswerts der Gewinnrücklagen

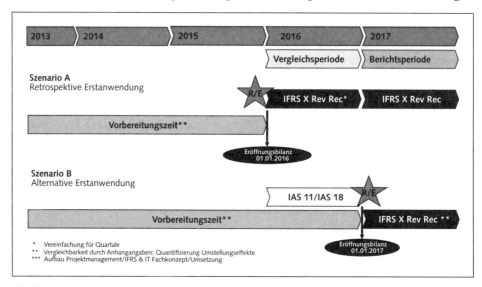

Abbildung 4: Erstanwendung der neuen Vorschriften zur Umsatzrealisierung

zu Beginn der Berichtsperiode der Erstanwendung (ohne vorzeitige Anwendung und ohne vom Kalenderjahr abweichende Berichtsperiode also am 01.01.2017) vorzunehmen. Ferner müssten die Unternehmen bei der Wahl dieses alternativen Übergangs auf die neuen Rechnungslegungsnormen für das laufende Geschäftsjahr zusätzlich angeben, wie sich alle Posten der Bilanz und der GuV bzw. Gesamtergebnisrechnung unter Anwendung der bisherigen Vorschriften entwickelt hätten.

Abbildung 4 zeigt vereinfachend die beiden Optionen der Erstanwendung des neuen Standards per 01.01.2017 (d. h. ohne vorzeitige Anwendung und ohne vom Kalenderjahr abweichende Berichtsperiode).

5 Kritische Würdigung

Vor dem Hintergrund der in praxi nicht selten erst auf den zweiten Blick erkennbaren Komplexität der Thematik der Umsatzrealisierung vergleicht *Wood* diesen Themenkomplex treffend mit einem »Eisberg im Meer« (vgl. *Wood, Doman L.* (1998), S. 14). Obwohl dieser Vergleich schon einige Jahre alt ist, scheint er im Kontext des neuen Standards zur Umsatzrealisierung aktueller denn je. Auf den ersten Blick scheinen die Neukonzeptionen gegenüber der gegenwärtigen Bilanzierungspraxis konzeptionell nicht wirklich innovativ und nur wenige Änderungen können spontan identifiziert werden. Auf den zweiten Blick erkennt man indes die Brisanz in vielen (Teil-)Bereichen und erkennt erst den gesamten potenziellen Anpassungsbedarf der durch den neuen Standard zur Umsatzrealisierung hervorgerufen werden kann.

Der in der Fachdiskussion zu Beginn des Standardentwicklungsprozesses regelmäßig geäußerten Kritik an einer konsequenten Umsetzung des *control principle* wurde zwischenzeitlich durch praxisgerechte Lösungsansätze und somit faktisch der Normierung eines aus theoretischer Sicht nicht unbedenklichen sog. *mixed model* Rechnung getragen. Obwohl die *Boards* ursprünglich vor allem die derzeit existierenden Regelungsinkonsistenzen beseitigen wollten, ist diese Zielsetzung zwischenzeitlich ganz offensichtlich in den Hintergrund getreten. Im Laufe des Projekts wurde offensichtlich erkannt, dass ein bilanztheoretisch konsistentes Umsatzrealisationsmodell (wohl) nicht durchsetzbar ist. Für die Praktiker ist erfreulich, dass i. R. d. *redeliberations* zahlreiche Nachbesserungen an den ursprünglichen Vorschlägen vorgenommen wurden, die im Ergebnis in vielen Bereichen (wohl) zur Beibehaltung der aktuellen Bilanzierungspraxis führen.

Die Neuregelungen schließen eine Vielzahl von gegenwärtig existierenden Regelungslücken (u. a. Mehrkomponentenverträge, Kundenakquisitionskosten, verfallene Kundenrechte u. v. m.), die oftmals als Ursache für die in der Fachdiskussion viel zitierte *diversity in practice* angeführt werden. Dadurch können sich, bezogen auf einzelne Branchen, weitreichende Auswirkungen der externen Finanzberichterstattung ergeben. Gerade in den Branchen Telekommunikation, Software, Unterhaltung und Medien sowie BioTech/Pharma werden vor allem mit den hier typischerweise vorzufindenden Mehrkomponentenverträgen eine ganze Reihe von einschneidenden Veränderungen erwartet. Gleiches gilt für die Automobilindustrie und den dort vorzufindenden teils komplexen *development and tooling arrangements*, deren Neubeurteilung zu abweichenden Bilanzierungspraktiken führen kann. In den Branchen Bauwirtschaft, Anlagen- und Maschinenbau sowie im Dienstleistungssektor ist insbesondere zu prüfen, ob die gegenwärtig übliche Teilgewinnrealisierung de lege ferenda noch anwendbar ist.

Im Rahmen der Analysen wurde wiederholt festgestellt, dass mit dem neuen prinzipienorientierten Standard zwangsweise in vielen Bereichen erhöhte Ermessensentscheidungen und Schätzunsicherheiten verbunden sein werden. Ebenso ergeben sich durch die Verwendung zahlreicher unbestimmter Rechtsbegriffe (u. a. Abgrenzbarkeit im Vertragskontext, alternative Nutzungsmöglichkeit u. v. m.) erhöhte Ermessensspielräume. Durch die diesbzgl. verpflichtende Berichterstattung im Anhang sollen sich die Abschlussadressaten ein umfassendes Bild über deren Auslegungen seitens des Managements verschaffen.

Der Praktiker sollte sich trotz der scheinbar noch weit in der Zukunft liegenden Erstanwendung frühzeitig mit den für ihn relevanten Problemfeldern auseinandersetzen, um die Auswirkungen rechtzeitig verstehen und kommunizieren zu können. Nicht selten können diese Auswirkungen erhebliche Folgewirkungen auslösen, nicht zuletzt deswegen, da die Umsatzerlöse eine zentrale Kennzahl i. R. d. Bilanzanalyse darstellen (vgl. ausführlich *Küting, Karlheinz/Weber, Claus-Peter/Pilhofer, Jochen* (2002), S. 310 ff.) und insofern vielfältige Ausstrahlungswirkungen entfalten (u. a. auch auf *covenants*-Klauseln). Internationale Rechnungslegungsnormen gelten im Allgemeinen als komplex und deren Anwendung liefert vor dem Hintergrund des zunehmend undurchsichtigeren Normendickichts eine Fülle von Angriffsflächen für mannigfaltige Fehlerpotenziale. Bereits die vorliegende Vorausschau auf den neuen Standard zur Umsatzrealisierung belegt eindrucksvoll: Zu einer von Abschlussadressaten regelmäßig geforderten Beständigkeit und Nachhaltigkeit der Rechtsnormen sowie Komplexitätsreduktion der externen Finanzberichterstattung wird es bezogen auf den Themenbereich der Umsatzrealisierung auch künftig nicht kommen.

Literaturverzeichnis

Adler, Hans/Düring, Walther/Schmaltz, Kurt (1995): Rechnungslegung und Prüfung der Unternehmen, 6. Auflage, Stuttgart 1995.
Bösser, Jörg/Oppermann, Michael/Pilhofer, Jochen (2012): Auswirkungen der Standardentwürfe zur Umsatzrealisierung und zu Leasingverträgen auf sog. Non-GAAP Financial Measures, in: PiR 2012, S. 242–250.
Discussion Paper: Preliminary Views on Revenue Recognition in Contracts with Customers, London, Dezember 2008.
Ernst & Young (2013): International GAAP 2013, Croydon (UK) 2013.
Fink, Christian/Ketterle, Günter/Scheffel, Steve (2012): Revenue Recognition: Bilanzpolitische, -analytische und prozessuale Auswirkungen des Re-Exposure Draft auf die Bilanzierungspraxis, in: DB 2012, S. 1997–2006.

Grote, Andreas/Hold, Christiane/Pilhofer, Jochen (2012a): Führt der Re-Exposure Draft ED/2011/6 zu gravierenden Änderungen der Umsatzrealisierung oder wird der Berg eine Maus gebären (Teil I)?, in: KoR 2012, S. 105–113.

Grote, Andreas/Hold, Christiane/Pilhofer, Jochen (2012b): Führt der Re-Exposure Draft ED/2011/6 zu gravierenden Änderungen der Umsatzrealisierung oder wird der Berg eine Maus gebären (Teil II)?, in: KoR 2012, S. 170–177.

Gruss, Christoph/Karitskaya, Ekaterina/Wied, Andre (2011): Die Bilanzierung von Mehrkomponentengeschäften nach dem Exposure Draft »Revenue from Contracts with Customers«, in: KoR 2011, S. 89–95.

ED/2010/6: Revenue from Contracts from Customers (»Exposure Draft«), London, Juni 2010.

ED/2011/6: Revenue from Contracts with Customers (»Re-Exposure Draft«), London, November 2011.

Küting, Karlheinz/Lam, Siu (2013): Reform der internationalen Umsatzrealisierung – ein Vorausblick auf den finalen Standard, in: BB 2013, S. 1835–1840.

Küting, Karlheinz/Pfitzer, Norbert/Weber, Claus-Peter (2013): IFRS oder HGB? Systemvergleich und Beurteilung, 2. Auflage, Stuttgart 2013.

Küting, Karlheinz/Pilhofer, Jochen (2002): »Miles & More« und mehr: Verbuchung von Bonusleistungen aus Verkäufer- und Käufersicht im internationalen Vergleich, in: BB 2002, S. 2059–2065.

Küting, Karlheinz/Turowski, Philipp/Pilhofer, Jochen (2001): Umsatzrealisierung im Zusammenhang mit Mehrkomponentenverträgen – aktuelle Entwicklungstendenzen in der US-amerikanischen Rechnungslegung, in: WPg 2001, S. 305–317.

Küting, Karlheinz/Weber, Claus-Peter/Pilhofer, Jochen (2002): Umsatzrealisation als modernes bilanzpolitisches Instrumentarium im Rahmen des Gewinnmanagements (*earnings management*), in: FB 2002, S. 310–329.

Pilhofer, Jochen (2002): Umsatz- und Gewinnrealisierung im internationalen Vergleich, Herne 2002.

Pilhofer, Jochen/Bösser, Jörg/Düngen, Jens (2010): Die Umsatzrealisierung von Mehrkomponentenverträgen außerhalb der Softwarebranche im IFRS-Normensystem – Schließung von Regelungslücken durch Adaption von EITF 00-21 bzw. EITF 08-1?, in: WPg 2010, S. 78–91.

Wollmert, Peter (2012): Neue Wege der Gewinnrealisierung nach IFRS, in: Küting, Karlheinz/Pfitzer, Norbert/Weber, Claus-Peter (Hrsg.), Brennpunkte der Bilanzierungspraxis nach IFRS und HGB, Stuttgart 2012, S. 73–97.

Wood, Doman L. (1998): SOP 97-2 and Revenue Recognition Should Credit Executives Know or Care What it is?, in: Business Credit 1998, Vol. 100, No. 8, S. 12–14.

Wüstemann, Jens/Wüstemann, Sonja/Neumann, Simone (2010): IAS 18 Umsatzerlöse (Revenue), in: Baetge, Jörg et al. (Hrsg.), Rechnungslegung nach IFRS, Loseblattsammlung, Stand: 13. Ergänzungslieferung, Dezember 2010, Stuttgart.

Wüstemann, Jens/Wüstemann, Sonja (2010): Umsatzerlöse aus Kundenverträgen nach IFRS – Neuausrichtung an der Erfüllung von Verpflichtungen in ED/2010/6, in: BB 2010, S. 2035–2040.

Wüstemann, Jens/Wüstemann, Sonja (2011): Exposure Draft ED/2011/6 »Revenue from Contracts with Customers«: Überarbeitung als Kompromiss, in: BB 2011, S. 3117–3119.

Aktuelle Entwicklungen in der Unternehmensberichterstattung
– Lagebericht, Management Commentary, Nachhaltigkeits- und integrierte Berichterstattung –

Prof. Dr. Peter Kajüter
Lehrstuhl für Internationale Unternehmensrechnung
Westfälische Wilhelms-Universität Münster
Münster

Inhaltsverzeichnis

1	Einleitung	217
2	Lageberichterstattung nach DRS 20	219
2.1	Hintergründe zu DRS 20	219
2.2	Grundsätze der Lageberichterstattung	220
2.3	Inhalte der Lageberichterstattung	222
3	Management Commentary nach IFRS	225
3.1	Hintergründe zum IFRS Practice Statement	225
3.2	Grundsätze und Inhalte	226
3.3	Anwendung in Deutschland	228
4	Nachhaltigkeitsberichterstattung	229
4.1	Regulatorische Entwicklungen	229
4.2	G4-Leitlinien der Global Reporting Initiative	230
5	Integrierte Berichterstattung	233
5.1	Hintergründe zur Initiative des IIRC	233
5.2	Konzepte, Prinzipien und Inhalte	235
5.3	Anwendung in Deutschland	237
6	Zusammenfassung und Ausblick	238
Literaturverzeichnis		239

1 Einleitung

In den letzten 25 Jahren hat sich die Unternehmensberichterstattung dynamisch weiterentwickelt. Neue Technologien (Internet, XBRL) ermöglichen andere Berichtsmedien und eine zeitnähere Information der Adressaten. Inhaltlich stehen neben den finanziellen Informationen des Abschlusses vermehrt nichtfinanzielle Informationen im Fokus der Berichterstattung. Spektakuläre Ereignisse wie Bilanzskandale oder die globale Finanzkrise haben Regulierer veranlasst, immer neue Berichtspflichten einzuführen. Zudem haben vor allem kapitalmarktorientierte Unternehmen auch selbst den Umfang ihrer freiwilligen Publizität erhöht, um den gestiegenen Erwartungen der Stakeholder an die Transparenz der Berichterstattung gerecht zu werden.

In der Gesamtschau ergibt sich insbesondere für kapitalmarktorientierte Unternehmen eine Fülle an pflichtgemäß oder freiwillig erstellten Berichten (vgl. Abbildung 1): Abschlüsse nach HGB und IFRS, Lagebericht und *Management Commentary*, unterjährige Finanzberichte (Zwischenabschluss, Zwischenlagebericht, Zwischenmitteilung der Geschäftsführung), Ad-hoc Mitteilungen, Erklärung zur Unternehmensführung, Corporate Governance Berichte sowie Nachhaltigkeitsberichte. Für bestimmte Unternehmen kommen aufsichtsrechtliche (z. B. Risikoberichterstattung bei Banken gemäß KWG/SolvV) oder bei der Inanspruchnahme ausländischer Kapitalmärkte andere nationale Berichtspflichten hinzu (z. B. zur Erstellung eines Operating and Financial Review and Prospects nach Form 20-F in den USA). Mit dem sog. *Country-by-Country-Reporting* bahnen sich weitere Berichtspflichten an.

Für Unternehmen impliziert dieses umfangreiche Geflecht an Vorschriften und Empfehlungen einen hohen Aufwand bei der Berichtserstellung. Dabei ist es aufgrund nicht aufeinander abgestimmter Vorgaben verschiedener Regulierungsinstanzen schwierig und teilweise sogar unmöglich, gleiche oder ähnliche Berichtspflichten gemeinsam zu erfüllen. Informationen stehen daher oftmals unverbunden nebeneinander und weisen Redundanzen auf. Die zunehmende Fülle an Informationen hat bei den Adressaten indes nicht zu einer höheren Zufriedenheit geführt. Vielmehr beeinträchtigt sie die Klarheit und Prägnanz der Berichterstattung und führt dazu, dass Berichte – wenn überhaupt – nur selektiv gelesen werden (vgl. *Kajüter, Peter* (2013a), S. 11).

Um den erkannten Problemen zu begegnen, sind in jüngster Zeit verschiedene Initiativen zur Weiterentwicklung der Unternehmensberichterstattung ergriffen worden. Diese betreffen zum einen den Abschluss. So arbeitet der *IASB* u. a. an einem *Disclosure Framework*, um eine konzeptionelle Basis für die Vielzahl der in den einzelnen IFRS geforderten Anhangangaben zu entwickeln. Zum anderen sind verschiedene neue Verlautbarungen für die das Zahlenwerk des Abschlusses ergänzende verbale Berichterstattung erschienen. Mit DRS 20 *Konzernlagebericht* (2012) und dem *IFRS Practice Statement Management Commentary* (2010) liegen überarbeitete bzw. neue Verlautbarungen zur Managementberichterstattung vor. Im Bereich der Nachhaltigkeitsberichterstattung hat die *Global Reporting Initiative* (*GRI*) im April 2013 eine neue Generation ihrer Leitlinien veröffentlicht (vgl. *GRI G4*).

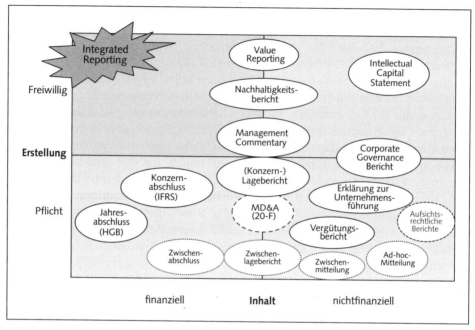

Abbildung 1: Berichtsvielfalt (vgl. *Kajüter, Peter* (2013b), S. 126)

Schließlich hat sich mit dem *International Integrated Reporting Council* (*IIRC*) im August 2010 eine neue Initiative gegründet, um mit der Entwicklung eines Rahmenkonzepts für eine integrierte Berichterstattung den Defiziten der gegenwärtigen Berichtspraxis zu begegnen. Das *IIRC* hat von Beginn an große Unterstützung von *Standardsettern*, Verbänden, Unternehmen und Wirtschaftsprüfungsgesellschaften erfahren und bereits nach kurzer Zeit im Dezember 2013 das angestrebte Rahmenkonzept veröffentlicht.

Ziel dieses Beitrags ist es, einen Überblick über diese neueren Entwicklungen im Bereich der den Abschluss ergänzenden Unternehmensberichterstattung zu geben und Implikationen für die Unternehmenspraxis aufzuzeigen. Mit DRS 20 wird im Folgenden zunächst auf den deutschen Standard zur Lageberichterstattung eingegangen (Abschnitt 2). Anschließend rücken Verlautbarungen internationaler *Standardsetter* und danach erstellte Berichte in den Mittelpunkt: *Management Commentary* nach IFRS (Abschnitt 3), Nachhaltigkeitsberichterstattung nach den G4-Leitlinien (Abschnitt 4) und die integrierte Berichterstattung nach dem Rahmenkonzept des *IIRC* (Abschnitt 5). Eine kurze Zusammenfassung und ein Ausblick runden den Beitrag ab (Abschnitt 6).

2 Lageberichterstattung nach DRS 20

2.1 Hintergründe zu DRS 20

In Deutschland sind mittelgroße und große Kapitalgesellschaften sowie Mutterunternehmen (MU) i. S. v. § 290 HGB zur Aufstellung eines Lage- bzw. Konzernlageberichts verpflichtet (vgl. *Fink, Christian/Kajüter, Peter/Winkeljohann, Norbert* (2013), S. 8ff.). Die Mindestanforderungen an den Inhalt der Lageberichterstattung werden in den §§ 289 und 315 HGB nur grob umrissen und daher durch DRS konkretisiert. Historisch bedingt entstanden verschiedene DRS zur Lageberichterstattung, da der *DSR* die sukzessive erweiterten Berichtspflichten stets zeitnah aufgegriffen und in neuen DRS geregelt hat (vgl. DRS 5, 5–10, 5–20 zur Risikoberichterstattung, DRS 15 zur Lageberichterstattung, DRS 15a zu übernahmerelevanten Angaben, DRS 17 zur Vergütungsberichterstattung). Parallel dazu entstand auf internationaler Ebene das *IFRS Practice Statement Management Commentary* (PS MC). Angesichts der zwischenzeitlich vorliegenden Anwendungserfahrungen mit den DRS und der durch das BilMoG neu eingeführten Berichtspflichten beschloss der *DSR* im Jahr 2008, die DRS zur Lageberichterstattung zu überarbeiten und in einem Standard zu konsolidieren.

Im Vorfeld dieses Projekts beauftragte das *DRSC* den Lehrstuhl für Internationale Unternehmensrechnung der Universität Münster mit einer empirischen Studie zur Praxis der Lageberichterstattung. Die Ergebnisse der Befragung von Unternehmen, Wirtschaftsprüfern, Finanzanalysten und Hochschullehrern offenbarten zwei unterschiedliche »Welten der Lageberichterstattung« bei börsen- und nicht börsennotierten Unternehmen, denen die bisherigen Standards nur unzureichend Rechnung trugen (vgl. hierzu ausführlich *Kajüter, Peter/Bachert, Kristian/Blaesing, Daniel/Kleinmanns, Hermann* (2010); *Kajüter, Peter* (2013a)). Zudem wurde Verbesserungspotenzial bei der Klarheit und Verständlichkeit der Regelungen gesehen. Der *DSR* beschloss daraufhin, die DRS zur Lageberichterstattung in zwei Schritten zu überarbeiten. Während kleinere Änderungen durch DRÄS 5 umgesetzt wurden, ist DRS 20 das Ergebnis der grundlegenden Überarbeitung im zweiten Schritt.

DRS 20 Konzernlagebericht richtet sich an alle MU, die einen Konzernlagebericht nach § 315 HGB erstellen (vgl. DRS 20.5). Eine entsprechende Anwendung des Standards auf Lageberichte nach § 289 HGB wird empfohlen (im Folgenden wird zur sprachlichen Vereinfachung jedoch nur vom Konzernlagebericht gesprochen). DRS 20 gilt branchenübergreifend, wobei die zuvor in DRS 5–10 und 5–20 enthaltenen branchenspezifischen Regelungen zur Risikoberichterstattung in überarbeiteter Form als Anlage 1 und 2 in DRS 20 integriert wurden. Der neue Standard wurde am 04.12.2012 vom *BMJ* bekannt gemacht und ist für Geschäftsjahre, die nach dem 31.12.2012 beginnen verbindlich. Eine vollumfängliche frühere Anwendung war möglich und wurde empfohlen (vgl. DRS 20.236). Hiervon haben allerdings nur wenige Unternehmen, wie z. B. *Deutsche Börse* und *SAP*, Gebrauch gemacht.

DRS 20 zeichnet sich im Vergleich zu den bisherigen DRS zur Lageberichterstattung durch folgende Neuerungen aus:
- Stärkere Differenzierung der Berichtsanforderungen i. R. d. gesetzlichen Möglichkeiten (Grundsatz der Informationsabstufung, Kennzeichnung spezieller Anforderungen für kapitalmarktorientierte Unternehmen mit einem »K«);
- straffere und präzisere Formulierungen (u. a. neue Abgrenzung der für die Berichtsanforderungen verwendeten Begriffe Angabe/Darstellung, Erläuterung, Analyse, Beurteilung);
- Verzicht auf Empfehlungen zur inhaltlichen Ausgestaltung der Lageberichterstattung;
- überarbeitete Grundsätze der Lageberichterstattung (u. a. neuer Grundsatz der Informationsabstufung, stärkere Hervorhebung des Grundsatzes der Wesentlichkeit, Entfall des Grundsatzes der Konzentration auf die nachhaltige Wertschaffung);
- überarbeitete Regelungen zu den Berichtsinhalten (u. a. neue Regelungen zur freiwilligen Strategieberichterstattung, modifizierte Anforderungen an die Prognose-, Chancen- und Risikoberichterstattung).

2.2 Grundsätze der Lageberichterstattung

Die Grundsätze der Lageberichterstattung definieren allgemeine Anforderungen an die inhaltliche und formale Gestaltung von Lageberichten. Sie wurden zunächst in der Literatur entwickelt (vgl. *Baetge, Jörg/Fischer, Thomas/Paskert, Dierk* (1989); zur Bedeutung vgl. *Böcking, Hans-Joachim* (2007)) und später in DRS 15 kodifiziert. Auch DRS 20 enthält Grundsätze der Lageberichterstattung, wobei diese mit einer Ausnahme aus DRS 15 übernommen sowie inhaltlich ergänzt und prägnanter formuliert wurden (vgl. *Fink, Christian/Kajüter, Peter/Winkeljohann, Norbert* (2013), S. 57 ff.; *Kajüter, Peter* (2013b), S. 130 f.). Insgesamt sind **sechs Grundsätze** zu beachten:
- Vollständigkeit,
- Verlässlichkeit und Ausgewogenheit,
- Klarheit und Übersichtlichkeit,
- Vermittlung der Sicht der Konzernleitung,
- Wesentlichkeit,
- Informationsabstufung.

Nach dem **Grundsatz der Vollständigkeit** sind im Konzernlagebericht alle Informationen zu vermitteln, die ein verständiger Adressat benötigt, um die Verwendung der anvertrauten Ressourcen, den Geschäftsverlauf im Berichtszeitraum, die Lage sowie die voraussichtliche Entwicklung des Konzerns mit ihren wesentlichen Chancen und Risiken beurteilen zu können (vgl. DRS 20.12). Dabei können die Informationen entweder direkt im Konzernlagebericht oder indirekt durch Verweise vermittelt werden. Der Konzernlagebericht muss jedoch aus sich heraus verständlich sein (vgl. DRS 20.13).

Der bisherige **Grundsatz der Verlässlichkeit** wurde um den Aspekt der **Ausgewogenheit** ergänzt. Danach müssen Informationen zutreffend und nachvollziehbar, Tatsachen und Meinungen als solche erkennbar sein (vgl. DRS 20.17). Positive und negative Aspekte dürfen nicht einseitig dargestellt werden (vgl. DRS 20.18). Zudem müssen die Angaben plausibel, konsistent und frei von Widersprüchen gegenüber den entsprechenden Informationen im Abschluss sein (vgl. DRS 20.19).

Der **Grundsatz der Klarheit und Übersichtlichkeit** verlangt, den Konzernlagebericht vom Konzernabschluss und anderen Informationen eindeutig zu trennen und in geschlossener Form unter der Überschrift »Konzernlagebericht« aufzustellen und offenzulegen (vgl. DRS 20.20). Er ist in inhaltlich abgegrenzte Abschnitte zu untergliedern (vgl. DRS 20.25). Im Gegensatz zu DRS 15 enthält DRS 20 hierzu keine Gliederungsempfehlung. Inhalt und Form des Konzernlageberichts sind im Zeitablauf stetig fortzuführen (vgl. DRS 20.26). Ausnahmen hiervon sind nur zulässig, wenn dadurch die Klarheit und Übersichtlichkeit verbessert wird.

Der **Grundsatz der Vermittlung der Sicht der Konzernleitung** fordert, im Konzernlagebericht die Einschätzungen und Beurteilungen der gesetzlichen Vertreter des MU zum Ausdruck zu bringen (vgl. DRS 20.31).

Nach dem **Grundsatz der Wesentlichkeit** muss sich der Konzernlagebericht auf wesentliche Informationen fokussieren (vgl. DRS 20.32). Dieser Grundsatz ist nicht neu, wird aber als eigener Grundsatz stärker herausgestellt und nicht mehr wie in DRS 15 als Einschränkung des Grundsatzes der Vollständigkeit eingeordnet. Umfangreichen Darstellungen, die auch an anderer Stelle zu finden sind, soll damit begegnet werden. So sollen z.B. Informationen über das Konzernumfeld nur in dem Maße dargestellt werden, wie dies zum Verständnis des Geschäftsverlaufs, der Lage und der voraussichtlichen Entwicklung des Konzerns erforderlich ist.

Der **Grundsatz der Informationsabstufung** weist darauf hin, dass die Ausführlichkeit und der Detaillierungsgrad der Ausführungen im Konzernlagebericht an den spezifischen Gegebenheiten des Konzerns (Art der Geschäftstätigkeit, Größe, Inanspruchnahme des Kapitalmarktes etc.) auszurichten sind (vgl. DRS 20.34). Danach ist es nicht zulässig, auf die Berichterstattung über einzelne wesentliche Aspekte völlig zu verzichten. Vielmehr fordert der Grundsatz der Informationsabstufung eine Differenzierung der Anforderungen an Ausführlichkeit und Detaillierungsgrad und trägt damit den unterschiedlichen »Welten der Lageberichterstattung« Rechnung (vgl. *Kajüter, Peter* (2013a), S. 8 ff.).

Der in DRS 15 erstmalig definierte Grundsatz der Konzentration auf die nachhaltige Wertschaffung ist in DRS 20 nicht mehr enthalten. Begründet liegt dies darin, dass es sich bei diesem Grundsatz nicht um übergreifende Prinzipien handelte, sondern um Regelungen zu Berichtsinhalten (z.B. zu finanziellen und nicht-finanziellen Leistungsindikatoren) bzw. um Redundanzen zu anderen Grundsätzen und Berichtsanforderungen (vgl. *Kajüter, Peter* (2013a), S. 14 f.).

2.3 Inhalte der Lageberichterstattung

Die Mindestanforderungen an den Inhalt des Konzernlageberichts wurden in den letzten Jahren sukzessive erweitert und enthalten daher auch eine Reihe von Angaben zu speziellen Themen, die teilweise nur für bestimmte kapitalmarktorientierte Unternehmen gelten (z. B. übernahmerelevante Angaben, Vergütungsbericht). Nachfolgend werden mit den Grundlagen des Konzerns sowie dem Wirtschafts-, Prognose-, Chancen- und Risikobericht einige zentrale Teilberichte näher betrachtet (vgl. zu den anderen Berichtsinhalten ausführlich *Fink, Christian/Kajüter, Peter/ Winkeljohann, Norbert* (2013), S. 79 ff.).

DRS 20 sieht vor, dass den Adressaten zu Beginn des Konzernlageberichts zunächst ein Überblick über den Konzern gegeben wird (**Grundlagen des Konzerns**). Hierzu gehören Ausführungen
- zum Geschäftsmodell (z. B. Struktur, Segmente, Produkte, Absatzmärkte),
- zu Zielen und Strategien (freiwillig),
- zum Steuerungssystem (bei kapitalmarktorientierten Unternehmen) und
- zu Forschung und Entwicklung (vgl. DRS 20.36–52).

Im Vergleich zu DRS 15 stellt die **Strategieberichterstattung** eine wesentliche Neuerung dar. Der Standardentwurf sah hierzu eine Berichtspflicht für kapitalmarktorientierte MU vor (vgl. E-DRS 27.K37–42). Da diese jedoch über den Gesetzeswortlaut der §§ 289 und 315 HGB hinausgeht und in den Stellungnahmen zu E-DRS 27 kritisiert wurde, ist die Berichterstattung über Ziele und Strategien als freiwilliges Berichtselement normiert worden (vgl. DRS 20.39–44). Anstatt verbindlicher, auf kapitalmarktorientierte Unternehmen beschränkter Regelungen enthält DRS 20 somit eine Orientierungshilfe für alle Anwender, die freiwillig über ihre strategischen Ziele und die zu ihrer Erreichung verfolgten Strategien berichten möchten (vgl. DRS 20.B22). Unter strategischen Zielen sind nicht die häufig im Prognosebericht genannten Ziele für Umsatz und Ergebnis im nächsten Geschäftsjahr zu verstehen, sondern übergeordnete, i. d. R. langfristige Ziele (z. B. das Ziel von *Volkswagen*, bis 2018 der weltweit größte Automobilhersteller zu sein). Bei den Strategien sollen jene auf Konzernebene dargestellt werden (z. B. organisches oder akquisitionsbasiertes Wachstum, Diversifikation, Internationalisierung). Innerhalb des Standards hat diese neue Regelung eine Sonderstellung inne, deren Verbindlichkeit unklar ist. Aus der bisherigen Interpretation von Sollvorschriften (vgl. *Kajüter, Peter* (2011a), Rn. 32) lässt sich jedoch schließen, dass die Berichterstattung an sich (»ob«) freiwillig ist, für die Darstellung (»wie«) jedoch die Regelungen nach DRS 20.39–44 grundsätzlich zu beachten sind (vgl. *Fink, Christian/Kajüter, Peter/Winkeljohann, Norbert* (2013), S. 94).

Im als **Wirtschaftsbericht** bezeichneten Teil des Lageberichts sind der Geschäftsverlauf und die Lage des Konzerns darzustellen, zu analysieren und zu beurteilen (vgl. DRS 20.53–113). Die Ausführungen sind zu einer Gesamtaussage zu verdichten, aus der hervorgeht, ob die Geschäftsentwicklung aus Sicht der Konzernleitung insgesamt günstig oder ungünstig verlaufen ist (vgl. DRS 20.58). Soweit für das Verständnis des Geschäftsverlaufs und der Lage des Konzerns erforderlich, sind Angaben zu den gesamtwirtschaftlichen und branchenbezogenen Rahmenbedingungen zu machen (vgl. DRS 20.59). Dem Grundsatz der Wesentlichkeit entsprechend geht es hierbei nicht um weitschweifende Ausführungen, sondern um eine fokussierte, zielgerichtete Darstellung von Entwicklungen, die den Geschäftsverlauf und die Lage des Konzerns beeinflusst haben (vgl. DRS 20.B25).

Wichtige Neuerungen im Wirtschaftsbericht betreffen Bezüge zum Strategie- und Prognosebericht sowie zu den finanziellen und nicht-finanziellen Leistungsindikatoren. So sollen im Falle einer freiwilligen Strategieberichterstattung im Wirtschaftsbericht Aussagen zum Stand der Erreichung der strategischen Ziele gemacht werden (vgl. DRS 20.56). Neu ist zudem die Pflicht, in der Vorperiode berichtete Prognosen mit der tatsächlichen Geschäftsentwicklung zu vergleichen (vgl. DRS 20.57). Die Prognosen erhalten dadurch eine stärkere Verbindlichkeit, denn die Konzernleitung muss Abweichungen zwischen Prognose- und Istwerten sowie die dafür ursächlichen Entwicklungen und Ereignisse erläutern. Dem Gesetzesaufbau folgend sind die Regelungen zu den finanziellen und nicht-finanziellen Leistungsindikatoren dem Wirtschaftsbericht zugeordnet. Den Gesetzeswortlaut konkretisierend verlangt DRS 20, solche finanziellen und nicht-finanziellen Leistungsindikatoren in die Analyse des Geschäftsverlaufs einzubeziehen, die auch zur internen Steuerung herangezogen werden (vgl. DRS 20.102; 20.106). Es werden somit keine speziellen offenzulegenden Kennzahlen definiert, sondern es wird dem *Management Approach* gefolgt (vgl. DRS 20.B27). Sofern die berichteten Leistungsindikatoren intern unter dem Aspekt der Nachhaltigkeit verwendet werden, ist dieser Zusammenhang darzustellen (vgl. DRS 20.111). Wird der Berichterstattung ein allgemein anerkanntes Rahmenkonzept zugrunde gelegt (z. B. die G4-Leitlinien der *GRI*, vgl. dazu Abschnitt 4), ist dies anzugeben.

Die Regelungen zum **Prognosebericht** haben i. R. d. Überarbeitung der DRS zur Lageberichterstattung besondere Aufmerksamkeit erfahren. Nach DRS 20.118 sind im Konzernlagebericht Prognosen der Konzernleitung zum Geschäftsverlauf und zur Lage des Konzerns zu beurteilen und zu erläutern. Wesentliche Annahmen, auf denen die Prognosen beruhen, sind anzugeben (vgl. DRS 20.120). Der Prognosegegenstand wird in DRS 20.126 weiter konkretisiert, indem Prognosen zu den bedeutsamsten finanziellen und nichtfinanziellen Leistungsindikatoren, die nach Rn. 102 und 106 berichtet wurden, verlangt werden. Eine wesentliche Änderung gegenüber DRS 15 stellt die Verkürzung des Prognosehorizonts bei gleichzeitiger Erhöhung der Prognosegenauigkeit dar (vgl. *Fink, Christian/Kajüter, Peter/Winkeljohann, Norbert* (2013), S.167 ff.). Der h. M. in der Kommentarliteratur folgend forderte DRS 15.86 einen Prognosehorizont von mindestens zwei Jahren gerechnet ab dem Abschlussstichtag, wobei komparative Aussagen im Sinne eines positiven oder negativen Trends hinreichend waren (vgl. DRS 15.84; 15.88). Aufgrund der seitens der Unternehmenspraxis vielfach geäußerten Kritik an dem zweijährigen Prognosehorizont (höhere Unsicherheit bei längerem Prognosezeitraum, mangelnde Verfügbarkeit interner Prognosen, Benachteiligung gegenüber ausländischen Wettbewerbern) und der häufigen Ignorierung der Vorgabe in der Berichtspraxis (vgl. zu empirischen Befunden *Barth, Daniela* (2009), S. 150 ff.) wurde der Prognosehorizont auf mindestens ein Jahr verkürzt (vgl. DRS 20.127), dafür aber eine höhere Prognosegenauigkeit gefordert (vgl. kontrovers *Haaker, Andreas/Freiberg, Jens* (2012)). So müssen nach DRS 20.128 nunmehr Richtung und Intensität der voraussichtlichen Entwicklung dargestellt werden. Die Stärke des erwarteten Trends kann dabei durch Adjektive wie z.B. »leicht«, »stark«, »erheblich« verdeutlicht werden. DRS 20.11 bezeichnet solche Prognosen als qualifiziert-komparative Prognosen (z.B. »Wir erwarten für 2015 einen leicht steigendes Ergebnis vor Steuern«). Zulässig sind auch Intervall- und Punktprognosen, da bei diesen Richtung und Intensität der voraussichtlichen Entwicklung durch einen Vergleich mit dem Istwert des Berichtsjahres erkennbar sind (vgl. DRS 20.130).

Inhaltlich verknüpft mit dem Prognosebericht ist die **Berichterstattung über Chancen und Risiken**. Dementsprechend definiert DRS 20.11 Risiken (Chancen) als mögliche künftige Entwicklungen und Ereignisse, die zu einer für das Unternehmen negativen (positiven) Prognose- bzw. Zielabweichung führen können (vgl. Abbildung 2). Mit dieser geänderten Definition wird zum einen der Wortlaut des § 315 HGB reflektiert und zum anderen der Natur von Chancen und Risiken als »zwei Seiten einer Medaille« Rechnung getragen.

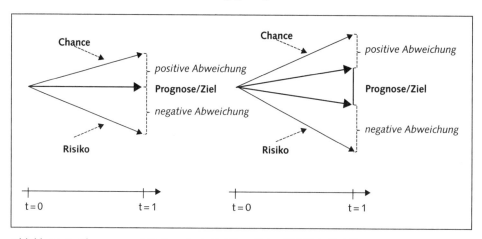

Abbildung 2: Chancen und Risiken (vgl. *Kajüter, Peter* (2013a), S. 24)

Für die Darstellung der Chancen und Risiken eröffnet DRS 20.117 verschiedene Alternativen:
- einen integrierten Prognose-, Chancen- und Risikobericht,
- einen Prognosebericht und einen integrierten Chancen-/Risikobericht oder
- einen Prognosebericht, einen Chancenbericht und einen Risikobericht als jeweils separate Berichtsteile.

Bei der Wahl der Darstellungsform muss die Konzernleitung abwägen, welche Variante die voraussichtliche Entwicklung sowie die Chancen und Risiken für den verständigen Adressaten im konkreten Einzelfall klarer vermittelt.

Die Risikoberichterstattung umfasst drei Elemente (vgl. DRS 20.135):
- Angaben zum konzernweiten Risikomanagementsystem (nur für kapitalmarktorientierte MU (vgl. DRS 20.K137)),
- Angaben zu den einzelnen wesentlichen Risiken (Analyse und Beurteilung der bei ihrem Eintritt zu erwartenden Auswirkungen, Klassifizierung nach sachlichen Kriterien oder in einer Rangfolge bzw. Risikoklassen entsprechend ihrer Bedeutung (vgl. DRS 20.146 ff.)),
- eine zusammenfassende Darstellung der Risikolage (vgl. DRS 20.160).

Die Chancenberichterstattung regelt DRS 20 analog zur Risikoberichtberichterstattung. Die Rn. 135–164 sind daher sinngemäß für die Berichterstattung über Chancen anzuwenden (vgl. DRS 20.165). Angesichts der bisherigen Berichtspraxis, in der die Chancenberichterstattung meist einen geringen Stellenwert hatte (vgl. *Kajüter, Peter/Esser, Simon* (2007); *Eisenschmidt, Karsten* (2011)), weist DRS 20.B40 darauf hin, dass die Chancenberichterstattung künftig an Bedeutung gewinnen soll. Dem Gesetzeswortlaut entsprechend wird eine ausgewogene Berichterstattung über Chancen und Risiken verlangt (vgl. DRS 20.166).

3 Management Commentary nach IFRS

3.1 Hintergründe zum IFRS Practice Statement

Während sich die IFRS für den Abschluss als globaler Standard etabliert haben, fehlte es lange Zeit an einem entsprechenden Pendant für die den Abschluss begleitende Managementberichterstattung. Diese wird international von Land zu Land sehr unterschiedlich normiert. In Deutschland hat sie mit den gesetzlichen Vorschriften zur Lageberichterstattung eine lange Tradition und auch in anderen Ländern existieren eigene nationale Verlautbarungen zur Managementberichterstattung (z. B. für die MD&A in den USA oder für den *Operating and Financial Review* in Großbritannien). Manche Länder haben diesen Bereich der Finanzberichterstattung hingegen bislang nicht geregelt. Daher hat der *IASB* im Dezember 2010 das *IFRS Practice Statement Management Commentary* (PS MC) veröffentlicht mit dem Ziel, die Managementberichterstattung international zu harmonisieren und die Qualität der Finanzberichterstattung zu verbessern (vgl. *Fink, Christian/Kajüter, Peter* (2011); *Kajüter, Peter* (2011b)). Bei dem PS MC handelt es sich nicht um einen Rechnungslegungsstandard, sondern um eine **unverbindliche Leitlinie** (*non-mandatory guidance*), in der Grundsätze, qualitative Anforderungen und mögliche Berichtsinhalte definiert werden. Es stellt insofern eine neuartige Verlautbarung im Regelwerk des *IASB* dar.

Das PS MC ist aus Sicht des *IASB* seit seiner Veröffentlichung anwendbar (vgl. PS MC.41). Welche Unternehmen einen *Management Commentary* erstellen und offenlegen müssen, regelt der *IASB* im PS MC jedoch nicht. Diese Entscheidung überlässt er den nationalen Gesetzgebern und Regulierungsinstanzen. Dies gilt ebenso für die Frage, ob und in welcher Form der *Management Commentary* einer Prüfung zu unterziehen ist (vgl. *Kajüter, Peter* (2011b), S. 221). Insofern ist eine vollumfängliche Übereinstimmung mit den IFRS im Abschluss auch ohne Aufstellung eines *Management Commentary* möglich.

Ein nach dem PS MC erstellter Managementbericht ist wie der Lagebericht ein eigenständiges Berichtsinstrument. Er ergänzt und erweitert den IFRS-Abschluss und bildet zusammen mit diesem einen Finanzbericht (vgl. Abbildung 3). Für beide Berichtsinstrumente ist das *Conceptual Framework for Financial Reporting* (Phase A) zu beachten. Im Unterschied zur EU-Definition, nach der ein Finanzbericht kapitalmarktorientierter Unternehmen neben dem Abschluss und dem Lagebericht auch die Versicherung der gesetzlichen Vertreter als drittes Element umfasst, beinhaltet die IFRS-Definition keine solche Erklärung.

Finanzbericht (*Financial Report*)		
Abschluss (*Financial Statements*)		
• Bilanz (*Statement of Financial Position*) • Gesamterfolgsrechnung (*Statement of Profit or Loss and OCI*) • Eigenkapitalveränderungsrechnung (*Statement of Changes in Equity*) • Kapitalflussrechnung (*Statement of Changes in Cash Flows*)	Anhang (*Notes*)	**Managementbericht** (*Management Commentary*)

Abbildung 3: Finanzbericht mit IFRS-Abschluss und Management Commentary (vgl. *Kajüter, Peter* (2013b), S. 140)

3.2 Grundsätze und Inhalte

Der Zweck des *Management Commentary* besteht darin, aktuelle und potenzielle Eigen- und Fremdkapitalgeber mit entscheidungsnützlichen Informationen zu versorgen. Dazu sind bei der Erstellung eines *Management Commentary* zwei Grundsätze zu beachten. Der **Grundsatz der Darstellung aus Sicht der Unternehmensleitung** (*management's view*) verlangt, das Geschäftsergebnis, die Lage und die künftige Entwicklung des Unternehmens zu erläutern, zu kommentieren und zu beurteilen (vgl. PS MC.15). Auf diese Weise soll es den Adressaten ermöglicht werden, das Unternehmen »*through the eyes of management*« zu sehen. Nach dem **Grundsatz der Ergänzung und Erweiterung des Abschlusses** (*supplement and complement*) sind im *Management Commentary* zum einen das Zahlenwerk des Abschlusses durch zusätzliche Informationen zu erläutern (z. B. Rahmenbedingungen, die die Abschlussposten beeinflusst haben) und zum anderen weitergehende, nicht im Abschluss enthaltene Informationen offenzulegen (z. B. zu nicht-finanziellen Leistungsindikatoren, zukunftsorientierte Aussagen) (vgl. PS MC.16).

In formaler Hinsicht macht das PS MC nur wenige konkrete Vorgaben. Der *Management Commentary* ist von anderen Informationen im Geschäftsbericht eindeutig abzugrenzen. Die Ausführungen müssen klar formuliert sein. Allgemeingültige, inhaltsleere Aussagen (sog. *boilerplate*) sowie die Wiederholung von Anhangangaben sind zu vermeiden (vgl. PS MC.23). Umfasst der IFRS-Abschluss eine Segmentberichterstattung, ist die dort gewählte Segmentabgrenzung auch für Informationen im *Management Commentary* zu beachten.

Auch bei den Inhalten des *Management Commentary* bestehen weitreichende Gestaltungsfreiräume. Ausgehend von den Informationsbedürfnissen aktueller und potenzieller Kapitalgeber werden **fünf Inhaltselemente** (*content elements*) definiert, zu denen im *Management Commentary* berichtet werden soll (vgl. PS MC.24–40):

- Art der Geschäftstätigkeit,
- Ziele und Strategien,
- Ressourcen, Risiken und Beziehungen des Unternehmens,
- Geschäftsergebnis und -aussichten,
- Leistungsmaßstäbe und -indikatoren.

Diese fünf Themenfelder stellen keine Gliederungsempfehlung dar, sondern zeigen Inhalte auf, zu denen berichtet werden soll. Der *IASB* verzichtet bewusst auf die Vorgabe von Detailangaben, um i. V. m. den Grundsätzen eine aussagekräftige, den individuellen Besonderheiten des Unternehmens Rechnung tragende Managementberichterstattung zu ermöglichen. Zudem definiert der *IASB* mit den fünf Themenfeldern den Inhalt eines *Management Commentary* nicht abschließend (vgl. *Kajüter, Peter/Fink, Christian* (2012), S. 250). Daher lassen sich auch Themen in den *Management Commentary* aufnehmen, die sich nicht oder nur eingeschränkt einem der fünf Inhaltselemente zuordnen lassen (z. B. aus deutscher Sicht übernahmerelevante Angaben nach §§ 289 Abs. 4 und 315 Abs. 4 HGB).

3.3 Anwendung in Deutschland

Die EU hat das PS MC keinem *Endorsement* unterzogen, da es nicht unter die IAS-Verordnung fällt. Zudem enthält auch die neue EU-Bilanzrichtlinie (2013/34/EU) keine Regelung zum Umgang mit dem PS MC, z. B. in Form eines Mitgliedsstaatenwahlrechts für eine befreiende Aufstellung eines *Management Commentary*. Deutsche IFRS-Anwender – in erster Linie kapitalmarktorientierte MU, die ihre Konzernabschlüsse nach IFRS erstellen (vgl. § 315a Abs. 1 und 2 HGB), – sind daher weiterhin zur Konzernlageberichterstattung nach § 315 HGB und DRS 20 verpflichtet (vgl. *Kajüter, Peter* (2011b), S. 224).

Aufgrund der sehr allgemeinen Anforderungen des PS MC ist es für diese Unternehmen aber i. d. R. ohne größeren Mehraufwand möglich, einen *dualen Managementbericht* zu erstellen, der die Vorschriften von § 315 HGB und DRS 20 sowie die Anforderungen des PS MC gleichermaßen erfüllt (vgl. *Kajüter, Peter* (2011b), S. 225; *Fink, Christian/Kajüter, Peter/Winkeljohann, Norbert* (2013), S. 41). Zum einen entsprechen sich die Grundsätze der Berichterstattung, auch wenn diese teilweise anders bezeichnet oder strukturiert sind (vgl. *Fink, Christian/Kajüter, Peter/Winkeljohann, Norbert* (2013), S. 74 ff.). Zum anderen lassen sich die umfassender und konkreter definierten Inhalte des Konzernlageberichts nach HGB/DRS auch in einem *Management Commentary* nach PS MC umsetzen. Da die Berichterstattung über Ziele und Strategien nach DRS 20.39 freiwillig ist und das PS MC hierzu keine spezifischen Angaben verlangt, sondern nur Informationen, die zu einem Verständnis der Strategie beitragen, erscheinen dabei allgemeine Aussagen zur strategischen Ausrichtung des Konzerns hinreichend.

Obgleich DRS 20 hierzu schweigt, können deutsche IFRS-Anwender folglich i. d. R. in ihren Konzernlagebericht nach DRS 20 eine Übereinstimmungserklärung gemäß PS MC.7 aufnehmen. Ein Beispiel hierfür findet sich im Geschäftsbericht 2012 von *SAP*: »Der Lagebericht der *SAP AG* und ihrer Tochterunternehmen wurde gemäß § 315 und § 315a HGB sowie nach den Deutschen Rechnungslegungsstandards Nr. 17 und 20 aufgestellt. Er stellt außerdem einen Managementbericht gemäß dem International Financial Reporting Standards (IFRS) Practice Statement ›Management Commentary‹ dar.« (*SAP AG* (2013), S. 1).

Eine solche Übereinstimmungserklärung bietet für deutsche Unternehmen die Möglichkeit, den nach deutschen Vorschriften aufgestellten Konzernlagebericht international als *Management Commentary* zu präsentieren. Inwieweit der Konzernlagebericht dadurch international größere Akzeptanz findet, bleibt abzuwarten. Eine befreiende Anerkennung eines solchen *Management Commentary* würde jedoch deutschen Unternehmen, deren Wertpapiere in den USA gelistet sind und die deshalb den Berichtspflichten der *SEC* unterliegen, die derzeit erforderliche zusätzliche Erstellung eines *Operating and Financial Review and Prospects* (OFR) nach Form 20-F ersparen (vgl. *Kajüter, Peter* (2011b), S. 225). Aufgrund des unverbindlichen Charakters des PS MC und der umfangreichen Ermessensspielräume bei der inhaltlichen und formalen Gestaltung scheint eine befreiende

Anerkennung des *Management Commentary* durch die *SEC* indes eher unwahrscheinlich.

4 Nachhaltigkeitsberichterstattung

4.1 Regulatorische Entwicklungen

Einhergehend mit einem stärkeren Bewusstsein für die Bedeutung nachhaltigen Wirtschaftens sind in den letzten Jahren die Erwartungen der Stakeholder an die Berichterstattung über die Nachhaltigkeitsleistung von Unternehmen deutlich gestiegen. Die Nachhaltigkeitsleistung (*sustainability performance*) ist ein mehrdimensionaler Leistungsmaßstab, der nicht nur auf den wirtschaftlichen Erfolg, sondern auch auf die ökologischen und sozialen Auswirkungen unternehmerischen Handelns abzielt. In diesem Sinne wird von der sog. *Tripple-Bottom-Line* gesprochen.

In Deutschland und den meisten anderen Ländern gibt es **keine spezielle Pflicht zur umfassenden Nachhaltigkeitsberichterstattung**. Gleichwohl veröffentlichen vor allem große kapitalmarktorientierte Unternehmen häufig separate Nachhaltigkeitsberichte als Teil ihrer freiwilligen Unternehmenspublizität (vgl. *Blaesing, Daniel* (2013)). Aus ökonomischer Sicht signalisiert dies, dass Unternehmen offenbar einen Anreiz haben, freiwillig über ihre Nachhaltigkeitsleistung zu berichten, weil der damit verbundene Nutzen die Kosten der Publizität übersteigt. Nutzenpotenziale können dabei z. B. aus geringeren Kapitalkosten durch den Abbau von Informationsasymmetrien, der Vermeidung weiterer Regulierung durch Signalisierung einer verantwortungsvollen Unternehmensführung oder der Pflege der Stakeholderbeziehungen resultieren.

Obgleich die Nachhaltigkeitsberichterstattung grundsätzlich auf freiwilliger Basis erfolgt, sind im **Lagebericht** nach §§ 289 und 315 HGB auch die für die Geschäftstätigkeit bedeutsamsten finanziellen und, soweit für das Verständnis des Geschäftsverlaufs und der Lage des Unternehmens von Bedeutung, nicht-finanziellen Leistungsindikatoren darzustellen und zu analysieren (mittelgroße Kapitalgesellschaften sind von der Einbeziehung Letzterer befreit). Als Beispiel für nicht-finanzielle Leistungsindikatoren nennt das Gesetz Umwelt- und Arbeitnehmerbelange und damit Informationen aus dem Bereich der Nachhaltigkeitsberichterstattung. DRS 20.111 greift dies wie oben erwähnt auf und verlangt, den Zusammenhang der finanziellen und nicht-finanziellen Leistungsinkatoren mit der Nachhaltigkeit darzustellen, sofern diese intern zur Steuerung der Nachhaltigkeitsleistung verwendet werden (vgl. auch *Lackmann, Julia/Stich, Michael* (2013)). Mithin besteht eine bedingte Pflicht zur Aufnahme von Nachhaltigkeitsinformationen in den Lagebericht.

Empirische Untersuchungen zur **Praxis der Nachhaltigkeitsberichterstattung** offenbaren große Unterschiede in deren Umfang, Form und Qualität (vgl. *Quick,*

Reiner/Knocinski, Martin (2006); *Blaesing, Daniel* (2013)). Im internationalen Vergleich zeigt sich, dass börsennotierte Unternehmen in den USA zwar häufiger separate Nachhaltigkeitsberichte veröffentlichen als dies in Deutschland der Fall ist, die Qualität der amerikanischen Berichte aber geringer ist als jene deutscher Unternehmen (vgl. *Blaesing, Daniel* (2013)). Weiterhin lassen amerikanische Unternehmen ihre Nachhaltigkeitsberichte seltener einer prüferischen Durchsicht unterziehen als deutsche, was darauf hindeuten könnte, dass das sog. »*Greenwashing*« in den USA stärker ausgeprägt ist als in Deutschland.

Angesichts dieser heterogenen und häufig geringen Qualität der Berichtspraxis ist international ein **Trend zur stärkeren Regulierung der Nachhaltigkeitsberichterstattung** zu beobachten. So wurde im Juli 2011 in den USA das *Sustainability Accounting Standards Board* (*SASB*) gegründet mit dem Ziel, Standards für die Nachhaltigkeitsberichterstattung börsennotierter Unternehmen zu entwickeln (www.sasb.org). Diese sollen die existierenden Rechnungslegungsstandards des *FASB* ergänzen und zu entscheidungsnützlichen Informationen in der MD&A (Form 10-K) bzw. im OFR (Form 20-F) beitragen. In Europa hat die *EU-Kommission* im April 2013 einen Vorschlag für eine Richtlinie veröffentlicht, die bestimmte große Unternehmen (mehr als 500 Mitarbeiter, 40 Mio. Euro Umsatz oder 20 Mio. Euro Bilanzsumme) verpflichten soll, in ihrem Lagebericht künftig eine Erklärung zu Nachhaltigkeitsaspekten (Umwelt-, Sozial- und Arbeitnehmerbelange, Einhaltung von Menschenrechten, Anti-Korruptionsmaßnahmen, Bestechung etc.) abzugeben (vgl. *Fink, Christian/Kajüter, Peter/Winkeljohann, Norbert* (2013), S. 44 f.; *Lanfermann, Georg* (2013)). Im April 2014 hat das *Europäische Parlament* diese Richtlinie verabschiedet, sodass nur noch die Zustimmung des *Europäischen Rates* aussteht, mit der in den nächsten Monaten zu rechnen ist. Da die Richtlinie dann noch in nationales Recht transformiert werden muss und hierfür i. d. R. eine Frist von zwei Jahren gewährt wird, werden Unternehmen hiervon voraussichtlich ab 2017 betroffen sein (vgl. *Fink, Peter/Fistric, Sasa* (2013), S. 2701).

4.2 G4-Leitlinien der Global Reporting Initiative

Um die Nachhaltigkeitsberichterstattung international zu standardisieren, sind von verschiedenen Organisationen Leitlinien, Empfehlungen oder Standards veröffentlicht worden. Die **Leitlinien zur Nachhaltigkeitsberichterstattung** der *Global Reporting Initiative* (*GRI Sustainability Reporting Guidelines*) haben dabei international eine hohe Akzeptanz erlangt und stellen das weltweit am weitesten verbreitete Rahmenkonzept für die Nachhaltigkeitsberichterstattung dar (vgl. *Blaesing, Daniel* (2013), S. 20). Seit ihrer erstmaligen Veröffentlichung im Jahr 2000 wurden die Leitlinien mehrmals überarbeitet und liegen seit Mai 2013 in ihrer vierten Generation vor (G4-Leitlinien) (vgl. ausführlich *Kajüter, Peter* (2014a)). Die G4-Leitlinien bringen im Vergleich zu ihrem Vorgänger eine Reihe von Neuerungen mit sich: Ein stärkerer Fokus auf die Wesentlichkeit, eine neue Definition der Berichtsgrenzen, neue und erweiterte Berichtsinhalte (insbesondere in den Bereichen Wertschöpfungskette, *Corporate Governance*, Ethik und Integrität) sowie neue Regelungen zur Übereinstimmungserklärung mit den Leitlinien der *GRI*.

Um die Leitlinien anwendungsfreundlicher zu gestalten, wurden die G4-Leitlinien in zwei Dokumente gegliedert (»Berichterstattungsgrundsätze und Standardangaben« und »Umsetzungsanleitung«). Sie sind seit November 2013 auch in deutscher Sprache verfügbar. Die G4-Leitlinien folgen einem prinzipienorientierten Ansatz, der Standardisierung und Flexibilität gleichermaßen ermöglicht und dadurch sowohl die zwischenbetriebliche Vergleichbarkeit fördert als auch der individuellen Situation des berichtenden Unternehmens Rechnung trägt. Sie sind für verschiedene Formate der Nachhaltigkeitsberichterstattung anwendbar (separate Nachhaltigkeitsberichte, in Geschäfts- oder Lageberichte integrierte Nachhaltigkeitsinformationen, Nachhaltigkeitsberichterstattung auf Websites oder kombinierte Ansätze).

Die G4-Leitlinien richten sich nicht nur an privatwirtschaftliche Unternehmen, sondern an alle Arten von Organisationen unabhängig von ihrer Größe, ihrer Branche oder ihrem Sitz. Adressaten der Nachhaltigkeitsberichterstattung sind alle Stakeholder der jeweiligen Organisation.

Die G4-Leitlinien definieren zwei Arten von **Berichtsprinzipien**. Die Grundsätze zur Bestimmung der Berichtsinhalte leiten die Auswahl der Themen, die Grundsätze zur Sicherung der Berichtsqualität sollen eine transparente, qualitativ hochwertige Darstellung gewährleisten. Zur erstgenannten Kategorie gehören vier Grundsätze:
- Einbeziehung von Stakeholdern,
- Nachhaltigkeitskontext,
- Wesentlichkeit und
- Vollständigkeit.

Diese Grundsätze sind kombiniert anzuwenden, wobei Wesentlichkeit naturgemäß die Vollständigkeit einschränkt. Zur stärkeren Fokussierung auf wesentliche Berichtsinhalte zeigt die Umsetzungsanleitung der G4-Leitlinien eine strukturierte Vorgehensweise zur Festlegung der wesentlichen Aspekte und Berichtsgrenzen auf (vgl. *GRI* (2013b), S. 31 ff.). Danach sind zunächst anhand der Grundsätze »Einbeziehung von Stakeholdern« und »Nachhaltigkeitskontext« grundsätzlich relevante Themen und Aspekte zu ermitteln, anschließend sind diese mit Hilfe der Grundsätze der Wesentlichkeit, Vollständigkeit und Einbeziehung der Stakeholder zu priorisieren und zu validieren (vgl. Abbildung 4). Im Rahmen der Vorbereitung der Nachhaltigkeitsberichterstattung für die nächste Berichtsperiode ist die Auswahl der wesentlichen Aspekte noch einmal zu überprüfen.

Die Grundsätze zur Sicherung der Berichtsqualität umfassen allgemeine Prinzipien der Unternehmensberichterstattung:
- Ausgewogenheit,
- Vergleichbarkeit,
- Genauigkeit,
- Aktualität,
- Klarheit und
- Verlässlichkeit.

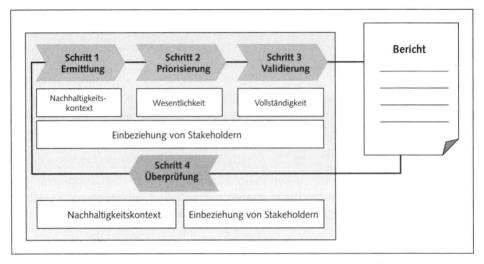

Abbildung 4: Festlegung der Berichtsinhalte (in Anlehnung an: *GRI* (2013b), S. 32)

Neben den Berichtsgrundsätzen definieren die G4-Leitlinien zwei Arten von sog. **Standardangaben**. Mit ihnen werden die inhaltlichen Mindestanforderungen an die Nachhaltigkeitsberichterstattung weiter konkretisiert. Die allgemeinen Standardangaben (*General Standard Disclosures*) dienen dazu, das Unternehmen und den Nachhaltigkeitsbericht vorzustellen. Sie umfassen Informationen
- zur Einordnung der Nachhaltigkeit in die Unternehmensstrategie,
- zum Unternehmen (z. B. Größe, Rechtsform, Sitz, Eigentumsverhältnisse, Produkte, Lieferkette),
- zum Dialog mit Stakeholdern in der Berichtsperiode,
- zur Corporate Governance,
- zur Ethik und Integrität,
- zur Erstellung des Nachhaltigkeitsberichts (Auswahl der Inhalte) und
- zum Nachhaltigkeitsbericht (z. B. Berichtszeitraum, Berichtszyklus).

Die spezifischen Standardangaben (*Specific Standard Disclosures*) umfassen Ausführungen zum Umgang mit ökonomischen, ökologischen und sozialen Auswirkungen auf wesentliche Aspekte sowie Indikatoren für diese drei Dimensionen der Nachhaltigkeitsleistung. Falls verfügbar, sind darüber hinaus branchenbezogene Standardangaben zu machen, die jedoch nicht in den Leitlinien, sondern auf der Website der *GRI* genannt werden.

Um eine Übereinstimmung mit den G4-Leitlinien zu erklären, können Anwender zwischen zwei mit den G4-Leitlinien neu eingeführten Berichtsformaten wählen:
- Die **Kern-Option** (*core option*) erfordert nur bestimmte Mindestanforderungen. So muss für jeden wesentlichen Aspekt nur mindestens ein Leistungsindikator berichtet werden.

- Die **Umfassende Option** (*comprehensive option*) verlangt hingegen bei einigen allgemeinen Standardangaben zusätzliche Informationen sowie eine ausführlichere Darstellung der Nachhaltigkeitsleistung, indem alle Leistungsindikatoren für als wesentlich identifizierte Aspekte angegeben werden.

Beide Berichtsformate stehen allen Anwendern offen. Zudem ist es möglich, nur einzelne Standardangaben aus den G4-Leitlinien zu berichten, ohne zumindest die Anforderungen der Kern-Option zu erfüllen und eine Übereinstimmung mit dieser zu erklären. In diesem Fall soll auf die Verwendung der Standardangaben im Bericht hingewiesen werden. Die *GRI* überlässt es damit den Anwendern, zu entscheiden, in welchem Ausmaß sie den G4-Leitlinien folgen. Allgemein wird empfohlen, das Berichtsformat zu wählen, das die Anforderungen an die Nachhaltigkeitsberichterstattung und die Informationsbedürfnisse der Stakeholder am besten erfüllt.

Die G4-Leitlinien sind ab sofort anwendbar. Unternehmen, die erstmals nach den *GRI*-Leitlinien berichten, wird nahegelegt, direkt die neuen G4-Leitlinien anzuwenden, auch wenn die Anforderungen für eine Übereinstimmungserklärung bei der Erstanwendung noch nicht vollständig erfüllt werden. Sofern Unternehmen noch die G3/G3.1-Leitlinien nutzen, können sie diese noch für bis zu zwei Berichtszyklen anwenden. Nachhaltigkeitsberichte, die nach dem 31.12.2015 veröffentlicht werden, müssen indes auf der Grundlage der G4-Leitlinien erstellt werden (vgl. *GRI* (2013a), S. 14).

5 Integrierte Berichterstattung

5.1 Hintergründe zur Initiative des IIRC

Die integrierte Berichterstattung (*Integrated Reporting*) ist eine noch junge Entwicklung im Bereich der Unternehmensberichterstattung. Sie ist eine Reaktion auf den eingangs aufgezeigten Status quo der Berichtspraxis kapitalmarktorientierter Unternehmen. Institutionell wird sie durch das im August 2010 gegründete *IIRC* forciert, das im Dezember 2013 eine Leitlinie für eine integrierte Berichterstattung mit dem Titel »*The International ‹IR› Framework*« veröffentlicht hat (vgl. dazu ausführlich *Kajüter, Peter/Hannen, Stefan* (2014); *Kajüter, Peter* (2014b)). Das darin präsentierte Rahmenkonzept zum *Integrated Reporting* wird sich nach der Vision des *IIRC* mit der Zeit zu **dem** Standard der Unternehmensberichterstattung entwickeln (vgl. *IIRC* (2013), S. 2).

Das Rahmenkonzept des *IIRC* verfolgt das Ziel, Berichtsprinzipien und Inhaltselemente für eine integrierte Berichterstattung zu definieren sowie die dieser zugrunde liegenden fundamentalen Konzepte zu erläutern (vgl. IR F1.3). Es folgt ähnlich wie das PS MC des *IASB* einem prinzipienorientierten Ansatz, mit dem sowohl den vielfältigen individuellen Rahmenbedingungen der Unternehmen als auch einer hinreichenden zwischenbetrieblichen Vergleichbarkeit Rechnung getragen werden soll (vgl. IR F1.9). Regelungen zur Aufstellung, Prüfung und Offenlegung eines integrierten Berichts enthält das Rahmenkonzept nicht. Diese überlässt das *IIRC* den nationalen Regulierungsinstanzen.

Waren zu Beginn des Projekts die Vorstellungen darüber, was einen integrierten Bericht auszeichnet und in welchem Verhältnis er zu anderen, etablierten Berichten steht, noch recht diffus, so enthält das Rahmenkonzept des *IIRC* nunmehr eine Begriffsdefinition und Einordnung in die Unternehmensberichterstattung. Danach ist ein **integrierter Bericht** (*integrated report*) ein prägnantes Kommunikationsmittel darüber, wie die Strategie, die Führung und Überwachung, die Leistung und die Zukunftsaussichten des Unternehmens im Kontext des externen Umfelds kurz-, mittel- und langfristig zur Wertschaffung führen (vgl. IR F1.1). Ein integrierter Bericht geht über die reine Zusammenfassung von Informationen in anderen Berichten (z. B. Abschluss, Nachhaltigkeitsbericht, Website) hinaus, denn er macht die Verknüpfung zwischen den einzelnen Informationen deutlich, um zu zeigen, wie das Unternehmen Wert schafft (vgl. IR F.1.13).

Ein integrierter Bericht kann freiwillig oder zur Erfüllung bestehender Berichtspflichten erstellt werden (vgl. IR F1.14). Er kann ein eigenständiger Bericht oder ein abgrenzbarer Teil eines übergeordneten Berichts sein (z. B. eines Geschäftsberichts, in dem auch der Abschluss dargestellt ist) (vgl. IR F1.15). Unabhängig davon kann von einem integrierten Bericht auf weiterführende Informationen in anderen Berichten verwiesen werden (vgl. IR F1.16).

Als eine wichtige Grundlage für die integrierte Berichterstattung sieht das *IIRC* eine **integrierte Unternehmenssteuerung** (*integrated thinking*) an, bei der Zusammenhänge und Wechselbeziehungen zwischen verschiedenen Organisationseinheiten und Kapitalarten berücksichtigt werden. Umgekehrt können von der integrierten Berichterstattung auch Impulse für die interne Unternehmenssteuerung ausgehen (vgl. *IIRC* (2013), S. 2).

Das Rahmenkonzept richtet sich in erster Linie an privatwirtschaftliche Unternehmen jedweder Größe, kann aber auch – ggf. modifiziert – von öffentlichen Unternehmen oder gemeinnützigen Organisationen angewandt werden. Nach einer während der Entwicklung des Rahmenkonzepts kontrovers geführten Diskussion um die Adressaten des integrierten Berichts weist das *IIRC* nunmehr darauf hin, dass der primäre Zweck eines integrierten Berichts darin besteht, Finanzkapitalgebern zu erklären, wie das Unternehmen im Zeitverlauf Wert schafft (vgl. IR F1.7). Zugleich wird aber auch davon ausgegangen, dass ein integrierter Bericht grundsätzlich für alle Stakeholder nützlich ist (vgl. IR F1.8).

Da das *IIRC* keine Vorgaben zur erstmaligen Anwendung des Rahmenkonzepts macht, ist es ab sofort anwendbar (vgl. *Kajüter, Peter/Hannen, Stefan* (2014), S. 76). Berichte, die unter Bezugnahme auf das Rahmenkonzept des *IIRC* als integrierte Berichte bezeichnet werden, müssen jedoch grundsätzlich alle Anforderungen erfüllen, die in der Leitlinie mit fett-kursiven Textziffern hervorgehoben sind (vgl.

IR F1.17). Zudem muss ein integrierter Bericht auch eine **Erklärung der Unternehmensleitung** zu ihrer Verantwortung für diesen Bericht enthalten (*responsibility statement*) (vgl. IR F1.20). Hiervon kann mit einem entsprechenden Hinweis nur in den ersten beiden integrierten Berichten abgesehen werden.

5.2 Konzepte, Prinzipien und Inhalte

Die integrierte Berichterstattung nach dem Rahmenkonzept des *IIRC* baut auf drei **fundamentalen Konzepten** (*fundamental concepts*) auf: dem Wertbegriff, den Kapitalarten und dem Prozess der Wertschaffung. Der **Wert**, den ein Unternehmen schafft, manifestiert sich in Veränderungen der unterschiedlichen Kapitalarten. Die **Kapitalarten** werden als Wertspeicher angesehen, deren Bestand sich durch die Aktivitäten und Outputs verändert. Anders als in der klassischen Finanzberichterstattung wird der Kapitalbegriff weit interpretiert. Neben dem Finanzkapital (*financial capital*) werden Produktions- oder produziertes Kapital (*manufactured capital*), intellektuelles Kapital (*intellectual capital*), Humankapital (*human capital*), soziales und beziehungsbasiertes Kapital (*social and relationship capital*) und natürliches Kapital (*natural capital*) unterschieden (vgl. IR F2.10–16).

Anhand dieser Kapitalarten lässt sich der **Wertschaffungsprozess** beschreiben. Im Rahmen ihres Geschäftsmodells transformieren Unternehmen Inputs aus den verschiedenen Kapitalarten durch Geschäftsaktivitäten in Outputs (Produkte, Dienstleistungen). Diese führen letztlich zu Ergebnissen (*outcomes*) in Form einer Bestandsveränderung bei den Kapitalarten (vgl. Abbildung 5). Der geschaffene Wert umfasst dabei nicht nur den Wert für das Unternehmen selbst (und damit mögliche Rückflüsse für die Investoren), sondern auch den Wert für andere Stakeholder.

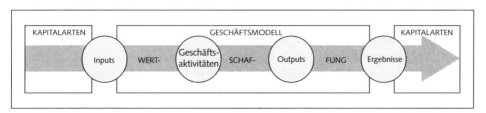

Abbildung 5: Wertschaffungsprozess (*Kajüter, Peter/Hannen, Stefan* (2014), S. 77)

Das Rahmenkonzept definiert weiterhin **sieben Berichtsprinzipien** (*guiding principles*), die die Erstellung eines integrierten Berichts unterstützen und dessen inhaltliche und formale Gestaltung leiten (vgl. IR F3.1):
- **Strategischer Fokus und Zukunftsorientierung**: Einblick in die Strategie des Unternehmens, Zusammenhang der einzelnen Berichtsinhalte zur Unternehmensstrategie;

- **Informationsverknüpfung**: Vermittlung eines ganzheitlichen Bilds von dem Verbund, den Wechselbeziehungen und Abhängigkeiten der Faktoren, die die Fähigkeit des Unternehmens zur Wertschaffung in der Zukunft beeinflussen;
- **Stakeholderbeziehungen**: Art und Qualität der Beziehungen des Unternehmens zu seinen Stakeholdern;
- **Wesentlichkeit**: Darstellung solcher Sachverhalte, die die Fähigkeit des Unternehmens zur Wertschaffung in der Zukunft substanziell beeinflussen;
- **Prägnanz**: Fokussierung auf die für das Verständnis notwendigen Informationen, Vermeidung inhaltsleerer Aussagen (sog. *boilerplate*) sowie technischer und umgangssprachlicher Formulierungen;
- **Verlässlichkeit und Vollständigkeit**: ausgewogene und unverzerrte Darstellung aller wesentlichen positiven und negativen Aspekte;
- **Stetigkeit und Vergleichbarkeit**: stetige Darstellung im Zeitverlauf und zwischenbetriebliche Vergleichbarkeit.

Die Berichtsprinzipien sind einzeln und im Verbund miteinander zu berücksichtigen (vgl. IR F3.2). Mithin ist es erforderlich, die zwischen einzelnen Prinzipien bestehenden Zielkonflikte abzuwägen (z. B. zwischen Vollständigkeit und Prägnanz).

Die Inhalte eines integrierten Berichts werden nicht durch Vorgaben zu einzelnen Angaben normiert, sondern – ähnlich wie beim PS MC des *IASB* – durch Inhaltselemente umrissen (vgl. IR F4.1). Diese inhaltlich eng miteinander verbundenen Themenfelder sollen so dargestellt werden, dass die Zusammenhänge und Interdependenzen zwischen ihnen deutlich werden (vgl. IR F4.2). Die **acht Inhaltselemente** (*content elements*) werden durch Fragen adressiert:

- **Unternehmensüberblick und Geschäftsumfeld**: Welches Geschäft betreibt das Unternehmen und unter welchen Rahmenbedingungen agiert es (vgl. IR F4.4)?
- **Unternehmensführung und -überwachung**: Wie ist die Führung und Überwachung des Unternehmens organisiert und wie unterstützt sie die Wertschaffung kurz-, mittel- und langfristig (vgl. IR F4.8)?
- **Geschäftsmodell**: Was ist das Geschäftsmodell des Unternehmens (vgl. IR F4.10)?
- **Risiken und Chancen**: Welche spezifischen Risiken und Chancen beeinflussen die Fähigkeit des Unternehmens, kurz-, mittel- und langfristig Wert zu schaffen, und wie geht das Unternehmen mit ihnen um (vgl. IR F4.23)?
- **Strategie und Ressourcenallokation**: Welche strategischen Ziele verfolgt das Unternehmen und wie möchte es diese erreichen (vgl. IR F4.27)?
- **Unternehmensleistung**: In welchem Maße hat das Unternehmen seine strategischen Ziele in der Berichtsperiode erreicht und welche Auswirkungen auf die Kapitalarten wurden dabei erzielt (vgl. IR F4.30)?
- **Ausblick**: Welchen Herausforderungen und Unsicherheiten ist das Unternehmen bei der Umsetzung seiner Strategie ausgesetzt, und welche Implikationen resultieren daraus für das Geschäftsmodell und den künftigen Geschäftserfolg des Unternehmens (vgl. IR F4.34)?

- **Grundlage der Erstellung und Darstellung**: Wie ermittelt das Unternehmen Sachverhalte, die für den Inhalt des integrierten Berichts wesentlich sind, und wie werden diese Sachverhalte quantifiziert oder bewertet (vgl. IR F4.40)?

Mit diesen Inhaltselementen werden Mindestanforderungen definiert. Die Auswahl der spezifischen Berichtsinhalte liegt im Ermessen und in der Verantwortung der Unternehmensleitung und hängt von der individuellen Situation des Unternehmens ab. Sofern damit nicht gegen die Berichtsprinzipien verstoßen wird, kann der integrierte Bericht auch Inhalte umfassen, die über die acht Inhaltselemente hinausgehen.

5.3 Anwendung in Deutschland

Die neue Verlautbarung des *IIRC* eröffnet verschiedene Wege zu einer integrierten Berichterstattung. Damit wird den international variierenden rechtlichen Anforderungen an die Unternehmensberichterstattung Rechnung getragen. Für deutsche Unternehmen, die pflichtgemäß oder freiwillig einen Lagebericht erstellen, bieten sich drei alternative Wege an (vgl. *Kajüter, Peter/Hannen Stefan* (2014), S. 81):
1. Weiterentwicklung des Lageberichts zum integrierten Bericht, sofern bisher keine weiteren Berichte erstellt werden.
2. Zusammenführung des Lageberichts mit anderen bisher separat erstellten Berichten (z. B. dem Nachhaltigkeitsbericht) zu einem integrierten Bericht.
3. Erstellung eines integrierten Berichts als prägnanter zusätzlicher Bericht mit Verweisen auf andere pflichtgemäß oder freiwillig erstellte Berichte.

Bei den beiden erstgenannten Wegen bildet der Lagebericht das Fundament für den integrierten Bericht (vgl. auch *Behncke, Nicolette/Hoffmann, Tim/Wulf, Inge* (2012); *Haller, Axel/Fuhrmann, Christiane* (2012); *Kajüter, Peter* (2013b), S. 147). Während der erste Weg vorrangig eine Option für nicht kapitalmarktorientierte Unternehmen darstellt, die mit dem Abschluss und Lagebericht bisher nur die regulatorischen Mindestanforderungen erfüllen und keine weiteren Berichte erstellen, ist der zweite Weg für kapitalmarktorientierte Unternehmen prädestiniert. Beispiele hierfür finden sich bei *BASF* und *EnBW* (vgl. *Fink, Christian/Kajüter, Peter/ Winkeljohann, Norbert* (2013), S. 53f.; *Dolderer, Christoph/Rieth, Lothar* (2013), S. 22f.). Weiterentwicklungsbedarf besteht hierbei vor allem bei der Verknüpfung von Informationen und der umfassenderen Berücksichtigung der Kapitalarten (vgl. *Kajüter, Peter/Blaesing, Daniel/Hannen, Stefan* (2013a); *Kajüter, Peter/Blaesing, Daniel/Hannen, Stefan* (2013b)).

Der dritte Weg bietet die Chance, einen integrierten Bericht »auf der grünen Wiese« neu zu gestalten. Vorteilhaft erscheint dabei, losgelöst von bisherigen Berichtsstrukturen die Prinzipien des *Integrated Reporting* umsetzen zu können. Allerdings ist fraglich, inwieweit durch einen zusätzlichen Bericht die Berichtsvielfalt nicht eher noch erhöht wird. Effizienzvorteile für Berichtsersteller und ein höherer Informationsnutzen für die Adressaten werden sich wohl nur dann realisieren lassen, wenn dieser Weg zur integrierten Berichterstattung mit einer Neuausrichtung und ggf. auch Einstellung bisher erstellter Berichte verbunden wird. Ein Beispiel hierfür ist *SAP*, die für das Geschäftsjahr 2012 erstmals zusätzlich zum traditionellen Geschäftsbericht einen nur online verfügbaren integrierten Bericht veröffentlichte (www.sapintegratedreport.com/2012/). Der integrierte Bericht enthält wesentliche Informationen aus der Finanz- und Nachhaltigkeitsberichterstattung und nutzt die technischen Möglichkeiten, über Links auf andere Publikationen von *SAP* zu verweisen. Umgekehrt enthält der nach DRS 20 aufgestellte Konzernlagebericht 2012 einen Verweis auf den integrierten Bericht (vgl. *SAP AG* (2013), S. 56). Ein separater Nachhaltigkeitsbericht wird von *SAP* hingegen nicht mehr erstellt.

Unabhängig davon, welcher der drei Wege gewählt wird, bringt die praktische Umsetzung der integrierten Berichterstattung eine Reihe von Herausforderungen mit sich. Dies betrifft insbesondere das Prinzip der Informationsverknüpfung, die Messung der Kapitalarten und die ausgeprägte Verbindung von integrierter Steuerung und Berichterstattung (vgl. *Kajüter, Peter/Hannen, Stefan* (2014), S. 81). Informationsverknüpfung erzeugt selbst neue Komplexität und erfordert fundierte Kenntnisse über Wirkungszusammenhänge. Zur Messung der Kapitalarten und zur integrierten Steuerung (*integrated thinking*) bleibt das Rahmenkonzept vage. Am Beispiel der *Balanced Scorecard* wird jedoch deutlich, mit welchen Schwierigkeiten die Ermittlung von Ursache-Wirkungsbeziehungen in der Praxis verbunden ist und wie selten sie daher tatsächlich erfolgt (vgl. zu empirischen Befunden *Speckbacher, Gerhard/Bischof, Jürgen/Pfeiffer, Thomas* (2003)).

6 Zusammenfassung und Ausblick

Auf nationaler und internationaler Ebene sind in den letzten Jahren mehrere neue Verlautbarungen im Bereich der Unternehmensberichterstattung veröffentlicht worden. Mit DRS 20 liegt ein neuer Rechnungslegungsstandard für die Lageberichterstattung vor. Der *IASB* hat das PS MC verabschiedet, um die Managementberichterstattung international zu harmonisieren und qualitativ zu verbessern. Inwieweit dies mit einer unverbindlichen Leitlinie gelingt, erscheint fraglich. Deutsche IFRS-Anwender können jedoch grundsätzlich einen dualen Managementbericht erstellen, der den Anforderungen von DRS 20 und PS MC gleichermaßen genügt.

Die Nachhaltigkeitsberichterstattung hat als primär freiwilliges Element der Unternehmensberichterstattung stark an Bedeutung gewonnen. Dennoch zeichnet sich in diesem Bereich in den USA und Europa eine stärkere Regulierung ab. Hiervon können die G4-Leitlinien als international führendes Regelwerk zur Nachhaltigkeitsberichterstattung weiter profitieren.

Obgleich auch DRS 20 und die G4-Leitlinien die Fokussierung auf wesentliche Informationen hervorheben, setzt die Initiative des *IIRC* zur integrierten Berichterstattung speziell an den Schwachpunkten der gegenwärtigen Berichtspraxis kapitalmarktorientierter Unternehmen an. Angesichts der Berichtsvielfalt und der damit einhergehenden allgemeinen Unzufriedenheit bei Erstellern und Adressaten stößt die Idee der integrierten Berichterstattung auf offene Ohren – sie trifft den Nerv der Zeit. Allerdings lässt das neue Rahmenkonzept des *IIRC* auch viele Fragen offen und klammert bekannte Probleme aus. Insofern bleibt abzuwarten, wie sich das Rahmenkonzept in der praktischen Anwendung bewährt, wie sich das Zusammenspiel mit anderen nationalen und internationalen Standards und Leitlinien entwickelt und ob sich *Integrated Reporting* der Vision des *IIRC* entsprechend tatsächlich als **der** Standard der Unternehmensberichterstattung etabliert.

Literaturverzeichnis

Baetge, Jörg/Fischer, Thomas/Paskert, Dierk (1989): Der Lagebericht, Stuttgart 1989.

Barth, Daniela (2009): Prognoseberichterstattung: Praxis, Determinanten und Kapitalmarktwirkungen bei deutschen börsennotierten Unternehmen, Frankfurt a. M. 2009.

Behncke, Nicolette/Hoffmann, Tim/Wulf, Inge (2012): DRS 20: Auf dem Weg zum Integrated Reporting?, in: BB 2012, S. 3063–3068.

Blaesing, Daniel (2013): Nachhaltigkeitsberichterstattung in Deutschland und den USA, Frankfurt a. M. 2013.

Böcking, Hans-Joachim (2007): Zur Notwendigkeit von Grundsätzen für die Lageberichterstattung, in: Kirsch, Hans-Jürgen/Thiele, Stefan (Hrsg.), Rechnungslegung und Wirtschaftsprüfung, Festschrift zum 70. Geburtstag von Jörg Baetge, Düsseldorf 2007, S. 25–61.

Dolderer, Christoph/Rieth, Lothar (2013): Integrierte Berichterstattung als zeitgemäßes Kommunikations- und effektives Steuerungsinstrument, in: DK 2013, S. 17–24.

Eisenschmidt, Karsten (2011): Zur Umsetzung der Chancenberichterstattung im Lagebericht – Eine empirische Analyse der Unternehmen des HDAX und SDAX, in: KoR 2011, S. 351–358.

Fink, Christian/Kajüter, Peter (2011): Das IFRS Practice Statement »Management Commentary«, in: KoR 2011, S. 177–181.

Fink, Christian/Kajüter, Peter/Winkeljohann, Norbert (2013): Lageberichterstattung, Stuttgart 2013.

Fink, Peter/Fistric, Sasa (2013): Neue Aspekte bei der Unternehmensberichterstattung: Die EU fordert die Offenlegung nicht-finanzieller Informationen, in: DB 2013, S. 2700–2701.

GRI (2013a): *Global Reporting Initiative*, G4 Leitlinien zur Nachhaltigkeitsberichterstattung. Berichterstattungsgrundsätze und Standardangaben, Amsterdam 2013.

GRI (2013b): *Global Reporting Initiative*, G4 Leitlinien zur Nachhaltigkeitsberichterstattung. Umsetzungsanleitung, Amsterdam 2013.

Haaker, Andreas/Freiberg, Jens (2012): Verkürzung des Prognosehorizonts im Lagebericht?, in: PiR 2012, S. 290–291.

Haller, Axel/Fuhrmann, Christiane (2012): Die Entwicklung der Lageberichterstattung in Deutschland vor dem Hintergrund des Konzepts des »Integrated Reporting«, in: KoR 2012, S. 461–469.

IIRC (2013): *International Integrated Reporting Council,* The International < IR > Framework, London 2013.

Kajüter, Peter (2011a): §§ 289, 289a HGB, in: Küting, Karlheinz/Pfitzer, Norbert/Weber, Claus-Peter (Hrsg.), Handbuch der Rechnungslegung Einzelabschluss, 5. Auflage, Stuttgart 2002 – Stand: April 2011.

Kajüter, Peter (2011b): IFRS Practice Statement Management Commentary: Anwendungsperspektiven in Deutschland und international, in: IRZ 2011, S. 221–226.

Kajüter, Peter (2013a): Lageberichterstattung nach E-DRS 27 – Hintergründe und neue Anforderungen, in: Baetge, Jörg/Kirsch, Hans-Jürgen (Hrsg.), Zukunft der Unternehmensberichterstattung – Lagebericht, Zusatzberichte und technische Umsetzung, Düsseldorf 2013, S. 1–33.

Kajüter, Peter (2013b): Aktuelle Entwicklungen in der Unternehmensberichterstattung, in: Freidank, Carl-Christian/Velte, Patrick (Hrsg.), Unternehmenssteuerung im Umbruch, Berlin 2013, S. 119–153.

Kajüter, Peter (2014a): Nachhaltigkeitsberichterstattung nach den G4-Leitlinien der GRI, in: WPg 2014, S. 599–607.

Kajüter, Peter (2014b): Das Rahmenkonzept des IIRC zum Integrated Reporting – Revolution in der Unternehmensberichterstattung, in: DStR 2014, S. 222–226.

Kajüter, Peter/Bachert, Kristian/Blaesing, Daniel/Kleinmanns, Hermann (2010): Die DRS zur Lageberichterstattung auf dem Prüfstand – Empirische Befunde zur Beurteilung und Anwendung der DRS, in: DB 2010, S. 457–465.

Kajüter, Peter/Blaesing, Daniel/Hannen, Stefan (2013a): »Connectivity of information« as a key principle of integrated reporting, in: IRZ 2013, S. 199–205.

Kajüter, Peter/Blaesing, Daniel/Hannen, Stefan (2013b): Der Consultation Draft des IIRC zum Integrated Reporting. Kritische Würdigung und Implikationen für die Praxis, in: DStR 2013, S. 1680–1687.

Kajüter, Peter/Esser, Simon (2007): Risiko- und Chancenberichterstattung im Lagebericht – Eine empirische Analyse der HDAX-Unternehmen, in: IRZ 2007, S. 381–390.

Kajüter, Peter/Fink, Christian (2012): Management Commentary – Kritische Punkte und offene Fragen zum IFRS Practice Statement des IASB, in: KoR 2012, S. 247–252.

Kajüter, Peter/Hannen, Stefan (2014): Integrated Reporting nach dem Rahmenkonzept des IIRC, in: KoR 2014, S. 75–81.

Lackmann, Julia/Stich, Michael (2013): Nicht-finanzielle Leistungsindikatoren und Aspekte der Nachhaltigkeit bei der Anwendung von DRS 20, in: KoR 2013, S. 236–242.

Lanfermann, Georg (2013): EU-Richtlinienvorschlag zur Offenlegung von nicht-finanziellen Informationen: Ist eine Pflicht notwendig?, in: BB 2013, S. 1323–1325.

Quick, Reiner/Knocinski, Martin (2006): Nachhaltigkeitsberichterstattung. Empirische Befunde zur Berichterstattungspraxis in HDAX-Unternehmen, in: ZfB 2006, S. 615–650.

SAP AG (2013): SAP AG, Geschäftsbericht 2012, Waldorf 2013.

Speckbacher, Gerhard/Bischof, Jürgen/Pfeiffer, Thomas (2003): A descriptive analysis on the implementation of balanced scorecards in German-speaking countries, in: Management Accounting Research 2003, S. 361–387.

Fair value-Bewertung von Finanzinstrumenten

Dr. Steffen Kuhn
Wirtschaftsprüfer
Country Coordinating Partner Treasury
Ernst & Young GmbH Wirtschaftsprüfungsgesellschaft
Stuttgart

Inhaltsverzeichnis

1	Einführung	243
2	Fair value nach IFRS 13	244
2.1	Abgangspreis und Hauptmarkt	244
2.2	Bewertungsverfahren und fair value-Hierarchie	245
3	Fair value-Bewertung von Derivaten	246
3.1	Berücksichtigung von Kreditausfallrisiken	246
3.2	Finanzmathematische Berechnung	247
3.3	Zu den Komponenten der Grundformel	247
3.3.1	Erwartetes exposure	247
3.3.2	Ausfallwahrscheinlichkeit und Ausfallhöhe	252
3.4	Einfluss von Sicherungs- und netting-Vereinbarungen	253
3.5	Portfoliobasierte Berechnung und Allokation	253
4	Schlussbetrachtung	254
Literaturverzeichnis		255

1 Einführung

IFRS 13 *Fair Value Measurement* wurde am 12.05.2011 vom *IASB* veröffentlicht und enthält einheitliche Regelungen zur *fair value*-Ermittlung, die für alle IFRS nunmehr in einem Standard zusammengefasst sind. Vor dem Erlass des Standards wurde die *fair value*-Ermittlung in div. Einzelstandards geregelt (vgl. *Flick, Peter/Gehrer, Judith/Meyer, Sven* (2011), S. 387; *Löw, Edgar* (2011), S. 345).

IFRS 13 regelt nicht, für welche Sachverhalte eine Bewertung zum *fair value* vorzunehmen ist bzw. vorgenommen werden kann (vgl. *Kirsch, Hans-Jürgen/ Köhling, Kathrin/Dettenrieder, Dominik* (2011), Rn. 5 f.). Stattdessen wird durch IFRS 13 geregelt, wie der *fair value* zu ermitteln ist und welche Angaben hierfür erforderlich sind. Die bislang nach IFRS 7 anzugebenden *level*-Angaben wurden in IFRS 13 integriert (vgl. *Große, Jan-Velten* (2011), S. 291; *Kuhn, Steffen/Christ, Jochen* (2011), Rn. 161 ff.). IFRS 13 war erstmals prospektiv für Geschäftsjahre und ohne Angabe von Vergleichszahlen anzuwenden, die am oder nach dem 01.01.2013 beginnen; eine vorzeitige Anwendung war möglich. IFRS 13 wurde am 11.12.2012 in europäisches Recht übernommen.

Der *fair value* wird in IFRS 13 erstmals als ein marktbasierter aktueller Abgangspreis *(current exit price)* definiert (vgl. *IDW* (2014), S. 85). Bezogen auf die Bewertung von Finanzinstrumenten und insbesondere Derivaten hat dies erhebliche Auswirkungen, da IFRS 13 die Berücksichtigung des Risikos der Nichterfüllung *(non-performance risk)* vorsieht, worunter insbesondere auch Kreditausfallrisiken fallen. Daher sind sowohl für finanzielle Vermögenswerte als auch für finanzielle Verbindlichkeiten i. R. d. *fair value*-Bewertung nunmehr Risikoabschläge vorzunehmen. Davon sind vor allem derivative Finanzinstrumente betroffen, die bilateral zwischen Marktteilnehmern *(over the counter)* und ohne Sicherungsvereinbarung abgeschlossen werden. Der beizulegende Zeitwert von Derivaten, für die keine quotierten Preise auf aktiven Märkten verfügbar sind, ist stets auf Basis von speziellen Bewertungsverfahren zu ermitteln.

Der Hauptfachausschuss des *Instituts der Wirtschaftsprüfer in Deutschland e.V.* *(IDW)* hat am 06.12.2013 die IDW-Stellungnahme zur Rechnungslegung: Einzelfragen zur Ermittlung des *fair value* nach IFRS 13 (IDW RS HFA 47) verabschiedet (vgl. *IDW* (2014), S. 84–100), in der im Abschnitt 14 gesondert auf die Besonderheiten bei der *fair value*-Ermittlung von Derivaten eingegangen wird (vgl. dazu auch ausführlich *Bäthe-Guski, Martina/Debus, Christian/Eberhardt, Kerstin/Kuhn, Steffen* (2013), S. 741 ff.).

2 Fair value nach IFRS 13

2.1 Abgangspreis und Hauptmarkt

Nach IFRS 13 wird der *fair value* als ein Preis definiert, der bei der Veräußerung eines Vermögenswerts bzw. bei der Übertragung einer Verbindlichkeit im Rahmen einer gewöhnlichen Transaktion zwischen Marktteilnehmern am Bewertungsstichtag erhalten bzw. gezahlt würde (Abgangspreis, *exit price*) (vgl. IFRS 13.9). Insofern basiert das *fair value*-Konzept des IFRS 13 auf einer hypothetischen Transaktion am Bewertungsstichtag, bei dem das bilanzierende Unternehmen den *fair value* anhand von Annahmen, die Marktteilnehmer (z. B. mögliche Erwerber eines Vermögenswerts) bei ihrer Preisbildung berücksichtigen würden, bemisst (vgl. IFRS 13.22). Der *fair value* ist dann kein unternehmensspezifischer Wert, auch wenn spezifische Annahmen aus Unternehmenssicht zur Schätzung von Inputfaktoren für die Anwendung von Bewertungsverfahren erforderlich sind (vgl. IFRS 13.BC31). Die Absicht des Unternehmens, den finanziellen Vermögenswert bzw. die finanzielle Verbindlichkeit zu halten oder zu veräußern bzw. zu übertragen, ist für die *fair value*-Bewertung nicht von Bedeutung (vgl. IFRS 13.3).

Im Rahmen der *fair value*-Ermittlung von Verbindlichkeiten ist künftig deren Übertragung auf andere Marktteilnehmer zu unterstellen. Zudem wird die Berücksichtigung des Risikos der Nichterfüllung gefordert (vgl. IFRS 13.42). Das Risiko der Nichterfüllung beinhaltet das eigene Kreditausfallrisiko, ist jedoch nicht darauf beschränkt. Daher ist das eigene Kreditausfallrisiko sowie alle weiteren Faktoren, die die Wahrscheinlichkeit der Begleichung der eigenen Verbindlichkeit beeinflussen könnten, bei der Ermittlung des *fair value* zu berücksichtigen.

Derivative Finanzinstrumente mit einem symmetrischen Risikoprofil (z. B. Termingeschäfte oder Swaps) können während der Laufzeit sowohl positive als auch negative beizulegende Zeitwerte annehmen (vgl. *Kuhn, Steffen/Scharpf, Paul* (2006), Rn. 360 ff.). Für diese Instrumente ist das Kreditausfallrisiko daher bilateral zu berücksichtigen (vgl. *Grünberger, David* (2011), S. 410). Dies bedeutet konkret, dass sowohl das eigene Kreditausfallrisiko als auch das Kreditausfallrisiko der Gegenpartei in die *fair value*-Ermittlung einzubeziehen sind.

Der *fair value* ist der Preis, zu dem in einer gewöhnlichen Transaktion unter aktuellen Marktbedingungen am Bewertungsstichtag entweder im Hauptmarkt oder subsidiär im vorteilhaftesten Markt ein Vermögenswert verkauft oder eine Verbindlichkeit übertragen werden könnte (vgl. IFRS 13.24). Es liegt dann eine gewöhnliche Transaktion vor, wenn es sich nicht um eine erzwungene Veräußerung oder Übertragung handelt, wie bspw. bei einer Liquidation oder einem Notverkauf (vgl. IFRS 13.B43). Zur Ermittlung des relevanten Markts sind sämtliche Informationen heranzuziehen, die mit vertretbarem Aufwand verfügbar sind. Dabei gilt die widerlegbare Vermutung, dass jener Markt für die Bewertung relevant ist, in welchem das bilanzierende Unternehmen unter gewöhnlichen Umständen die Transaktion abschließen würde. Aus Praktikabilitätsgründen kann daher auf eine vollständige Suche nach weiteren Märkten verzichtet werden (vgl. IFRS 13.17).

Der Hauptmarkt ist für eine Transaktion relevant, wenn folgende Bedingungen kumulativ erfüllt sind: In Bezug auf das Bewertungsobjekt weist der Markt das höchste Handelsvolumen und die höchste Marktaktivität auf sowie das bilanzierende Unternehmen hat zum Bewertungsstichtag tatsächlich Zugang zu diesem Markt (vgl. IFRS 13.19). Ein Markt gilt nach IFRS 13 dann als aktiv, wenn es sich um einen Handelsplatz handelt, an dem hinreichend häufig und in hinreichendem Umfang Transaktionen stattfinden, sodass fortlaufend Preisinformationen über das Bewertungsobjekt zur Verfügung stehen (vgl. IFRS 13 App.A). Kann der Hauptmarkt nicht eindeutig ermittelt werden, ist auf den vorteilhaftesten Markt abzustellen. Der vorteilhafteste Markt ist der Markt, zu dem das bilanzierende Unternehmen am Bewertungsstichtag tatsächlich Zugang hat und der unter Berücksichtigung von Transaktions- und Transportkosten für Posten der Aktivseite den höchsten und für Posten der Passivseite den niedrigsten Preis liefert (vgl. IFRS 13.19; IFRS 13 App.A).

2.2 Bewertungsverfahren und fair value-Hierarchie

Zur Ermittlung des *fair value* sind solche Bewertungsverfahren und -methoden anzuwenden, die auf möglichst viele am Markt beobachtbare Inputfaktoren und möglichst wenige nicht-beobachtbare Inputfaktoren abstellen, die für die Bewertung relevant sind. IFRS 13.62 verweist auf folgende drei Bewertungsverfahren, die nach Ansicht des *IASB* für die Ermittlung des *fair value* in Frage kommen:
- Marktpreisorientierte Verfahren;
- Kapitalwertorientierte Verfahren;
- Kostenorientierte Verfahren.

Das marktpreisorientierte Bewertungsverfahren verwendet Preise, die aus Transaktionen mit identischen o.ä. (Gruppen von) Vermögenswerten oder Verbindlichkeiten resultieren. Bewertungsgrundlage sind beobachtbare Marktpreise für das Bewertungsobjekt oder es werden Analogien auf Basis von Marktpreisen für ähnliche Vermögenswerte oder Verbindlichkeiten genutzt. Im Rahmen von kapitalwertorientierten Bewertungsverfahren werden demgegenüber zukünftige Beträge (Zahlungsströme oder Aufwendungen und Erträge) auf Basis von Markterwartungen abgezinst. Bezogen auf Derivate kommen regelmäßig Barwert- oder Optionspreismodelle zum Einsatz (vgl. IFRS 13.B10f.). Beim kostenorientierten Bewertungsverfahren werden aktuelle Wiederbeschaffungskosten ermittelt (vgl. IFRS 13.B8f.). Bewertungsverfahren bzw. -methoden dürfen nur geändert werden, wenn der *fair value* unter den gegebenen Umständen mindestens genauso gut oder besser dargestellt wird, insoweit ist das Stetigkeitsprinzip zu beachten (vgl. IFRS 13.65).

Zur Einordnung der Inputfaktoren enthält IFRS 13 eine dreistufige *fair value*-Hierarchie (vgl. IFRS 13.72 ff.). Der auf einem aktiven Markt quotierte Preis stellt stets den besten Inputfaktor für den *fair value* dar. Kann ein solcher Preis bestimmt werden, ist dieser grundsätzlich ohne weitere Anpassungen als *fair value* für das betrachtete Bewertungsobjekt zu verwenden und der höchsten Stufe (*level* 1) der *fair value*-Hierarchie zuzuordnen. Anpassungen von *level* 1-Inputfaktoren sind unter bestimmten Umständen möglich, führen jedoch zu einer Zuordnung zu einem niedrigeren Level (d.h. *level* 2 oder 3). Andere Inputfaktoren als die *level* 1 zugeordneten notierten Preise, die direkt oder indirekt beobachtbar sind, sind als *level* 2-Inputfaktoren zuzuordnen. Anpassungen sind ebenfalls möglich, können jedoch eine Zuordnung zum *level* 3 erforderlich machen. Nicht-beobachtbare, unternehmensinterne Inputfaktoren sind *level* 3 zuzuordnen. *Level* 3 ist die niedrigste Stufe der *fair value*-Hierarchie.

Sofern bei der Anwendung eines Bewertungsverfahrens Inputfaktoren unterschiedlicher Hierarchiestufen eingesetzt werden, ist zunächst die Signifikanz der einzelnen Inputfaktoren zu beurteilen. Dabei ist der relative Anteil eines jeden Inputfaktors in Bezug auf den Marktwert des Bewertungsobjekts relevant. Die Einordnung der gesamten *fair value*-Bewertung in die *fair value*-Hierarchie richtet sich dann nach dem am niedrigsten eingestuften signifikanten Inputfaktor.

3 Fair value-Bewertung von Derivaten

3.1 Berücksichtigung von Kreditausfallrisiken

Im Rahmen der *fair value*-Bewertung von Derivaten kann zwischen einer unilateralen und einer bilateralen Berücksichtigung des Kreditausfallrisikos differenziert werden. Bei der unilateralen Vorgehensweise wird angenommen, dass lediglich die Gegenpartei einem Kreditausfallrisiko unterliegt, welches bei der Bewertung einer Transaktion zu berücksichtigen ist. Die Erkenntnisse aus der Finanzmarktkrise haben dazu geführt, dass die korrekte Ermittlung des *fair value* von Derivaten allerdings eine bilaterale Berücksichtigung von Kreditausfallrisiken voraussetzt. Damit wird bei der Ermittlung des Preises für eine Transaktion von beiden Marktteilnehmern das jeweilige Ausfallrisiko ihrer Gegenpartei entsprechend berücksichtigt (vgl. *Grünberger, David* (2011), S. 410). Dies führt zu einer Anpassung um das eigene Kreditausfallrisiko (*debit value adjustment*, DVA) und um das Kreditausfallrisiko der Gegenpartei (*credit value adjustment*, CVA).

3.2 Finanzmathematische Berechnung

IFRS 13 fordert zur Ermittlung des *fair value* einen Rückgriff auf das Verhalten typisierter Marktteilnehmer. In der Bewertungspraxis wird die Berechnung des Kreditausfallrisikos regelmäßig als Produkt aus dem ausfallgefährdeten Betrag, der Ausfallwahrscheinlichkeit und dem Verlust bei Ausfall ermittelt (vgl. *Ernst & Young* (2014), S. 5). Da für Derivate aufgrund von Änderungen der Marktparameter der ausfallgefährdete Betrag während der Restlaufzeit schwankt, wird ein Erwartungswert berechnet.

Grundformel zur Ermittlung des CVA/DVA = EE x PD x LGD

Das *expected exposure* (EE) stellt den erwarteten ausfallgefährdeten Betrag dar. Mit der *probability of default* (PD) geht die Berechnung der Ausfallwahrscheinlichkeit in die Grundformel ein. Die Verlusthöhe wird i. H. d. *loss given default* (LGD) berücksichtigt. Die Grundformel gibt jedoch nur die Höhe des erwarteten Verlusts wieder und berücksichtigt nicht die für die Absicherung gegen den Verlust anfallenden Kosten.

3.3 Zu den Komponenten der Grundformel

3.3.1 Erwartetes exposure

3.3.1.1 Grundlagen

Zur Quantifizierung des Kreditausfallrisikos wird entsprechend der Grundformel in einem ersten Schritt das erwartete *exposure* für die zukünftigen Perioden ermittelt (vgl. *Bäthe-Guski, Martina/Debus, Christian/Eberhardt, Kerstin/Kuhn, Steffen* (2013), S. 745 f.). Der ausfallgefährdete Betrag bei Derivaten wird sich während der Restlaufzeit aufgrund von Änderungen der Marktparameter im Vergleich zum Bewertungsstichtag ändern. Daher müssen sich die Marktteilnehmer ein Urteil über ihre Erwartungen der künftigen Wertentwicklung der von ihnen am Bewertungsstichtag gehaltenen Instrumente bilden.

Die Ermittlung des ausfallgefährdeten Betrags kann auf verschiedene Weise erfolgen. Die einfache Annahme, dass der heutige Wert eines Derivats unverändert dem künftig während der Restlaufzeit erwarteten *exposure* entspricht, ist nicht sachgerecht. Vielmehr werden zur Berechnung des ausfallgefährdeten Betrags von Marktteilnehmern Simulationsverfahren oder *add-on*-Verfahren verwendet.

3.3.1.2 Simulationsverfahren

Zur Ermittlung des erwarteten *exposure* verlangt IFRS 13 den Rückgriff auf das Verhalten typisierter Marktteilnehmer. Solange in der Bewertungspraxis unterschiedliche Simulationsverfahren eingesetzt werden, kann kein spezielles Simulationsverfahren nach IFRS 13 gefordert werden. Typisierte Marktteilnehmer richten die Genauigkeit und den Komplexitätsgrad ihrer Berechnungen regelmäßig am Umfang und Risikogehalt ihres Derivateportfolios aus. Daher ist für die Beurteilung der Angemessenheit der Berechnung von CVA und DVA die Bedeutung der Derivateposition im Abschluss eines Unternehmens zu berücksichtigen. Bei wesentlichen Beständen, die aufgrund der Art und Laufzeit der Geschäfte ein höheres Risiko aufweisen, sind grundsätzlich präzisere Berechnungen angemessen als bei eher geringeren oder risikoärmeren Positionen.

Bei Simulationen werden ausgehend vom Bewertungsstichtag zukünftige Marktszenarien ermittelt. Dabei kann der Komplexitätsgrad der zugrundeliegenden Rechnungen von vereinfachenden Annahmen zur Bildung von Szenarien bis zu Monte-Carlo-Simulationen mit einer sehr großen Anzahl an stochastischen Variationen reichen. Die nachstehend dargestellten übrigen Verfahren arbeiten mit vereinfachenden Annahmen, die im Hinblick auf die Bedeutung und den Risikogehalt des Derivateportfolios entsprechend zu beurteilen sind. Bei diesen einfacheren Verfahren werden für die einzelnen Szenarien bzw. künftigen Zeitpunkte die ausfallrisikofreien Modellwerte ermittelt.

Beispiel zum potential exposure approach

Mit dem *potential exposure approach* wird das Kreditausfallrisiko wie folgt ermittelt: In einem ersten Schritt werden für jeden zukünftigen Bewertungszeitpunkt mehrere Marktszenarien unterstellt, indem die auf das *exposure* wirkenden Risikofaktoren (z. B. Zins- oder Währungsrisiko) variiert werden. Der daraus resultierende Marktwert entspricht dem *exposure* des Finanzinstruments zum betrachteten Zeitpunkt. In einem zweiten Schritt erfolgt die Kalkulation des Erwartungswerts als Bestandteil des CVA; hierzu werden sämtliche positiven Marktwerte gemittelt. Analog dazu wird für die DVA-Ermittlung ein Erwartungswert aus den negativen Marktwerten kalkuliert (vgl. *Grünberger, David* (2011), S. 411 f.).

Beispiel zum variable exposure approach

Beim *variable exposure approach* (vgl. *Ernst & Young LLP* (2014), S. 14) wird unterstellt, dass die gegenwärtigen Marktparameter die Erwartungen aller Marktteilnehmer zum Bewertungsstichtag wiedergeben. Diese Annahme ist konsistent mit der Annahme typisierter Marktteilnehmer. Die aggregierte Erwartung aller Marktteilnehmer über die für die Bewertung relevanten Größen ist im derzeitigen Marktszenario reflektiert. Hierauf aufbauend werden diejenigen Marktwerte berechnet, die während der Restlaufzeit eintreten werden. Je nachdem, ob sich ein positives oder negatives *exposure* ergibt, werden die Marktwerte dann mit dem fremden oder eigenen Kreditrisiko bewertet.

Für *swaps* besteht zudem die Möglichkeit, das zukünftige *exposure* über die Prämie einer *swaption* zu quantifizieren, deren Ausübung zu einzelnen Zeitpunkten oder permanent während der Restlaufzeit erfolgen kann. Das positive *exposure* wird durch eine Kaufoption, das negative über eine Verkaufsoption abgebildet. Diesem Verfahren liegt die Annahme zugrunde, dass durch eine *swaption* der zu bewertende Zinsswap zu den bestehenden Konditionen bei einem während der Restlaufzeit eintretenden Ausfallereignis wiederbeschafft werden kann. Die Schwäche dieses Verfahrens liegt darin, dass es nur für *swaps*, nicht aber für *forwards* oder Optionen anwendbar ist.

Im Gegensatz dazu stellt die Monte-Carlo-Simulation eine relativ umfassende und damit zeitintensive Alternative zur Berechnung zukünftiger *exposures* dar. Im Unterschied zu den einfacheren Simulationsverfahren werden hierbei jedoch Annahmen über eine sinnvolle mathematische Verteilungsfunktion für die Ausprägung der Risikofaktoren getroffen, die für einen möglichst langen Zeitraum zukünftiger Szenarien zutreffen. Bei der Kalibrierung des Modells ist zu beachten, dass die aktuell beobachtbaren Marktvariablen korrekt abgebildet werden und sich Modell- und Marktwert entsprechen (vgl. *Gregory, Jon* (2011), S. 80). Für die eigentliche Simulation werden durch stochastische Verfahren Marktszenarien unter der Berücksichtigung aller relevanten Risiken wie z. B. Zinssätze und Wechselkurse für die Gesamtheit zukünftiger Zeitpunkte generiert.

Zur Erfassung der Haupteigenschaften der zukünftigen *exposure*-Entwicklung muss die Anzahl an Simulationspfaden hinreichend groß sein. Die Simulation sollte dabei keine zu großen Ausmaße annehmen, da sie ab einem bestimmten Wert Zufallseigenschaften aufweist und somit für die Zwecke der Berechnung von CVA und DVA unbrauchbar wird. Sind alle Szenarien ermittelt, kann zur Berechnung des CVA für jeden Zeitpunkt das erwartete positive *exposure* als risikoneutral diskontierter Durchschnittswert aller positiven Szenarien ermittelt werden. Für die Berechnung des DVA ist für jeden Zeitpunkt der Erwartungswert über sämtliche negative *exposures* zu bilden, da diese die Verbindlichkeiten der bilanzierenden Partei widerspiegeln und somit durch das eigene Kreditausfallrisiko in ihrer Erfüllung gefährdet sind.

3.3.1.3 Add-on-Verfahren

Bereits in den Basel I Regelungen zur Eigenkapitalunterlegung wird auf ein relativ einfaches Verfahren zur Ermittlung des Risiko-*exposures* hingewiesen. Die als *add-on*-Verfahren bezeichnete Methode, stellt einen approximativen Ansatz für die Berechnung des potenziellen zukünftigen *exposure* (*potential-future-exposure;* PFE) eines nicht besicherten Geschäfts dar. Als Basis wird das aktuelle *exposure* (*current exposure;* CE) zugrunde gelegt, das dem Marktwert zum Bewertungsstichtag entspricht. Ergänzt wird das CE durch einen Zuschlag (*add-on*), der als Schätzwert die unsicheren zukünftigen Wertentwicklungen des derivativen Finanzinstruments abbildet. Während das CE dem in t beobachtbaren Marktwert des OTC-Derivats entspricht, gilt die *add-on*-Komponente als stochastische Größe, die ihrerseits durch die Volatilität des Basisobjekts, die Art der Transaktion und die Vertragslaufzeit determiniert wird. Je höher die Unsicherheit in Bezug auf die Wertentwicklung der vorgenannten Parameter ist, desto höher ist der Zuschlag.

Einen konkreten Ansatz zur Ermittlung der *add-on*-Komponente findet sich in der Solvabilitätsverordnung (SolvV), die die Grundsätze des Bankenaufsichtsrechts hinsichtlich der angemessenen Eigenmittelausstattung von Finanzinstituten konkretisiert. Der als Marktbewertungsmethode in den §§ 18 SolvV ff. bezeichnete Ansatz hat die Ermittlung des marktgerechten Wiedereindeckungsaufwands zum Ziel. Dieser entspricht dem *exposure*, das es im Ausfallereignis aufzubringen gilt, um die Position zu marktgerechten Bedingungen mit einem anderen Vertragspartner wieder abzuschließen und kann folglich als PFE interpretiert werden. Das regulatorische PFE wird als Summe des CE und des *add-on* berechnet. Das CE entspricht gemäß § 19 SolvV dem höheren Wert aus Null und dem aktuellen Marktwert des Derivats. In der einfachsten regulatorischen Form wird das *add-on* gemäß § 20 SolvV als Produkt aus dem marktbewerteten Anspruch des OTC-Derivats und der Volatilitätsrate des Wiedereindeckungsaufwands definiert, die in ihrer Höhe von der Restlaufzeit der Transaktion sowie der zugrunde liegenden Risikoart beeinflusst wird. Zur Bestimmung der Volatilitätsrate werden die OTC-Derivate, entsprechend der Art des Geschäfts, in eine von fünf möglichen Kategorien eingeordnet. Darüber hinaus werden sie in Restlaufzeiten von bis zu einem Jahr, einem bis zu fünf Jahren sowie über fünf Jahren eingestuft (vgl. Abbildung 1). Mit zunehmender Restlaufzeit steigt das Risiko des Geschäfts und mithin die Volatilitätsrate.

Restlaufzeit (x)	Basisobjekte				
	Zinsen	Währungen (inkl. Gold)	Aktien	Edelmetalle	andere Rohstoffe
x ≤ 1 Jahr	0,0 %	1,0 %	6,0 %	7,0 %	10,0 %
1 Jahr < x ≤ 5 Jahre	0,5 %	5,0 %	8,0 %	7,0 %	12,0 %
x > 5 Jahre	1,5 %	7,5 %	10,0 %	8,0 %	15,0 %

Abbildung 1: Volatilitätsraten des Wiedereindeckungsaufwands nach Geschäftsarten (vgl. SolvV Anhang 1 Tabelle 1. Ebenso BCBS Annex 4, § 92i)

Neben der Verwendung der regulatorisch vorgegebenen *add-on* Faktoren können Unternehmen eigene Faktoren zugrunde legen, sofern diese hinreichend genau ermittelt werden. Ein möglicher Ansatz ist bspw., dass Volatilitäten aus historischen Datenreihen selbst ermittelt werden. Weiterhin ist es denkbar, dass mittels einer Monte-Carlo-Simulation für typisierte Derivate die Verläufe des *exposure* ermittelt und daraus laufzeit- und produktspezifische Faktoren abgeleitet werden, die dann künftig für die jeweilige Derivateart zugrunde gelegt werden.

Beispiel zum add-On-Verfahren

Im folgenden Beispiel wird ein Zinsswap betrachtet. Das Nominalvolumen beträgt 20 Mio. Euro und der aktuelle Marktwert liegt zum Bewertungsstichtag bei -79.334 Euro. Bei einer Restlaufzeit von zwei Jahren und drei Monaten beträgt der *add-on*-Faktor 0,5 %. Der *add-on*-Faktor könnte sowohl auf den Nennwert des Kontrakts als auch auf den aktuellen Marktwert bezogen werden.

1. Alternative: Berechnung des *add-on* auf Basis des aktuellen Marktwerts:
$$DVA = (79.334 + (79.334 \cdot 0{,}005)) \cdot 9\% \cdot 25\% = 1.793{,}94 \text{ Euro}$$

2. Alternative: Berechnung des *add-on* auf Basis des Nominalbetrags:
$$DVA = (79.334 + (20.000.000 \cdot 0{,}005)) \cdot 9\% \cdot 25\% = 4.035{,}02 \text{ Euro}$$

Grundsätzlich wird der *add-on*-Ansatz aufgrund seiner leichten Anwendbarkeit und hinreichenden Korrektheit in Bezug auf transaktionsbezogene Geschäfte zur Bestimmung des *exposure* eingesetzt. Dabei ist zu beachten, dass die zur Risikoquantifizierung herangezogenen Parameter zu Mängeln i. R. d. Kalkulation führen können. Eine Multiplikation des aktuellen Marktwerts mit einem vorab definierten Prozentsatz liefert häufig keine marktgerechten Implikationen hinsichtlich der zukünftigen Wertentwicklung des *exposure*. Daher ist nicht davon auszugehen, dass das PFE eine Proportionalität zum Nominalwert des OTC-Geschäfts aufweist, wie es durch den Ansatz vermittelt wird. Durch den statischen Charakter der Berechnung werden ferner die aktuellen Eigenschaften des OTC-Derivats fortgeschrieben. Das *add-on*-Verfahren bildet die stochastische Natur des *exposure* derivativer Finanzinstrumente nicht korrekt ab. Insbesondere risikosenkende Maßnahmen, wie *netting*-Vereinbarungen und die Sicherheitenstellung, können nicht verlässlich integriert werden. Darüber hinaus ist die fehlende Berücksichtigung von Diversifikationseffekten innerhalb unterschiedlicher Portfolien unangemessen für die konsistente Berechnung des *exposure*. Auch die fehlende Differenzierung und die damit einhergehende Annahme einheitlicher Risikopositionen für verschiedene Arten von Finanzinstrumenten könnten dazu führen, dass die individuellen Eigenschaften der Produkte nicht korrekt abgebildet werden.

Im Gegensatz zu dem *add-on*-Verfahren, können bei Simulationsverfahren Pfadabhängigkeiten und Wechselwirkungen zwischen verschiedenen Risikoarten abgebildet werden. Darüber hinaus ist die bilaterale Ermittlung des Kontrahentenrisikos für unterschiedliche Derivate unter Berücksichtigung von Sicherheiten und *netting*-Vereinbarungen möglich, sodass Simulationen in der Finanzmathematik häufig als realitäts- und praxisnäher aufgefasst werden. In IDW RS HFA 47 werden beide Verfahren vorgestellt und erläutert (vgl. *IDW* (2014), S. 99–100).

3.3.2 Ausfallwahrscheinlichkeit und Ausfallhöhe

Neben der Berechnung des erwarteten *exposure* müssen bei der Ermittlung des CVA/DVA Annahmen über die Ausfallwahrscheinlichkeit (PD) beider Parteien getroffen werden. Dabei ist die Ableitung der Ausfallwahrscheinlichkeit aus CDS-*spreads* vor dem Hintergrund der *fair value*-Hierarchie des IFRS 13 aufgrund der Marktbezogenheit dieser Instrumente stets zu bevorzugen (vgl. *Ernst & Young* (2014), S. 7). Ein CDS berücksichtigt explizit die Bonität des Referenzschuldners und der CDS-*spread* stellt den Preis dar, der am Markt für die Absicherung gegen den Ausfall des Kontrahenten zu zahlen ist (vgl. *Knoth, Hans/Schulz, Mario* (2010), S. 249). Dabei ist jedoch zu beachten, dass nach IFRS 13.61 ff. annahmegemäß ausreichend relevante und verlässliche Marktdaten vorhanden sind. Hinsichtlich der CDS-*spreads* ist daher stets die Marktliquidität zu berücksichtigen.

Sofern für Kontrahenten, mit denen unbesicherte Derivate abgeschlossen werden, keine CDS am Markt gehandelt werden und daher auch keine CDS-*spreads* verfügbar sind, ist entsprechend der *fair value*-Hierarchie des IFRS 13 zunächst auf die CDS-*spreads* eines ähnlichen Kontrahenten abzustellen. Alternativ können auch Benchmark-CDS-*spreads* einer vergleichbaren Ratingklasse oder *bondspreads* verwendet werden, sofern diese hinreichend liquide sind. Erst wenn am Markt keine geeigneten *spreads* verfügbar sind, darf direkt auf Ausfallwahrscheinlichkeiten abgestellt werden, die aus historischen Daten ermittelt wurden. In der Praxis werden diese entweder durch Ratingagenturen zur Verfügung gestellt oder i. R. v. internen Verfahren für die Kalibrierung von Kreditratings verwendet. Externe Ratings werden oftmals von Unternehmen genutzt, die über keine internen Ratingmethoden verfügen (vgl. *Ernst & Young* (2014), S. 7).

Die Verlusthöhe aus einem Finanzkontrakt im Ausfallzeitpunkt wird durch die Ausfallhöhe (LGD) quantifiziert und als Prozentsatz des erwarteten *exposure* angegeben. Die Ausfallhöhe setzt sich aus dem *exposure* im Ausfallzeitpunkt, den bei einer Abwicklung entstehenden Erlösen sowie sonstigen ausfallbedingten Kosten zusammen.

Bei der Verwendung von quotierten CDS- oder *bondspreads* ist eine weitergehende Unterteilung in PD und LGD nicht erforderlich, da beide Elemente (Produkt aus PD und LGD) direkt als Gesamtgröße aus den *spreads* abgeleitet werden kann. Wird die PD dagegen aus Ratinginformationen bestimmt, ist die Ausfallhöhe separat zu ermitteln. In der Praxis wird allerdings häufig eine approximative Bestimmung der LGD vorgenommen. Marktüblich ist dabei z. B. die Verwendung eines pauschalen Prozentsatzes von 60 % für *investment grade corporates*, die der CDS-Bewertung zugrunde liegen.

3.4 Einfluss von Sicherungs- und netting-Vereinbarungen

Gestellte Sicherheiten sind bei der Ermittlung der Höhe des erwarteten *exposure* angemessen zu berücksichtigen. Deren Berücksichtigung setzt das Vorhandensein von Vereinbarungen voraus, die im Falle eines Kreditereignisses den Verlustbetrag senken.

Bei *collateral agreements* handelt es sich um bilaterale Vereinbarungen, die durch Verträge wie das *credit support annex* (CSA) geschlossen werden. Das CSA definiert die allgemeinen Bedingungen zur Stellung sowie zum Transfer von Sicherheiten zum Zwecke der Risikominimierung. Die allgemeinen Bedingungen enthalten Regeln zu Limit-Schwellen, Mindesttransferbeträgen, zugelassenen Sicherheiten sowie weiteren *settlement*-Informationen. Übersteigt der *fair value* eines derivativen Finanzinstruments das festgelegte Limit, ist die Bereitstellung einer Sicherheit notwendig. Deren Höhe entspricht der Differenz aus dem aktuellen Marktwert des Kontrakts und dem Limit. Sinkt die Differenz aufgrund aktueller Marktentwicklungen, kann eine teilweise Rückzahlung der hinterlegten Sicherheit verlangt werden.

Neben Sicherheiten- können *netting*-Vereinbarungen einen weiteren Beitrag zur Reduzierung des *exposure* und damit zur Senkung des CVA leisten. Auch sie sind über vertragliche Vereinbarungen, wie das *ISDA master agreement* oder den deutschen Rahmenvertrag für OTC-Derivate geregelt und beinhalten bilaterale Bestimmungen zu allgemeinen Transaktionsbedingungen. Das *netting* ermöglicht die Aggregation positiver und negativer Marktwerte von Einzelgeschäften zu einer Nettoposition. Für die Beurteilung des Ausfallrisikos ist das sog. *close out netting* relevant, das der nicht ausgefallenen Vertragspartei im Ausfallzeitpunkt das Recht einräumt, sämtliche Geschäfte mit der Gegenpartei zu beenden und zu saldieren. Folgende Vereinbarungen kommen als *netting*-Vereinbarungen i.S.d. IFRS 13.56 in Betracht:
- *Master agreement* der *International Swaps and Derivatives Association* (ISDA);
- *Master agreement* der *European Federation of Energy Traders* (EFET);
- Rahmenvertrag für Finanztermingeschäfte der deutschen Kreditwirtschaft.

3.5 Portfoliobasierte Berechnung und Allokation

Der IFRS 13 sieht grundsätzlich eine einzelgeschäftsbezogene Ermittlung des *fair value* vor, definiert jedoch Ausnahmeregelungen für jene Gruppen bzw. Portfolien finanzieller Vermögenswerte und finanzieller Verbindlichkeiten im Anwendungsbereich des IAS 39 (bzw. IFRS 9), die hinsichtlich ihrer Markt- oder Kreditrisiken auf Basis einer Nettoposition gesteuert werden. In diesen Fällen steht dem bilanzierenden Unternehmen ein Wahlrecht zu, den *fair value* entweder auf Einzelgeschäftsebene oder auf Ebene des gesamten Portfolios zu ermitteln. Voraussetzung hierfür ist, dass die folgenden Bedingungen des IFRS 13.49 kumulativ erfüllt sind:

- Das Unternehmen steuert das Portfolio finanzieller Vermögenswerte und Verbindlichkeiten auf Basis der Nettoposition aus Markt- oder Kreditausfallrisiken in Übereinstimmung mit den Richtlinien des Risikomanagements oder der Investmentstrategie;
- die Mitarbeiter in Schlüsselpositionen werden auf Basis des Portfolios informiert;
- die dem Portfolio zugrunde liegenden Einzeltransaktionen werden am Ende jeder Berichtsperiode zum *fair value* bewertet.

Darüber hinaus wird konkretisiert, dass sowohl die Risiken als auch die Duration der dem Portfolio zugrunde liegenden Vermögenswerte und Verbindlichkeiten grundsätzlich übereinstimmen müssen (vgl. IFRS 13.54 f.).

In Bezug auf das Kreditausfallrisiko ist die Bildung einer Nettoposition nur dann zulässig, wenn risikominimierende Vereinbarungen zur Aufrechnung der Vermögenswerte und Verbindlichkeiten bei einem Ausfall auch tatsächlich bestehen und der *fair value* die Erwartungen der Marktteilnehmer hinsichtlich der rechtlichen Durchsetzbarkeit widerspiegelt (vgl. IFRS 13.56).

Sind die Voraussetzungen für eine *fair value*-Ermittlung auf Portfolioebene erfüllt und macht das bilanzierende Unternehmen von dem Wahlrecht nach IFRS 13.48 Gebrauch, müssen u. U. die ermittelten portfolio-basierten Wertanpassungen (*portfolio-level adjustments*) auf die einzelnen Geschäfte aufgeteilt werden (vgl. *Ernst & Young* (2014), S. 10).

4 Schlussbetrachtung

Seit dem Ausbruch der Finanzmarktkrise wird dem Kreditausfallrisiko eine besondere Rolle in der *fair value*-Bewertung von Derivaten beigemessen. Obwohl sich die Finanzmathematik schon frühzeitig diesem Thema widmete und sich auch in der Praxis entsprechende Bewertungsmethoden etabliert haben, ließen explizite Rechnungslegungsvorschriften auf sich warten. Mit dem 2013 in Kraft getretenen IFRS 13 *Fair Value Measurement* kommt der *IASB* nun dieser Forderung nach. Der Standard konkretisiert in erheblichem Maße die Anforderungen an die *fair value*-Ermittlung, insbesondere auch für Derivate.

Da IFRS 13 konzeptionell auf das Verhalten typisierter Marktteilnehmer abstellt, ist bei der *fair value*-Ermittlung von Derivaten künftig stets sowohl das eigene Kreditausfallrisiko (DVA) als auch das Kreditausfallrisiko der Gegenpartei (CVA) zu berücksichtigen. Dieses ist regelmäßig als Produkt aus dem ausfallgefährdeten Betrag, der Ausfallwahrscheinlichkeit und dem Verlust bei Ausfall zu bestimmen. Der Berufsstand der Wirtschaftsprüfer hat mit IDW RS HFA 47 verbindliche Leitlinien veröffentlicht, wie die einzelnen Berechnungskomponenten, bezogen auf Derivate, zu ermitteln sind.

Literaturverzeichnis

Bäthe-Guski, Martina/Debus, Christian/Eberhardt, Kerstin/Kuhn, Steffen (2013): Besonderheiten bei der Fair-Value-Ermittlung von Derivaten nach IFRS 13 – unter besonderer Berücksichtigung von IDW ERS HFA 47, in: WPg 2013, S. 741–752.
Ernst & Young LLP (2014): Credit valuation adjustments for derivative contracts, April 2014.
Flick, Peter/Gehrer, Judith/Meyer, Sven (2011): Neue Vorschriften für die Fair Value-Ermittlung von Finanzinstrumenten durch IFRS 13, in: IRZ 2011, S. 387–393.
Gregory, Jon (2011): Counterparty Credit Risk: The new challenge for global financial markets, 2. Auflage, Whiltshire 2011.
Große, Jan-Velten (2011): IFRS 13 »Fair Value Measurement« – Was sich (nicht) ändert, in: KoR 2011, S. 286–296.
Grünberger, David (2011): Das credit value adjustment von Derivaten nach IFRS 13, in: KoR 2011, S. 410–417.
IDW (2014): IDW Stellungnahme zur Rechnungslegung: Einzelfragen zur Ermittlung des Fair Value nach IFRS 13 (IDW RS HFA 47), in: FN-IDW 2014, S. 84–100.
Kirsch, Hans-Jürgen/Köhling, Kathrin/Dettenrieder, Dominik (2011): IFRS 13 Bewertung zum beizulegenden Zeitwert (Fair Value Measurment), in: Rechnungslegung nach IFRS, Baetge, Jörg/Wollmert, Peter/Kirsch, Hans-Jürgen u. a. (Hrsg.), 2. Auflage, Stuttgart 2002 ff. (Loseblatt) – Stand: Dezember 2011.
Knoth, Hans/Schulz, Mario (2010): Counterparty Default Adjustments nach IFRS auf Basis marktadjustierter Basel-II-Parameter, in: KoR 2010, S. 247–253.
Kuhn, Steffen/Christ, Jochen (2011): IFRS 7 Finanzinstrumente: Angaben (Financial Instruments: Disclosures), in: Rechnungslegung nach IFRS, Baetge, Jörg/Wollmert, Peter/Kirsch, Hans-Jürgen u. a. (Hrsg.), 2. Auflage, Stuttgart 2002 ff. (Loseblatt) – Stand: Oktober 2011.
Kuhn, Steffen/Scharpf, Paul (2006): Rechnungslegung von Financial Instruments nach IFRS, IAS 32, IAS 39 und IFRS 7, 3. Auflage, Stuttgart 2006.
Löw, Edgar (2011): Fair Value Measurement nach IFRS 13 unter besonderer Berücksichtigung von Finanzinstrumenten, in: RdF 2011, S. 345–353.

Fair value accounting: hohe Kosten bei zweifelhaftem Nutzen

Univ.-Prof. Dr. Thomas Schildbach
Passau

Inhaltsverzeichnis

1	Problemstellung	259
2	Die Vielfalt der Ursachen für hohe Kosten des fair value accounting	260
3	Der fehlende Informationsnutzen einer konsequent marktorientierten Vermögensdarstellung	262
4	Praktische Unzulänglichkeiten einer ertragswertorientierten Einzelbewertung	264
5	Kosten und Nutzen des comprehensive income	266
6	Die Mär vom fair value als dem Boten der Wahrheit	268
7	Ergebnis	270
	Literaturverzeichnis	271

1 Problemstellung

Fair value accounting verkörpert eine Vision. Danach weicht der von *Schmalenbach* propagierte Vorrang der Erfolgsrechnung (vgl. *Schmalenbach, Eugen* (1926)) wieder dem alten Primat der Bilanz (vgl. *Simon, Herman V.* (1898)), die jetzt allerdings das Vermögen ökonomisch wohlfundiert und auf künftige *cash flows* gegründet darzustellen verspricht. Die entscheidende Innovation des neuen Ansatzes liegt in der angeblich ebenso einfachen wie perfekten Lösung des zentralen Bewertungsproblems. Den Weg zu dieser Lösung weisen die Vorstellungen von der Effizienz der Märkte (vgl. *Fama, Eugene F.* (1976)) gemäß der neoklassischen Finanzierungs- und der von ihr inspirierten modernen Bilanztheorie. Ein *fair value*-Konzept, das die auf derartigen Märkten gebildeten Preise oder ersatzweise die dortigen Erwartungen zusammen mit den zugehörigen Bewertungsmodellen aufgreift, lässt demnach auf sowohl praktikable als auch theoretisch gut begründete Werte hoffen.

Eine kritische Reflektion dieser, wie bei vielen ökonomischen Theorien angelsächsischer Provenienz, viel versprechenden Vision führt auf die Spur gravierender Probleme. Diese stellen letztlich nicht nur den Nutzen des neuen Ansatzes durch Anhebung des Informationsstands der Wirtschaftssubjekte und eine verbesserte Kapitalallokation, sondern auch die Aussichten auf niedrige Kosten der Rechnungslegung infrage.

Markteffizienz als zentrale Prämisse der revolutionären Bewertung führt in eine Zwickmühle. Auf der einen Seite droht der Verlust jeglicher Möglichkeit, zusätzliche Information zu vermitteln. Zu einem solchen Informationsparadoxon kommt es unbestreitbar in dem Fall vollkommener und vollständiger Märkte im Gleichgewicht, in dem zwar ausnahmsweise strenge Effizienz herrscht, in dem das Wissen aber zugleich schon so perfekt sein muss, dass es sich nicht mehr erweitern lässt (vgl. *Beaver, William H./Demski, Joel S.* (1979), S. 38; *Ballwieser, Wolfgang/Küting, Karlheinz/Schildbach, Thomas* (2004), S. 530 f.). Sobald auf der anderen Seite konzediert wird, dass die in vieler Hinsicht unvollkommenen Märkte der Realität weder Preise noch Erwartungen und Bewertungsmodelle in der unterstellten hohen Qualität bereitzustellen vermögen, schwindet sowohl die Aussicht auf eine perfekte als auch auf eine einfache und damit kostengünstige Bewertung. Kosten und Nutzen des *fair value accounting* hängen dann von den konkreten Vorgaben für das *fair value measurement* samt ergänzender *guidance* und den Eigenschaften der auf dieser Basis zu erwartenden subjektiven *fair value*-Schätzungen ab. Der konzeptionelle Primat der *fair value*-Bilanz freilich schließt nicht aus, dass Mängel bei der Vermögensdarstellung durch das zweite Rechenwerk zur Präsentation der Komponenten des *comprehensive income* (vgl. IAS 1.81–1.105) ausgeglichen werden. Dieser Möglichkeit ist ebenso nachzugehen, wie der These, wonach aus der Sicht seiner Schöpfer der Nutzen des *fair value accounting* vor allem in der besseren Kapitalallokation zur Steigerung der Wohlfahrt der Gesamtwirtschaft liegt (vgl. etwa *Ball, Ray* (2008)). Letzteres wird untersucht, indem die angeblich Transparenz schaffende Wirkung des *fair value accounting* am Beispiel der jüngsten Subprime-Krise im Detail hinterfragt wird.

Mit der Vertreibung aus dem Paradies effizienter Märkte und beobachtbarer Preise für alle *assets* und *liabilities* schwindet auch die Aussicht auf niedrige Kosten. Im Gegenteil führt *fair value accounting* – wie zu zeigen sein wird – aus einer Vielzahl von Gründen zu besonders hohen Kosten der Rechnungslegung. Verantwortlich sind sowohl die Pflicht zur laufenden Aktualisierung aller Werte als auch der Mangel an geeigneten Marktpreisen, die faktisch unlösbare Aufgabe, *fair values* zu schätzen, die immer wieder neue Suche nach »besseren« Leitlinien für solche Schätzungen, die mehrfache Rechnungslegung als Folge der reinen Informationsbilanz und die Schwierigkeiten bei der Schaffung von Vertrauen. Einige dieser Auswirkungen des neuen Konzepts sind im Prinzip bereits wohlbekannt und geben Anlass zu Zweifeln, ob derart hohe Kosten und der dafür vor allem verantwortliche erhebliche Zeiteinsatz des Managements durch den Nutzen gerechtfertigt werden (vgl. *IDW* (2007)). Inzwischen ist außerdem ganz offensichtlich die große Euphorie sowohl für die moderne angelsächsische Rechnungslegung als auch für deren Ideal einer marktgestützten Zeitbewertung zu großen Teilen verflogen. In der Schweiz etwa wechseln große börsennotierte Aktiengesellschaften von IFRS zu Swiss GAAP FER. Das alles lässt hoffen, dass Kosten und Nutzen des *fair value accounting* endlich nüchtern und rein sachbezogen diskutiert werden können.

Es bedarf heterogen verteilter und unvollkommener Information, um eine Rechnungslegung zu rechtfertigen, die das Wissen angleichen und erweitern soll. Unter solchen Umständen allerdings gibt es auch nirgends Perfektion bei der Informationsvermittlung – gleichgültig ob das durch Zahlungsrechnungen, traditionelle Bilanzansätze oder *fair value accounting* geschehen soll. Insoweit wird es bzgl. eines Teils der im Folgenden präsentierten Ursachen für Verschlechterungen der Kosten-Nutzen-Relation beim *fair value accounting* vergleichbare Gründe geben, die die anderen, immer ebenfalls unvollkommenen Konzepte externer Rechnungslegung in ähnlicher Weise betreffen. Im Mittelpunkt der folgenden Ausführungen sollen daher die einzigartigen, durch die Besonderheiten der Prämissen, die Auswegslosigkeit des ambitionierten Ansatzes und die schädlichen Verhaltensanreize des *fair value accounting* hervorgerufenen Schwächen stehen, die sich zumindest bei der auf Anschaffungskosten und Realisation gegründeten, traditionellen Rechnungslegung nicht in annähernd stark ausgeprägter Form wiederfinden.

2 Die Vielfalt der Ursachen für hohe Kosten des fair value accounting

Die bloße Fortschreibung der Anschaffungskosten und das nur vereinzelt relevante Niederstwertprinzip stellen weit geringere Anforderungen als die permanente Aktualisierung aller Werte in der Bilanz. Das gilt vor allem, weil als *fair values* geeignete

Marktpreise nur relativ selten beobachtbar sind (vgl. *Bieg, Hartmut/Bofinger, Peter/ Küting, Karlheinz/Kußmaul, Heinz/Waschbusch, Gerd* (2008), S. 2543) und weil große Lücken bei der Erfassung des immateriellen Vermögens durch anteilige Synergien in den Werten der bilanzierten *assets* gefüllt werden müssen. Die ersatzweise Ableitung von *fair values* aus Marktdaten oder deren Schätzung ohne solche Daten lässt sich zwar leicht vorschreiben (vgl. SFAS 157.7, .11 bzw. IFRS 13.2 f., .9), aber nur schwer realisieren. Hinweise auf Markterwartungen und Bewertungsmodelle gibt es in großer Fülle. Gerade daraus erwachsen allerdings die Probleme der Auswahl der für die Wertermittlung im Einzelfall relevanten Ausprägungen. *Standards* und *guidance* mit ihren immer wieder neuen Versuchen der *Standardsetter*, das unlösbare Bewertungsproblem lösbar erscheinen zu lassen, helfen nur dem, der die gesuchten *fair values* ohnehin kennt. Alle anderen bleiben – da sie die geforderten Werte nicht finden können – darauf angewiesen, unter großem Aufwand nach Werten zu fahnden, die zumindest nicht angreifbar sind. Die Aufgabe der Schätzung von objektiven Marktpreisen auf *level 3* ohne beobachtbare Marktdaten (vgl. SFAS 157.30 bzw. IFRS 13.86–13.90) endlich gleicht – soweit ernst genommen – dem Stochern im dichten Nebel auf der Suche nach einem Phantom. Die *Standardsetter* selbst sind mit der Aufgabe überfordert, Wege zur Konkretisierung ihres Traumwerts zu weisen, da die angenommenen Idealbedingungen ärgerlicherweise nicht vorzufinden sind. Wie schon angedeutet halten sie bei ihrer Regulierung dann aber nicht an einer aus den vielen, allesamt unvollkommenen Möglichkeiten fest, sondern probieren eine nach der anderen, obwohl das nicht zuletzt die Vergleichbarkeit weiter beeinträchtigt. War es bspw. zunächst ein imaginärer »*consensus view*« aller Marktteilnehmer (vgl. SFAC 7.26), so haben sich Schätzungen inzwischen an dem nicht nur schwer fassbaren, sondern auch extrem positiv verzerrenden »*highest and best use*« zu orientieren (vgl. SFAS 157.12–157.14 bzw. IFRS 13.27 ff.). Solche Unsicherheit offenbarenden Probiererreien verbunden mit praktisch nicht umsetzbaren Bewertungsvorstellungen und mit einer Strategie der Revolutionierung auf Raten, um auf diese Weise die Vorbehalte auf erträglichem Niveau zu halten, treiben die Kosten der Rechnungslegung ebenso wie die dringend erforderliche, erstklassige Beratung, um mit der dynamischen Entwicklung Schritt halten zu können und um die Bewertungen als vertretbar bestätigt zu bekommen. Dass die zuletzt angesprochenen, schwierigen Aufgaben ggf. erst vom Prüfer erfüllt werden, ändert nichts an dem vergleichsweise hohen Einsatz, nur müsste er evtl. doppelt erbracht werden. Selbst nach der Prüfung freilich hält sich – wie der Interbankenmarkt für Kredite beweist – das Vertrauen in *fair value*-Bilanzen in engen Grenzen, was als Kosten mangelnden Vertrauens oder als eingeschränkter Nutzen angesehen werden kann.

Die Beschränkung des *fair value accounting* allein auf die Informationsaufgabe (vgl. CF. OB2, .OB3) schafft weitere Ursachen für hohe Kosten der Rechnungslegung. Die einseitige Ausrichtung bedeutet nämlich, dass die darüber hinaus anstehenden, wichtigen Aufgaben der Dokumentation, der Ausschüttungs- und der Steuerbemessung, der Konkretisierung von Kreditrestriktionen sowie der internen Entscheidungsunterstützung nicht mit übernommen werden können. Diese anderen Aufgaben bedürfen dann gesonderter Rechnungen, die ihrerseits natürlich ebenfalls Kosten verursachen. Einzweckrechnungen verführen – wie das Vorbild des *fair value accounting* beispielhaft belegt – vor allem zu einem illusionären Streben nach aufgabenspezifischen Optimallösungen, obwohl es nur brauchbare gibt, und verschlechtern auf diese Weise die Kosten-Nutzen-Relationen auch bei den anderen Funktionen – speziell bei der Ausschüttungsbemessung durch Solvenztests (vgl. *Rammert, Stefan* (2008)). Völlig verdrängt wird hingegen der Anreiz, nach Kompromisslösungen zu suchen, die zwar etwas weniger perfekt, dafür aber auch deutlich billiger sein können. Nicht immer muss zudem die Funktionserfüllung durch Kompromisse beeinträchtigt werden. Weil Investoren sich für Ausschüttungen interessieren, gibt es klare Synergien zwischen Ausschüttungsbemessungs- und Informationsfunktion. Auch die vielgescholtene Vorsicht bringt funktionsübergreifend Vorteile für den Gläubigerschutz, für eine Steuerbemessung, die ohne unbegrenzten Verlustrücktrag auskommt, und für ein Gewinnverständnis, das schädlichem Fehlverhalten der Manager und Eigner entgegenwirkt. Sogar die weltweite Harmonisierung wird von professionellen Nutzern eher kritisch gesehen. Empirische Untersuchungen belegen, dass solche Nutzer sich stärker auf die gemäß den jeweils gefestigten nationalen Traditionen erstellten und von ihnen selbst bereinigten Rechenwerke als auf Zahlen nach Maßgabe eines den Erstellern fremden, häufig unverstandenen und undurchschaubar ausgelegten Regelwerks stützen (vgl. etwa *Bhushan, Ravi/Lessard, Donald R.* (1994), S. 144, 155 f.).

3 Der fehlende Informationsnutzen einer konsequent marktorientierten Vermögensdarstellung

Die konzeptionell bedingte Unfähigkeit des *fair value accounting* zur Information von Markt und Marktteilnehmern offenbart sich bei einem Vergleich mit der herkömmlichen Alternative. Im Rahmen der Letzteren übermitteln Jahresabschlüsse entweder per Publizität an alle oder auf dem Weg gezielter Unterrichtung ausgewählter Geschäftspartner und Banken mehr oder weniger treffend abgebildete, ansonsten aber unzugängliche Interna des jeweiligen Unternehmens. Diese ergänzen allgemeine Informationen über Preise, Zinsen, Konjunkturdaten, Wettbewerbspositionen, Marktlagen und Rahmenbedingungen etwa, die den Interessierten aus verschiedenen Quellen – ggf. auch der Gerüchteküche – zugänglich sind. Direkt oder auf dem Umweg über Entscheidungen anderer, über Fachkommentare oder Einschätzungen von Analysten werden diese prinzipiell unvollkommenen Informationen von den Wirtschaftssubjekten letztlich in subjektive Erwartungen, Konzessionsgrenzen und Entscheidungen umgeformt.

Fair value accounting dagegen baut allein auf das angeblich objektive Wissen des Markts, die dort festgesetzten Preise oder zumindest die dort relevanten Bewertungsmodelle und Erwartungen (vgl. SFAS 157.7, .11; IFRS 13.2f., .11). Dabei werden Preise und Preisschätzungen simultan mit den Mengen an *assets* und *liabilities* als Inputs für die *fair value*-Bilanzierung dem Markt entnommen. Auch Mengen müssen nämlich Ergebnisse der Marktbewertung sein, weil sich *assets* dadurch auszeichnen, dass sie in Zukunft zur Erwirtschaftung von *cash flows* beitragen und daher Wertschätzung durch die Wirtschaftssubjekte verdienen (vgl. SFAC 6.26, .28; CF 4.8). Das aus letztlich unbekannten Quellen stammende Wissen des Markts allerdings, das allen zumindest per Schätzung ohnehin offen stehen soll, kann nicht mehr zur Information der Wirtschaftssubjekte beitragen. Das gilt sowohl im Ideal effizienter Märkte als auch in einer realen Welt der Ineffizienz für das auf dem Markt bereits vorhandene Wissen. *Fair value accounting* gleicht somit konzeptionell dem Versuch, einen Eimer zu füllen, indem man Wasser hinein gießt, das diesem Eimer zuvor entnommen wurde. Dabei gilt der Eimer im Ideal bereits per Prämisse als randvoll.

Ganz grundlegende Probleme werfen auch die Versuche auf, die alte Illusion einer synthetischen Vermögensermittlung nach dem Vorbild des Substanzwerts wieder zu beleben. Weil einzelne *assets* nämlich fast nie eigenständig zu Einzahlungen führen (vgl. IAS 36.66, .67; IFRS 13.13, .B3, .BC78) und weil Synergien oder Portfolioeffekte Risiko und Wert beeinflussen, kann es schon keine objektiven, auf in Zukunft zu erwartende *cash flows* gegründete *fair values* als Grundlage einer synthetischen Vermögensermittlung geben. Die Werte der Vermögen hängen entscheidend von der Art der Nutzung, von der Kombination der *assets* sowie vom ergänzenden unternehmerischen Potenzial ab, sodass bei einem engen *asset*-Verständnis ohne originären *goodwill* und fast ohne immaterielles Vermögen keine generellen *fair values* mehr existieren. Die spezifischen Gesamtvermögen lassen sich auf dieser Basis synthetisch nur darstellen, wenn bspw. die Einzelwerte bei *Apple* oder *Samsung* von denen bei *Nokia* oder *Blackberry* abweichen. Völlige Offenheit für immaterielles Vermögen und originäre *goodwills* hingegen führt zur Beliebigkeit bei Bilanzansatz und Bewertung, weil *goodwill* oder *badwill* als »Restgrößen« jegliche Differenzen genau ausgleichen werden.

Zum Scheitern verurteilt sind aber auch alle Versuche, Gesamtwerte theoretisch fundiert auf die einzelnen *assets* einer Kombination aufzuteilen – ein ohnehin fragwürdiges Ansinnen, weil die durch Aufteilung gewonnenen Einzelwerte nur der Ermittlung der Ausgangsgesamtwerte dienen sollen. Wegen des als unlösbar bekannten Verteilungsproblems lässt sich nicht sagen, welche Objekte als *assets* zum gemeinsamen *cash flow* beigetragen haben und welche Anteile an diesem *cash flow* jeweils auf sie entfallen. Ohne solches Wissen aber muss Willkür darüber entscheiden, welche Objekte als *assets* anzusehen und welche *cash flow*-Anteile ihrer Bewertung zugrunde zu legen sind. Dabei bedarf es eines allgemein bekannten Konsenses hinsichtlich aller dieser Entscheidungen, damit die willkürlichen Einzelwerte stets auf die zu ihnen passenden *asset*-Mengen bezogen werden. Anders als der Name *fair value* vorsätzlich glauben machen will, stellt er also nicht so etwas wie ein »justum pretium« der Ökonomie dar. Bei Licht besehen handelt es sich vielmehr um ein bloßes Phantom, fingiert, um eine zur Vermögensdarstellung völlig überflüssige und zwingend willkürliche Gesamtwertaufteilung mit anschließender synthetischer Vermögensermittlung zu bemänteln.

4 Praktische Unzulänglichkeiten einer ertragswertorientierten Einzelbewertung

Im Gegensatz zur Vision vom *fair value* können reale Preise selbst auf aktiven Märkten nur zufälligerweise einmal effizient sein (vgl. etwa *Schildbach, Thomas* (1986), S. 25–33). Strenge Effizienz ist angesichts der unvermeidlich besseren Informationen der Insider ebenso auszuschließen wie die halbstrenge Effizienz hinsichtlich aller öffentlich zugänglichen Informationen. Die zur Schaffung von Effizienz erforderliche Arbitrage bedarf nämlich einer gewissen Ineffizienz, aus der sich die Übergewinne zur Deckung der Kosten für die Arbitrage erwirtschaften lassen. Auch positive Ergebnisse von Effizienztests widerlegen das nicht, weil sich Effizienz nur auf Umwegen testen lässt, die Tests auf problematische Interpretationen der Ergebnisse angewiesen sind und positive durch ähnlich viele negative Testergebnisse relativiert werden (vgl. *Schildbach, Thomas* (1986), S. 33–43). Nicht Effizienz, sondern Nachahmung und Zufall machen es also schwer, Übergewinne zu erzielen. Mangels Effizienz ist daher sogar ein bestmöglicher *fair value* gemäß *level 1* in der Praxis grundsätzlich unfair.

Faktisch lässt sich ein umfassendes *fair value measurement* außerdem nur zu einem relativ kleinen Teil auf Marktpreise stützen. Gebraucht werden vielmehr im Regelfall Inputs, die auf dem fachlichen Urteil der bewertenden Wirtschaftssubjekte beruhen. Mit Hilfe dieses »*judgement*« werden auf *level 1* Marktpreise korrigiert, die nicht »*orderly*« sind, auf *level 2* diejenigen Erwartungen und Bewertungsmodelle aus der Fülle der auf dem Markt beobachtbaren Varianten ausgewählt, die jeweils zum *fair value* führen, und auf *level 3* die Preise geschätzt, die den Wertvorstellungen des Markts und der Marktteilnehmer entsprechen, obwohl sich die zugehörigen Bewertungsgrundlagen weder direkt noch indirekt beobachten lassen. Dabei zeigen Standards und *guidance* keine Wege zur Lösung dieser anspruchsvollen Aufgabe auf, klüger zu sein als der Markt. Sie unterstellen vielmehr die Kenntnis der zu suchenden *fair values* als vorab gegeben. Nur so lässt sich die Anweisung befolgen, bei mehreren möglichen Bewertungsverfahren, die jeweils weite Wertebereiche abdecken, entspreche die *fair value*-Messung dem Wert, der den *fair value* unter den gegebenen Umständen am besten kennzeichne (vgl. SFAS 157.19, .A13; IFRS 13.63, .70, .B40, .BC145(b), .BC163 f.). Derart umfassendes Wissen, das schon auf *level 1* benötigt wird, um verzerrte Marktpreise zu korrigieren, kann allerdings nicht vorausgesetzt werden. Es existiert nur in einer idealen Welt und würde *fair value accounting* zudem vollkommen überflüssig und nutzlos machen.

In der realen Welt stehen die Wirtschaftssubjekte ohne derart wunderbare Fähigkeiten vor ernsthaften Problemen. Die schleierhaften Anforderungen an den Inhalt des *fair value* bleiben abstrakten Idealvorstellungen verhaftet, die sich unter den Bedingungen der Realität nicht in konkrete Schätzungen umsetzen lassen. Das gilt für die marktbasierte Messung auf Basis »der« Annahmen der Wirtschaftssubjekte (vgl. SFAS 157.11; IFRS 13.2 f.) – als ob es derart einheitliche Annahmen gäbe – ebenso wie etwa für die Ausrichtung an hypothetischen und ordentlichen Markttransaktionen (vgl. SFAS 157.7; IFRS 13.BC30, .BC42 bzw. IFRS 13.2, .9) zwischen unabhängigen, wohl informierten, zur Transaktion fähigen und entschlossenen Marktteilnehmern (vgl. SFAS 157.10; IFRS 13 App. A »*market participants*«) auf dem wichtigsten oder vorteilhaftesten Markt (vgl. SFAS 157.8; IFRS 13.16) beim Verkauf des *asset* bzw. der Tilgung der *liability* (vgl. SFAS 157.7; IFRS 13.24) insbesondere dann, wenn es keine entsprechenden Märkte mit ordentlichen Transaktionen gibt. Zusätzlich erschwert wird die Aufgabe noch durch das Gebot, statt zumindest vorstellbarer unternehmensspezifischer Werte solche aus Sicht des Markts und damit – eigenartigerweise – aus der Perspektive der besten Nutzer (vgl. SFAS 157.12 ff.; IFRS 13.27–13.33) zu schätzen. Auf diese Weise werden Wissensvorsprünge entwertet, während umfassender Informationsbedarf über die Verteilung der *assets* in der Wirtschaft, über deren Nutzungen, *future cash flows* und Werte neu geschaffen wird. Dabei steht »*highest and best use*« außerhalb der irrealen Idealwelt im Widerspruch zum Inhalt von Marktpreisen. Erstere entspricht dem auf dem Markt maximal erzielbaren Wert, letztere dem niedrigsten Wert für einen auf dem Markt aktiven Nutzer. Das Bewertungsproblem bleibt auf diese Weise so undurchsichtig, dass innerhalb jeweils breiter, kaum zu begrenzender Wertspannen noch nicht einmal gesagt werden kann, in welcher Richtung eine Schätzung anzupassen ist, um sie zu verbessern. Das Ziel einer möglichst zutreffenden *fair value*-Schätzung lässt sich unter diesen Bedingungen beim besten Willen nicht verfolgen. Es droht vielmehr von bilanzpolitischen Überlegungen auch im eigenen Interesse der Manager insoweit verdrängt zu werden, als die dazu erforderlichen Wertansätze nicht offensichtlich angreifbar werden. Sollten Rechnungsleger überzeugt sein, sie könnten *fair values* besser schätzen als der Markt, so werden sie das aus ihrer Sicht wertvolle Wissen für Zwecke der Spekulation nutzen oder gezielt weitergeben, aber schwerlich offen legen. Ferner darf nicht erwartet werden, dass Einzelpersonen über die gleichen Fähigkeiten wie Märkte verfügen, heterogene Information durch Eliminierung von Extrempositionen und von bloßen Störungen (»*noise*«) zu bereinigen. Mit nützlichen Informationen ist folglich aus einer Vielzahl von Gründen auch unter realistischen Bedingungen nicht zu rechnen. Im Gegenteil führen Marktwerte aus Sicht der marginalen Transaktionspartner ebenso wie Schätzungen der *fair values* aus Sicht der Champions zu verfälschten Vermögensausweisen bei jeweils allen übrigen Nutzern. Soweit Adressaten diese Verzerrungen mit Hilfe ihres eigenen Wissens bereinigen können, verkommt die *fair value*-Bilanz zu einer Farce. Sind sie aber zur Korrektur nicht in der Lage, so werden sie vom *fair value accounting* getäuscht und zu Fehlentscheidungen verleitet (vgl. *Schildbach, Thomas* (2012a), S. 531 f.).

5 Kosten und Nutzen des comprehensive income

Die Vision von einer auf künftige Zahlungsüberschüsse gegründeten Vermögensmessung legt den Eindruck nahe, eine solche Bilanzkonzeption führe zwingend auch zu einem ökonomischen Gewinn in der umfassenden Erfolgsrechnung – dem *comprehensive income*. Dieser Zusammenhang besteht grundsätzlich, er gilt allerdings mit Licht- und Schattenseiten sowie mit wichtigen Einschränkungen. Dem Grundsatz entsprechend sind unter idealen Bedingungen und bei konsequentem Vorgehen beide Rechnungen zwar perfekt, aber aus den schon dargelegten Gründen uninformativ und nutzlos. Mit der durch Entfernung von der Idealwelt schwindenden Orientierung sinkt nicht nur die Qualität der auf Mutmaßungen angewiesenen und durch Bilanzpolitik fast grenzenlos verzerrbaren Wertansätze in der Bilanz, sondern auch die daraus abgeleitete Eignung des *comprehensive income* als Ausdruck der entsprechenden Vermögensänderung. Die im Vergleich zum Vermögen meist kleineren Jahresergebnisse werden von der Ungenauigkeit sogar deutlich stärker betroffen. Angesichts des engen Zusammenhangs zwischen beiden Rechnungen besteht zudem keinerlei Aussicht, Schwächen der einen Rechnung ließen sich durch Stärken der anderen beheben.

Derartigen Aussichten stehen im Gegenteil die Entscheidung für das *comprehensive income* und Kongruenzverstöße im Weg. Im Rahmen der einschlägigen Theorien gibt es zwei Formen des ökonomischen Gewinns, die dem aktuellen Informationsstand Rechnung tragen (vgl. *Schneider, Dieter* (1963), insbesondere S. 463 f.). Der »nachträgliche Idealgewinn« als Zins auf den jeweiligen Ertragswert führt bei Division durch den risikoadäquaten Zins unmittelbar zum Vermögen, vermittelt also im Idealfall vergleichbare Informationen wie die *fair value*-Bilanz. Unter realistischen Bedingungen lassen sich in Form der ordentlichen Betriebsergebnisse indes allenfalls Anhaltspunkte für die Schätzung derart perfekter Gewinne finden. Genau um solche Ergebnisse aber ist das *fair value accounting* noch nicht einmal bemüht. Als Vorbild dient vielmehr der andere ökonomische Gewinn, bei dem der nachträgliche Idealgewinn um alle Änderungen des Vermögenswerts ergänzt wird. Weil die Wertentwicklung zu großen Teilen Zufallsprozessen unterliegt, erlauben solche »Ertragswertzinsen plus Kapitalgewinn« weder Schlüsse auf künftige Wertänderungen oder Gewinne noch auf die jeweiligen Gesamtwerte der Vermögen (vgl. *Nissim, Doron/Penman Stephen* (2008), S. 13). Bereits unter idealen Bedingungen uninformativ – sogar wenn sie zur laufenden Fortschreibung des Vermögenswerts herangezogen werden – hindern die Zufallskomponenten das *comprehensive income* auch daran, Informationsdefizite der *fair value*-Bilanz in der realen Praxis zu beheben.

Ein Überblick über die Komponenten, aus denen sich Ertragswertzinsen plus Kapitalgewinn zusammensetzen, verdeutlicht die Gründe für den Informationsverlust. Über den nach aktuellen Zukunftsaussichten zu erwartenden nachträglichen (Ideal-)Gewinn hinaus werden zunächst die vom Management bewirkten, regelmäßig einmaligen Wertänderungen erfasst. Diese beiden informativen Gewinnkomponenten werden allerdings untrennbar überlagert von einer Vielzahl bedeutender Wertänderungen, die auf Einflüssen des Zufalls, einer geänderten Bilanzpolitik oder auf Schwächen, ja sogar Fehlern bei der Bewertung beruhen. In einer stochastischen Welt nämlich ändert der Zufall die Werte des Vermögens laufend, wenn statt der zugrunde gelegten Erwartungen nach und nach die tatsächlichen Ereignisse, die sicheren Zinssätze und Preise für das Risiko oder auch nur realistischere Erwartungen offenbar werden. So verwandeln zufällige Veränderungen des sicheren Zinses bspw. den steten Strom der Zinsen aus einer festverzinslichen Anleihe bei *fair value*-Bewertung in eine wilde Berg- und Talfahrt der Gewinne und Verluste (*Moxter, Adolf* (1982), S. 56 spricht von Scheingewinn und Scheinverlust). Die besonders großen Spielräume bei Ansatz und Bewertung im Verbund mit der Unmöglichkeit, *fair values* »richtig« zu schätzen, schaffen weitere wichtige Ursachen für große Vermögensänderungen, die auf dem verzweifelten Bemühen um eine korrekte oder um eine bilanzpolitisch vorteilhafte Bewertung beruhen. Hinzu kommen Fehlinformationen, irrationale Verhaltensweisen der Wirtschaftssubjekte und Angebots- oder Nachfrageüberhänge etwa, die sogar über verzerrte Preise auf aktiven Märkten verwirrende Kapitalgewinne erzeugen.

Das Kosten-Nutzen-Verhältnis des *comprehensive income* leidet darüber hinaus an sehr aufwendigen und undurchschaubaren Differenzierungen und Verbindungen mittels »recycling« zwischen Gewinn und *other comprehensive income* (OCI) sowie vor allem an Fehlern und Verstößen gegen die Vollständigkeit des Totalgewinns (vgl. *Schildbach, Thomas* (2012b)). Die umstrittenen Gewinne aus Bonitätsverlusten bei den eigenen Schulden z. B. existieren nur dann, wenn gleichzeitig das gesamte immaterielle Vermögen einschließlich des originären *goodwill* erfasst und abgewertet wird, sodass in der Erfolgsrechnung per Saldo nur der Bonitätsverlust für die Eigner zum Tragen kommt. Gegen die Vollständigkeit des Totalgewinns wird verstoßen, weil reale Aktienoptionen in Form fiktiver Aufwendungen erfasst werden, obwohl die Belastung nicht beim Unternehmen, sondern per Verwässerung des Werts ihrer Aktien bei den Aktionären entsteht. Auch die Neubewertung von Sachanlagen schmälert den Totalgewinn unberechtigterweise, indem die Wertsteigerungen direkt im Eigenkapital, die aus ihnen anschließend folgenden zusätzlichen Abschreibungen hingegen in der Erfolgsrechnung erfasst werden.

Insgesamt stimmt also die Kosten-Nutzen-Relation des *comprehensive income* in keiner Weise. *Comprehensive income* ist auf diejenige Form des ökonomischen Gewinns ausgerichtet, die schon wegen der vielen Zufallskomponenten eher verwirrt als informiert. Auch wird der Gewinn zwar mit großem Aufwand vom OCI abgegrenzt, ihm fehlt aber die konsequente Ausrichtung auf die Aufgabe, Anhaltspunkte für die Prognose des nachhaltigen Gewinns zu liefern.

6 Die Mär vom fair value als dem Boten der Wahrheit

Der *fair value* steht seit langem in dem Verdacht, die Bildung von Blasen zu begünstigen und, sobald diese geplatzt sind, die Talfahrt der Preise und der Wirtschaft zu beschleunigen. Er erzeuge Schwankungen in der Wirtschaft und verstärke diese prozyklisch. *Fair value*-Befürworter dagegen sehen in ihm einen Repräsentanten des wahren inneren Werts, der als solcher nur zur Klarheit als Grundlage effizienter Entscheidungen beitrage. Wenn der *fair value* im Abschwung schmerzliche Wertminderungen aufzeige, komme er nur einer zur Schaffung von Transparenz notwendigen Pflicht nach. Im Blick auf die schlimmen Folgen solcher Preisstürze für die Wirtschaft die Abschaffung des *fair value* zu verlangen, gleiche dem Bestreben, den Boten zu erschießen, der die schlechte Botschaft überbringt (vgl. *Ball, Ray* (2008)). Die beiden kontroversen Standpunkte werden im Folgenden auf ihre Vereinbarkeit mit dem Geschehen in der jüngsten Subprime-Krise untersucht. Dabei geht es letztlich darum, zu prüfen, ob das *fair value accounting* nicht nur wenig informativ und teuer ist, sondern obendrein auch noch gefährliche Anreize zu Fehlallokation und Kapitalvernichtung setzt.

Subprime-Hypotheken sind von der Illusion ewig steigender Immobilienpreise getragene, alle zwei bis drei Jahre durch die Bank in parallel zu diesen Preisen wachsendem Umfang erneuerbare Kredite, auf deren Basis auch nicht kreditwürdige Personen Immobilien erwerben können (zu den folgenden Ausführungen vgl. *Gorton, Gary* (2008); *Kothari, S. P./Lester, Rebecca* (2012)). Eigenkapital war dazu nicht unbedingt erforderlich. Im Kern ging es aber nicht wirklich um »Eigenheime für breite Schichten«, sondern um Vorteile aus Immobilienspekulation für alle, um Gewinne und Provisionen für die Banken sowie um Boni für deren Mitarbeiter bei gleichzeitiger Überwälzung der gewaltigen Risiken auf die Anleger, die das nicht durchschauen, und auf die Steuerzahler. Nach amerikanischem Recht tragen nämlich i. d. R. bei Hypotheken die Gläubiger das Risiko von Wertverlusten. Die Schuldner nutzen die mit den Immobilienpreisen steigenden Kreditvolumina für Zinsen und Konsum, haben bei Preisverfall aber meist das Recht, den Kredit durch Verzicht auf die Immobilie zu tilgen. Auch die Bank, die die Hypothek vergibt, will das Risiko durch Verkauf überwälzen und kann daher die Kredite lax und schlampig einräumen, ohne auf adverse Selektion zu achten. Das Risiko landet dann entweder bei staatlichen Spezialinstituten wie *Fannie Mae* und *Freddie Mac* oder – soweit Nachlässigkeiten bei der Übertragung der Rechte und im Zuge des Ratings evtl.

vereinbarte Garantien nicht Reste beim Verkäufer beließen – bei Anlegern auf dem Markt. Für Letztere wird das Risiko freilich bis zur völligen Undurchschaubarkeit verschleiert, indem die qualitativ ohnehin äußerst heterogenen Hypotheken direkt oder indirekt und mehrfach bei Zweckgesellschaften zu Portefeuilles gebündelt sowie anschließend in Tranchen mit hierarchisch geordneter Verlustübernahme unterteilt werden. Dabei entstehen selbst aus Bündeln nur minderwertiger Tranchen wieder hohe Anteile an AAA-Papieren (vgl. *Gorton, Gary* (2008), S. 35). Die starke Differenzierung in zahlreiche Tranchen von z. T. nur 0,25 % des Portefeuilles deutet auf sehr komplexe und ausgefeilte Risikomodelle hin, die offensichtlich auch die Ratingagenturen überzeugen konnten. Tatsächlich aber müssen diese Modelle die wirklichen Risiken konsequent und bewusst ausgeblendet haben, denn zumindest Anbieter der Papiere haben deren extrem toxischen Charakter gekannt (vgl. *Kothari, S. P./Lester, Rebecca* (2012), S. 346).

Das Geschäft mit den Subprime-Hypotheken florierte, weil diese sich mit großen Gewinnen verkaufen ließen und die durch Tranchierung gewonnenen Papiere deutlich höhere Marktwerte als die Objekte erreichten, auf die sich ihr Wert gründete. Schon das freilich deutet auf ineffiziente Marktpreise als Folge heterogener Information und damit auf deutlich verzerrte *fair values* hin, solange diese beobachtbar waren. Dass die *fair values* in der Aufschwungphase signifikant überhöht waren und so über bloß vorgetäuschte Gewinne sowohl die Euphorie als auch die Spekulation auf steigende Preise weiter anfachten, ergibt sich ebenfalls aus dem nicht erkennbaren Wohlfahrtseffekt sowie aus der Tatsache, dass es endlos stetig steigende Preise weder in einer effizienten Idealwelt noch in der Realität geben kann, wo alle Blasen früher oder später platzen müssen. Im Boom des Aufschwungs wurden zwar Botschaften mit angeblichen *fair values* verbreitet, dabei handelte es sich aber um Lügen, denn in den offen gelegten Werten wurde den wahren Risiken nicht Rechnung getragen.

Sobald die Blase platzt, bricht mit der zuvor scheinbar geordneten Welt auch das Vertrauen in die Marktpreise sowie in die als unbrauchbar entlarvten Vorstellungen über die Erwartungen des Markts und die zur Bewertung geeigneten Modelle zusammen. Da gerade in dieser Situation die Risiken der entzauberten Finanzinstrumente selbst bei intensivem Bemühen nicht wirklich aufgedeckt werden können – und das erst recht angesichts der Kürze der Zeit –, herrscht Orientierungslosigkeit und Misstrauen. Nicht nur die Märkte brechen darunter weitgehend zusammen, auch über die der Bewertung zugrunde zu legenden Erwartungen und Modelle gehen die Meinungen deutlich auseinander. Weder in den wenigen verbliebenen Preisen noch in dem breiten Spektrum der Schätzungen lassen sich noch verlässliche Anhaltspunkte für *fair values* ausmachen. Der früheren Lügen überführt, schweigt der Bote, statt – wie behauptet – durch Verkündung der Wahrheit Transparenz zu schaffen. Auf derart orientierungslosen Märkten kann sich Panik leicht verbreiten, zumal bei Buchwerten ohne stille Reserven jede Abwertung sofort und in voller Höhe zu Verlusten führt, die sich obendrein schwerlich vermeiden lassen, wenn Liquiditätsengpässe Verkäufe erzwingen und über den so geschaffenen Verkaufsdruck angesichts einer verunsicherten Nachfrage die Marktpreise ins Bodenlose zu sinken drohen.

Die *fair value*-Bewertung ist insgesamt also in hohem Maße mitverantwortlich vor allem für die Bildung der Blase, deren unvermeidliches Platzen die Finanzkrise erst sichtbar werden ließ. Frühzeitige Scheingewinne auf Basis der, dank heterogener Information und kollektiver Verdrängung der Risiken, überhöhten *fair values* forcierten eine Kette verantwortungsloser Geschäfte, weil diese den beteiligten Managern hohe, rasche Boni und den geköderten Schuldnern Gewinne aus ihrer fremdfinanzierten Spekulation zu bescheren versprach. Die Unmöglichkeit, nach Platzen der Blase *fair values* auch nur näherungsweise zu fassen, resultiert systematisch aus der verbreiteten Desorientierung, den vorprogrammierten Handlungszwängen bei Eintritt des Risikos und aus dem dann unvermeidlichen Chaos als den zentralen Ursachen, die bei Aufbau der Blase mit großem Einsatz sorgfältig vorbereitet wurden. Zu keinem Zeitpunkt haben *fair values* auch nur den kleinsten Beitrag zur Erfüllung der Aufgabe geleistet, die ihnen nach Ansicht ihrer Anhänger auf den Leib geschrieben ist, nämlich den Marktteilnehmern die ökonomischen Werte derjenigen *assets* aufzuzeigen, über deren Kauf oder Verkauf zu entscheiden war. Die Verantwortung für dieses Versagen der *fair values* trägt die in der Konzeption angelegte Aussichtslosigkeit einer richtigen *fair value*-Bewertung. So etwas wie Missbrauch spielt allenfalls insoweit eine Rolle, als anfänglich die Überbewertungen seitens des Markts und später die Freiräume bei der vorgeschriebenen Suche nach Phantomen dankbar genutzt wurden.

7 Ergebnis

Schon die Grundsatzentscheidung für die Priorität des Vermögens über den Erfolg im Jahresabschluss beruht auf einer Verkennung der Fakten. Mangels Kenntnis der Zukunft lässt sich zwar in der Tat vielfach nicht sagen, ob Vermögen geschaffen wurde oder nur Aufwand entstand (vgl. *Johnson, L. Todd* (2004), S. 2). Die Probleme der Trennung erfolgswirksamer von erfolgsneutralen Geschäftsvorfällen eignen sich aber nicht – wie *FASB* und *IASB* glauben – als Argumente gegen die dynamische Bilanz. Spiegelbildlich betreffen sie jede vermögensorientierte Bilanzierung ebenso. Sie haben dort sogar eine weit größere Bedeutung, weil die Nichtaktivierung immateriellen Vermögens den Erfolg nicht verfälscht, solange dessen Wert in etwa gleich bleibt. Unverständliche Posten in den damaligen Bilanzen nach US-GAAP (vgl. *Johnson, L. Todd* (2004), S. 2) im Verbund mit abwegigen Buchungen ins Eigenkapital beruhen zudem weniger auf der bösen Erfolgsorientierung als auf den unheilvollen Allianzen willfähriger *Standardsetter* mit Politik und Wirtschaftslobby.

Für das schlechte Kosten-Nutzen-Verhältnis ist freilich nicht allein das illusionäre Ziel einer perfekten Vermögensdarstellung verantwortlich. Die Fähigkeit zur

Vermittlung neuen Wissens wird auch bewusst verspielt, weil beim *fair value accounting* nur auf die dem Markt und den Wirtschaftssubjekten ohnehin vertrauten Informationen zurückgegriffen werden darf. Hinzu kommen die Ausrichtung auf irrelevante objektive Werte oder solche bei bestmöglicher Nutzung sowie mangelnde Vertrauenswürdigkeit der Zahlen angesichts der zentralen Rolle des *judgement* bei Bilanzansatz und Bewertung. Für die hohen Kosten sorgt das abseits idealer Märkte nicht willkürfrei umsetzbare Konzept der synthetischen Einzelbewertung. Um das Unmögliche scheinbar möglich zu machen, werden immer wieder neue, mit »*best use*« sogar besonders aufwendige Scheinlösungen präsentiert, die schwerlich davon ablenken können, dass nur Vermögensgesamtheiten auf *cashflow*-Basis bewertet werden können und das nicht objektiv, sondern nur spezifisch aus der Sicht eines bestimmten unternehmerischen Konzepts.

Wegen seiner ideologischen Bindung an das Wissen auf dem Markt ist das *fair value accounting* jedenfalls außerstande, die Informationsfunktion zu erfüllen. Im Idealfall effizienter Märkte und perfekter Schätzer stimmen zwar ausnahmsweise die vermittelten Inhalte, sie sind dann aber für niemanden neu und informativ. Unter realistischen Bedingungen bleibt es dabei, dass *fair value*-Bilanzen bestenfalls das auf dem Markt bereits vorhandene, durch Zufallsstörungen und Nachteile gegenüber den Internen verzerrte Wissen repetieren. Riesige Ermessensfreiräume und widersprüchliche Interessen führen obendrein zu der Gefahr, dass die *fair values* im Interesse von Management und Eignern zusätzlich bewusst verzerrt werden. Das Bild von dem Versuch, einen Eimer durch ihm selbst entnommenes Wasser zu füllen, passt zwar weiterhin, nur ist der Eimer lediglich teilweise gefüllt und das Wasser nicht nur trübe, sondern im Regelfall auch bewusst und kräftig gefärbt.

Literaturverzeichnis

Ball, Ray (2008): Don't Blame the Messenger ... or Ignore the Message, abrufbar unter: http://www.chicagobooth.edu/email/chicago_on/ShootingTheMessenger10.12.2008.pdf – Stand: 27.03.2013.

Ballwieser, Wolfgang/Küting, Karlheinz/Schildbach, Thomas (2004): Fair value – erstrebenswerter Wertansatz im Rahmen einer Reform der handelsrechtlichen Rechnungslegung?, in: BFuP 2004, S. 529–548.

Beaver, William H./Demski, Joel S. (1979): The Nature of Income Measurement, in: The Accounting Review 1979, S. 38–46.

Bhushan, Ravi/Lessard, Donald R. (1994): Coping with International Accounting Diversity: Fund Managers' Views on Disclosure, Reconciliation, and Harmonization, in: Choi, F.D.S./Levich, R. M. (Hrsg.), International Capital Markets in a World of Accounting Differences, Burr Ridge/New York 1994.

Bieg, Hartmut/Bofinger, Peter/Küting, Karlheinz/Kußmaul, Heinz/Waschbusch, Gerd/Weber, Claus-Peter (2008): Die Saarbrücker Initiative gegen den Fair Value, in: DB 2008, S. 2543–2546.

Fama, Eugene F. (1976): Foundations of Finance, New York 1976.

Gorton, Gary (2008): The Panic of 2007, abrufbar unter: http://www.kc.frb.org/publicat/sympos/2008/Gorton/.08.04.08.pdf – Stand: 31.12.2009.

IDW (2007): IDW Concept Paper, Additional Issues in Relation to a Conceptual Framework for Financial Reporting, o. O., 17.09.2007.

Johnson, L. Todd (2004): Understanding the Conceptual Framework, article from »The FASB Report«, December 28, 2004, abrufbar unter: http://www.fasb.org/articles/conceptual_framework_tfr_dec2004.pdf – Stand: 18.05.2014.

Kothari, S. P./Lester, Rebecca (2012): The Role of Accounting in the Financial Crisis: Lessons for the Future, in: Accounting Horizons 2012, S. 335–351.

Moxter, Adolf (1982): Betriebswirtschaftliche Gewinnermittlung, Tübingen 1982.

Nissim, Doron/Penman, Stephen (2008): Principles for the Application of Fair Value Accounting, ceasa White Paper Number Two, New York 2008.

Rammert, Stefan (2008): Der Solvenztest – eine unausgereifte Alternative zur Kapitalerhaltung, in: Wirtschaftsprüfung im Wandel, Herausforderungen an Wirtschaftsprüfung, Steuerberatung, Consulting und Corporate Finance, Festgabe 100 Jahre Südtreu/Deloitte 1907 bis 2007, München 2008, S. 429–449.

Schildbach, Thomas (1986): Jahresabschluß und Markt, Berlin et al., 1986.

Schildbach, Thomas (2012a): Fair value accounting und Information des Markts, in: zfbf 2012, S. 522–535.

Schildbach, Thomas (2012b): Gewinnrealisierung im Rahmen der vermögensorientierten Fair-Value-Statik, in: Bertl, Romuald/Eberhartinger, Eva/Egger, Anton/Kalss, Susanne/Lang, Michael/Nowotny, Christian/Riegler, Christian/Schuch, Josef/Staringer, Claus (Hrsg.), Gewinnrealisierung, Wiener Bilanzrechtstage 2011, S. 27–46.

Schmalenbach, Eugen (1926): Dynamische Bilanz, Wien 2011, 4. Auflage, Leipzig 1926.

Schneider, Dieter (1963): Bilanzgewinn und Ökonomische Theorie, in: ZfhF 1963, S. 457–474.

Simon, Herman Veit (1898): Die Bilanzen der Aktiengesellschaften und der Kommanditgesellschaften auf Aktien, 2. Auflage, Berlin 1898.

Goodwill impairment test – Perspektiven aus der akademischen Forschung

Prof. Dr. Thorsten Sellhorn, MBA
Institut für Rechnungswesen und Wirtschaftsprüfung
Ludwig-Maximilians-Universität, München

Katharina Hombach, M.Sc.
Wissenschaftliche Mitarbeiterin
Institut für Rechnungswesen und Wirtschaftsprüfung
Ludwig-Maximilians-Universität, München

Inhaltsverzeichnis

1	Einleitung	275
2	Forschungsansätze im Überblick	276
3	Normativ-präskriptive Forschung zur goodwill-Bilanzierung	278
4	Positiv-deskriptive Forschung zur goodwill-Bilanzierung	281
4.1	Beschreibende Forschung	281
4.1.1	Einmalige Stellschrauben	281
4.1.2	Wiederkehrende Stellschrauben	285
4.2	Hypothesenprüfende Forschung	291
4.2.1	Einflussfaktoren des Abschreibungsverhaltens	291
4.2.2	Auswirkungen des Abschreibungsverhaltens	292
5	Fazit und Ausblick	293
	Literaturverzeichnis	296

1 Einleitung

Die *goodwill*-Bilanzierung ist unter den zahlreichen kritisch diskutierten Themen der IFRS-Rechnungslegung ein Dauerbrenner. Seit der Verabschiedung von IFRS 3 »Unternehmenszusammenschlüsse« (*Business Combinations*) im Jahr 2004 reißt die Debatte um das Für und Wider des sog. *impairment-only*-Ansatzes nicht ab. Wirklich kontrovers ist diese Diskussion letzten Endes allerdings nicht, stehen doch die wenigen Fürsprecher dieser von der statischen Bilanztheorie geprägten Vorgehensweise (vgl. bspw. *Streim, Hannes/Bieker, Marcus/Hackenberger, Jens/Lenz, Thomas* (2007)) einer übermächtigen Vielzahl von Kritikern gegenüber (darunter z.B. *Küting, Karlheinz* (2012)).

Die *Deutsche Prüfstelle für Rechnungslegung* (DPR) hebt diese Thematik in ihren Tätigkeitsberichten seit jeher als besonders fehleranfällig hervor (vgl. hierzu auch *DPR* (2013)). Auch die *European Securities and Markets Authority* (*ESMA*), welche das *enforcement* der IFRS EU-weit koordiniert, führt das »*Impairment of non-financial assets*« an erster Stelle ihrer Prioritätenliste für 2013 (vgl. *ESMA* (2013)). Schließlich ist selbst das *International Accounting Standards Board* (*IASB*) in der Retrospektive mit seiner damaligen Schöpfung nicht mehr uneingeschränkt zufrieden. Der Vorsitzende *Hoogervorst* stellte im Juni 2012 ein Überdenken des *impairment-only*-Ansatzes in Aussicht: »*In practice, these [goodwill] impairment tests do not always seem to be done with sufficient rigour. Often, share prices reflect the impairment before the company records it on the balance sheet. In other words, the impairment test comes too late. All in all, it might be a good idea if we took another look at goodwill in the context of the post-implementation review of IFRS 3 Business Combinations*« (*Hoogervorst, Hans* (2012)). Trotz aller Kritik am *impairment-only*-Ansatz ist jedoch auch umstritten, inwiefern geäußerte Alternativvorschläge – insbesondere die planmäßige Abschreibung – den Informationszweck der IFRS-Rechnungslegung besser erfüllen können und von den Marktteilnehmern präferiert werden.

Vor diesem Hintergrund beleuchtet der vorliegende Beitrag den *goodwill impairment test* aus der Perspektive der akademischen Rechnungslegungsforschung und geht dabei wie folgt vor: Kapitel 2 bietet einen kurzen Überblick über einschlägige Forschungsansätze. Kapitel 3 resümiert Aussagen zur *goodwill*-Bilanzierung aus der normativ-präskriptiven Forschung, die insbesondere das deutschsprachige Schrifttum seit vielen Jahren prägt. In Kapitel 4 kommen Vertreter der positiv-deskriptiven (empirischen) Forschung zu Wort. Im ersten Teil geht es dabei beschreibend um Ermessensspielräume des *goodwill impairment test* nach IAS 36 und deren praktische Ausübung in den 2012er IFRS-Abschlüssen der DAX 30-Konzerne. Der zweite Teil stellt kapitalmarkt-empirische Studien dar, die theoriegestützte Hypothesen zu den Einflussfaktoren und ökonomischen Auswirkungen der *goodwill*-Bilanzierung überprüfen. Kapitel 5 diskutiert die Rolle der Forschung in der Rechnungslegungsregulierung und schließt den Beitrag mit Reformvorschlägen für die *goodwill*-Bilanzierung sowie einem Ausblick.

2 Forschungsansätze im Überblick

Abbildung 1 zeigt eine mögliche Systematisierung bestehender Forschungsansätze zur *goodwill*-Bilanzierung. Normativ-präskriptive Studien streben die Ableitung von Sollensaussagen hinsichtlich der Frage an, was »gute« *goodwill*-Bilanzierung ausmacht. Hieraus werden häufig Handlungsempfehlungen an Bilanzierer (z. B. hinsichtlich der Auslegung bestehender Normen und der Ausübung von Ermessensspielräumen) bzw. Regulierer der Rechnungslegung (z. B. wo bestehende Normen den normativen Beurteilungsmaßstäben nicht genügen) abgeleitet. Die normativ-präskriptive Forschung geht hierbei entweder verbal-argumentativ oder modelltheoretisch vor. Der erstgenannte Literaturstrang untersucht, inwieweit bestehende Regeln zur *goodwill*-Bilanzierung zweckadäquat sind, d. h. der allgemeinen Zielsetzung der Rechnungslegung entsprechen. Für gewöhnlich wird hierbei auf die im Rahmenkonzept des *IASB* als Zielsetzung verankerte Vermittlung entscheidungsnützlicher Informationen abgestellt (vgl. hierzu auch *Streim, Hannes/Bieker, Marcus/Hackenberger, Jens/Lenz, Thomas* (2007), S. 21 ff.; *Lienau, Achim/Zülch, Henning* (2006)). Im Rahmen der modelltheoretischen Forschung steht die Ermittlung optimaler Regeln zur *goodwill*-Bilanzierung im Vordergrund, wobei eine zu optimierende Zielfunktion zu definieren ist und Annahmen insbesondere über das (rationale) Verhalten der beteiligten Parteien (z. B. der bilanzierenden Manager und der Investoren) getroffen werden (vgl. beispielhaft die Herleitung optimaler *impairment*-Regeln bei Fremdfinanzierung unter Unsicherheit bei *Göx, Robert/Wagenhofer, Alfred* (2009)).

Normativ-präskriptiv		Positiv-deskriptiv	
Verbal-argumentativ	Modell-theoretisch	Beschreibend	Hypothesenprüfend
Forschungsfragen (z.B.)			
Welche Regeln zur *goodwill*-Bilanzierung setzen die Zielsetzung(en) der Rechnungslegung adäquat um?	Welche Regeln führen (unter bestimmten Annahmen) zu »optimaler« *goodwill*-Bilanzierung?	Wie häufig und in welcher Höhe treten *goodwill impairments* in der Praxis auf? Welche Parameter verwendet die Praxis für den *goodwill impairment test*?	Lassen sich *goodwill impairments* empirisch mit ökonomischen Faktoren und/oder bilanzpolitischen Anreizen erklären? Wie reagiert der Markt auf *goodwill impairments*?

Abbildung 1: Forschungsansätze zur *goodwill*-Bilanzierung

Die normativ-präskriptive Rechnungslegungsforschung ist in der Praxis stark nachgefragt, denn Praktiker versprechen sich von ihren Vertretern klare Handlungsempfehlungen bzw. Rechtfertigungen für zu wählende Vorgehensweisen, die, sofern Hochschullehrer die Urheber der Forschungsergebnisse sind, gemeinhin als neutral gelten. Als Nachteil dieses Ansatzes ist jedoch zu berücksichtigen, dass die Aussagen i. d. R. nicht auf empirisch beobachtbare Daten gestützt und stark von den (Modell-) Annahmen des Forschers (z. B. über die Zielsetzung der Rechnungslegung oder das Verhalten der Marktteilnehmer) abhängig sind.

Vertreter positiv-deskriptiver Forschungsansätze halten sich hingegen mit Sollensaussagen eher zurück und versuchen stattdessen, die Rechnungslegungsrealität und die sie prägenden Zusammenhänge zu beschreiben, zu erklären und zu prognostizieren. Allenfalls unter Rückgriff auf anderswo (z. B. durch Regulierer oder in der Unternehmenspraxis) formulierte Zielsetzungen sind positiv-deskriptive Forscher bereit, Ziel-Mittel-Relationen aus beobachteten Ursache-Wirkungs-Beziehungen abzuleiten (vgl. etwa *Mattessich, Richard* (1995)). Dieser Forschungsstrang geht i. d. R. empirisch vor, sei es durch direkte Beobachtung über Fall- bzw. Feldstudien, Befragungen und kontrollierte Laborexperimente oder durch Auswertung von Sekundärdaten, die aus kommerziellen Kapitalmarkt- und Rechnungslegungsdatenbanken stammen oder eigens etwa aus Geschäftsberichten erhoben werden.

Im Rahmen der positiv-deskriptiven Forschung (vgl. Abbildung 2) lassen sich beschreibende von hypothesenprüfenden Ansätzen unterscheiden, wobei einzelne Studien häufig beide Ansätze simultan verfolgen.

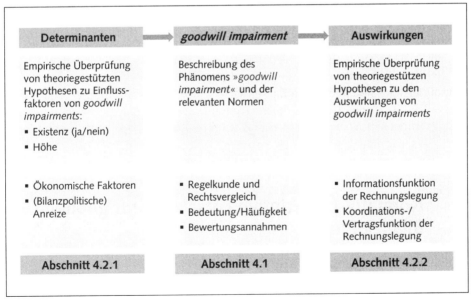

Abbildung 2: Positiv-deskriptive Forschung zum *goodwill impairment*

Die beschreibende Forschung versucht, ein interessierendes (Rechnungslegungs-) Phänomen in seinen rechtlichen und ökonomischen Dimensionen zu charakterisieren. Auf dem Gebiet der *goodwill*-Bilanzierung sind bspw. die einschlägigen (Rechts-) Normen dar- und ggf. im Rechtsvergleich einander gegenüberzustellen. Zudem ist die ökonomische Bedeutung des Phänomens *goodwill* anhand von Daten einzuschätzen, z. B. hinsichtlich der absoluten und relativen Bedeutung des *goodwill* und seiner Abschreibungsbeträge in einer relevanten Unternehmensstichprobe (so bspw. ausführlich in *Küting, Karlheinz* (2006 bis 2013)). Schließlich interessiert, sofern empirisch beobachtbar, wie die Unternehmenspraxis bestehende Ermessensspielräume bei der *goodwill*-Bilanzierung nutzt, z. B. welche Bewertungsparameter i. R. d. *goodwill impairment test* zur Anwendung kommen.

Die hypothesenprüfende Forschung rückt demgegenüber empirische Tests theoriegestützter Vorhersagen in das Zentrum der Betrachtung. Diese Hypothesen lassen sich im Wesentlichen in zwei Gruppen unterteilen: Zum einen betreffen sie die Einflussfaktoren (oder Determinanten) des interessierenden Phänomens (also etwa von *goodwill impairments*), zum anderen stehen die (ökonomischen) Auswirkungen ebendieses Phänomens im Mittelpunkt des Interesses. Wohl auf Grund der stärkeren Fokussierung auf öffentliche Kapitalmärkte und (historisch) größerer Datenverfügbarkeit ist die positiv-deskriptive Forschung traditionell anglo-amerikanisch geprägt, sie findet mittlerweile aber auch anderswo zunehmend Verbreitung.

Die Unternehmens- und Regulierungspraxis weiß mit den Forschungsfragen und -ergebnissen der positiv-deskriptiven Forschung (nicht nur) zur *goodwill*-Bilanzierung regelmäßig eher wenig anzufangen. Zwar taugen die gewonnenen empirischen Erkenntnisse ggf. zum *benchmarking* oder dazu, die Auswirkungen getroffener Ermessensentscheidung abzuschätzen, aber nur in Ausnahmefällen und unter bestimmten Annahmen können aus den empirischen Studien eindeutige und belastbare Sollensaussagen abgeleitet werden, die sich etwa lobbyistischem Druck, Wirtschaftsprüfern oder der *DPR* entgegenhalten ließen. Dies liegt u. a. an der eingeschränkten kausalen Interpretierbarkeit vieler empirisch beobachtbarer Relationen; eine solche ist jedoch Grundvoraussetzung für eine »technologische« Umdeutung einer empirischen Assoziation in eine Ziel-Mittel-Relation (vgl. auch Kapitel 5).

3 Normativ-präskriptive Forschung zur goodwill-Bilanzierung

In diesem Kapitel kommen vor allem die Kritiker des *impairment-only*-Ansatzes zu Wort. Als Ausgangspunkt wird hier die normative Rechtfertigung dieses Ansatzes, gewissermaßen die »Regulierungsbegründung« durch das *IASB*, die sich der *Basis for Conclusions* zu IAS 36 entnehmen lässt, gewählt. Hierin hatte das *IASB* insbesondere zu erläutern, warum es sich nicht für die ebenfalls erörterte und von zahlreichen Kommentatoren favorisierte Methode der planmäßigen Abschreibung des *goodwill* über dessen erwartete Nutzungsdauer entschieden hatte: »Der Board stellte fest, dass die Nutzungsdauer von erworbenem Geschäfts- oder Firmenwert und der Verlauf von dessen Abnahme nicht vorhersehbar sind, seine planmäßige Abschreibung jedoch auf solchen Prognosen beruht. Infolgedessen kann der in einer bestimmten Periode planmäßig abgeschriebene Betrag bestenfalls als willkürliche Schätzung des in diesem Zeitraum verbrauchten erworbenen Geschäfts- oder Firmenwerts bezeichnet werden« (IAS 36.BC131E). Hieraus schlussfolgert das *IASB*, »dass die planmäßige lineare Abschreibung von Geschäfts- oder Firmenwert über einen willkürlichen Zeitraum keine nützlichen Informationen vermittelt« und wies an gleicher Stelle darauf hin, dass diese Sichtweise sowohl durch Erfahrungswerte als auch wissenschaftliche Erkenntnisse gestützt wird.

Trotz dieser Überlegungen zur Vorteilhaftigkeit gegenüber der planmäßigen Abschreibung wird der *impairment-only*-Ansatz in der Literatur überwiegend kritisch gesehen. Die Diskussion lässt sich in zweierlei Hinsicht systematisieren: Zum einen wird diese Vorgehensweise konzeptionell wie folgt kritisiert:

- Fehlende Gegenüberstellung der Aufwendungen, die sich aus dem »Verbrauch« des *goodwill* über den Zeitablauf ergeben, mit den korrespondierenden Erträgen (»*matching*«), und die sich daraus ergebende Inkonsistenz mit der Behandlung von Vermögenswerten mit bestimmter Nutzungsdauer (IAS 36.BC131D (b)).
- Mangelnde Objektivierbarkeit und Durchsetzbarkeit aufgrund bestehender Ermessensspielräume bei der Bestimmung der Höhe sowie des Zeitpunkts eines *impairment* (vgl. *Hoogervorst, Hans* (2012) sowie Kapitel 4).
- Inkonsistenzen, die sich aus dem Aktivierungsverbot für den originären *goodwill* ergeben. Dieses macht zum einen einen vollständigen Vermögensausweis i. S. d. statischen Bilanztheorie von vornherein unmöglich (vgl. *Brösel, Gerrit* (2008), S. 248 m. w. N.), zum anderen kann es aber i. V. m. ausbleibenden regelmäßigen Abschreibungen beim derivativen *goodwill* dazu führen, dass dieser im Zeitablauf im Rahmen einer »*backdoor capitalization*« durch einen originären *goodwill* substituiert wird (IAS 36.BC131D (a)).

Zum anderen werden verschiedene Alternativen befürwortet, die in Vorschläge zur Erst- und Folgebewertung unterteilt werden können und in Abbildung 3 systematisch dargestellt werden.

Vergegenwärtigt man sich hinsichtlich der Erstbewertung die vereinfachte Buchung eines Unternehmenszusammenschlusses, bei dem eine Kaufpreisprämie über den beizulegenden Zeitwert des (anteiligen) übernommenen Nettovermögens hinaus bezahlt wird, so wird deutlich, dass in Höhe dieses Unterschiedsbetrags eine Soll-Buchung erforderlich ist. Neben der gegenwärtig geforderten Aktivmehrung durch Einbuchung des *goodwill* sind zwei weitere Buchungsmöglichkeiten theoretisch denkbar:

	Aktivierung			Nicht-Aktivierung	
Erst-bewertung	Ansatz als Vermögenswert			GuV-wirksam	GuV-neutral
Folgebewertung	*impairment-only*-Ansatz		Planmäßige Abschreibung		
	Wertaufholung zulässig	Wertaufholung verboten	Bestimmung der Nutzungsdauer durch Unternehmen	Einheitlich festgelegte Nutzungsdauer	

Abbildung 3: Alternative Ansätze zur *goodwill*-Bilanzierung

1. **Eigenkapitalminderung**: Diese Bilanzierungsalternative, vor der BilMoG-Reform im HGB durch Verrechnung mit den Rücklagen zulässig (vgl. § 309 Abs. 1 Satz 3 HGB a. F.), suggeriert eine Wertvernichtung durch Zahlung einer Kaufpreisprämie, für die der Erwerber keinen Gegenwert erhält. Sie wird regelmäßig mit dem (schwierig belegbaren) Hinweis gefordert, dass die erfolgsneutrale Eigenkapitalverrechnung des Unterschiedsbetrags (in der IFRS-Welt würde sich das *other comprehensive income* (OCI) anbieten) der bilanzanalytischen Vorgehensweise einer Mehrzahl der Rechnungslegungsadressaten entspreche (vgl. hierzu etwa *Leibfried, Peter* (2010)). Unter der Annahme, dass die Parteien eines Unternehmenszusammenschlusses, also der Erwerber und die Anteilseigner des erworbenen Unternehmens, i. R. d. Transaktion äquivalente Werte austauschen, ist diese Vorgehensweise jedoch mit der zurzeit vorherrschenden statischen bilanztheoretischen Sichtweise des *IASB* nicht vereinbar.
2. **Aufwand**: Die GuV-wirksame Verrechnung des Unterschiedsbetrags wird ganz analog begründet; hier sei die Wertvernichtung durch Überzahlung jedoch im aktuellen Jahr verursacht und zudem als Teil des Performancemaßes »Gewinn/Verlust« in der traditionellen GuV zu erfassen. Auch diese Vorgehensweise, vor der BilMoG-Reform im HGB ebenfalls in Form des Ansatzwahlrechts für den derivativen *goodwill* zulässig (vgl. § 255 Abs. 4 Satz 1 HGB a. F.), hat nach wie vor ihre Anhänger (vgl. *Brösel, Gerrit* (2008), S. 248 m.w. N.).

Die am häufigsten vorgeschlagene Alternative für die Folgebewertung eines aktivierten *goodwill* ist die planmäßige Abschreibung (theoretisch denkbar ist analog zu dieser GuV-wirksamen Amortisation eine planmäßige, ratierliche Verrechnung mit dem Eigenkapital bzw. Abschreibung über das OCI). Gründe dafür liegen in den geringeren Kosten für die Ersteller (vgl. IAS 36.BC131D(c)), der verbesserten Gegenüberstellung von Aufwendungen und Erträgen (*matching*) sowie der Einschränkung von Ermessensspielräumen durch »automatisierte« Entfernung des *goodwill* aus der Bilanz. Je nach Bestimmung der zu Grunde zu legenden Nutzungsdauer bieten sich hier zwei

Alternativen an. Zum einen ist die Festlegung der erwarteten ökonomischen Nutzungsdauer des *goodwill* durch das Unternehmen denkbar, wie sie auch bei anderen Vermögenswerten erfolgt (vgl. IAS 36.BC131D(b)). Zum anderen wird die Festsetzung eines einheitlich typisierenden Zeitraums – wie etwa im deutschen Steuerrecht (vgl. §7 Abs. 1 Satz 3 EStG) – vorgeschlagen (vgl. *Küting, Karlheinz* (2012), S. 1939).

Schließlich stellt auch die paritätische Folgebewertung zum beizulegenden Zeitwert eine mit der statischen Bilanztheorie vereinbare Alternative zum gegenwärtigen *impairment-only*-Ansatz dar. Aufgrund der Schwierigkeiten bei der Bestimmung eines solchen Wertmaßstabs für den *goodwill* dürfte dieser Ansatz jedoch regelmäßig an die Grenzen der praktischen Umsetzbarkeit stoßen. In abgeschwächter Form wird daher nicht die vollumfängliche Folgebewertung zum *fair value*, sondern lediglich die Abschaffung des derzeit geltenden Wertaufholungsverbots für den *goodwill* vorgeschlagen (vgl. *Streim, Hannes/Bieker, Marcus/Hackenberger, Jens/Lenz, Thomas* (2007), S. 26 f.).

4 Positiv-deskriptive Forschung zur goodwill-Bilanzierung

4.1 Beschreibende Forschung

Im Rahmen der beschreibenden Forschung zur *goodwill*-Bilanzierung werden die einschlägigen Normen dargestellt und kommentiert. Einzelne Autoren erheben zusätzlich empirische Daten zur Anwendung dieser Normen in der Praxis. In diesem Abschnitt stehen zunächst ermessensbehaftete Aspekte – sog. »Stellschrauben« – der IFRS zur *goodwill*-Bilanzierung im Vordergrund. Anschließend wird – soweit anhand der verfügbaren Daten möglich – ihre Umsetzung in den 2012er Geschäftsberichten der DAX 30-Konzerne dargestellt. Die nachfolgenden Ausführungen sind dabei gegliedert in einmalig nutzbare sowie wiederkehrend verfügbare Spielräume i. R. d. *goodwill impairment test*.

4.1.1 Einmalige Stellschrauben

Zunächst werden solche Parameter aufgezeigt, deren Bestimmung einmalig im Erwerbszeitpunkt bzw. bei Erstanwendung des Standards erfolgt und somit der eigentlichen, jährlich durchzuführenden Werthaltigkeitsprüfung vorgelagert ist. Sie umfassen:
- die Festlegung zahlungsmittelgenerierender Einheiten (ZGE) im Konzern,
- die Bestimmung des *goodwill* i. R. d. Kaufpreisallokation sowie
- dessen Zuordnung zu einzelnen ZGE oder Gruppen von ZGE im Erwerbszeitpunkt.

Eine ZGE stellt »die kleinste identifizierbare Gruppe von Vermögenswerten, die Mittelzuflüsse erzeugt, die weitgehend unabhängig von den Mittelzuflüssen anderer Vermögenswerte oder anderer Gruppen von Vermögenswerten sind« (IAS 36.3), dar. Im Folgenden schließt der Begriff der ZGE ggf. Gruppen von ZGE mit ein. Die Bildung einer ZGE erfolgt *bottom-up* (»kleinste«) und hat damit auf der hierarchisch niedrigsten Ebene zu erfolgen, auf der unabhängige *cash flows* identifiziert werden können (so auch IAS 36.BCZ115). Bei der Identifikation der unabhängigen Mittelzuflüsse lässt der Standard den Bilanzierenden weite Spielräume und stellt u. a. auf die bei der Entscheidungsfindung der Unternehmensführung verwendeten Informationen ab. Entsprechend reicht die Palette möglicher Merkmale zur Abgrenzung von ZGE von Produktlinien bis hin zu Regionen (vgl. IAS 36.69). Die Abgrenzung der ZGE ist grundsätzlich stetig auszuüben; gerechtfertigte Änderungen sind jedoch möglich (vgl. IAS 36.72). Die Implikationen der so erfolgten Abgrenzung der ZGE für die *goodwill*-Bilanzierung sind lediglich mittelbar, denn nicht jeder ZGE ist notwendigerweise auch ein *goodwill* zugeordnet. Vielmehr bestehen spezielle Vorschriften zur Allokation des *goodwill* auf die ZGE im Konzern (s. u.).

Bevor ein *goodwill* einzelnen ZGE zugeordnet werden kann, ist dieser i. R. d. Kaufpreisallokation zunächst zu bestimmen. Der *goodwill* ist hierbei als Unterschiedsbetrag zwischen dem neubewerteten anteiligen Eigenkapital (inkl. stiller Reserven und Lasten sowie bislang nicht angesetzter identifizierbarer immaterieller Vermögenswerte) des erworbenen Unternehmens und den Kaufpreisbestandteilen (inkl. einer bereits vorhandenen neubewerteten Beteiligung sowie nicht-beherrschenden Anteilen) zu aktivieren (vgl. IFRS 3.32). Bereits im Rahmen dieses Vorgangs kann das Risiko späterer Wertminderungen durch eine möglichst umfangreiche Zuordnung des Kaufpreises auf identifizierbare Vermögenswerte und Schulden verringert werden (vgl. bspw. *Ott, Christian/Günther, Thomas* (2011)).

Nach Abschluss der Kaufpreisallokation ist der entstandene *goodwill* den einzelnen ZGE zuzuordnen. Diese Zuordnung erfolgt nach Maßgabe der aus dem Unternehmenszusammenschluss erwarteten Synergien und damit formell unabhängig von der Zuordnung anderer erworbener Vermögenswerte und Schulden auf die ZGE (vgl. IAS 36.80). Ein konkreter Verteilungsmaßstab für die Allokation des *goodwill* wird durch den Standard nicht aufgezeigt (vgl. ausführlich *Moser, Ulrich/Hüttche, Tobias* (2010), S. 525 ff.). Es besteht daher zumindest potenziell die Möglichkeit zur ermessensbehafteten Zuordnung des *goodwill* auf weniger »*impairment*-gefährdete« ZGE mit höherem originären *goodwill*, womit die Wahrscheinlichkeit einer späteren Wertminderung vermindert werden kann (vgl. *Pellens, Bernhard/Sellhorn, Thorsten* (2001), S. 1685). Dies trifft umso mehr zu, wenn für die Zwecke des *impairment test* möglichst hoch aggregierte Bewertungseinheiten gebildet werden. Der Standard schreibt für die Zwecke des *goodwill impairment test* – anders als für die Bildung der ZGE im Konzern – eine Untergrenze vor: Der *goodwill* ist mindestens auf der Ebene auf Wertminderung zu überprüfen, auf der er intern überwacht wird (vgl. IAS 36.80(a)). Die Obergrenze bildet das operative Segment gem. IFRS 8 (vgl. IAS 36.80(b)). Inwiefern durch diese Obergrenze wirksam vermieden wird, dass sich Wertschwankungen einzelner Vermögenswerte innerhalb der Einheit kompensieren, erscheint fraglich (vgl. kritisch *Zülch, Henning/Siggelkow, Lena* (2012), S. 385; *Haaker, Andreas/Freiberg, Jens* (2011), S. 20).

Nach Abschluss der Kaufpreisallokation und der erstmaligen Zuordnung des *goodwill* eröffnen sich schließlich weitere Spielräume bei der Reallokation des *goodwill* infolge einer Veräußerung von Geschäftsbereichen oder einer Reorganisation der Berichtsstrukturen. Hier ist der bestehende *goodwill* gemäß IAS 36.86 bzw. IAS 36.87 grundsätzlich gemäß der relativen Werte der betroffenen ZGE vor der Veräußerung bzw. Reorganisation neu zuzuordnen. Als Ausnahme und bei Nachweis besserer Eignung können jedoch auch alternative Verfahren gewählt werden.

Vor dem Hintergrund des durch den Standard eingeräumten Ermessensspielraums überrascht es nicht, dass sich die Praxis der Bestimmung von wesentlichen *goodwill*-tragenden ZGE bei den DAX 30-Konzernen im Geschäftsjahr 2012 heterogen gestaltet. Die entsprechende Datenerfassung wird allerdings durch uneinheitliche Angaben in den Anhängen erschwert. Insbesondere bei der Abgrenzung der ZGE und deren Darstellung unterscheiden sich die Konzerne erheblich. Abbildung 4 verdeutlicht die Spannbreite der inhaltlichen Abgrenzungskriterien für *goodwill*-tragende ZGE exemplarisch für das Geschäftsjahr 2012 der DAX 30-Konzerne. Insgesamt 11 Konzerne orientieren sich bei der Abgrenzung ihrer ZGE an den Segmenten (und damit der hierarchischen Obergrenze). Bei ebenso vielen Konzernen erfolgt die Abgrenzung der ZGE auf Basis operativer Einheiten unterhalb der Segmentebene. Sieben Konzerne definieren ihre ZGE über regionale Abgrenzungsmerkmale und bei zwei Konzernen entsprechen die ZGE rechtlichen Einheiten. Damit wird die bereits von *Leitner-Hanetseder/Rebhan* aufgezeigte Heterogenität für das Geschäftsjahr 2010 (vgl. *Leitner-Hanetseder, Susanne/Rebhan, Elisabeth* (2012)) sowie die von *Kirsch/ Koelen/Tinz* festgestellte Tendenz zur Bildung von ZGE auf hohem Aggregationsniveau bestätigt (vgl. *Kirsch, Hans-Jürgen/Koelen, Peter/Tinz, Oliver* (2008), S. 92).

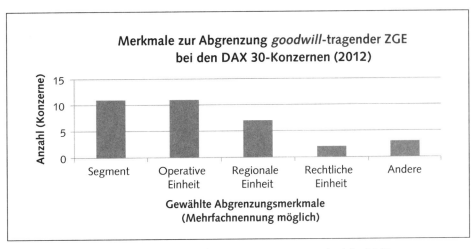

Abbildung 4: Abgrenzung der ZGE bei den DAX 30-Konzernen im Jahr 2012

Über die Abgrenzungsebene hinaus kann auch die Anzahl *goodwill*-tragender ZGE Aufschluss darüber geben, auf welchem Aggregationsniveau der *goodwill* getestet wird und inwiefern Wertschwankungen einzelner Vermögenswerte und Schulden innerhalb einer ZGE möglicherweise kompensiert werden, sodass ein *impairment* tendenziell verhindert wird. Angaben zu einzelnen ZGE sind nach IAS 36 jedoch lediglich dann erforderlich, wenn diesen ein wesentlicher *goodwill* zugeordnet ist (vgl. IAS 36.134). Durchschnittlich legen die DAX 30-Konzerne in 2012 je sieben Einheiten mit *goodwill* offen. Wie zu erwarten unterscheidet sich die Anzahl offengelegter Einheiten hierbei nach der gewählten Hierarchieebene für die ZGE-Abgrenzung. Die meisten Einheiten werden offengelegt, wenn die Abgrenzung der ZGE auf regionaler Ebene erfolgt (vgl. Abbildung 5).

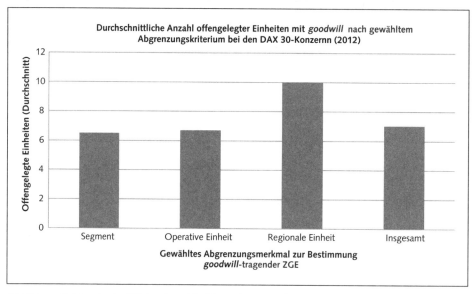

Abbildung 5: Durchschnittliche Anzahl offengelegter Einheiten mit *goodwill* nach gewähltem Abgrenzungskriterium bei den DAX 30-Konzernen in 2012

Reorganisationen der Berichtstruktur und entsprechende Neuzuordnungen des *goodwill* liegen bei insgesamt acht Unternehmen vor, von denen die Hälfte auch eine Wertminderung des *goodwill* verbucht.

4.1.2 Wiederkehrende Stellschrauben

In diesem Abschnitt werden Parameter diskutiert, die insofern wiederkehrender Natur sind, als sie jeweils i. R. d. (jährlich bzw. zusätzlich anlassbezogen durchzuführenden) *goodwill impairment test* festgelegt bzw. ausgeübt werden. Zwar wird der hierbei bestehende Ermessensspielraum durch das im Rahmenkonzept verankerte Stetigkeitsprinzip reduziert. Dieses bezieht sich aber hauptsächlich auf die Methodik, mit der Annahmen bei der Ermittlung des erzielbaren Betrags hergeleitet werden, und bindet die Unternehmen hinsichtlich vieler, ihrer Natur nach jedes Jahr neu zu bestimmender Parameter (z. B. die unten diskutierten Anhaltspunkte für *impairment* sowie Wachstumsraten und Diskontierungszinssätze) nicht.

4.1.2.1 Obligatorischer und anlassbezogener Wertminderungstest

Die Überprüfung des *goodwill* auf Werthaltigkeit hat jährlich zu erfolgen (vgl. IAS 36.10), bei entsprechenden Anhaltspunkten auch zusätzlich anlassbezogen. Als solche Anhaltspunkte (sog. *triggering events*) werden Verschlechterungen des ökonomischen und gesetzlichen Umfelds, der Marktzinssätze oder -renditen, ein die Marktkapitalisierung übersteigender Buchwert des Eigenkapitals, Pläne für die Stilllegung oder den Abgang des Vermögenswerts sowie Hinweise aus dem internen Berichtswesen auf eine Verminderung der Ertragskraft angeführt (vgl. IAS 36.12).

In den Geschäftsberichten der DAX 30-Konzerne finden sich zum einen transaktionsbezogene Gründe wie die o. g. Pläne zum Verkauf bzw. zur Stilllegung eines Vermögenswertes; hierzu zählen bspw. abgeschlossene Kaufverträge bei der *Deutschen Telekom* oder geplante Stilllegungen bei *ThyssenKrupp*. Zum anderen werden nicht-transaktionsbezogene Gründe wie ein verschlechtertes Marktumfeld (*E.ON*) oder gestiegene Renditezuschläge für Fremdkapitalkosten (*HeidelbergCement*) angeführt.

Eine den Buchwert des Eigenkapitals unterschreitende Marktkapitalisierung taucht in den Geschäftsberichten nicht explizit als Anlass für einen Werthaltigkeitstest auf (vgl. mit ähnlichen Ergebnissen auch *Ruhnke, Klaus/Canitz, Ilka* (2010) für das Geschäftsjahr 2008 bei Unternehmen des DAX, MDAX, TecDAX und SDAX). Unabhängig von der Erwähnung im Geschäftsbericht scheint diesem Indikator jedoch eine gewisse praktische Bedeutung zuzukommen: Von den sechs Unternehmen, deren Marktkapitalisierung zum Bilanzstichtag unter dem Buchwert des Eigenkapitals lag, nimmt immerhin die Hälfte auch eine *goodwill*-Wertminderung vor (vgl. Abbildung 6 – schraffierte Balken zeigen an, dass im Geschäftsjahr 2012 ein *goodwill impairment* verbucht wurde). Dies erscheint konsistent mit den Ergebnissen der Untersuchung von *Zülch/Siggelkow* die für die Geschäftsjahre 2004–2010 für Unternehmen des DAX, MDAX, TecDAX und SDAX feststellen, dass im Mittelwert das Marktwert-Buchwert-Verhältnis für Firmenjahre mit Wertminderungen geringer ausfällt als für Firmenjahre ohne Wertminderung (vgl. *Zülch, Henning/Siggelkow, Lena* (2012), S. 389).

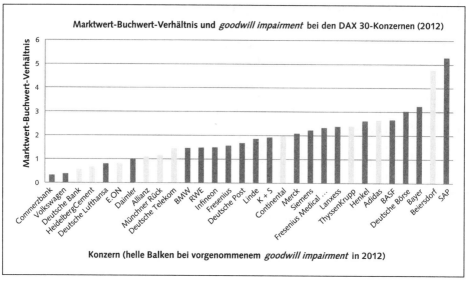

Abbildung 6: Marktwert-Buchwert-Verhältnis und *goodwill impairment* bei den DAX 30-Konzernen in 2012 (eigene Berechnungen auf Basis des XETRA-Schlusskurses zum Geschäftsjahresende; Quelle: Datastream, Geschäftsberichte)

4.1.2.2 Maßgröße zur Ermittlung des erzielbaren Betrags

Eine Wertminderung ist dann vorzunehmen, wenn der erzielbare Betrag der auf Werthaltigkeit zu prüfenden ZGE ihren Buchwert unterschreitet, wobei Buchwert und erzielbarer Betrag konsistent zueinander zu ermitteln sind (vgl. IAS 36.75). Der erzielbare Betrag ist als der höhere der beiden Beträge aus beizulegendem Zeitwert abzüglich Kosten des Abgangs (im Folgenden vereinfachend als »Nettoveräußerungswert« bezeichnet) und Nutzungswert definiert (vgl. IAS 36.18), womit dem wahrscheinlichsten Verhalten einer rational handelnden Unternehmensführung Rechnung getragen werden soll (vgl. IAS 36.BCZ23). Wenn bereits eine der beiden Maßgrößen den Buchwert der zu testenden ZGE überschreitet, liegt keine Wertminderung vor und die Ermittlung der anderen Maßgröße ist nicht notwendig (vgl. IAS 36.19).

Die tatsächliche Nutzung der beiden Maßstäbe zur Bestimmung des erzielbaren Betrags stellt sich im Geschäftsjahr 2012 für die DAX 30-Konzerne wie in Abbildung 7 gezeigt dar.

In der Mehrzahl der Fälle erfolgt die Bestimmung des erzielbaren Betrags anhand des Nutzungswerts. Bei einem Drittel der untersuchten Unternehmen werden beide Methoden verwendet und lediglich vier Unternehmen berechnen ausschließlich den Nettoveräußerungswert. Bei einem Unternehmen geht die Grundlage zur Ermittlung des erzielbaren Betrags nicht eindeutig aus dem Geschäftsbericht hervor.

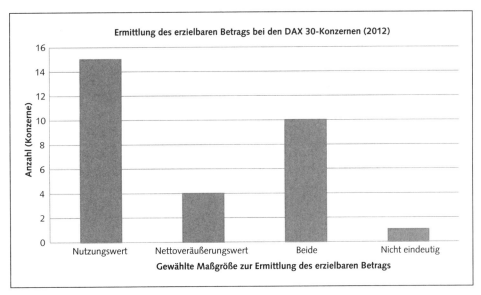

Abbildung 7: Ermittlung des erzielbaren Betrags bei den DAX 30-Konzernen in 2012

4.1.2.3 Stellschrauben bei der Ermittlung des Nettoveräußerungswerts

Konzeptionell ist der Nettoveräußerungswert als derjenige Preis zu verstehen, der bei einer (hypothetischen) gewöhnlichen Transkation am Markt zustande kommen würde (vgl. IAS 36.6; »*exit price*«). Er ist damit grundsätzlich aus externer Sicht zu ermitteln. Hierzu gibt IAS 36.25–27 (a. F.) eine Bewertungshierarchie vor, wonach vorrangig Preise zu nutzen sind, die sich aus abgeschlossenen Kaufverträgen ergeben oder auf aktiven Märkten zu beobachten sind. In Ermangelung von tatsächlichen Marktpreisen wird für die Ermittlung des Nettoveräußerungswerts (ebenso wie für den Nutzungswert) jedoch regelmäßig auf ein Barwertkalkül zurückgegriffen (vgl. zur daraus entstehenden Abgrenzungsproblematik *Kasperzak, Rainer* (2011) S. 9–12). Diese ursprünglich in IAS 36.25–27 kodifizierte sog. *fair-value*-Hierarchie, die für die in diesem Beitrag untersuchten Abschlüsse galt, wurde in Folge von IFRS 13 gestrichen (vgl. *Theile, Carsten/Pawelzik, Kai U.* (2012), S. 210–214).

(Eindeutige) Angaben zur Ermittlung des Nettoveräußerungswerts finden sich bei insgesamt neun Unternehmen; bei acht davon wird dieser (u. a.) aufgrund von Modellannahmen bestimmt. Lediglich in zwei Fällen lagen vergleichbare Transaktionen vor und nur in einem Fall konnten Preise auf aktiven Märkten herangezogen werden.

4.1.2.4 Stellschrauben bei der Ermittlung des Nutzungswerts

Im Gegensatz zur externen Perspektive bei der Ermittlung des Nettoveräußerungswerts spiegelt der Nutzungswert die interne Sichtweise des Managements wider. Er ist definiert als »Barwert der künftigen Cashflows, der voraussichtlich aus (…) einer zahlungsmittelgenerierenden Einheit abgeleitet werden kann« (IAS 36.6). Zur Objektivierung bzw. »Entsubjektivierung« (*Kasperzak, Rainer* (2011), S. 6) dieses unternehmensindividuellen Werts enthält der Standard restriktive Anforderungen für dessen Berechnung. Insbesondere sind Erweiterungsinvestitionen (vgl. IAS 36.44(a)), Restrukturierungen, zu denen das Unternehmen (noch) nicht verpflichtet ist (vgl. IAS 36.44(b)) sowie Steuer- und Finanzierungseffekte (vgl. IAS 36.50) nicht bei der Ermittlung der *cash flows* zu berücksichtigen (vgl. hierzu kritisch *Zülch, Henning/Siggelkow, Lena* (2010), S. 32). Darüber hinaus werden Vorgaben zu den bei der Ermittlung der *cash flows* zu treffenden Annahmen, zum Detailplanungszeitraum, zur anzuwendenden Wachstumsrate für die Extrapolation der *cash flows* über diesen Zeitraum hinaus sowie zum Diskontierungszinssatz gemacht, die nachfolgend näher erläutert und anhand der Bilanzierungspraxis der DAX 30-Konzerne überprüft werden. Diese Vorgaben werden jedoch nur teilweise geeignet sein, die der Unternehmensführung zur Verfügung stehenden Ermessensspielräume (bindend) einzuschränken. Auch die Möglichkeiten des Abschlussprüfers, zur Objektivierung des unternehmensindividuellen Werts beizutragen, sind beschränkt (vgl. ausführlich *Brösel, Gerrit/Zwirner, Christian* (2009)).

Bei der Ermittlung der zukünftigen *cash flows* sind »angemessene und vertretbare Annahmen« (IAS 36.33(a)) zu treffen, wobei ein größeres Gewicht auf externe im Vergleich zu internen Hinweisen und Informationsquellen zu legen ist. Lediglich ein Drittel der DAX 30-Konzerne weist in den 2012er Geschäftsberichten jedoch explizit auf die Verwendung externer Quellen, bspw. in Form von Marktstudien, bei der Bestimmung zukünftiger *cash flows* hin; bei immerhin 19 Konzernen beruhen die Schätzungen zukünftiger *cash flows* zumindest teilweise auf Erfahrungswerten der Unternehmensführung, die primär internen Charakter haben dürften.

Der Prognose der zukünftigen *cash flows* ist die jüngste vom Management genehmigte Planung zugrunde zu legen. Hierbei geht der Standard typisierend davon aus, dass aus einer solchen Planung *cash flows* für max. die nächsten fünf Jahre detailliert abzuleiten sind (vgl. IAS 36.33(b)). In begründeten Ausnahmefällen sind längere Detailplanungszeiträume möglich. Dieser Regelung entsprechend fällt der Detailplanungszeitraum zur Berechnung des Nutzungswerts 2012 lediglich bei sechs DAX-30 Unternehmen länger als fünf Jahre aus. Als Begründung für die Überschreitung werden lange Produktlebenszyklen (*Daimler*), gleichförmige und konjunkturunabhängige Geschäftsmodelle (*Fresenius* und *Fresenius Medical Care*) sowie regulatorische Vorgaben (*E.ON* und *Commerzbank*) angeführt.

Abbildung 8 stellt die Verteilung der gewählten Detailplanungszeiträume der DAX 30-Konzerne im Jahr 2012 dar. Zusätzlich werden die angegebenen Zeiträume bei der Berechnung des Nettoveräußerungswerts, sofern diese auf Basis von Bewertungsmodellen erfolgt, abgebildet. Der durchschnittliche Detailplanungszeitraum zur Berechnung des Nettoveräußerungswerts beträgt entsprechend 5,9 Jahre, verglichen mit 5,1 Jahren beim Nutzungswert. Die unterschiedlichen Planungszeiträume sind mit den strengeren Vorgaben zur Berechnung des Nutzungswerts konsistent.

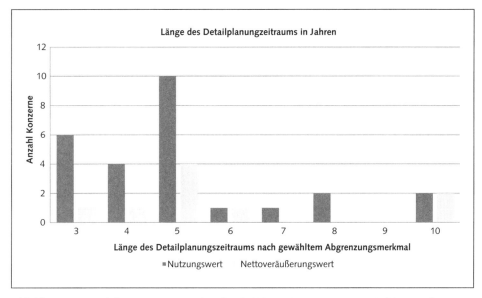

Abbildung 8: Detailplanungszeitraum bei den DAX 30-Konzernen in 2012 (Verwendung von Durchschnittswerten bei Angabe von Zeitspannen)

Für die *cash flow*-Prognosen jenseits des Detailplanungszeitraums ist grundsätzlich eine gleichbleibende Wachstumsrate zu wählen, die die langfristige Durchschnittswachstumsrate nicht übersteigt (vgl. IAS 36.33(c)). Wieder sind gerechtfertigte Ausnahmen in Form steigender oder höherer Wachstumsraten möglich. Eine steigende Wachstumsrate findet sich in keinem der untersuchten Geschäftsberichte. In der Regel werden unterschiedliche Wachstumsraten für die einzelnen ZGE eines Konzerns verwendet, sodass die DAX 30-Unternehmen in ihren Geschäftsberichten diesbzgl. hauptsächlich Spannweiten angeben. Die durchschnittlich als maximal angegebene Wachstumsrate (ohne *HeidelbergCement*, s. u.) beträgt 2,1 %; die minimal angewandte Wachstumsrate liegt im Schnitt bei 1,6 %. Dabei berücksichtigen insgesamt drei Unternehmen keinerlei Wachstum im Residualwert ihrer *cash flows*, ein Unternehmen geht sogar von einem negativen Wachstum (-2 %) aus. Ein Drittel der Konzerne verwendet für zumindest eine ZGE Wachstumsraten von über 2,5 %. Diese beziehen sich jedoch hauptsächlich auf ZGE in Wachstumsregionen (7,5 % bei *HeidelbergCement* für Afrika-Mittelmeerraum, 4 % bei *Fresenius Medical Care* für Lateinamerika und Asien-Pazifik, 3,5 % bei *E.ON* für Russland, 3 % bei der *Allianz* für Lateinamerika und Asien-Pazifik) oder vergleichsweise dynamische Geschäftsfelder (3,4 % bei *SAP* für *cloud*-Anwendungen, 2,9 % bei *Bayer* für *CropScience*, 2,8 % bei *Merck* für *Millipore*). Erwähnenswert scheint allerdings die Annahme eines nachhaltigen Umsatzwachstums von 4,1 % bei der *Deutschen Lufthansa* und ihren Regionalpartnern sowie einer Wachstumsrate von 3,6 % bei der *Deutschen Bank*. Letztere setzt sich angabegemäß aus Bruttoinlandsprodukt und Inflationsrate zusammen. Insgesamt wirken die gewählten Wachstumsraten jedoch vor dem Hintergrund einer jährlichen Inflationsrate des Euroraums i. H. v. 2,2 % per Dezember 2012 (vgl. *Eurostat* (2013)) moderat und weisen unternehmensübergreifend – mit Ausnahme der oben beschriebenen Einzelfälle – eine hohe Homogenität auf.

Die letzte diesbzgl. darzustellende Stellschraube besteht in der Wahl eines »angemessenen Abzinsungssatzes« (IAS 36.31(b)). Dieser ist vor Steuern festzulegen und hat neben dem Zinseffekt auch die speziellen Risiken der ZGE (sofern nicht schon in den *cash flow*-Prognosen berücksichtigt) aus Sicht eines Marktteilnehmers widerzuspiegeln (vgl. IAS 36.55). Im Gegensatz zu den auf Einschätzungen des Managements beruhenden Schätzungen der *cash flows* (wenngleich auch hierbei externe Hinweise besonders zu berücksichtigen sind, s. o.) schreibt der Standard damit die Festsetzung des Kapitalisierungszinssatzes grundsätzlich aus externer Sicht vor. Ein solcher Zinssatz ist primär aus gegenwärtigen Markttransaktionen abzuleiten (vgl. IAS 36.56). Wenn dies nicht möglich ist, sind Ersatzfaktoren zu Hilfe zu nehmen (vgl. IAS 36.57). In der Praxis wird hierzu regelmäßig auf die (unternehmensspezifischen) gewichteten Gesamtkapitalkosten zurückgegriffen (vgl. *Pilhofer, Jochen/Bösser, Jörg* (2011), S. 221). Diese berücksichtigen jedoch regelmäßig Steuereffekte, sodass im Standard nicht genauer umschriebene Anpassungen vorzunehmen sind, »um einen Zinssatz vor Steuern widerzuspiegeln« (IAS 36.A20; vgl. zu den sich hieraus ergebenden Problemen in der Praxis *Zwirner, Christian/Mugler, Jörg* (2011), S. 159).

In den Geschäftsberichten der DAX 30-Konzerne wird der unternehmensübergreifende Vergleich der Diskontierungssätze dadurch erschwert, dass die Unternehmen uneinheitlich Vor- und Nachsteuersätze ausweisen. 17 Unternehmen weisen einen Kapitalisierungssatz vor Steuern aus, wobei die gewählten Zinssätze zwischen 4,9 % und 18,8 % beträchtlich schwanken und damit in etwa der Spannweite früherer Studien entsprechen (vgl. *Zwirner, Christian/Zimney, Gregor* (2013), S. 25; *Wulf, Inge/Hartmann, Haucke-Frederik* (2013), S. 596).

Insgesamt lässt sich festhalten, dass die »Stellschrauben« der *goodwill*-Bilanzierung bei den DAX 30-Konzernen im Geschäftsjahr 2012 unterschiedlich genutzt werden. Die diesbzgl. Transparenz und Vergleichbarkeit wird durch teilweise knappe und uneinheitliche Anhangangaben erschwert (vgl. auch *Ruhnke, Klaus/Schmidt, Stefan* (2013)). Insbesondere die Abgrenzungskriterien zur Bestimmung von ZGE sowie die entsprechende Zuordnung des *goodwill* ist für externe Adressaten regelmäßig schwer nachvollziehbar. Auch die Ermittlung des Nutzungswerts bleibt trotz der restriktiven Vorgaben des Standards notwendigerweise unternehmensindividuell und damit subjektiv, insbesondere da von den quantitativen Vorgaben des Standards für den Detailplanungszeitraum und die Wachstumsrate in begründeten Ausnahmefällen abgewichen werden kann.

Eine Aussage darüber, inwiefern die oben aufgezeigten Ermessensspielräume opportunistisch ausgeübt werden und inwiefern sie zur Vermittlung von entscheidungsnützlichen Informationen genutzt werden, kann aufgrund der geringen Stichprobengröße und der Beschränkung der Untersuchung auf ein Geschäftsjahr nicht getroffen werden. Diese Fragestellung ist Gegenstand hypothesenprüfender Untersuchungen, die im nachfolgenden Abschnitt dargestellt werden.

4.2 Hypothesenprüfende Forschung

Der in den IFRS und den US-GAAP nahezu zeitgleich eingeführte *impairment-only*-Ansatz für den *goodwill* ist in der hypothesenprüfenden (empirischen) Rechnungslegungsforschung auf nachhaltiges Interesse gestoßen. Zwei zentrale Forschungsfragen, die in den einzelnen Studien teils separat und teils gemeinsam untersucht werden, werden im Folgenden näher betrachtet:
1. Welche Einflussfaktoren (Determinanten) erklären das beobachtete *goodwill*-Abschreibungsverhalten, d. h. Vorkommen und Höhe eines *goodwill impairment*?
2. Welche Auswirkungen (Konsequenzen) des *goodwill*-Abschreibungsverhaltens, die sich aus den unterschiedlichen Zwecksetzungen der Rechnungslegung (Informationsfunktion und Koordinationsfunktion) ergeben können, lassen sich beobachten?

4.2.1 Einflussfaktoren des Abschreibungsverhaltens

Angesichts der in Kapitel 3 beschriebenen kontroversen Debatte sowie der in Abschnitt 4.1 diskutierten Ermessensspielräume liegt die Frage nahe, ob der *impairment-only*-Ansatz für den *goodwill* »funktioniert«. Hierfür spräche der empirische Nachweis, dass das beobachtete *goodwill*-Abschreibungsverhalten (also das Vorkommen bzw. Ausbleiben eines *goodwill impairment* sowie dessen Höhe) sich mit denjenigen ökonomischen Faktoren erklären lässt, die IAS 36 als Anhaltspunkte (*triggering events*) für den *goodwill impairment test* festlegt.

Umgekehrt wäre es für die Frage der Zielerreichung von IAS 36 u. U. bedenklich, wenn statistisch signifikante Zusammenhänge zwischen dem beobachteten *goodwill*-Abschreibungsverhalten und Faktoren, die bilanzpolitische Anreize widerspiegeln, bestünden. Diese Anreize können sich zum einen aus der Informations- (z. B. Vermeidung von *impairments* zur Beeinflussung der Kapitalmarktakteure) und zum anderen aus der Koordinationsfunktion der Rechnungslegung (z. B. strategische Bildung stiller Reserven zur opportunistischen Beeinflussung zukünftiger gewinnabhängiger Bonuszahlungen) ergeben.

Die meisten der diesbezüglichen empirischen Studien nutzen US-amerikanische Daten, was u. a. der Größe des dortigen Kapitalmarkts und der Verfügbarkeit entsprechender Daten geschuldet ist. Die vielfach zur Anwendung kommende empirische Vorgehensweise beruht im Wesentlichen auf (i. d. R. multivariaten) Regressionsanalysen, in denen das beobachtete *goodwill*-Abschreibungsverhalten (Vorkommen und/oder Höhe) als abhängige Variable mit Maßgrößen für ökonomische Faktoren und bilanzpolitische Anreize in Beziehung gesetzt wird. Statistisch signifikante Regressionskoeffizienten werden als Hinweis auf den Erklärungsgehalt der betreffenden Variablen interpretiert.

Die Ergebnisse dieses Forschungszweigs sind uneinheitlich und variieren u. a. über Länder und Untersuchungszeiträume hinweg. Es finden sich sowohl Hinweise darauf, dass ökonomische Faktoren, wenn auch teilweise verzögert (vgl. hierzu auch *Hayn, Carla/Hughes, Patricia* (2006)), das *goodwill*-Abschreibungsverhalten signifikant beeinflussen (vgl. hierzu auch *Godfrey, Jayne/Koh, Ping-Sheng* (2009); *Jarva, Henry* (2009); *Sellhorn, Thorsten* (2004)), als auch darauf, dass bilanzpolitische Anreize dabei eine bedeutende Rolle spielen, was opportunistisches Verhalten suggeriert (vgl. hierzu auch *Beatty, Anne/Weber, Joseph* (2006); *Li, Zining/Shroll, Pervin/Venkataraman, Ranjopal/Zhang, Ivy* (2011); *Ramanna, Karthik/Watts, Ross* (2012); *Zang, Yoonseok* (2008)). *Gu/Lev* zeigen einen signifikanten Zusammenhang zwischen *goodwill impairments* und der Nutzung von überbewerteten Anteilen des Erwerbers als Akquisitionswährung in Unternehmenserwerben durch Anteilstausch (vgl. *Gu, Feng/Lev, Baruch* (2011)).

Offenbar sind die einschlägigen Vorschriften nicht restriktiv genug, um die Unternehmen bei Vorliegen entsprechender ökonomischer Indikatoren zwingend zu einem entsprechenden *goodwill impairment* zu veranlassen.

4.2.2 Auswirkungen des Abschreibungsverhaltens

Studien zu den Auswirkungen des Abschreibungsverhaltens nähern sich dem Grad der »Zielerreichung« des *impairment-only*-Ansatzes für den *goodwill* im Wesentlichen über die Kapitalmarktreaktionen auf *goodwill impairments* (bzw. deren Ausbleiben, wenn das ökonomische Umfeld eine dementsprechende Erwartung geweckt hat) sowie über Messungen von dessen »Wertrelevanz« im Vergleich zu alternativen Bilanzierungsmethoden. Hier zeigt sich, dass *goodwill impairments* nach dem *impairment-only*-Ansatz am Kapitalmarkt zwar als weniger verlässlich im Vergleich zum Regime der planmäßigen *goodwill*-Abschreibung empfunden werden (vgl. *Bens, Daniel/Heltzer, Wendy/Segal, Benjamin* (2011)), gleichzeitig aber die Investitionsmöglichkeiten des Unternehmens (also die dem *goodwill* zu Grunde liegenden ökonomischen Faktoren) besser widerspiegeln als die planmäßige Abschreibung (vgl. *Chalmers, Keryn/Godfre, Jayne/Webster, John* (2011)). Die beobachtbaren (negativen) Kapitalmarktreaktionen auf *goodwill impairments* lassen den Schluss zu, dass diese von Investoren und Analysten als überraschend empfunden werden (vgl. hierzu auch *Li, Zining/Shroll, Pervin/Venkataraman, Ranjopal/Zhang, Ivy* (2011); *Zang, Yoonseok* (2008)), u. a. weil sie relativ zu deren Erwartungen verspätet erfolgen (vgl. etwa *Li, Kevin/Sloan, Richard* (2012)).

5 Fazit und Ausblick

Ein Ende der Kontroverse um die »richtige« *goodwill*-Bilanzierung ist nicht in Sicht. Nachdem das *IASB* dieses Fass mit dem Start der Überprüfung nach der Einführung (*post-implementation review*) von IFRS 3 im Juli 2013 wieder aufgemacht hat (vgl. Kapitel 1), sind die Interessengruppen der Rechnungslegung nun erneut aufgerufen, konstruktive Vorschläge einzubringen (vgl. auch die hierzu durchgeführte Umfrage der *EFRAG* (2013)).

Aus der normativen Forschung wird eine Reihe von Vorschlägen zur Frage des Bilanzansatzes unterbreitet (vgl. Kapitel 3), die im Grunde alle theoretisch denkbaren und mit der Logik der doppelten Buchhaltung vereinbaren Alternativen umfassen. Kritiker des *impairment-only*-Ansatzes sehen hierbei insbesondere in der (GuV-wirksamen oder GuV-neutralen) Ausbuchung des *goodwill* im Erwerbszeitpunkt oder aber in der planmäßigen Abschreibung kostengünstigere und weniger ermessensbehaftete Alternativen zum geltenden *impairment-only*-Ansatz.

Angesichts der Vielzahl der geäußerten Vorschläge und ihrer teilweisen Unvereinbarkeit miteinander ist nicht davon auszugehen, dass ein Konsens zur Regulierung der *goodwill*-Bilanzierung greifbar ist. Dies liegt nicht zuletzt daran, dass (verlässliche) Erkenntnisse dazu, welche Bilanzierungsmethode von den Marktteilnehmern bevorzugt wird, rar sind. Hierzu sind auch von der empirischen Forschung bisher keine abschließenden Antworten geliefert worden. Empirische Untersuchungen beruhen auf dem, was *ist* – daher tut sich die positiv-deskriptive (empirische) Forschung naturgemäß schwer mit der Beurteilung von Bilanzierungsmethoden, die (noch) nicht gelten. Lediglich im Rahmen sog. »als ob«-Studien wird vielfach untersucht, ob simulierte Daten einen stärkeren Zusammenhang mit Kapitalmarktdaten (z. B. Aktienkursen oder -renditen) aufweisen als die (nach der geltenden Bilanzierungsmethode) tatsächlich berichteten Daten. Hiermit soll die Kapitalmarktsicht auf unterschiedliche, z. T. noch nicht angewandte Bilanzierungsmethoden eruiert werden. Diese Studien unterstellen, dass der Kapitalmarkt ausreichende Informationen und Informationsverarbeitungskapazitäten besitzt, um zeitnah derartige Adjustierungen der interessierenden Rechnungslegungsgrößen vorzunehmen. Diese Annahme wird insoweit als realistisch gelten können, als die verfügbaren Daten immerhin ausreichend waren, um die entsprechenden Adjustierungen i. R. d. jeweiligen Studie vorzunehmen. Beispiele für derartige Studien im Bereich der *goodwill*-Bilanzierung sind etwa *Krämling, Markus* (1998) und *Chalmers, Keryn/Godfre, Jayne/Webster, John* et al. (2011).

Dennoch kann die empirische Forschung einen Beitrag zur Frage der zukünftigen Regulierung der *goodwill*-Bilanzierung leisten. Wo aber liegt dieser potenzielle Beitrag?

- Die in Abschnitt 4.2.1 diskutierte Forschung zu den Einflussfaktoren des beobachteten *goodwill*-Abschreibungsverhaltens – ebenso wie analoge Ansätze zur Ausübung von Bilanzierungswahlrechten und Ermessensspielräumen in der Rechnungslegung allgemein – kann empirische Zusammenhänge zwischen Bilanzierungsverhalten und Maßgrößen für bilanzpolitische Anreize aufzeigen. Die Regulierer der Rechnungslegung mögen solche empirischen Regelmäßigkeiten, sofern ausreichend stark und verbreitet, als Hinweise darauf interpretieren, dass die untersuchte Bilanzierungsnorm (z. B. der *impairment-only*-Ansatz für den *goodwill*) opportunistisches Verhalten ermöglicht – insbesondere dann, wenn gleichzeitig eine Schädigung der *stakeholder* zu beobachten ist. Positiv belegen lassen sich solche opportunistischen Verhaltensweisen durch großzahlige empirische Studien jedoch nicht. Zum einen geht es immer um nicht-beobachtbare Absichten der handelnden Personen (»innere Tatsachen«); zum anderen lassen großzahlige Untersuchungen keine Rückschlüsse auf Einzelfälle zu. Nichtsdestotrotz kann ein Regulierer sich häufende Evidenz für Missbrauch zum Anlass nehmen, eine Bilanzierungsnorm, die dem überwiegenden Anschein nach nicht »funktioniert«, erneut auf seine Agenda zu nehmen.

- Die in Abschnitt 4.2.2 diskutierten Studien zu den Auswirkungen des beobachteten *goodwill*-Abschreibungsverhaltens – ebenso wie analoge Ansätze zur »Qualität« bzw. Zielerreichung der Rechnungslegung in Abhängigkeit von den angewandten Bilanzierungsmethoden allgemein – können Hinweise liefern, inwiefern eine bestimmte Vorgehensweise bspw. mit den Zielen des *IASB* oder mit den in der sog. IAS-Verordnung zum Ausdruck kommenden Absichten der EU (mehr oder weniger als alternative Methoden) konsistent ist. Voraussetzung ist hier die empirische Greifbarkeit der jeweiligen Zielgrößen, die von den betreffenden Regulierern i. d. R. ohne explizite Berücksichtigung dieses Aspekts formuliert werden (vgl. *Barth, Mary/Beaver, William/Landsmann, Wayne* (2001) und die kritische Erwiderung von *Holthausen, Robert/Watts, Ross* (2001) zur Beurteilung der Erreichung der von *Standardsettern* verfolgten Ziele durch Wertrelevanzstudien, sowie *Brüggemann, Ulf/Hitz, Jörg-Markus/Sellhorn, Thorsten* (2013) zur empirischen Forschung zur Erreichung der in der EU-Verordnung 1606/2002 vom 19.07.2002 formulierten Ziele eines »hohen Grad[es] an Transparenz und Vergleichbarkeit der Rechnungslegung aller kapitalmarktorientierten Gesellschaften in der Gemeinschaft« (Art. 3)).

Eine wichtige Einschränkung der Nützlichkeit empirischer Studien für die Begründung von Regulierung liegt in dem Umstand begründet, dass empirische Analysen vielfach lediglich Korrelationen bzw. Assoziationen messen (können), der Regulierer sich aber zur Begründung von Regulierung möglicherweise (und durchaus berechtigt) auf etablierte Kausalzusammenhänge stützen möchte. Entsprechend lässt sich zurzeit eine Tendenz hin zu Untersuchungen erkennen, die eine kausale Interpretation ihrer Ergebnisse ermöglichen wollen (vgl. ausführlich *Gassen, Joachim* (2013)). Die kausale Interpretation empirischer Regelmäßigkeiten stellt jedoch hohe Anforderungen an den Untersuchungsaufbau der betreffenden Studie, deren Erfüllung in Ermangelung von Laborbedingungen, unter denen interessierende Faktoren isoliert werden können, in den Sozialwissenschaften vielfach nicht gelingt. Nicht zuletzt sind damit auch die Möglichkeiten der empirischen Forschung zur Beurteilung alternativer Bilanzierungsmethoden eingeschränkt, fehlt es doch gewöhnlich an einer (ansonsten identischen) »Alternativwelt« (»*counterfactual*«), in der solche Alternativen sowie ihre Auswirkungen beobachtet werden könnten. Grundvoraussetzung für kausale Interpretierbarkeit ist eine starke theoretische Basis für den vermuteten Kausalzusammenhang; aber auch der empirische Test muss alternative Einflussfaktoren möglichst umfassend berücksichtigen.

Insgesamt ist festzuhalten, dass normativ-präskriptive und positiv-deskriptive Forschungsansätze sich entsprechend ihrer jeweiligen Stärken und Schwächen ergänzen sollten, um die Regulierung der Rechnungslegung im Sinne einer besseren Zielerreichung zu verbessern. Auch wenn die normativen Sichtweisen respektierter Hochschullehrer und Praktiker sicherlich wertvolle Denkanstöße bieten, sollten Regulierer auch empirische Evidenz zumindest nicht ignorieren. Diese Sichtweise kommt bereits in dem wohl einflussreichsten Artikel in der Geschichte der empirischen Rechnungslegungsforschung, der Ereignisstudie von *Ball/Brown* (vgl. *Ball, Ray/Brown, Philip* (1968)), zum Ausdruck: »*Accounting theorists have generally evaluated the usefulness of accounting practices by the extent of their agreement with a particular analytic model. [...] The shortcoming of this method is that it ignores a significant source of knowledge of the world, namely, the extent to which the predictions of the model conform to observed behavior.*« (*Ball, Ray/Brown, Philip* (1968), S. 159). Ähnlich drückte sich zwei Jahre zuvor bereits der damalige Herausgeber des *Journal of Accounting Research*, *Sidney Davidson*, aus: »*Accounting thought will develop more effectively by increased reliance on the testing of meaningful hypotheses; there is a need to look at evidence as well as to authority for the substantiation of accounting ideas*« (*Davidson, Sidney* (1966), S. iii).

Mit dem *post-implementation review* hat das *IASB* 2007 ein Instrument geschaffen, das eine systematische Überprüfung der Zielerreichung neuer IFRS-Normen zwei Jahre nach deren Einführung – nicht zuletzt auch anhand der Ergebnisse akademischer Forschung sowie eigens erhobener empirischer Daten – gewährleisten soll. Eine solche Überprüfung steht zurzeit für IFRS 3 an.

Das *IASB* ist in seinen Entscheidungsprozessen möglicherweise nicht ausschließlich von fachlich-konzeptionellen Aspekten geleitet, sondern hat auch politische Aspekte zu berücksichtigen (vgl. zu den Erfahrungen in den USA *Ramanna, Karthik* (2008); allgemein zum Einfluss politischer Interessensgruppen auf die Entwicklung von Rechnungslegungsstandards *Watts, Ross/Zimmerman, Jerold* (1979); *Zeff, Stephen* (2002); *Zeff, Stephen* (2012)). Die Prognose sei erlaubt, dass eine Rückkehr zur planmäßigen *goodwill*-Abschreibung schwer vermittelbar sein dürfte ohne den Ruf des *Standardsetters* nachhaltig zu beschädigen. Ebenfalls unwahrscheinlich ist der Übergang zu einer Nichtaktivierung dieses Unterschiedsbetrags im Wege der vollständigen GuV-wirksamen Aufwands- oder GuV-neutralen Eigenkapitalverrechnung, da diese Alternativen im diametralen Gegensatz zur statisch-bilanztheoretischen Grundausrichtung des Rahmenkonzepts stehen.

Vor diesem Hintergrund könnte ein gangbarer und potenziell zielführender Weg darin bestehen, den *impairment-only*-Ansatz für den *goodwill* grundsätzlich beizubehalten, diesen aber um ausgewählte Aspekte zu ergänzen, die im Wesentlichen zum Ziel haben, die in Abschnitt 4.1 diskutierten Ermessensspielräume (»Stellschrauben«) der *goodwill*-Bilanzierung einzuengen:

- Zum einen könnten strengere, typisierende und besser nachprüfbare Vorgaben dazu führen, dass *goodwill impairments* immer dann verpflichtend vorgenommen werden müssen, wenn sie dem überwiegenden Anschein nach ökonomisch geboten sind. Bspw. müsste den Unternehmen eine erhebliche Beweislast auferlegt werden, wenn trotz eines Marktwert-Buchwert-Verhältnisses unter eins von einer Abschreibung abgesehen werden soll.
- Im Rahmen des *impairment test* selbst könnten verbindlichere Vorgaben für die wesentlichen Bewertungsparameter normiert werden. Wenig hilfreich sind insbesondere die wachsweichen Formulierungen des *IASB* im Zusammenhang mit dem Detailprognosezeitraum (vgl. IAS 36.33 (b): max. fünf Jahre, aber längerer Zeitraum zulässig, falls »gerechtfertigt«), der Wachstumsrate für die Folgejahre (vgl. IAS 36.33 (c): keine quantitative (Maximal-)Vorgabe; gleich bleibend oder rückläufig, aber steigende Rate zulässig, falls »gerechtfertigt«) und des Diskontierungszinssatzes (keine quantitative (Mindest-)Vorgabe).

Vollständigere Angaben und insbesondere aussagekräftige Sensitivitätsanalysen für die wesentlichen *goodwill*-tragenden ZGE würden es den Adressaten erlauben, die berichteten Zahlen nach ihren eigenen Präferenzen anzupassen. Ihre Konsequenzen entfaltet die Rechnungslegung durch die Entscheidungen ihrer Adressaten. Diese müssen durch transparente und vergleichbare Berichterstattung in die Lage versetzt werden, das präsentierte Zahlenwerk sachgerecht interpretieren und einsetzen zu können.

Literaturverzeichnis

Ball, Ray/Brown, Philip (1968): An empirical evaluation of accounting income numbers, in: Journal of Accounting Research 1968, S. 159–178.

Barth, Mary/Beaver, William/Landsman, Wayne (2001): The relevance of the value relevance literature for financial accounting standard setting: another view, in: Journal of Accounting and Economics 2001, S. 77–104.

Beatty, Anne/Weber, Joseph (2006): Accounting discretion in fair value estimates: an examination of SFAS 142 goodwill impairments, in: Journal of Accounting Research 2006, S. 257–288.

Bens, Daniel/Heltzer, Wendy/Segal, Benjamin (2011): The information content of goodwill impairments and SFAS 142, in: Journal of Accounting, Auditing & Finance 2011, S. 527–555.

Brösel, Gerrit (2008): »Impairment Only Approach« nach IFRS – Probleme und Lösungsansätze, in: Hering, Thomas/Klingelhöfer, Heinz Eckart/Koch, Wolfgang (Hrsg.), Unternehmenswert und Rechnungswesen: Festschrift für Manfred Jürgen Matschke zum 65. Geburtstag, Wiesbaden 2008, S. 229–250.

Brösel, Gerrit/Zwirner, Christian (2009): Zum Goodwill nach IFRS aus Sicht des Abschlußprüfers, in: BFuP 2009, S. 190–206.

Brüggemann, Ulf/Hitz, Jörg-Markus/Sellhorn, Thorsten (2013): Intended and unintended consequences of mandatory IFRS adoption: a review of extant evidence and suggestions for future research, in: European Accounting Review 2013, S. 1–37.

Chalmers, Keryn/Godfre, Jayne/Webster, John (2011): Does a goodwill impairment regime better reflect the underlying economic attributes of goodwill?, in: Accounting & Finance 2011, S. 634–660.

Davidson, Sidney (1966): Editor's preface, in: Journal of Accounting and Economics 1966 (Supplement), S. iii.

DPR (2013): Prüfungsschwerpunkte 2014, abrufbar unter: http://www.frep.info/docs/pressemitteilungen/2013/20131015_pm.pdf – Stand: 10.01.2014.

EFRAG (2013): Questionnaire on goodwill impairment and amortisation, abrufbar unter: http://www.efrag.org/Front/p261-1-272/Proactive---Goodwill-impairment-and-amortisation.aspx – Stand: 10.01.2014.

ESMA (2013): European common enforcement priorities for 2013 financial statements, abrufbar unter: http://www.esma.europa.eu/system/files/2013-1634_esma_public_statement_-_european_common_enforcement_priorities_for_2013_financial_statements_1.pdf – Stand: 10.01.2014.

Eurostat (2013): Euro area annual inflation stable at 2.2 %, Pressemitteilung vom 16. Januar 2013, abrufbar unter: http://epp.eurostat.ec.europa.eu/cache/ITY_PUBLIC/2-16012013-AP/EN/2-16012013-AP-EN.PDF – Stand: 15.12.2013.

Gassen, Joachim (2013): Causal inference in empirical archival financial accounting research, in: Accounting, Organizations and Society (im Erscheinen).

Godfrey, Jayne/Koh, Ping-Sheng (2009): Goodwill impairment as a reflection of investment opportunities, in: Accounting & Finance 2009, S. 117–140.

Göx, Robert/Wagenhofer, Alfred (2009): Optimal impairment rules, in: Journal of Accounting and Economics 2009, S. 2–16.

Gu, Feng/Lev, Baruch (2011): Overpriced shares, ill-advised acquisitions, and goodwill impairment, in: The Accounting Review 2011, S. 1995–2022.

Haaker, Andreas/Freiberg, Jens (2011): Zweckgerechte Allokation des goodwill auf CGU?, in: PiR 2011, S. 19–20.

Hayn, Carla/Hughes, Patricia (2006): Leading indicators of goodwill impairment, in: Journal of Accounting, Auditing & Finance 2006, S. 223–265.

Holthausen, Robert/Watts, Ross (2001): The relevance of the value-relevance literature for financial accounting standard setting, in: Journal of Accounting and Economics 2001, S. 3–75.

Hoogervorst, Hans (2012): The imprecise world of accounting, Rede auf der International Association for Accounting Education & Research (IAAER) Konferenz, Juni 2012.

Jarva, Henry (2009): Do firms manage fair value estimates? An examination of SFAS 142 goodwill impairments, in: Journal of Business Finance & Accounting 2009, S. 1059–1086.

Kasperzak, Rainer (2011): Beiträge zum Thema Wertminderungstest nach IAS 36 – Ein Plädoyer für die Abschaffung des Konzepts des erzielbaren Betrages, in: BFuP 2011, S. 1–17.

Kirsch, Hans-Jürgen/Koelen, Peter/Tinz, Oliver (2008): Die Berichterstattung der DAX-30-Unternehmen in Bezug auf die Neuregelung des impairment only approach des IASB, in: KoR 2008, S. 88–97.

Krämling, Markus (1998): Der Goodwill aus der Kapitalkonsolidierung: Bestandsaufnahme der Bilanzierungspraxis und deren Relevanz für die Aktienbewertung, Frankfurt am Main 1998.

Küting, Karlheinz (2006): Der Geschäfts- oder Firmenwert in der deutschen Konsolidierungspraxis 2005 – Ein Beitrag zur empirischen Rechnungslegungsforschung, in: DStR 2006, S. 1665–1672.

Küting, Karlheinz (2007): Der Geschäfts- oder Firmenwert in der deutschen Konsolidierungspraxis 2006 – Ein Beitrag zur empirischen Rechnungslegungsforschung, in: DStR 2007, S. 2025–2031.
Küting, Karlheinz (2008): Der Geschäfts- oder Firmenwert in der deutschen Konsolidierungspraxis 2007 – Ein Beitrag zur empirischen Rechnungslegungsforschung, in: DStR 2008, S. 1795–1802.
Küting, Karlheinz (2009): Der Geschäfts- oder Firmenwert in der deutschen Konsolidierungspraxis 2008 – Ein Beitrag zur empirischen Rechnungslegungsforschung, in: DStR 2009, S. 1863–1870.
Küting, Karlheinz (2010): Der Geschäfts- oder Firmenwert in der deutschen Konsolidierungspraxis 2009 – Ein Beitrag zur empirischen Rechnungslegungsforschung, in: DStR 2010, S. 1855–1862.
Küting, Karlheinz (2011): Der Geschäfts- oder Firmenwert in der deutschen Konsolidierungspraxis 2010 – Ein Beitrag zur empirischen Rechnungslegungsforschung, in: DStR 2011, S. 1676–1683.
Küting, Karlheinz (2012): Der Geschäfts- oder Firmenwert in der deutschen Konsolidierungspraxis 2011 – Ein Beitrag zur empirischen Rechnungslegungsforschung, in: DStR 2012, S. 1932–1939.
Küting, Karlheinz (2013): Der Geschäfts- oder Firmenwert in der deutschen Konsolidierungspraxis 2012 – Ein Beitrag zur empirischen Rechnungslegungsforschung, in: DStR 2013, S. 1794–1803.
Leibfried, Peter (2010): Impairment-only in der Krise, in: KoR 2010, S. 1–5.
Leitner-Hanetseder, Susanne/Rebhan, Elisabeth (2012): Praxis der Goodwill-Bilanzierung der DAX-30-Unternehmen, in: IRZ 2012, S. 157–162.
Li, Kevin/Sloan, Richard (2012): Has goodwill accounting gone bad? Arbeitspapier auf SSRN.
Li, Zining/Shroff, Pervin/Venkataraman, Ramgopal/Zhang, Ivy (2011): Causes and consequences of goodwill impairment losses, in: Review of Accounting Studies 2011, S. 745–778.
Lienau, Achim/Zülch, Henning (2006): Die Ermittlung des value in use nach IFRS, in: KoR 2006, S. 319–329.
Mattessich, Richard (1995): Conditional-normative accounting methodology: incorporating value judgments and means-end relations of an applied science, in: Accounting, Organizations and Society 1995, S. 259–284.
Moser, Ulrich/Hüttche, Tobias (2010): Allokation des Goodwill auf Zahlungsmittel generierende Einheiten, in: CF biz 2010, S. 519–530.
Ott, Christian/Günther, Thomas (2011): Determinants of purchase price allocation decisions – accounting for goodwill in IFRS and US-GAAP business combinations, in: Arbeitspapier auf SSRN.
Pellens, Bernhard/Sellhorn, Thorsten (2001): Goodwill-Bilanzierung nach SFAS 141 und 142 für deutsche Unternehmen, in: DB 2001, S. 1681–1689.
Pilhofer, Jochen/Bösser, Jörg (2011): Der Einfluss unternehmensspezifischer Parameter zur Ermittlung des Kapitalisierungszinssatzes beim impairment-Test gem. IAS 36, in: PiR 2011, S. 219–224.
Ramanna, Karthik (2008): The implications of unverifiable fair-value accounting: Evidence from the political economy of goodwill accounting, in: Journal of Accounting and Economics 2008, S. 253–281.
Ramanna, Karthik/Watts, Ross (2012): Evidence on the use of unverifiable estimates in required goodwill impairment, in: Review of Accounting Studies 2012, S. 749–780.

Ruhnke, Klaus/Canitz, Ilka (2010): Indikatoren für eine Wertminderung gem. IAS 36: eine empirische Analyse unter besonderer Berücksichtigung eines die Marktkapitalisierung übersteigenden Buchwerts des Reinvermögens, in: KoR 2010, S. 13–22.

Ruhnke, Klaus/Schmidt, Stefan (2013): Anhangangaben zu Schätzungen des erzielbaren Betrags gem. IAS 36, in: KoR 2013, S. 182–189.

Sellhorn, Thorsten (2004): Goodwill impairment – an empirical investigation of write-offs under SFAS 142, Frankfurt am Main 2004.

Streim, Hannes/Bieker, Marcus/Hackenberger, Jens/Lenz, Thomas (2007): Ökonomische Analyse der gegenwärtigen und geplanten Regelungen zur Goodwill-Bilanzierung nach IFRS, in: IRZ 2007, S. 17–27.

Theile, Carsten/Pawelzik, Kai U. (2012): Auswirkungen von IFRS 13 auf den Impairment-Test nach IAS 36, in: PiR 2012, S. 210–214.

Watts, Ross/Zimmerman, Jerold (1979): The demand for and supply of accounting theories: the market for excuses, in: The Accounting Review 1979, S. 273–305.

Wulf, Inge/Hartmann, Haucke-Frederik (2013): Goodwill-Bilanzierung der DAX30-Unternehmen im Kontext der Finanzkrise, in: KoR 2013, S. 590–598.

Zang, Yoonseok (2008): Discretionary behavior with respect to the adoption of SFAS no. 142 and the behavior of security prices, in: Review of Accounting & Finance 2008, S. 30.

Zeff, Stephen (2002): »Political« lobbying on proposed standards: a challenge to the IASB, in: Accounting Horizons 2002, S. 43–54.

Zeff, Stephen (2012): The evolution of the IASC into the IASB, and the challenges it faces, in: The Accounting Review 2012, S. 807–837.

Zülch, Henning/Siggelkow, Lena (2010): Der Impairment-Test gemäß IAS 36: Problembereiche und Implikationen der Wirtschaftskrise, in: IRZ 2010, S. 29–35.

Zülch, Henning/Siggelkow, Lena (2012): Bilanzpolitik im Rahmen der Entscheidung zur Erfassung einer Wertminderung gemäß IAS 36 – Empirische Analyse des Bilanzierungsverhaltens deutscher Unternehmen im Zeitraum 2004 bis 2010, in: CF biz 2012, S. 383 – 391.

Zwirner, Christian/Mugler, Jörg (2011): Kapitalisierungszinssätze in der IFRS-Rechnungslegung – Eine empirische Analyse der Unternehmensbewertungspraxis, in: CF biz 2011, S. 157–164.

Zwirner, Christian/Zimney, Gregor (2013): Kapitalisierungszinssätze in der IFRS-Rechnungslegung – Eine empirische Analyse der Unternehmensbewertungspraxis 2011, in: CF biz 2013, S. 23–27.

Aktuelle Erkenntnisse im Zusammenhang mit der Gewinnkonzeption nach IFRS

Prof. Dr. Henning Zülch
Lehrstuhlinhaber
Chair of Accounting & Auditing
HHL Leipzig Graduate School of Management
Leipzig

Matthias Höltken, M. Sc.
Wissenschaftlicher Mitarbeiter und Doktorand
Chair of Accounting & Auditing
HHL Leipzig Graduate School of Management
Leipzig

Inhaltsverzeichnis

1	Einleitung	303
2	Konzeptionelle Grundlagen der Erfolgsermittlung nach IFRS	304
2.1	Erfolgsermittlungskonzepte	304
2.2	Erfolgsbestandteile nach IFRS	305
2.3	Möglichkeiten zur Gestaltung der Erfolgsrechnung nach IFRS	306
3	Das other comprehensive income aus Forschungssicht	308
3.1	Das other comprehensive income als Erfolgsbestandteil nach IFRS	308
3.1.1	Historische Entwicklung des other comprehensive income	308
3.1.2	Status Quo des other comprehensive income	309
3.2	Überblick zu bisherigen Befunden	311
3.3	Deskriptiver Befund für die deutsche Bilanzierungspraxis	312
3.4	Analytischer Befund für den deutschen Kapitalmarkt	317
4	Thesenförmige Zusammenfassung	318
	Literaturverzeichnis	319

1 Einleitung

Die Frage nach der *performance* eines Unternehmens wird regelmäßig mit dem Blick auf den i. R. d. externen Rechnungslegung ermittelten Erfolg beantwortet (vgl. *Hoogervorst, Hans* (2014)). Dieser umfasst die nicht in Transaktionen mit den Unternehmenseigentümern begründeten Veränderungen des Eigenkapitals innerhalb einer Periode und soll dem Abschlussadressaten aufgrund seiner Erfolgsbestandteile Aufschluss über die (nachhaltige) Leistungsfähigkeit sowie die Erfolgsquellen des Unternehmens geben. Mit dieser Auffassung geht die Anforderung des *conceptual frameworks* einher, dass die bereitgestellten Informationen für den Abschlussadressaten entscheidungsnützlich sein (vgl. CF.OB2) und die Ermittlung künftiger Zahlungsflüsse ermöglichen sollen (vgl. CF.OB3).

Die Zusammensetzung des Erfolgs wird im Wesentlichen durch das zugrundeliegende Rechnungslegungsnormenwerk sowie die Anwendung der Rechnungslegungsnormen durch den Bilanzierenden determiniert. Des Weiteren ist das zugrundeliegende Entscheidungsmodell, in dem der ermittelte Erfolg Verwendung findet, von Relevanz. Vor diesem Hintergrund kann festgehalten werden, dass es den einen »richtigen Gewinn« nicht geben kann (vgl. *Küting, Karlheinz* (2006)), sondern die gewählte Ergebnisgröße grundsätzlich unter den zuvor angeführten Nebenbedingungen zu beurteilen ist (vgl. *Küting, Karlheinz/Reuter, Michael* (2007), S. 2549).

Im Gegensatz zur HGB-Konzeption ermöglicht die IFRS-Bilanzierung die Erfassung bestimmter Sachverhalte unmittelbar im Eigenkapital. Zugleich ist damit auch die Möglichkeit verbunden, temporäre oder dauerhafte Erfolgsbestandteile der GuV vorzuenthalten. Folgerichtig stellt sich für die deutsche Bilanzierungspraxis und Abschlussadressaten die Frage nach der praktischen Relevanz sowie dem Mehrwert dieser Vorgehensweise.

Der vorliegende Beitrag skizziert daher zunächst in der gebotenen Kürze die konzeptionellen Grundlagen der Erfolgsermittlungskonzeption nach IFRS und die sich auf Basis der Erfolgsbestandteile ergebenden Gestaltungsmöglichkeiten der Erfolgsrechnung. Im Folgenden soll die Sonderstellung des sonstigen Ergebnisses nach IFRS umfassender beleuchtet werden und der Frage nachgegangen werden, welche Bedeutung dieser Teil des Gesamtergebnisses für die Bilanzierungspraxis aber auch den Kapitalmarkt besitzt.

2 Konzeptionelle Grundlagen der Erfolgsermittlung nach IFRS

2.1 Erfolgsermittlungskonzepte

Die Veränderung des Eigenkapitals eines Unternehmens ist grundsätzlich nur auf zwei Ursachen zurückzuführen. Entweder haben eigentümerbezogene Eigenkapitalveränderungen, z. B. Kapitalerhöhungen oder Dividendenzahlungen, stattgefunden oder es sind nicht eigentümerbezogene Transaktionen aufgetreten (vgl. zur Abgrenzung auch IAS 32.35). Letztgenannte Transaktionen resultieren regelmäßig aus Geschäftstransaktionen mit der Umwelt oder der Bewertung der vom Unternehmen eingesetzten Ressourcen. Diese nicht eigentümerbezogenen Eigenkapitalveränderungen repräsentieren somit die Leistung des bilanzierenden Unternehmens und stehen folgerichtig im Interesse der Abschlussadressaten.

Eine Differenzierung für diese Eigenkapitalveränderungen ist dabei hinsichtlich des Umfangs der in der Gewinn- und Verlustrechnung (GuV) und somit im Periodenergebnis zu erfassenden Sachverhalte vorzunehmen. Die vollumfängliche Erfassung der Erträge und Aufwendungen eines Unternehmens in der GuV wird als *clean surplus concept* (alternativ *all-inclusive approach*) charakterisiert. Dieses Vorgehen entspricht dem Kongruenzprinzip, da somit sämtliche Erträge und Aufwendungen in der Totalperiode den Einzahlungen und Auszahlungen entsprechen. Aufgrund dieses Zusammenhangs wird diese Erfolgsgröße als besonders geeignet zur Extrapolation für Prognosen angesehen.

Entscheidet sich der Bilanzierende hingegen, bestimmte Erfolgsbestandteile getrennt vom Periodenergebnis unmittelbar im Eigenkapital auszuweisen, wird dies als *dirty surplus concept* (alternativ *current operating performance approach*) bezeichnet (vgl. zu den im US-GAAP verankerten Begrifflichkeiten Holzer, Peter/Ernst, Christian (1999), S. 355). Diesem Konzept folgend, enthält die GuV ausschließlich regelmäßig zu erfassende Erfolgskomponenten, während unregelmäßig auftretende Erfolgskomponenten im sonstigen Ergebnis (*other comprehensive income* (OCI)) zu erfassen sind. Im Gegensatz zum *clean surplus concept* durchbricht dieses Vorgehen jedoch das Kongruenzprinzip. Dieses Vorgehen eröffnet dem Abschlussersteller die Möglichkeit, bestimmte Erfolgsbestandteile temporär oder permanent dem Periodenergebnis vorzuenthalten (vgl. auch Zülch, Henning (2005), S. 55–58).

Die Erfolgskonzeption der IFRS entspricht aufgrund der in den folgenden Kapiteln darzulegenden Erfassung von Erträgen und Aufwendungen eher dem *dirty surplus concept* und unterscheidet sich somit grundlegend von der Erfolgskonzeption des HGB, welche aufgrund der prinzipiellen Erfassung von Erträgen und Aufwendungen in der GuV eher dem *clean surplus concept* zuzurechnen ist. Im Hinblick auf die Entscheidung, wann ein Erfolgsbestandteil unmittelbar im Eigenkapital zu erfassen ist, bieten die IFRS jedoch keine einheitliche Konzeption. Vielmehr erfolgt die Bestimmung, wann Erträge und Aufwendungen im OCI zu erfassen sind, in den IFRS-Einzelstandards.

2.2 Erfolgsbestandteile nach IFRS

Der als Ertragsüberschuss über die korrespondierenden Aufwendungen definierte Erfolg nach IFRS setzt sich grundsätzlich aus zwei verschiedenen Erfolgsgrößen zusammen. Diese umfassen zunächst den Gewinn oder Verlust einer Periode (*profit or loss/net income*, NI) und darüber hinaus das im Eigenkapital zu erfassende sonstige Ergebnis (OCI). Diese Größen kumulieren sich zum Gesamtergebnis (*comprehensive income*, CI) einer Periode. Eingang in diese Erfolgsgrößen finden dabei Erträge und Aufwendungen. Die IFRS definieren Ertrag als periodischen Nutzenanstieg durch Zufluss oder Wertsteigerung von Vermögenswerten oder die Abnahme von Schulden (vgl. CF.4.25(a)). Aufwand ist dementsprechend als periodische Nutzenminderung durch entsprechend umgekehrte Effekte zu definieren (vgl. CF.4.25(b)).

Sowohl Erträge als auch Aufwendungen sind dabei hinsichtlich ihrer Zugehörigkeit zur gewöhnlichen Geschäftstätigkeit weiter zu differenzieren. Erträge sind in der gewöhnlichen Geschäftstätigkeit zuzuordnende Umsatzerlöse (*revenues*) sowie Erträge aus sonstigen Sachverhalten (*gains*) zu unterscheiden. Letztgenannte resultieren regelmäßig aus Bewertungseffekten oder Veräußerungseffekten. Analog dazu gilt für die Aufwendungen die Differenzierung zwischen den der gewöhnlichen Geschäftstätigkeit zuzuordnenden Aufwendungen (*expenses*) und den aus sonstigen Sachverhalten resultierenden Aufwendungen (*losses*). Neben diesen Definitionskriterien sind zudem die Ansatzkriterien zu erfüllen (vgl. CF.4.26 i. V. m. CF.4.47, .49). Abbildung 1 fasst die unterschiedlichen Ertrags- und Aufwandsdefi-

Ertrag		Aufwand	
Erträge (*income*) (F 4.25 lit. a))		Aufwendungen (*expenses*) (F 4.25 lit. b))	
Erträge aus der gewöhnlichen Geschäftstätigkeit (*revenues*)	Erträge aus sonstigen Sachverhalten (*gains*)	Aufwendungen aus der gewöhnlichen Geschäftstätigkeit (*expenses*)	Aufwendungen aus sonstigen Sachverhalten (*losses*)
• Umsatzerlöse • Gebühren • Zinsen • Dividenden • Lizenzerträge • Mieten • etc. F 4.29 ff.	• Erträge aus der Neubewertung von Sachanlagen und immateriellen Vermögenswerten • Versicherungsmathematische Gewinne • Erträge aus Zeitwertänderungen von AfS-Wertpapieren • etc.	• Umsatzkosten • Löhne und Gehälter • Abschreibungen • etc. F 4.33 ff.	• Aufwendungen aus der Neubewertung von Sachanlagen und immateriellen Vermögenswerten • Versicherungsmathematische Verluste • Aufwendungen aus Zeitwertänderungen von AfS-Wertpapieren • etc.

Abbildung 1: Erfolgsbestandteile nach IFRS gemäß Conceptual Framework

nitionen innerhalb der Erfolgsgrößen nach IFRS zusammen und bietet ausgewählte Beispiele zur Veranschaulichung.

Aufgrund der Unterscheidung nach der Zugehörigkeit von Aufwendungen und Erträgen zur gewöhnlichen Geschäftstätigkeit wird regelmäßig der Großteil der Erfolgsgrößen i. R. d. GuV erfasst. Die fehlende Systematik zur Differenzierung von ergebnisneutralen und ergebniswirksamen Erfolgsbestandteilen führt zu der uneinheitlichen Erfassung von *gains* und *losses* sowohl in der GuV als auch im OCI. Vor dem Hintergrund der vorangestellten Ausführungen ergibt sich somit folgende zusammenfassende Darstellung der Erfolgskonzeption nach IFRS (vgl. Abbildung 2).

Eigenkapitalveränderungen			
Nicht eigentümerbezogen			Eigentümerbezogen
Gesamtergebnis (*total comprehensive income*)		IAS 8	Einlagen/ Ausschüttungen
GuV-wirksam	GuV-neutral		
Gewinn- oder Verlust (*net income*)	Sonstiges Ergebnis (*other comprehensive income*)		
revenues/ expenses	gains/ losses		

Abbildung 2: Zusammenfassende Darstellung der Erfolgskonzeption nach IFRS (in Anlehnung an *Coenenberg, Adolf G./Haller, Axel/Schultze, Wolfgang* (2014), S. 515)

2.3 Möglichkeiten zur Gestaltung der Erfolgsrechnung nach IFRS

Die unter 2.1 vorgestellte Erfolgskonzeption der IFRS ermöglicht somit eine Differenzierung nach ergebnisneutralen und ergebniswirksamen Erfolgsbestandteilen, die in den dazugehörigen Erfolgsrechnungen auszuweisen sind. IAS 1.81A gibt dazu vor, dass dies entweder in einer gemeinsamen Gesamtergebnisrechnung (*single-statement approach*) oder in zwei voneinander getrennten Erfolgsrechnungen (*two-statement approach*) zu erfolgen hat.

Der *two-statement approach* sieht eine Trennung des in der GuV ermittelten Periodenergebnisses von dem das OCI umfassende Gesamtergebnis vor. Diese

Darstellung von zwei *bottom-line item* ermöglicht dem Abschlussadressaten einen unmittelbaren Überblick über die im Periodenergebnis ausgedrückte nachhaltige Leistungsfähigkeit des Unternehmens sowie das Gesamtergebnis. Der *single-statement approach* sieht hingegen ausschließlich das Gesamtergebnis als *bottom-line item* vor. Dementsprechend weist diese Form der Erfolgsrechnung den Gewinn oder Verlust lediglich als Zwischensumme aus.

Hinsichtlich der Aufgliederung der Erfolgsrechnung nach IFRS gibt es keine abschließende Systematik. Sowohl das Mindestgliederungsschema des IAS 1.81A

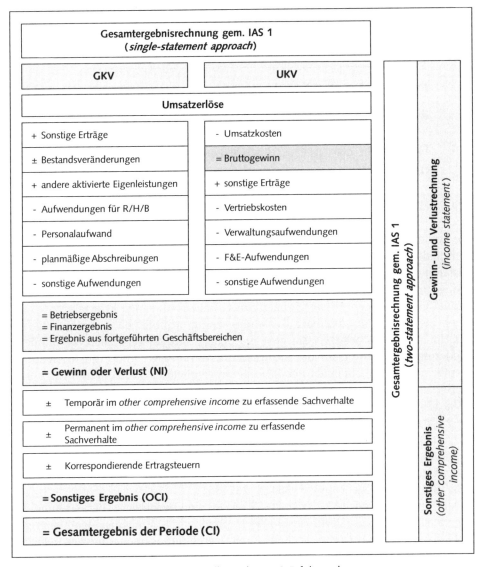

Abbildung 3: Zusammenfassende Darstellung der IFRS-Erfolgsrechnung

für die GuV als auch die Formulierung des IAS 1.82A für das OCI besitzen lediglich indikativen Charakter. Gleichwohl verpflichtet IAS 1.82A den Bilanzierenden zur Differenzierung von im OCI zu erfassenden Erträgen und Aufwendungen anhand ihrer Fähigkeit für eine künftige Reklassifizierung in die GuV. Eine weitergehende, in der Wesentlichkeit von Einzelposten begründete Untergliederung der beiden Erfolgsrechnungen obliegt gemäß IAS 1.85 dem bilanzierenden Unternehmen. Ebenso beeinflusst die Entscheidung des Unternehmens zwischen Umsatzkostenverfahren (UKV) und Gesamtkostenverfahren (GKV) gemäß IAS 1.105 den Ausweis. Abbildung 3 (Abbildung in Anlehnung an *Zülch, Henning* (2005), S. 196 f. unter Berücksichtigung der Regelungen des IAS 1 (*rev.* 2011)) fasst dies übersichtlich zusammen.

3 Das other comprehensive income aus Forschungssicht

3.1 Das other comprehensive income als Erfolgsbestandteil nach IFRS

3.1.1 Historische Entwicklung des other comprehensive income

Die aus dem HGB bekannte Aufteilung des Ergebnisses in ordentliches und außerordentliches Ergebnis war bis zur Einführung des IAS 1 (*rev.* 2003) ebenfalls Bestandteil des IAS 1 (*rev.* 1997). Infolgedessen sind seitdem Aufwendungen und Erträge im »ordentlichen« Ergebnis zu erfassen, obwohl die den sonstigen Erträgen (*gains*) und sonstigen Aufwendungen (*losses*) zuzuordnenden Erfolgsbestandteile regelmäßig keine unmittelbare Beziehung zur gewöhnlichen Geschäftstätigkeit des Unternehmens besitzen. Im gleichen Schritt wurden zusätzlich die Mindestgliederungsvorschriften für die Erfolgsrechnung reduziert und die Unternehmen verpflichtet, in Abhängigkeit der Positionswesentlichkeit zusätzliche Posten und Zwischensummen auszuweisen (IAS 1.83 (*rev.* 2003)). Demgegenüber stand die in SFAS 130 (*rev.* 1997) bereits vorgesehene Untergliederung der Ergebnisrechnung, die zusätzlich zum Gewinn oder Verlust eine Erfassung von unrealisierten, nicht über die GuV erfassten Erträgen und Aufwendungen in einer separaten Ergebnisrechnung vorsieht. Des Weiteren waren diese Erfolgskomponenten zusätzlich auch in der Eigenkapitalveränderungsrechnung auszuweisen (vgl. insgesamt dazu *Holzer, Peter/Ernst, Christian* (1999), S. 354, S. 357–361).

Mit Einführung des IAS 1 (*rev.* 2007) wurde eine bedeutende Veränderung des Ergebnisausweises im IFRS-Abschluss implementiert. Entgegen der bisherigen Vorgehensweise, das OCI in der Eigenkapitalveränderungsrechnung auszuweisen, wurden die Unternehmen angehalten, dieses künftig zusammenhängend mit der GuV auszuweisen. Dieser Schritt stellt das OCI somit auf eine Stufe mit der GuV hinsichtlich der Entscheidungsnützlichkeit der bereitgestellten Informationen (vgl. *Küting, Karlheinz* (2006), S. 2555). Den Unternehmen wurde dabei das Wahlrecht zwischen *single-statement approach* und *two-statement approach* eingeräumt, welches bei Optierung zu Letztgenanntem eine Überleitung des Gewinns oder Verlusts auf das Gesamtergebnis vorsah. In diesem Fall zog das *FASB* mit der Veröffentlichung des ASU 2011–05 nach, der eine entsprechende Vorgehensweise auch für nach US-GAAP bilanzierende Unternehmen vorschreibt.

2010 veröffentlichte das *IASB* i. R. d. mit dem *FASB* betriebenen Konvergenzprojekts »*Financial Statement Presentation*« (Projektphase B) schließlich den Standardentwurf ED/2010/5 »*Presentation of Items of Other Comprehensive Income*«. Die zentralen Neuerungsvorschläge des Standardentwurfs lassen sich mit der Abschaffung des Wahlrechts zwischen *single-statement approach* und *two-statement approach* sowie der zusätzlichen Untergliederung des OCI bzgl. der *recycling*-Fähigkeit der dort erfassten Erfolgsbestandteile zusammenfassen. Dieser Gliederung hätten somit auch die korrespondierenden Steuerlatenzen zu folgen (vgl. zu den Vorschlägen des ED/2010/5 *Sellhorn, Thorsten/Hahn, Stefan/Müller, Maximilian* (2010), S. 955–958; *Amshoff, Holger* (2010), S. 314 f.). Der Vorschlag, das Ausweiswahlrecht zu tilgen, stieß jedoch insbesondere in der Praxis auf massiven Widerstand (vgl. IAS 1.BC54 f. (*rev.* 2011)).

3.1.2 Status Quo des other comprehensive income

Das *IASB* veröffentlichte im Juli 2011 den Änderungsstandard IAS 1 (*rev.* 2011) »*Presentation of Items of Other Comprehensive Income*«. IAS 1 (*rev.* 2011) enthält entgegen des Vorschlags des ED/2010/5 nunmehr weiterhin das Wahlrecht zwischen *single-statement approach* und *two-statement approach*, fordert jedoch die Unterscheidung der im OCI zu erfassenden Komponenten nach deren Reklassifizierungsfähigkeit (vgl. IAS 1.82A (*rev.* 2011)). Die neue Darstellungsform ermöglicht den Abschlussadressaten die unmittelbare Identifikation von künftig im Gewinn oder Verlust zu erfassenden Erfolgskomponenten und ist somit insgesamt zu begrüßen. Diese Differenzierung, die mit der daraus resultierenden Verbesserung der Transparenz und der Vergleichbarkeit der Abschlüsse begründet wurde, wird insbesondere vor dem Hintergrund der nach IAS 19 (*rev.* 2011) entfallenen Korridormethode für versicherungsmathematische Gewinne und Verluste sowie den nach derzeitigem Stand künftig nach IFRS 9 permanent im OCI zu erfassenden Komponenten (vgl. IAS 1.BC54b (*rev.* 2011)) weiter an Bedeutung gewinnen (vgl. auch *Sellhorn, Thorsten/Hahn, Stefan/Müller, Mamimilian* (2011), S. 1014; *Urbanczik, Patrick* (2012), S. 274). Abbildung 4 gibt eine zusammenfassende Übersicht zu den derzeit im OCI zu erfassenden Sachverhalten (in Anlehnung an *Urbanczik, Patrick* (2012), S. 273).

	Sachverhalt	Regelung
	Temporäre Erfassung von Sachverhalten (*recycling* möglich)	
1.	Differenzen aus der Währungsumrechnung	IAS 21.39; IAS 21.15f.; IAS 21.32f.; IAS 39.102(b)
2.	Bewertungseffekte zur Veräußerung gehaltener finanzieller Vermögenswerte	IAS 39.55
3.	Wertänderungen aus der Absicherung von Zahlungsströmen	IAS 39.95ff.; IAS 39.100f.
4.	Anteile am *other comprehensive income* von *at equity*-bewerteten Beteiligungen, die **recycling**fähig sind	IAS 28.10
5.	Latente Steuern zu den Positionen 1.–4.	IAS 1.91(b)
6.	Sonstiges Ergebnis aufgegebener Geschäftsbereiche, das *recycling*fähig ist	IFRS 5.33(a)
	Permanente Erfassung von Sachverhalten (kein *recycling* möglich)	
7.	Bewertung nicht-finanzieller Vermögenswerte (u. a. Neubewertung von Sachanlagen sowie immaterieller Vermögenswerte)	IAS 16.31ff.; IAS 38.75ff.
8.	Anteile am *other comprehensive income* von *at equity*-bewerteten Beteiligungen, die nicht **recycling**fähig sind	IAS 28.10
9.	Erfassung versicherungsmathematischer Gewinne oder Verluste im Rahmen von Neubewertungseffekten leistungsorientierter Versorgungspläne	IAS 19.122
10.	Latente Steuern zu den Positionen 7.–9.	IAS 1.91(b)
11.	Sonstiges Ergebnis aufgegebener Geschäftsbereiche, das nicht *recycling*fähig ist	IFRS 5.33(a)

Abbildung 4: Sachverhalte des OCI in Abhängigkeit des recycling

Allen Änderungen seit Einführung des OCI bis zum aktuell gültigen Stand des IAS 1 (*rev.* 2011) ist indes gemein, dass bislang keine einheitliche Konzeption zur Erfassung von Aufwendungen und Erträgen gefunden wurde (vgl. ebenfalls kritisch dazu *Küting, Karlheinz/Reuter, Michael* (2007); *Theile, Carsten* (2006); *Küting, Karlheinz/ Reuter, Michael* (2009); *Antonakopoulos, Nadine* (2010)). Diese konzeptionelle Schwäche ist dem *IASB* bewusst; in diesem Zusammenhang wird allerdings auch um Input durch die Gemeinschaft der IFRS-Anwender gebeten (vgl. *Hoogervorst, Hans* (2014), S. 7).

3.2 Überblick zu bisherigen Befunden

Empirische Befunde ermöglichen die Einschätzung der Bilanzierungspraxis hinsichtlich des Umgangs mit der Ergebnisgröße OCI. Hierbei sind deskriptiv-statistische sowie analytisch-statistische Befunde aufgrund ihrer unterschiedlichen Aussagekraft zu unterscheiden. Während Erstgenannte Aufschluss über Umfang und Komponenten des OCI geben können, ermöglichen Letztgenannte den Erkenntnisgewinn hinsichtlich der Bedeutung dieser Ergebnisgröße für den Abschlussadressaten. Dazu besteht eine Vielzahl von Studien, die sich der Entscheidungsnützlichkeit von IFRS-Erfolgsgrößen sowohl aus der Bewertungs- als auch aus der informationsökonomischen Perspektive nähern.

Die Messung der Wertrelevanz von Ergebnisgrößen aus Bewertungssicht basiert auf einem zugrundeliegenden Bewertungskonzept – oftmals greifen diese auf das dem *clean surplus approach* zuzuordnende *residual income model* zurück. In den meisten Fällen wird dabei jedoch auf den den nachhaltigen Geschäftserfolg repräsentierenden Gewinn oder Verlust zurückgegriffen (vgl. *Amir, Eli/Lev, Baruch* (1996); *Aboody, David/Lev, Baruch* (1998)). Lediglich einige wenige Studien gehen dabei konkret auf die Bestandteile des OCI ein (vgl. *Cahan, Steven/Courteney, Stephen/ Gronewoller, Paul/Upton, David* (2000); *Brimble, Mark/Hodgson, Allan* (2005)). Gemeinsam ist all diesen Studien, dass sie den Eindruck erwecken, dass weder das OCI als *bottom-line-item* noch seine Einzelkomponenten signifikante Wertrelevanz besitzen. Dies könnte allerdings auch in der verwendeten Datengrundlage begründet sein, die aufgrund der Nutzung von US-GAAP-Daten nur begrenzte Aussagekraft für die IFRS-Rechnungslegung enthält. Zudem kann die Bemessung der Wertrelevanz von Erfolgsgrößen auch aus informationsökonomischer Sicht erfolgen. Dabei sind sowohl der Erklärungsgehalt der Ergebnisgröße an sich sowie deren Ausweis zu evaluieren. Hinsichtlich des Erklärungsgehalts der Ergebnisgröße lässt sich zunächst festhalten, dass das Ergebnis der gewöhnlichen Geschäftstätigkeit (Gewinn oder Verlust) als besonders entscheidungsnützlich angesehen wird (vgl. *Goncharov, Igor/ Hodgson, Allan* (2011)). Die Argumente der Studien von *Hirst/Hopkins* (*Hirst, Eric/ Hopkins, Patrick* (1998)) sowie *Maines/McDaniels* (*Maines, Laureen/McDaniels, Linda* (2000)) gleichen der *IASB*-Begründung i. R. d. Einführung des IAS 1 (*rev.* 2007) und befürworten einen »prominenteren« Ausweis des OCI gegenüber dem zum damaligen Zeitpunkt praktizierten Ausweis i. R. d. Eigenkapitalveränderungsrechnung. Demgegenüber steht das von *Chambers* et al. (vgl. *Chambers, Daniel/Linsmeier, Thomas/Shakespeare, Catherine/Saujiannis, Theodor* (2007)) erbrachte Ergebnis, dass die Ausweisposition des OCI keinen signifikanten Einfluss auf dessen Wertrelevanz besitzt (vgl. zu den Ausführungen in diesem Absatz detaillierter *Pronobis, Paul/Salewski, Markus/Zülch, Henning* (2014), S. 4–9).

Ebenso existieren zahlreiche deskriptiv-empirische Studien zur OCI-Bilanzierungspraxis in Deutschland. Die ersten Erkenntnisse wurden dabei sowohl auf IFRS- als auch auf US-GAAP-Basis erzielt und ergaben, dass die wesentlichen im OCI erfassten Positionen die versicherungsmathematischen Gewinne und Verluste, Währungsumrechnungsdifferenzen und Neubewertungsrücklagen aus der *fair-value*-Bewertung von *Available-for-Sale* (AfS)-Finanzinstrumenten darstellen (vgl. *Küting, Karlheinz/Reuter, Michael* (2007), S. 2251 f.; *Lachnit, Laurenz/Müller, Stefan* (2005), S. 1640 f.; *Leibfried, Peter/Amann, Thomas* (2002), S. 196). Zu vergleichbaren Ergebnissen kamen auch spätere Studien, die auf reinen IFRS-*Samples* basierten (vgl. *Haller, Axel/Ernstberger, Jürgen/Buchhauser, Anita* (2008), S. 319–323; *Müller, Stefan/Reinke, Jens* (2008), S. 263; *Pilhofer, Jürgen/Defren, Timo* (2011), S. 19). Ebenso wurde die insgesamt steigende Bedeutung des OCI für das Gesamtergebnis nachgewiesen (vgl. *Küting, Karlheinz/Reuter, Michael* (2009), S. 46–49; *Müller, Stefan/Reinke, Jens* (2008), S. 266 f.). Hinsichtlich der Ausweispraxis zeigt sich, dass die überwiegende Zahl der IFRS-Anwender in Deutschland bislang für den *two-statement approach* optiert und die Darstellung auf zwei aufeinander folgenden Seiten bevorzugt (vgl. *Amshoff, Holger/Jungius, Tom* (2011), S. 246, 248).

Zusammenfassend lässt sich auf Basis der bisherigen Erkenntnisse somit festhalten, dass insbesondere die fehlende Konzeption zur einheitlichen Erfassung »sonstiger Erträge« und »sonstiger Aufwendungen« zu Unklarheiten führt. Hinzu kommt, dass das OCI – trotz seines erheblichen Umfangs von mehreren Milliarden Euro – gegenüber dem Gewinn oder Verlust vergleichsweise geringere Relevanz für die Abschlussadressaten zu besitzen scheint. Unklar scheint hingegen weiter, inwiefern der Ausweis der jeweiligen Ergebnisrechnung sich auf die Rezeption durch die Abschlussadressaten auswirkt.

3.3 Deskriptiver Befund für die deutsche Bilanzierungspraxis

Auf Basis der bisherigen Erkenntnisse und des seit 2011 gültigen IAS 1 (die Verweise im Folgenden beziehen sich somit auf IAS 1 (*rev.* 2011)) stellen sich somit die folgenden Fragen,
- welche praktische Bedeutung das OCI für die deutsche Bilanzierungspraxis besitzt,
- welche Sachverhalte als wesentliche Komponenten identifiziert werden können und
- inwiefern der Ausweis dieses Ergebnisbestandteils erfolgt.

Letzteres befasst sich sowohl mit der Inanspruchnahme des Wahlrechts zwischen *single-statement approach* und *two-statement approach* (vgl. IAS 1.81A) als auch mit der Frage nach dem Ausweis der mit den OCI-Komponenten assoziierten latenten Steuern (vgl. IAS 12.61A). Aktuellere Erkenntnisse liegen derzeit für den Zeitraum von 2009–2010 vor (vgl. *Dobler, Michael/Dobler, Silvia* (2012); *Sellhorn, Thorsten/Hahn, Stefan/Müller, Michael* (2010); *Sellhorn, Thorsten/Hahn, Stefan/Müller, Michael* (2011)). Darauf aufbauend soll die derzeitige Bilanzierungspraxis hinsichtlich der Abbildung des OCI im DAX und MDAX für 2011 und 2012 skizziert werden.

Die Frage nach der praktischen Bedeutung des OCI soll zunächst über dessen Relation zum Gesamtergebnis beantwortet werden. In der Betrachtung der absoluten Größen wird ersichtlich, dass die DAX- und MDAX-Unternehmen in 2012 – trotz einer Bandbreite von ca. -6 Mrd. Euro bis ca. 20 Mrd. Euro – im Durchschnitt ca. 900 Mio. Euro erwirtschaftet haben. Trennt man diese aggregierte Betrachtung jedoch nach den Erfolgsbestandteilen Gewinn und Verlust sowie OCI auf, so zeigt sich das Ergebnis der GuV als ergebnissteigernder Werttreiber, während sich das OCI im Durchschnitt ergebnisreduzierend auswirkt. Auffällig ist insbesondere die hohe Volatilität des OCI in Relation zu der Wertentwicklung des Ergebnisses der GuV über die hier gezeigten Jahre. Lediglich in zwei Fällen (*RWE* und *TUI*) tritt in 2012 die Situation ein, dass ein Gewinn durch ein negatives OCI in ein insgesamt negatives Gesamtergebnis umgekehrt wird. In 2011 betrifft dies *Lufthansa*, *RWE*, *Celesio* und *MAN*. Eine entsprechende Übersicht zu den Erfolgsgrößen der DAX- und MDAX-Unternehmen zwischen 2009–2012 gibt Abbildung 5.

[Angaben in Mio. EUR]	NI 2012	NI 2011	OCI 2012	OCI 2011	CI 2012	CI 2011
Absolut	76.774	75.429	-4.386	-9.495	72.388	65.934
Median	229	255	-21	-7	210	180
Mittelwert	960	943	-55	-119	905	824
Maximum	21.884	15.799	5.746	1.247	20.042	13.196
Minimum	-5.042	-1.861	-2.152	-2.717	-6.004	-2.763
	NI 2010*	NI 2009*	OCI 2010*	OCI 2009*	CI 2010*	CI 2009*
Absolut	73.848	58.555	24.720	14.709	91.324	62.473
Median	275	99	44	1	310	99
Mittelwert	905	363	176	61	1.081	424
Maximum	7.226	8.669	3.742	3.812	7.942	9.063
Minimum	-408	-4.663	-2.245	-1.254	-1.673	-4.562

* Werte entsprechend *Dobler, Michael/Dobler, Silvia* (2012), S. 38.

Abbildung 5: Erfolgsgrößen der DAX-Unternehmen von 2009–2012

Zur Einschätzung der praktischen Relevanz des OCI ist der Wertbeitrag gemessen am Gesamtergebnis zu ermitteln (vgl. zur Vorgehensweise *Sellhorn, Thorsten/Hahn, Stefan/Müller, Michael* (2010)). Auf Basis der vorliegenden Daten stellt das OCI mit knapp 22 % eine wesentliche Komponente des Gesamtergebnisses dar, sodass die bereits auf Basis der bisherigen Daten abgeleitete konjunkturunabhängige Konstanz des OCI (vgl. *Sellhorn, Thorsten/Hahn, Stefan/Müller, Michael* (2011)) bestätigt werden kann. Dies ist in der nachfolgenden Abbildung 6 zusammengefasst. Ersichtlich wird zudem, dass im Zeitverlauf der beobachtbare max. Wertbeitrag zum Gesamtergebnis von ca. 72 % auf nahezu 93 % ansteigt. Eine mögliche Erklärung könnten hierfür die künftig nur noch im OCI zu erfassenden versicherungsmathematischen Gewinne und Verluste darstellen, da einige Unternehmen bereits den ab 2013 verpflichtend anzuwendenden IAS 19 (*rev.* 2011) frühzeitig anwenden und somit diese versicherungsmathematischen Gewinne und Verluste bereits vollumfänglich im OCI erfasst haben.

[Angaben nur für DAX]	Anteil OCI am CI in 2012	Anteil OCI am CI in 2011	Anteil OCI am CI in 2010*	Anteil OCI am CI in 2009*	Gesamt
Standardabweichung	20,7 %	18,2 %	18,1 %	21,1 %	19,5 %
Median	17,6 %	10,0 %	20,3 %	17,5 %	16,4 %
Mittelwert	21,9 %	16,7 %	24,6 %	25,6 %	22,2 %
Maximum	92,9 %	81,6 %	73,4 %	71,8 %	79,9 %
Minimum	0,1 %	0 %	3,0 %	1,5 %	1,2 %

* Werte entsprechend *Sellhorn, Thorsten/Hahn, Stefan/Müller, Maximilian* (2011), S. 1015.

Abbildung 6: Anteil des OCI am Gesamtergebnis

Folgerichtig ist zu hinterfragen, welche Ergebnisbestandteile als wesentliche Werttreiber innerhalb des OCI ausgemacht werden können. Entsprechend des zum Zeitpunkt dieser Erhebung gültigen IAS 1 (*rev.* 2011) kommen die in Kapitel 3.1.2 dargestellten Sachverhalte in Betracht. Untersucht man die Häufigkeit der im OCI erfassten Sachverhalte, so wird ersichtlich, dass insbesondere die Erfassung von Währungsumrechnungsdifferenzen (Anzahl DAX-Anwender: 30/Anzahl MDAX-Anwender: 42), die Erfassung von Ergebniseffekten aus der Absicherung von Zahlungsströmen (27/45), die Erfassung der Bewertungseffekte von zur Veräußerung gehaltenen Finanzinstrumenten (27/25) sowie die Erfassung von versicherungsmathematischen Gewinnen und Verlusten (20/27) in den untersuchten Indizes vorherrschen. Insbesondere die beiden erstgenannten Kategorien sind vor dem Hintergrund der internationalen Diversifikation der hier untersuchten Unternehmen schlüssig. Nahezu alle Unternehmen verfügen zudem über in der Neubewertungsrücklage für zur Veräußerung gehaltene Finanzinstrumente erfasste Bewertungseffekte.

Bei Berücksichtigung des dazugehörigen Wertbeitrags dieser Kategorie zum Gesamtergebnis ist auf die Rolle der Unternehmen der Finanz- und Versicherungsbranche hinzuweisen, die geschäftsspezifisch über entsprechend umfangreiche Neubewertungsrücklagen verfügen. Auch insgesamt lassen sich als zentrale Werttreiber des OCI die Kategorien versicherungsmathematische Gewinne und Verluste (Durchschnitt der Beobachtungsjahre: 13.448 Mio. Euro), in der Neubewertungsrücklage erfasste Bewertungseffekte der AfS-Wertpapiere (9.269 Mio. Euro) sowie Fremdwährungsumrechnungen (8.339 Mio. Euro) ausmachen. Für die Zukunft darf – insbesondere vor dem Hintergrund der Änderungen des IAS 19 (*rev.* 2011) – erwartet werden, dass die versicherungsmathematischen Gewinne und Verluste einen noch wesentlicheren Bestandteil des OCI darstellen werden. Hinzu kommt, dass diese nicht *recycling*-fähig sind und somit diesen Gliederungsabschnitt im OCI dominieren werden. Andererseits zeigt die Mehrjahresbetrachtung ebenso die hohe Volatilität des OCI und somit auch des Gesamtergebnisses (so auch in Bezug auf 2009–2010 *Dobler, Michael/Dobler, Silvia* (2012), S. 39). Abbildung 7 bietet eine zusammenfassende Übersicht über die Wertbeiträge der im OCI erfassten Sachverhalte.

Die Erfassung von Erfolgskomponenten im OCI wird regelmäßig durch die Bildung von Steuerlatenzen begleitet, die ebenfalls im OCI auszuweisen sind (vgl. IAS 12.61A). Dabei fällt auf, dass die meisten Unternehmen in diesem Zusammenhang von der Möglichkeit Gebrauch machen, die im OCI erfassten Positionen ohne steuerliche Auswirkungen auszuweisen und die daraus resultierenden Steuerauswirkungen aggregiert als Summe auszuweisen (*net-of-tax*-Methode, vgl. IAS 1.91(b)).

Des Weiteren wird ersichtlich, dass die Ausübung des Wahlrechts gemäß IAS 1.81A in DAX und MDAX weiterhin nahezu einheitlich zugunsten des *two-statement approach* ausgeübt wird. Lediglich drei Unternehmen im MDAX wählen den *single-statement approach*. Die Anforderung, dass bei der Nutzung des *two-statement approach* die GuV der Gesamtergebnisrechnung voranzustellen (vgl. IAS 1.10A) ist, wird durchgehend von den DAX- und MDAX-Unternehmen erfüllt. Die Möglichkeit einer Trennung der GuV sowie der Gesamtergebnisrechnung auf mindestens zwei aufeinanderfolgende Seiten nehmen ca. 80 % der in DAX und MDAX notierten Unternehmen in Anspruch. Die übrigen Unternehmen weisen die separaten Ergebnisrechnungen gemeinsam auf einer Seite aus. IAS 1.85 verlangt, unter der Maßgabe der Wesentlichkeit, die weitergehende Untergliederung (Posten, Überschriften, Zwischensummen) der GuV sowie des sonstigen Ergebnisses, sofern die so aufbereiteten Informationen für den Bilanzadressaten relevant sind. Hier bedarf es der Entscheidung des Unternehmens, inwiefern Informationen für den Ausweis in der Gesamtergebnisrechnung zu aggregieren und infolgedessen weitergehend im Anhang zu erläutern sind. Der Ausweis der beiden Erfolgsrechnungen auf mehreren Seiten kann somit auch in der umfangreichen Untergliederung begründet sein.

		FX-Differenz	Versicherungsmathematische Gewinne/Verluste	equity-Bewertung	cash-flow-Hedge	AfS-Wertpapiere	Sonstige	Steuereffekte
2012	Median	-4	-12	0	0	0	0	0
	Mittelwert	5	-347	-3	53	211	-12	37
	Maximum	855	0	82	1.570	5.581	176	900
	Minimum	-540	-5.589	-211	-322	-370	-1.170	-353
	Absolut	**594**	**27.750**	**405**	**4.269**	**16.843**	**1.356**	**4.000**
2011	Median	2	0	0	-1	0	0	0
	Mittelwert	38	-67	-8	-119	-8	-1	31
	Maximum	1.291	707	129	123	1.942	25	850
	Minimum	-344	-1.241	-391	-2.983	-1.477	-57	-137
	Absolut	**3.327**	**5.355**	**603**	**9.509**	**1.615**	**109**	**2.511**
2010*	Median	78	0	0	0	0	0	1
	Mittelwert	274	-101	-1	-73	61	2	54
	Maximum	1.978	216	516	396	1.370	171	1.096
	Minimum	-30	-2.889	-523	-2.983	-32	-25	-163
	Absolut	**21.983**	**8.976**	**1.568**	**7.986**	**5.070**	**309**	**5.509**
2009*	Median	0	0	0	0	0	0	2
	Mittelwert	39	-145	10	49	169	0	8
	Maximum	917	59	441	2.948	5.554	104	763
	Minimum	-506	-1.692	-20	-430	-4	-90	-1.319
	Absolut	**7.450**	**11.713**	**947**	**7.137**	**13.549**	**440**	**1.122**

* Werte entsprechend Dobler, Michael/Dobler, Silvia (2012), S. 39.

Abbildung 7: Wertentwicklung OCI-Komponenten im Zeitablauf (Angaben in Mio. Euro)

3.4 Analytischer Befund für den deutschen Kapitalmarkt

Die vorangestellten Ausführungen belegen die praktische Relevanz des OCI und ermöglichen somit die Frage nach der Relevanz des OCI für die Abschlussadressaten. Entgegen der bisherigen Studien in diesem Bereich ermöglicht das mittlerweile vorhandene Datenmaterial die Untersuchung reiner IFRS-*sample*. In einer 2014 veröffentlichten Studie des Lehrstuhls für Rechnungswesen, Wirtschaftsprüfung und Controlling der HHL Leipzig, *Graduate School of Management* (vgl. insgesamt zu den folgenden Ausführungen *Pronobis, Paul/Salewski, Markus/Zülch, Henning* (2014)), wurde auf Basis der Änderungen des IAS 1 (*rev.* 2007) daher der Frage nach der Wertrelevanz des OCI nachgegangen. Ebenso wurde in diesem Kontext die Relevanz der Ausweisstrategie hinterfragt und die der Informationseffizienstheorie entlehnte folgende These, dass eine Unterscheidung zwischen *single-statement approach* und *two-statement approach* keine Auswirkung auf die Wertrelevanz der Informationen besitzen dürfte, überprüft. Des Weiteren wurde auch die Wertrelevanz der einzelnen Komponenten des OCI analysiert.

Ausgehend von der seit 2005 verpflichtenden IFRS-Anwendung in Deutschland wurden die Unternehmen des HDAX sowie des SDAX – unter Ausnahme der Finanz- und Versicherungsbranche – bis einschließlich 2011 analysiert. Die Autoren erbringen zunächst den Beweis, dass das OCI durch die Abschlussadressaten als relevante Erfolgsgröße wahrgenommen wird, weisen allerdings ebenfalls darauf hin, dass die Relevanz im Vergleich zum NI geringer ausfällt. Unter Berücksichtigung des Wahlrechts gemäß IAS 1.81A kommen die Autoren zu der Erkenntnis, dass die Wertrelevanz des OCI lediglich i. R. d. *single-statement approach* nachweisbar ist, sodass anzunehmen ist, dass Abschlussadressaten Informationen in Abhängigkeit der Ausweisform unterschiedlich verarbeiten (vgl. zum Konzept der begrenzten Rationalität von Abschlussadressaten *Simon, Herbert* (1955)). Dies zeigt sich übereinstimmend mit dem zuvor angeführten *ED/2010/5*, der die Tilgung des Wahlrechts zwischen den beiden Ausweisformen vorsah, jedoch am Widerstand aus der Praxis in diesem Zusammenhang scheiterte (vgl. Kapitel 3.1.1). Abzuwarten bleibt, ob im Rahmen künftiger Anpassungen des IAS 1 ein erneuter Versuch unternommen wird, dieses Ausweiswahlrecht zu streichen.

Hinsichtlich der im OCI zu erfassenden Sachverhalte umfasst die Studie Währungsdifferenzen, zur Veräußerung gehaltene Finanzinstrumente, Bewertungseffekte aus der Absicherung von Zahlungsströmen, Effekte aus der Neubewertung von Sachanlagen und immateriellen Vermögenswerten sowie gemäß IAS 1 (*rev.* 2007) per Wahlrecht im OCI zu erfassende versicherungsmathematische Gewinne und Verluste. Die Autoren kommen indes zu der Erkenntnis, dass keiner der einzelnen Komponenten aus Sicht der Abschlussadressaten Relevanz besitzt.

4 Thesenförmige Zusammenfassung

1. Die Erfolgskonzeption nach IFRS ermöglicht die Erfassung von Erträgen und Aufwendungen unmittelbar im Eigenkapital und führt somit zu einer temporären oder permanenten Durchbrechung des Kongruenzprinzips. Dementsprechend ist die Erfolgskonzeption nach IFRS konzeptionell näher zum *dirty-surplus concept* einzuordnen. Des Weiteren fehlt es, wie bereits oftmals kritisiert, an einer einheitlichen Konzeption zur Erfassung von Aufwendungen und Erträgen im OCI (vgl. so auch *Küting, Karlheinz/Reuter, Michael* (2007), S. 2557; *Theile, Carsten* (2006), S. 104; *Küting, Karlheinz/Reuter, Michael* (2009), S. 49).
2. Derzeitig besitzt IAS 1 (*rev.* 2011) Gültigkeit für die Darstellung der Erfolgsrechnung. Dementsprechend haben die Unternehmen entgegen den unmittelbar vorausgegangen Überlegungen i. R. d. *ED/2010/5* weiterhin die Möglichkeit, zwischen *single-statement approach* und *two-statement approach* zu wählen. Neu ist die ab dem Geschäftsjahr 2013 verpflichtend anzuwendende Trennung zwischen den OCI-Komponenten, die künftig in der GuV zu erfassen sind (*recycling*), und denen, die permanent im Eigenkapital zu erfassen sind. Inwiefern diese Neuerung zu einer verbesserten Vergleichbarkeit oder Entscheidungsnützlichkeit der IFRS-Abschlüsse beitragen wird, darf aufgrund des weiterhin nach IAS 1.94 (*rev.* 2011) bestehenden Wahlrechts, die Umgliederungsbeträge im OCI oder Anhang anzugeben, angezweifelt werden.
3. Auf Basis bisheriger analytischer Studien wird ersichtlich, dass das OCI – wenn auch oftmals auf US-GAAP-Basis ermittelt – trotz seiner teils sehr umfangreichen Erfolgsauswirkungen vergleichsweise wenig Relevanz gegenüber dem Gewinn oder Verlust einer Periode im Kreise der Abschlussadressaten besitzt. Im Vergleich dazu besitzt das OCI aufgrund der dort zu erfassenden Sachverhalte hohe Bedeutung für den Kreis der Bilanzierenden, wie die bisherigen deskriptiven Studien zeigen konnten.
4. Der Befund für die deutsche Bilanzierungspraxis auf Basis der DAX- und MDAX-Konzernabschlüsse für den Zeitraum von 2009 bis 2012 zeigt zunächst, dass insbesondere das OCI eine im Vergleich zum Gewinn oder Verlust hohe Volatilität aufweist. Im Gegensatz dazu bleibt der Anteil des OCI am Gesamtergebnis über die Jahre mit nahezu einem Viertel vergleichsweise stabil. Zu den wesentlichen OCI-Komponenten gehören seit jeher die Währungsumrechnungsposten, die Neubewertungsrücklagen für zur Veräußerung gehaltene Wertpapiere, die Wertänderungen von effektiven *cash flow*-Sicherungsbeziehungen sowie von versicherungsmathematischen Gewinnen und Verlusten. Insbesondere Letztere werden vor dem Hintergrund der Änderungen des IAS 19 (*rev.* 2011) künftig weiter an Bedeutung gewinnen.
5. Ausgehend von einer aktuellen analytischen Studie (vgl. *Pronobis, Paul/Salewski, Markus/Zülch, Henning* (2014)) kann zudem davon ausgegangen werden, dass das OCI als *bottom-line-item* zumindest i. R. d. gemeinsamen Ausweises mit dem Gewinn oder Verlust Wertrelevanz besitzt.

Literaturverzeichnis

Aboody, David/Lev, Baruch (1998): The Value Relevance of Intangibles: The Case of Software Capitalization, in: JAR 1998, S. 161–191.

Amir, Eli/Lev, Baruch (1996): Value-Relevance of Non-Financial Information: The Wireless Communications Industry, in: JAE 1996, S. 159–178.

Amshoff, Holger (2010): Reform der Darstellung der Gesamterfolgsrechnung – Eine kritische Würdigung des ED/2010/5 »Presentation of Items of Other Comprehensive Income – Proposed Amendments to IAS 1«, in: PiR 2010, S. 313–319.

Amshoff, Holger/Jungius, Tom (2011): Neuregelung der Darstellung der Gesamtergebnisrechnung, in: PiR 2011, S. 245–249.

Antonakopoulos, Nadine (2010): Der Entwurf des IASB zur verbesserten Darstellung des Other Comprehensive Income (OCI), in: PiR 2010, S. 217–220.

Brimble, Mark/Hodgson, Allan (2005): The Value Relevance of Comprehensive Income and Components for Industrial Firms, Working Paper 2005.

Cahan, Steven/Courtenay, Stephen/Gronewoller, Paul/Upton, David (2000): Value Relevance of Mandated Comprehensive Income Disclosures, Journal of Business, in: Finance and Accounting 2003, S. 1273–1301.

Chambers, Daniel/Linsmeier, Thomas/Shakespeare, Catherine/Sougiannis, Theodor (2007): An evaluation of SFAS No. 130 comprehensive income disclosures, in: RAS 2007, S. 557–593.

Coenenberg, Adolf/Haller, Axel/Schultze, Wolfgang (2014): Jahresabschluss und Jahresabschlussanalyse, 23. Auflage, Stuttgart 2014.

Dobler, Michael/Dobler, Silvia (2012): *Other Comprehensive Income*: Empirische Analyse von Ausmaß, Komponenten und *Recycling* in deutschen IFRS-Abschlüssen, in: IRZ 2012, S. 35–40.

Goncharov, Igor/Hodgson, Allan (2011): Measuring and Reporting Income in Europe, in: JIAR 2011, S. 27–59.

Haller, Axel/Ernstberger, Jürgen/Buchhauser, Anita (2008): Performance Reporting nach International Financial Reporting Standards – Empirische Untersuchung der Unternehmen des HDAX, in: KoR 2008, S. 314–325.

Hirst, Eric/Hopkins, Patrick (1998): Comprehensive Income reporting and analysts' valuation judgements, in: JAR 1998 (supplement), S. 47–75.

Holzer, Peter/Ernst, Christian (1999): (Other) Comprehensive Income und Non-Ownership Movements in Equity – Erfassung und Ausweis des Jahresergebnisses und des Eigenkapitals nach US-GAAP und IAS, in: WPg 1999, S. 353–370.

Hoogervorst, Hans (2014): Defining Profit or Loss and OCI...can it be done?, Rede im Rahmen des ASBJ-Seminars in Tokyo, S. 1–11.

Lachnit, Laurenz/Müller, Stefan (2005): Other comprehensive income nach HGB, IFRS und US-GAAP – Konzeption und Nutzung im Rahmen der Jahresabschlussanalyse, in: DB 2005, S. 1637–1645.

Leibfried, Peter/Amann, Thomas (2002): Ein Schatten über der Gewinn- und Verlustrechnungen des DAX 100?, in: KoR 2002, S. 191–197.

Küting, Karlheinz (2006): Auf der Suche nach dem richtigen Gewinn, in: DB 2006, S. 1441–1450.

Küting, Karlheinz/Reuter, Michael (2007): Unterschiedliche Erfolgs- und Gewinngrößen in der internationalen Rechnungslegung: Was sollen diese Kennzahlen aussagen?, in: DB 2007, S. 2549–2557.

Küting, Karlheinz/Reuter, Michael (2009): Erfolgswirksame vs. Erfolgsneutrale Eigenkapitalkomponenten im IFRS-Abschluss, in: PiR 2009, S. 44–49.

Maines, Laureen/McDaniels, Linda (2000): Effects of Comprehensive Income Characteristics on Nonprofessional Investors' Judgements: The Role of Financial-Statement Presentation Format, in: AR 2000, S. 179–207.

Müller, Stefan/Reinke, Jens (2008): Other comprehensive income nach IFRS im DAX, MDAX und SDAX, in: PiR 2008, S. 258–267.

Pilhofer, Jürgen/Defren, Timo (2011): Auswirkungen des IAS 1R auf die Darstellung von IFRS-Abschlüssen in der Unternehmenspraxis, in: KoR 2011, S. 15–25.

Pronobis, Paul/Salewski, Marcus/Zülch, Henning (2014): Reexamining OCI pricing – the association between stock returns, income and reporting location, HHL Working Paper 131, Leipzig: HHL Leipzig Graduate School of Management, Leipzig 2014.

Sellhorn, Thorsten/Hahn, Stefan/Müller, Maximilian (2010): Der IASB-Entwurf zum Other Comprehensive Income, in: WPg 2010, S. 955–958.

Sellhorn, Thorsten/Hahn, Stefan/Müller, Maximilian (2011): Zur Darstellung des Other Comprehensive Income nach IAS 1 (rev. 2011), in: WPg 2011, S. 1013–1016.

Simon, Herbert (1955): A behavioral model of rational choice, The Quarterly Journal of Economics 1955, S. 99–118.

Theile, Carsten (2006): Gesamtergebnis je Aktie: Eine Kennzahl zur Schaffung von Vergleichbarkeit zwischen IFRS-Abschlüssen?, in: PiR 2006, S. 97–104.

Urbanczik, Patrick (2012): »Presentation of Items of Other Comprehensive Income – Amendments to IAS 1« – Überblick und Auswirkungen, in: KoR 2012, S. 269–274.

Zülch, Henning (2005): Die Gewinn- und Verlustrechnung nach IFRS, Herne/Berlin 2005.

Gezielt von der Theorie zur Praxis

Mit Beispielen und Konsolidierungsbögen

Schritt für Schritt durch das Thema: von der Aufbereitung der Einzelabschlusszahlen bis hin zur Voll- und Quotenkonsolidierung und der Behandlung nach der Equity-Methode. Ob HGB oder IFRS – theoretisches Wissen wird verständlich vermittelt; den Praxistransfer erleichtern Beispiele und Konsolidierungsbögen. In der 13. Auflage mit allen Änderungen durch IFRS 10 bis 12, neuen Inhalten zum beherrschenden Einfluss, zur Übergangskonsolidierung und Segmentberichterstattung sowie mit Hinweisen zum Vorgehen bei konzerninternen Umstrukturierungen.

Küting/Weber
Der Konzernabschluss
Praxis der Konzernrechnungslegung nach HGB und IFRS
13., grundlegend überarb. Auflage 2012.
785 S., 80 s/w Abb, 104 Tab. Geb.
Inkl. Downloadangebot. € 49,95
ISBN 978-3-7910-3223-8
eBook 978-3-7992-6862-2

Buch plus Online-Angebot

www.schaeffer-poeschel.de

SCHÄFFER POESCHEL

Das Standardwerk
zur Bilanzierung und Prüfung von Einzelunternehmen

Mit Online-Datenbank

Aufbauend auf den Grundlagen der Bilanzierung kommentieren renommierte Autoren alle einschlägigen Normen des HGB, AktG und GmbHG für die Bilanzierung und Prüfung von Einzelunternehmen. Im Anschluss folgen Hinweise auf abweichende Vorschriften nach IFRS. Alle Änderungen in den einzelnen Vorschriften und Folgeänderungen werden umfassend kommentiert. Mit einer zusammenfassenden Darstellung zum BilMoG.

Küting/Pfitzer/Weber (Hrsg.)
Handbuch der Rechnungslegung – Einzelabschluss
Kommentar zur Bilanzierung und Prüfung
Loseblattwerk in 4 Ordnern inkl. neuester Ergänzungslieferung
Fortsetzungspreis des Grundwerks: € 199,90
ISBN 978-3-8202-2310-1

Jährlich bis zu vier Ergänzungslieferungen. Der Erwerb der Loseblattsammlung verpflichtet zur kostenpflichtigen Abnahme aller im Zeitraum von 12 Monaten ab dem Bestelldatum erscheinenden Ergänzungslieferungen.

www.schaeffer-poeschel.de

SCHÄFFER POESCHEL